SAINT LOUIS

SON GOUVERNEMENT ET SA POLITIQUE

———

1re SÉRIE GRAND IN-8°

Saint Louis recevant la bénédiction de l'évêque de Paris avant son départ
pour la croisade

SAINT LOUIS

SON GOUVERNEMENT
ET SA POLITIQUE

PAR

A. LECOY DE LA MARCHE

CINQUIÈME ÉDITION

TOURS

ALFRED MAME ET FILS, ÉDITEURS

M DCCC XCVIII

KG 9088

PRÉFACE

Il y a deux manières d'écrire l'histoire d'un règne. La première consiste à suivre pas à pas la succession des événements sans négliger aucune circonstance, aucun détail. Cette méthode, qui se rapproche de la chronique, a certainement du bon ; elle est utile surtout pour ceux qui abordent les études historiques ; elle a même produit quelques œuvres d'érudition remarquables : telle est la célèbre *Vie de saint Louis* due à Le Nain de Tillemont, qui est encore sur ce sujet le guide le plus sûr de l'annaliste et du chercheur.

Mais de pareilles compositions ne suffisent plus au lecteur pressé d'aujourd'hui. Il veut un récit coordonné ; il veut de la synthèse ; il veut, avant tout, pouvoir suivre du commencement à la fin le développement d'une même question ou d'une même affaire, sans être obligé d'aller chercher cent ou deux cents pages plus loin, il ne sait où, la continuation des faits auxquels il s'intéresse. Sinon il ferme le livre ; il n'a pas le temps ou il n'a pas la patience de lire autrement. Il faut donc que l'historien fasse en partie la besogne du lecteur ; il faut qu'il groupe les événements, les actions de ses personnages, de façon à former une série de tableaux animés, concrets, où le sujet commencé se trouvera, autant que possible, épuisé. C'est la seconde manière. Elle convient de préférence aux esprits ayant déjà quelque teinture de l'histoire, et qui n'en sont plus à se demander à quelle époque vivait tel prince, à quelle date se livra telle bataille, comment tourna telle expédition, etc.

Elle sacrifie quelque peu l'ordre chronologique à l'ordre méthodique, tout en sauvegardant, autant que faire se peut, les droits du premier. Elle néglige volontiers certaines particularités très connues pour retracer nettement les grandes lignes, les faits d'une haute portée, avec leurs causes, leur signification et leurs conséquences, en un mot, pour brosser largement l'histoire. C'est le système que j'ai cru devoir adopter dans cet ouvrage, après l'avoir expérimenté dans quelques autres où le public a paru le goûter.

Les pages que voici ne s'adressant pas plus aux commençants qu'aux purs érudits, je les ai allégées de l'appareil scientifique dont sont habituellement hérissés les livres où il faut tout prouver, tout discuter. La vie de saint Louis est un champ déjà suffisamment défriché pour que l'on puisse se dispenser de ces soins minutieux. Je me suis borné à indiquer brièvement les sources principales, et surtout les meilleures. Que les critiques dont la conscience méticuleuse exige des notes plus longues et plus détaillées que le texte me jettent l'anathème!

En introduisant ces légères modifications dans les procédés ordinaires, je n'ai pas eu la prétention de renouveler l'histoire de saint Louis, tant de fois racontée et avec des talents si divers. Le lecteur reconnaîtra cependant que plusieurs questions d'une importance capitale n'ont pas reçu ici la même solution que chez les écrivains qui m'ont précédé. Cette hardiesse trouvera peut-être son excuse dans l'étude approfondie que m'ont donné l'occasion de faire deux années de cours publics consacrés à la même matière, une des plus belles qui puisse tenter la plume d'un historien et d'un Français.

SAINT LOUIS

---*⋆*---

CHAPITRE I

LA ROYAUTÉ FRANÇAISE A L'AVÈNEMENT DE SAINT LOUIS
DÉBUTS DE CE PRINCE

La royauté en théorie, dans l'opinion du moyen âge. — Le vrai et le faux droit divin. — Idées politiques des contemporains de saint Louis. — Étendue du pouvoir royal. — Part du peuple dans le gouvernement. — La royauté en exercice; sa marche et ses transformations depuis l'origine jusqu'à la mort de Louis VIII. — Naissance et premières années de Louis IX. — Faiblesse du royaume à son avènement.

Une vérité fréquemment répétée, mais moins souvent prouvée, c'est que saint Louis a été l'incarnation de la royauté française dans ce qu'elle avait de plus chrétien, de plus honnète, de plus fort et de plus libéral en même temps. L'étude détaillée de son règne et de son gouvernement, « modèle toujours proposé, jamais atteint, » suivant l'expression d'un maître, réserve, en effet, bien des surprises à celui qui l'entreprend; sur son chemin il rencontrera forcément presque toutes les grandes questions historiques ou sociales qui font la juste préoccupation de notre époque. C'est là que résident le vif intérêt, la haute portée philosophique d'un pareil sujet. Ce règne est vraiment la clef de voûte de notre histoire; il voit en même temps s'effacer les derniers vestiges de la barbarie antique, et se dessiner les premiers linéaments de notre société moderne.

Mais, afin de comprendre plus facilement l'œuvre de saint Louis, l'importance des modifications apportées par son action personnelle dans le régime établi avant lui, en un mot, ce qu'il a fait de la France et pour la France, il importe de bien connaître où en étaient, à son avènement, la royauté et le royaume. L'examen de cette question préliminaire comporte deux points parfaitement distincts : 1º Qu'était la royauté en théorie ou en droit, dans l'opinion du temps? 2º Qu'était-elle en fait, et quelle était la situation de la France, le jour où ses destinées furent confiées au fils de Blanche de Castille? Double problème dont je vais, aussi brièvement et aussi clairement que possible, chercher la solution.

Le pouvoir royal peut être considéré théoriquement à trois points de vue : dans son origine, dans son étendue, dans son exercice. Son origine est-elle alors dans ce qu'on nomme le droit divin? La royauté existe-t-elle de droit, par une institution divine? C'est la doctrine que l'on croit généralement professée par le moyen âge. Mais il y a loin du droit divin, tel qu'on l'entendait à cette époque, au droit divin que certains esprits de nos jours supposent avoir régné en maître. La maxime féodale qu'on a souvent citée : « Le roi ne tient que de Dieu et de son épée, » signifie une chose bien simple : c'est que le roi ne rend l'hommage à personne pour les terres qu'il possède, que son domaine ne relève point d'autre seigneur, en un mot, qu'il est le suzerain. *Tenir de quelqu'un, avoir une tenure,* sont des termes de droit féodal qui indiquent la vassalité. Le roi de France, n'étant le vassal d'aucun homme, ne tient que de Dieu et de son épée, c'est-à-dire qu'il est le maître indépendant des possessions que lui a données sa naissance ou que peut lui apporter la conquête. Cette maxime ne s'applique donc pas, en réalité, à l'origine du pouvoir royal, mais à une de ses conditions d'existence; et en outre elle ne concerne pas le royaume entier, mais le domaine propre du souverain, beaucoup plus restreint, comme l'on sait. La puissance royale, sans doute, est regardée comme une émanation, comme une délégation de la puissance divine. Mais le délégué ne partage point ici le privilège du déléguant, et ne jouit nullement d'un empire absolu en principe, ainsi que nous le verrons tout à l'heure.

A la vérité, le souverain passe en quelque sorte pour l'image de Dieu. Dans nos vieilles épopées, il a presque une figure surnaturelle; il est en conversation avec les anges; il a même un caractère sacerdotal : ainsi, dans la *Chanson de Roland,* on voit Charlemagne donnant à son armée une bénédiction solennelle. Cette idée était le résultat de l'onction sainte que le roi de France, seul entre les princes, recevait le jour de son sacre, et qui lui prêtait aux yeux du peuple un prestige exceptionnel. Mais au fond l'on savait fort bien que les monarchies émanaient, à l'origine, d'une convention tacite

ou explicite avec les peuples, et que le consentement de ceux-ci
avait fait les rois, même les rois de droit divin, notamment chez
les Hébreux. Marsile de Padoue, au commencement du xive siècle,
allait même jusqu'à dire que le peuple était le premier souverain ;
et Beaumanoir, dès le xiiie, avançait que le prince tenait des communautés le droit de faire les lois. Si la monarchie a quelque chose de
divin, c'est surtout parce que, suivant le principe d'Aristote, alors en
si grande faveur dans les écoles, elle est la forme du gouvernement
la plus conforme à l'ordre de la nature, qui est régie tout entière par
un seul Dieu[1]. Le monde créé est soumis à un régime monarchique ;
l'Église, institution divine, en offre un autre exemple : donc ce régime
est indiqué par Dieu ; donc le roi représente dans son royaume ce
que le Créateur est dans la création, ce que le pape est dans l'Église.
Tel est à peu près, comme l'a remarqué M. Charles Jourdain dans
une excellente étude sur la *Royauté française et le droit populaire*,
le raisonnement de saint Thomas et de Gerson. Pour eux, la monarchie
est une loi sacrée, parce qu'elle est le système le plus naturel et en
même temps le plus avantageux. Ils répètent ce que disait déjà le
vieil Homère : Οὐκ ἀγαθὸν πολυκοιρανίη · εἷς κοίρανος ἔστω. « Il n'est pas bon
d'avoir beaucoup de chefs ; n'en ayons qu'un seul. »

Si l'on entend simplement par droit divin le droit héréditaire, le
droit de naissance, l'examen des écrits du temps nous réserve des
surprises plus grandes. Parce que ce droit était admis, parce qu'il
constituait un des rouages essentiels de la machine sociale, on est
porté à se figurer qu'il était tout, et que l'homme né de parents
royaux avait par cela même tous les titres et tous les avantages. Que
de déclamateurs sont partis de là pour dénoncer l'absurdité de notre
ancien régime et l'abrutissement du peuple au moyen âge ! Or écou-
tons les contemporains de saint Louis : « Le seul roi qui soit né tel,
dit Gilles d'Orléans en prêchant devant toute la cour le jour de l'Épi-
phanie, c'est l'Enfant que nous adorons aujourd'hui. Les autres naissent
pauvres, ils naissent nus ; celui-là seul a eu dès le berceau la vertu,
la sagesse, la richesse, la beauté[2]. » La noblesse, la naissance royale
est-elle un mérite? demandent d'autres moralistes. — « Non, s'écrie
Jacques de Vitry ; l'unique noblesse est celle de l'âme.

Nobilitas animi sola est atque unica virtus.

Tous les chrétiens sont rois, fils du grand Souverain de l'univers,
oints de l'huile sainte ; et ceux qui ont été personnellement sacrés

---

[1] *Politique d'Aristote*, iii, 5.
[2] *Sermon de Gilles d'Orléans*, Bibl. nat., manuscrit latin 16481, n° 55.

pour conduire les autres sont d'autant plus rois, qu'ils remplissent mieux leurs devoirs[1]. » Élinand se prononce encore plus nettement : « Le fils doit succéder au père s'il en est digne, s'il imite sa probité. Le pouvoir est transféré en d'autres mains en punition de l'injustice[2]. » C'est exactement la théorie de ce cordelier que saint Louis rencontra en revenant de la croisade, à Hyères, et qui lui enseigna ses devoirs avec une si noble hardiesse. « Je n'ai jamais vu dans la Bible ni dans aucun livre qu'un royaume ou une seigneurie quelconque ait passé d'une maison à une autre, sinon pour défaut de justice[3]. » Ainsi, dans l'esprit du temps, si le trône était donné à une famille, à une dynastie, il pouvait lui être retiré pour cause d'indignité. C'était là une menace suspendue sur la tête des princes, menace vague, il est vrai, mais qui, sanctionnée par le droit de déposition reconnu à l'Église, contenait bien souvent leurs excès. Ici encore il s'agit moins d'un droit absolu en soi, d'un privilège inaliénable communiqué avec le sang, que d'un système préférable à tout autre et accepté comme tel. De même qu'on se soumet au régime monarchique comme étant le meilleur, de même, entre les différentes formes de ce régime, on adopte la monarchie héréditaire, parce qu'elle offre plus de garanties. Humbert de Romans, général des dominicains, fait ressortir dans un de ses ouvrages la supériorité du mode de l'hérédité, tel qu'il est pratiqué en France, sur la transmission du trône par voie d'élection ou de provision, usitée en Italie, en Hongrie, en Allemagne. Un peu plus tard, Buridan, commentant la *Politique* d'Aristote, « accorde qu'en théorie, et d'une manière absolue, *per se et simpliciter*, l'élection, qui permet de choisir pour prince le meilleur, vaut mieux que l'hérédité ; mais il reconnaît que dans la pratique l'hérédité est bien plus avantageuse : 1° parce que le roi, qui sait que son fils doit lui succéder, le prépare avec soin à recueillir l'héritage de la puissance royale ; 2° parce que les sujets, accoutumés à obéir au père, acceptent sans peine l'autorité du fils ; 3° parce qu'on n'a point à redouter les brigues et les divisions qui accompagnent une élection ; 4° parce que le royaume n'est jamais sans roi. Comme l'observe encore M. Jourdain, qui a cité ce passage, Bossuet, en écrivant sa *Politique tirée de l'Écriture sainte*, n'a pas trouvé d'autres arguments en faveur de l'hérédité monarchique.

Le principe du droit héréditaire n'était donc pas tout à fait absolu. Il l'était bien moins que ne l'est aujourd'hui le principe de la souve-

---

[1] Bibl. nat., manuscrit latin 17509, f⁰ˢ 72, 102, 107.
[2] Dans Vincent de Beauvais, IV, 1228.
[3] Joinville, édition de Wailly, p. 362.

raineté populaire. Il l'était si peu, que l'on répétait jusque dans la chaire, devant les fidèles assemblés, cette réponse fameuse du pape Zacharie à Pépin le Bref, qui, en présence des vices et de l'incapacité de Childéric, lui avait demandé à qui devait appartenir le titre de roi : « Le roi, dit le pontife, c'est celui qui gouverne bien. » Parole apocryphe, je le veux bien, mais que l'on colportait au xiiie siècle comme historique, avec une conviction qui dénote l'état de l'opinion générale.

Dans le domaine des faits, l'hérédité était depuis si peu de temps établie comme une règle immuable, que Louis VIII est le premier roi que son père n'ait pas fait couronner de son vivant. Jusqu'à Philippe-Auguste, tous les Capétiens, pour assurer la succession du trône à leur fils aîné, jugèrent nécessaire de les associer à l'avance au privilège conféré par l'onction sainte. Et encore après Philippe-Auguste on voit Louis VIII faire jurer aux barons, avant de mourir, d'élire et d'appuyer son héritier ; on voit cet enfant lui-même, après le décès de son père, rencontrer mille difficultés pour faire reconnaître sa puissance royale, et sur le point d'être supplanté par un des seigneurs. Ce n'est véritablement qu'à partir de ce règne, si incertain à son début, que la dynastie fut solidement assise, grâce au prestige communiqué à toute sa race par le caractère du nouveau monarque. Du jour où le monde eut contemplé tant de grandeur chrétienne, il a suffi d'être l'héritier de saint Louis pour être le roi de France.

Mais, d'après ce que nous venons de dire, le signe qui marquait les rois, aux yeux du peuple comme aux yeux de l'Église, comme aux yeux des princes eux-mêmes, était moins encore la naissance que le sacre. Et ce fait demeura une vérité pendant bien longtemps. Inutile de rappeler l'exemple de Charles VII, qui, malgré ses victoires, ne fut pour tout le monde, et notamment pour la Pucelle inspirée, que le « gentil Dauphin », jusqu'au jour où s'ouvrirent devant lui les portes de la basilique de Reims, tant l'onction de la sainte ampoule était nécessaire pour valider son pouvoir. Et cette onction, il n'osa y prétendre qu'après avoir été convaincu de la légitimité de sa naissance. Jusqu'aux temps modernes, il suffisait d'être le fils de saint Louis pour être le roi désigné, il fallait, pour exercer les prérogatives royales, avoir reçu au front cette goutte d'huile qui constituait presque un sacrement.

Voilà d'où émanait la royauté, voilà quelle était la source de l'autorité suprême. Voyons maintenant quelle étendue on lui attribuait et dans quelle mesure elle devait s'exercer. Ici nous rencontrons deux courants d'idées opposées : l'un est celui de la tradition chrétienne, l'autre celui des légistes, restaurateurs du droit romain ou byzantin.

Le premier est pour la monarchie tempérée, le second pour la monarchie absolue et sans contrôle. Oui, quoique ce phénomène puisse sembler étrange aux esprits prévenus, c'est alors l'Église qui pose dss bornes à la puissance royale, qui l'enferme dans une sorte de constitution morale, et c'est le corps des avocats qui prêche le despotisme, l'autorité illimitée d'un seul. *Quantum mutatus ab illo !* Un théologien que nous avons déjà cité, Élinand, dans une instruction sur les devoirs du roi, qui servit très probablement à former l'esprit de saint Louis, s'écrie, après avoir fait ressortir la nécessité de l'affection mutuelle du gouvernant et des gouvernés : « C'est une insigne fausseté, ce qui est écrit dans l'ancien code, que toutes les volontés du prince ont force de loi. » Et il place formellement le salut commun au-dessus de toute considération dynastique. Il ajoute même quelque chose de plus fort : « Il n'est pas étonnant qu'il soit interdit au roi d'avoir un trésor privé, car il ne s'appartient pas lui-même ; il appartient à ses sujets[1]. » Ce n'est pas la nation qui est au roi, c'est le roi qui est à la nation. Ne croirait-on pas entendre l'aphorisme cher aux Mirabeau et aux Sieyès, avec le sens révolutionnaire en moins? Quel abîme entre cette parole et celle qu'on a prêtée à la plus glorieuse personnification de l'autocratie moderne : « L'État, c'est moi ! » Autant celle-ci fut mise en pratique par Louis XIV et ses pareils, autant la première fut écoutée et religieusement suivie par saint Louis. Jamais prince n'appartint, ne se donna plus que lui à son peuple. C'est le grand enseignement qui se dégage de toute son histoire; c'est celui que Joinville, son fidèle biographe, a fait ressortir en tête de son livre comme le trait dominant du caractère de son maître. Voilà la royauté chrétienne en théorie et en pratique.

On pourrait croire que le langage d'Élinand est l'expression d'une opinion isolée. Mais voici le cardinal Jacques de Vitry qui répète la même chose dans une formule admirablement concise : « Il n'y a point de sûreté pour un monarque, du moment que personne n'est en sûreté contre lui[2]. » Cette maxime renferme l'idée mère de toutes les constitutions et de toutes les chartes politiques. Voici l'Ange de l'école, saint Thomas lui-même, qui semble commenter, avec toute l'autorité de son génie, les mêmes propositions. Le seul but des gouvernements, suivant lui, est le bien de la communauté; ils ne sont pas institués pour la satisfaction personnelle de ceux qui sont à leur tête, mais pour l'utilité publique; les rois sont les pasteurs des peuples, et un bon pasteur songe avant tout à l'intérêt de son troupeau. « Où est la sécurité, demande-t-il ailleurs, là où le droit ne sert plus de

---

[1] Sermon d'Élinand, dans Vincent de Beauvais, IV, 1230.
[2] Sermon de Jacques de Vitry, manuscrit cité, f° 103.

règle, et où la volonté ou plutôt le caprice d'un seul en tiennent
lieu? Le tyran, selon la passion qui le possède, se livre à tous les
genres d'oppression : s'il est avare, il prend les biens de son peuple ;
s'il est violent, il verse le sang au moindre prétexte ; il tue par
caprice, et non par justice... Malheur aux nations courbées sous un
pareil joug ! Il n'est pas plus cruel d'être la proie d'une bête féroce
que de tomber aux mains d'un tyran[1]. »

Et cependant saint Thomas est un partisan convaincu de la royauté.
Mais c'est que le grand docteur, comme tous les théologiens du moyen
âge, établit une distinction capitale entre le roi et le tyran : le roi
observe la loi, le tyran ne l'observe pas. La loi est le principe fondamental des sociétés. Et qu'est-ce que la loi? Il nous l'apprend en
ces termes : *Quædam rationis ordinatio ad bonum commune, ab eo
qui curam communitatis habet promulgata.* « C'est une disposition
ou un règlement de raison en vue du bien général, promulgué par
celui qui a le soin de la communauté. »

Cette définition, qui renferme tout un plan de gouvernement, est
extrêmement remarquable pour l'époque. Déjà, au xiie siècle, on ensei-
gnait exactement les mêmes doctrines. Jean de Salisbury, auteur du
Polycraticus, s'exprimait ainsi : « Entre le roi et le tyran il y a cette
différence, que le roi obéit à la loi, gouverne son peuple suivant la
loi, se considère comme le ministre de la loi, réclame pour lui-même,
en vertu de la loi, la première part dans les devoirs et dans les
charges publiques, et n'a enfin d'autre titre de supériorité sinon que,
dans l'État, les particuliers ont chacun leur charge propre; tandis
que toutes les charges pèsent réunies sur le prince. » Et plus loin :
« Le prince défend la loi et la liberté du peuple ; le tyran s'imagine
n'avoir rien fait tant qu'il n'a pas anéanti les lois et réduit le peuple
en esclavage. Le prince est en quelque sorte l'image de la divinité ;
le tyran est l'image de la violence révoltée contre Dieu et de la
perversité, fille de l'enfer. » Aux xive et xve siècles, malgré l'accroissement de la puissance royale, les docteurs ne tiendront pas un autre
langage. Dans un discours solennel adressé à Charles VI lui-même,
Gerson, autre partisan de la monarchie héréditaire, prononce des
sentences tout à fait identiques : « C'est une erreur de croire que les
rois peuvent user à leur gré de la personne et du bien de leurs sujets,
les grever arbitrairement d'impôts, sans que l'utilité publique l'exige.
Agir ainsi, ce n'est pas se conduire *en roi*, mais *en tyran*[2]. »

C'est donc une doctrine traditionnelle, dans l'Église et dans le
moyen âge, que la royauté n'est pas la tyrannie, mais qu'elle en est

---

[1] V. Jourdain, *la Philosophie de saint Thomas*, I, 407 et suiv. .
[2] V. Jourdain, *ibid.*

plutôt l'antipode. La tyrannie est un legs de l'antiquité ; la royauté doit être le produit de l'idée chrétienne. La seconde est légitime, la première ne l'est pas.

En regard de cet enseignement, plaçons celui des légistes. Il est tout entier dans la formule si nettement démentie par Élinand : *Quidquid principi placuerit, legis habet vigorem*. Beaumanoir, tout en reconnaissant que le roi tient des communautés du siècle le pouvoir législatif, déclare que lui seul peut faire les lois; l'omnipotence royale est sa thèse favorite. « Ce qui li plest à fere doit estre tenu por loi ; » il l'affirme d'une façon générale. Il est vrai qu'ailleurs il atténue considérablement sa pensée, parce qu'il est encore un jurisconsulte chrétien et qu'il écrit à un moment où cette doctrine absolue n'a pas encore prévalu, ni dans les idées ni dans les faits. Mais les *Établissements de saint Louis* (qui ne sont pas de saint Louis), rédigés un peu plus tard, ont une tendance purement despotique. Mais, sous Philippe le Bel, les légistes, encouragés par le roi, cherchent à démontrer que la puissance royale n'a pas de limites; ils l'assimilent à celle des empereurs romains; ils la proclament même supérieure à l'empire. « Les Francs n'existaient-ils pas avant l'empire d'Allemagne, et même avant l'empire romain? Ils descendent des Troyens ; ils ont lutté avec une valeur indomptable contre les légions de Rome ; ils n'ont jamais subi son joug[1]. » A plus forte raison la couronne de France est-elle indépendante de la tiare, ce qui est le point essentiel de la thèse de Philippe le Bel et de ses avocats. Sous saint Louis, ces théories ne sont pas encore en faveur ; elles commencent à se produire modestement. Mais, en somme, c'est le principe de la monarchie tempérée qui l'emporte, alors comme aux siècles précédents, parmi les penseurs et ses écrivains; c'est le grand courant de la doctrine chrétienne qui ici encore demeure le plus fort, entraînant dans ses eaux à peine troublées les premières pierres de l'édifice des légistes. Passons au troisième point de vue. Pour que la royauté, qui doit être héréditaire parce que c'est le système le plus avantageux, qui ne doit pas être despotique parce qu'elle ne serait plus légitime, puisse exercer convenablement son pouvoir, comment doit-elle s'y prendre? Gouvernera-t-elle seule? Associera-t-elle à sa mission les grands, la bourgeoisie, la nation? Et dans quelle mesure? Graves questions, toujours actuelles, et qui peut-être comportent des solutions différentes suivant les temps et les lieux. Nous avons déjà compris que l'Église, qui prêchait le respect de la liberté humaine, l'égalité de tous les hommes devant Dieu, la protection des faibles et des petits, devait, pour être conséquente avec elle-même, réclamer la partici-

[1] Goldast, *Monarchia sancti romani imperii*, II, 96 et suiv.

pation raisonnable des sujets au gouvernement du roi. Que n'a-t-on pas dit cependant sur l'annulation systématique du peuple, sur la suppression des droits des citoyens, dans toute la période antérieure

Les vitraux de Poissy.

à 1789. Suivant un mot célèbre, le tiers état, qui doit être tout, n'était rien; il n'existait même pas. On pourrait répondre par l'historique des états généraux, par celui des communes et par beaucoup d'autres faits. Mais ne nous écartons pas de notre sujet, et tenons-nous-en à l'opinion qui avait cours au XIIIe siècle. Ouvrons encore saint Tho-

2

mas; c'est le grand maître en politique comme en philosophie. « Deux
choses, dit-il dans la *Somme*, sont nécessaires pour fonder un ordre
durable dans les États. La première est l'admission de tous à une
part du gouvernement général, afin que tous se trouvent intéressés
au maintien de la paix publique, devenue leur ouvrage. La seconde
est le choix d'une forme politique où les pouvoirs soient heureusement
combinés... La plus heureuse combinaison des pouvoirs serait celle
qui placerait à la tête de la cité ou de la nation un prince vertueux
qui rangerait au-dessous de lui un certain nombre de grands chargés
de gouverner selon les règles de l'équité, et qui, les prenant eux-
mêmes dans toutes les classes, les soumettant aux suffrages de la
multitude, associerait ainsi la société entière aux soins du gouvernement. Un tel État rassemblerait dans sa bienfaisante organisation la
royauté, représentée par un chef unique; l'aristocratie, caractérisée
par la pluralité des magistrats choisis parmi les meilleurs citoyens,
et la démocratie ou la puissance populaire, manifestée pas l'élection des magistrats, qui se ferait dans les rangs du peuple et par sa
voix[1]. »

Quelle profondeur et quel vrai libéralisme! La société tout entière
concourant au gouvernement, pour être intéressée tout entière à son
maintien! On reconnaît dans l'exposé de ce système l'influence de
la *Politique* d'Aristote; mais on y sent aussi le souffle de la charité
chrétienne. Tout ce que nos faiseurs de constitutions ont cru inventer
après les plus profondes méditations, après les plus longues recherches, est contenu dans ces quelques lignes. On y trouve la monarchie
tempérée; on y trouve le parlement, composé de l'élite de la nation;
on y trouve l'élection par le peuple, à un degré qui n'est pas défini;
mais le suffrage n'a pas besoin d'être universel pour que la vraie
nation soit représentée.

Cependant cette constitution libérale, cette participation de la nation aux affaires de l'État, convient-elle à tous les peuples, et doit-on
l'imposer à tous? Non, certes; la loi de la morale et de la justice
suprêmes reprend ici toute sa supériorité. « Si un peuple est parfaitement tranquille, qu'il soit sérieux et tout dévoué au bien public,
on a raison de lui permettre d'élire lui-même les magistrats qui
veillent à l'administration de l'État. Mais, si ce même peuple se
déprave insensiblement, que son suffrage devienne vénal et qu'il
confie le pouvoir à des chefs perdus de mœurs et de crimes, il est
juste que le droit de disposer des dignités lui soit enlevé et qu'on le
remette à quelques hommes de bien[2]. » Voilà ce qu'ajoute notre

[1] *Somme* de saint Thomas, 1ᵉ 2ᵃ, *quæst.* cv, *art.* 1. V. Jourdain, *op. cit.*
[2] *Ibid.*

docteur avec saint Augustin. Et il n'entend nullement par là justifier
ce que nous appelons les coups d'État, car il ne parle que de transformations légales; il fait seulement dépendre la liberté politique
d'une nation du degré de sa moralité, et c'est là encore une doctrine
profonde, dont on a reconnu, à notre époque même, toute la jus-
tesse.

Rapprochons, avec le savant dont nous avons déjà invoqué le témoignage, rapprochons ces idées larges et sublimes des raisonnements
que le même sujet inspirait au plus illustre politicien du XVII° siècle.
Que nous sommes loin de saint Thomas, quand nous lisons ces
maximes de Bossuet, formulées en toutes lettres dans sa *Politique
tirée de l'Écriture sainte :* « L'autorité royale est absolue. Il faut obéir
aux princes comme à la justice même ; sans quoi il n'y a point d'ordre
ni de fin dans les affaires. Ils sont des dieux et participent en quelque
façon à l'indépendance divine. Il n'y a que Dieu qui puisse juger de
leurs jugements et de leurs personnes. Le prince peut se redresser
lui-même quand il connaît qu'il a mal fait; mais, contre son autorité,
il n'y a de remède que dans son autorité. Au prince seul appartient
le soin général du peuple ; à lui les ouvrages publics, à lui les décrets
et les ordonnances, à lui les marques de distinction; nulle puissance
que dépendante de la sienne; nulle assemblée que par son autorité. »
Nous reconnaissons à ces accents convaincus le temps où la majesté
du grand roi domine tout. Mais que l'on compare en soi les deux
doctrines, et qu'on dise quelle est la plus sage, la mieux fondée,
la mieux justifiée, de celle du scolastique ou de celle du gallican, de
celle du moyen âge ou de celle des siècles modernes, de celle du
conseiller de saint Louis ou de celle du prédicateur de Louis XIV.
L'un et l'autre est l'expression de son temps, et nous retrouvons ici
l'Ange de l'école en parfait accord avec le souverain qui mettait ses
devoirs au-dessus de ses droits, le bien du peuple au-dessus de l'intérêt des particuliers, quelque puissants qu'ils fussent, la justice
suprême au-dessus de la loi particulière, et qui, en restant un roi
dans toute la force du terme, avait l'air de n'être que le père et
l'égal de ses sujets. Tout se tient à cette époque : la philosophie
donne la main à la royauté, parce que toutes deux s'inspirent de la
même pensée, qui est la pensée chrétienne et catholique. Un jour
viendra où les philosophes feront la guerre au principe du pouvoir
royal, et ce jour-là, ne l'oublions pas, sera le lendemain du jour
où les adulateurs du trône auront proclamé l'omnipotence absolue
des rois.

Mais ne nous bornons pas au témoignage de saint Thomas. A la
même époque, un général des dominicains, Humbert de Romans,
préconise aussi le rôle des parlements royaux, qui se tiennent chaque

année à des époques fixes, et où se réunissent avec les conseillers de
la couronne une foule de seigneurs et d'évêques, dans le but de travailler à l'administration de l'État. Celui-ci ne parle pas du peuple.
Mais voici un théoricien plus étonnant et plus explicite que tous les
précédents. Marsile de Padoue, qui écrivait en 1324 son *Defensor
pacis*, avait été le recteur de l'université de Paris, et son livre circulait dans les écoles de cette ville. S'il fut l'objet de quelques censures, elles ne s'appliquaient point à ses doctrines politiques, et nous
pouvons sans crainte l'interroger sur l'opinion de son temps. D'après
l'analyse de son traité, faite par M. Jourdain, « il distingue dans
chaque État deux sortes de pouvoirs : celui qui fait les lois, ou législatif, et celui qui veille à leur exécution, ou exécutif. Le pouvoir
législatif réside dans l'assemblée du peuple. La loi est l'expression
des suffrages de l'universalité des citoyens ou de la majorité d'entre
eux. Après avoir voté la loi, c'est à eux qu'il appartient de la pro-
mulguer, afin que nul n'en ignore ; de la changer, de l'interpréter,
de la suspendre, selon les différentes nécessités des temps et des
lieux. Sont seuls privés du droit de suffrage, les enfants, les esclaves,
les étrangers et les femmes. A ceux qui lui opposeraient que la multitude, en général, ne possède ni le savoir, ni l'expérience, ni les
vertus qui doivent distinguer le législateur, Marsile répond que le
soin de préparer les lois doit sans doute être abandonné à un petit
nombre de personnes capables, mais que l'acceptation définitive de
la loi appartient au peuple, et ne saurait être prononcée par personne mieux que par l'assemblée du peuple [1]. » Voilà encore un rouage
des gouvernements modernes : les projets de lois élaborés par les
ministres et votés par le parlement. Mais nous devons abandonner
ici Marsile, parce qu'il se lance dans une série de conséquences trop
avancées pour représenter le véritable esprit de l'époque ; ainsi la
monarchie élective, qu'il préconise ensuite, n'est évidemment pas,
nous l'avons vu, un système en faveur chez ses contemporains.

Gerson est moins libéral : il ne reconnaît guère qu'à la noblesse
et à la chevalerie les facultés nécessaires pour assister la royauté.
Mais c'est qu'il écrit au milieu des discordes civiles, et qu'il a sous
les yeux les tristes effets de l'immixtion directe du peuple dans les
affaires publiques. Aux jours de paix, on se laisse aller à toutes les
théories humanitaires, à tous les rêves d'équilibre social enfantés
dans le silence du cabinet. Mais, quand le lion populaire est déchaîné,
on revient à des idées plus prudentes et à des systèmes plus pratiques. C'est ce qui arrive également à Christine de Pisan, cette
femme remarquable dont les écrits composés au commencement du

---

[1] *Defensor pacis*, p. 170. Jourdain, *op. cit.*

xv⁰ siècle, sont demeurés si longtemps inédits. Elle retrace, avec toute l'impressionnabilité de son sexe, les inconvénients de la domination de la plèbe et les désordres dont elle a été le témoin attristé.

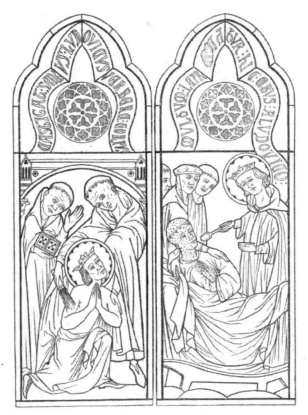

Les vitraux de Poissy.

Écoutons-la; si nous avions quelque peine à la croire, nous n'aurions qu'à interroger nos propres souvenirs.

« Aucune part, suivant elle, ne doit être accordée dans le gouvernement aux gens de mestier, qui ne connaissent d'autre travail que celui des bras et des mains, qui ne sont jamais sortis de leur atelier, qui n'ont pas fréquenté les gens coustumiers en chose de droit et de justice, qui n'ont point appris à parler ordonnément par raisons belles et évidentes, et qui, sachant à peine le *Pater noster*, incapables de se gouverner eux-mêmes, voudraient gouverner l'État. Que dire des assemblées où ils se concertent? Le plus fou y parle, le tablier sur soi, un pied en avant, l'autre en arrière, les mains au côté. Les conclusions qu'ils adoptent sont prises sans débat. Au sortir de là, ils sont prêts à toute espèce de crimes. Il suffit que l'un d'eux commence, ils suivent comme des moutons. La fureur du sanglier le plus féroce ne saurait leur être comparée : ils ne respectent ni prince ni princesse, ni seigneur ni maître, ni voisin ni voisine; ils dérobent, ils pillent, ils tuent, ils massacrent[1]. »

Ce sont de pareils excès qui rejettent l'opinion du côté des doctrines absolutistes et qui font regretter même la tyrannie. Ce sont eux qui faisaient alors accueillir le duc de Bourgogne comme un sauveur, et qui mettaient sur les lèvres des contemporains de Christine de Pisan ce cri de lassitude et d'abaissement : *Vivat, vivat, qui dominari poterit, dum manere possit respublica in pulchritudine pacis !* « Vive le premier venu qui prendra le pouvoir, pourvu que le pays puisse jouir des douceurs de la paix[2]! »

Ni le despotisme, ni la démagogie, tel est l'idéal du xiiie siècle; nous croyons l'avoir suffisamment démontré. Il y a bien à cette époque, de l'autre côté du Rhin, une tentative de restauration de la tyrannie antique. Frédéric II ressuscite en fait le vieil empire romain, tandis que ses courtisans, ses écrivains, le ressuscitent dans leurs théories audacieuses. Heureusement la France n'est point l'Allemagne, et la royauté n'est point l'empire. La royauté, pour les Français du temps, doit être un pouvoir héréditaire, sacré par l'Église, limité dans son étendue dans l'intérêt du peuple et par les règles de la justice, pondéré dans son exercice par une certaine participation des sujets au gouvernement du pays. Ils ne rêvent pas ce qu'on appelle aujourd'hui une monarchie parlementaire ou constitutionnelle, car le roi doit régner et gouverner; mais ils admettent une monarchie tempérée, où le roi ne gouverne pas à lui tout seul. Dans cette conception, le contrôle du pouvoir existe jusqu'à un certain point : d'une part, l'Église exerce une haute tutelle sur le prince comme sur le peuple; de l'autre, une partie de la nation assiste le souverain, et la nation entière ne lui doit obéissance que s'il demeure dans les bornes du droit. Sans doute ces bornes sont assez difficiles à définir; elles sont indiquées surtout par la coutume, par la morale, par la religion. Mais la religion possède alors assez d'empire pour que son frein suffise le plus souvent à retenir les princes.

---

[1] Christine de Pisan, *le Livre de la paix.*
[2] Chronique du religieux de Saint-Denis.

Les moralistes précisent d'ailleurs à ceux-ci les devoirs dont l'observation rend leur autorité tout à fait légitime. C'est « l'élévation des bons et la répression des méchants, la distribution de la justice et la répartition des droits de chacun ». Le roi doit fuir la volupté, pour ne pas être vaincu par soi-même, comme l'invincible Annibal ou le victorieux Xerxès ; éviter les flatteurs, les histrions ; être le père des orphelins, le protecteur des veuves ; exercer la clémence, remettre en partie les peines prononcées, oublier la vengeance, se juger lui-même avant de juger les autres. Il lui faut de plus la connaissance de la loi divine, de la loi humaine et des lettres en général. « Un roi illettré, dit Élinand dans ses instructions, n'est qu'un âne couronné. » Parole énergique, qu'on a crue beaucoup moins ancienne et qui montre bien que le mépris de la science était dès lors un déshonneur chez les grands. « Heureux, ajoute-t-il avec Platon et Boëce, les États régis par des sages, ou ceux dont les chefs étudient la sagesse[1] ! Toutes ces vertus sont dans le programme de la royauté chrétienne ; l'Église en fait une obligation aux princes, et il suffira que le prince soit réellement chrétien pour que ces règles le contiennent dans le devoir mieux que toutes les constitutions du monde ; il suffira d'un saint Louis pour prouver que l'honnêteté et la piété du roi sont les meilleures garanties offertes à la nation, que l'idéal du xiiie siècle n'est pas irréalisable, et qu'il vaut encore mieux que celui de Machiavel.

Maintenant que nous avons entrevu ce que la royauté devait être d'après l'opinion générale du temps, examinons rapidement ce que les événements l'avaient amenée à être en réalité lorsque saint Louis monta sur le trône, avant de rechercher ce qu'elle devint entre ses mains. En d'autres termes, résolvons le second terme du problème que nous avons posé en commençant : Qu'était la royauté française à l'avènement du jeune fils de Louis VIII ?

La royauté, depuis Hugues Capet, n'avait nullement le même caractère que sous les deux premières races. Sous les Mérovingiens, elle avait offert un singulier mélange d'éléments romains et d'éléments germaniques. Le roi, à l'origine, est un simple chef de tribu franque, marchant, avec d'autres chefs qui sont presque ses égaux, à la conquête des pays qui sont devant lui. Il va vers la richesse, vers la puissance, et Dieu le mène vers la civilisation, vers le christianisme. Quand il a pris possession de la terre gauloise, et quand le Christ a pris possession de lui, il devient insensiblement romain, non seulement par la religion, mais par l'esprit et par les idées politiques. L'empire, au fond, n'est pas encore éteint : il n'est qu'abattu,

[1] Élinand, loc. cit.

démembré, lacéré; et nous voyons les barbares s'affubler avec une
avidité empressée des dépouilles de ce grand agonisant, comme si
les lambeaux de sa pourpre sanglante devaient rehausser l'éclat de
leurs armes victorieuses. Clovis veut être consul et patrice; Chilpéric
joue au César, ou plutôt au Néron; leurs successeurs imitent à l'envi
les formes et les formules du gouvernement impérial. C'est qu'en
effet il n'y avait pas pour eux de meilleur moyen de faire accepter
leur domination à la race gallo-romaine, encore tout imprégnée des
traditions antiques, et n'imaginant pas que l'univers pût subsister
sans l'organisation séculaire que Rome lui avait donnée. *Quid salvum,
si Roma perit?* Que restera-t-il si l'empire périt, si l'administration
romaine disparaît, si les provinces romaines sont effacées, si la hiérarchie des fonctionnaires romains est détruite? Politique à courte
vue, qui admettait l'entrée du christianisme dans le monde ancien,
et qui ne voyait pas qu'au contraire c'était le christianisme qui
devait recevoir et abriter le monde dans son sein. Les rois mérov-
vingiens tendirent donc à l'autocratie par système, tandis que leur
sang, leur tradition nationale et l'influence de leur entourage les
retenaient dans les liens du régime aristocratique. Vis-à-vis de leurs
leudes et des Francs en général, ils n'étaient que des chefs de guerre;
vis-à-vis des anciens habitants du sol, ils étaient des maîtres de la
milice, des proconsuls, ou tout au moins des personnages investis
d'un pouvoir absolu.

Heureusement l'idée chrétienne gagnait peu à peu du terrain;
les évêques, les moines exerçaient sur les deux peuples une autorité morale considérable, qui faisait contrepoids à ces souvenirs
et à ces tendances. Quand la monarchie mérovingienne, périodiquement affaiblie par le partage du royaume entre les enfants de
chaque prince et par des dissensions intestines sans cesse renaissantes, se fondit entre les mains des maires du palais, il
s'opéra une violente réaction. L'influence passa de la Neustrie à
l'Austrasie, de l'élément romain à l'élément germanique. Les nouveaux souverains ne jugèrent plus nécessaire de suivre l'ornière
antique, et cherchèrent le succès par d'autres moyens. On put croire
un moment que le monde allait devenir germain, c'est-à-dire demi-
barbare. Mais les papes, par une inspiration de génie, établirent
un empire chrétien, qui n'avait de commun avec l'empire païen
que le nom, et le point d'appui de la dynastie carlovingienne se
trouva déplacé. Il résida désormais, non plus dans une race, non
plus dans une nationalité, mais dans l'Église. Charlemagne, au lieu
d'être appelé à germaniser l'Occident, fut conduit à une destinée
plus haute : il eut la mission de le christianiser tout à fait, de
fondre ensemble, comme dans un creuset, tous les éléments hété-

Philippe - Auguste à Bouvines.

rogènes et disparates qui le composaient; et quand son œuvre fut
achevée, quand le nouvel empire s'émietta à son tour, il n'y avait
plus de Romains ni de Francs, plus de Gaulois ni de barbares, plus
de vainqueurs ni de vaincus : il n'y avait plus que des nations
catholiques. On voyait bien apparaître déjà, sous une forme vague,
les embryons des royaumes modernes; il y avait déjà des Français, des Allemands, des Italiens, des Espagnols. Mais qu'impor-
taient maintenant ces différences superficielles? L'unité était faite
sous un sceptre plus puissant que celui de tous les empereurs :
il y avait une société chrétienne qui n'avait plus besoin, pour se
maintenir forte et unie, que d'un chef moral, et ce chef était à
Rome. L'organisation politique et sociale du moyen âge se trouvait
établie.

L'empire passa bien aux mains des souverains allemands; mais
ce n'était plus qu'une fiction, qu'une dignité supérieure; il ne donnait plus à ses titulaires aucune domination effective sur les autres
royaumes. En France, une noble et vaillante maison, une dynastie
véritablement nationale, recueillit l'héritage tombé des mains impuissantes des derniers Carlovingiens. Mais c'est ici qu'un changement
capital se produit dans la condition matérielle de la royauté. Sous
les deux premières races, le roi avait possédé et gouverné au même
titre les différentes parties de son royaume; les ducs et les comtes
n'étaient que ses délégués, ses administrateurs. Mais, vers la fin
du ixᵉ siècle, ceux-ci profitèrent de sa faiblesse pour accaparer
successivement la propriété de toutes les terres. Quand ils se virent
propriétaires, ils se dirent : « Le roi est incapable de défendre nos
domaines contre les invasions des Normands et des Sarrasins;
pourquoi ne pourvoirions-nous pas nous-mêmes à leur défense?
Pourquoi ne serions-nous pas souverains chacun chez nous ? » Ainsi
naquit la féodalité, par suite d'une confusion, volontaire ou non,
entre la propriété et la souveraineté. A partir de ce moment, quiconque posséda un comté, un duché, un fief, en un mot, fut le
souverain de ce territoire, et le gouverna comme il l'entendit. La
souveraineté fut, comme l'on dit, attachée à la terre, et non plus
à l'individu. Or le roi ne possédait plus personnellement le sol
d'aucune province, d'aucun domaine; tous avaient des seigneurs
particuliers, et l'Ile-de-France elle-même, sa résidence, appartenait
aux comtes de Paris. Donc le roi n'était plus rien, donc il devait
disparaître; et, en effet, la monarchie carlovingienne disparut ainsi.
Mais, par une sorte de fiction qui était d'une absolue nécessité pour
relier entre eux tous ces morceaux démembrés du royaume, on admit
que la ville capitale, le séjour des anciens rois, était un domaine plus
éminent que les autres, et que par conséquent celui qui le possé-

dait, le comte de Paris, devait avoir une certaine supériorité sur le
reste des seigneurs. On releva pour lui le titre de roi, qu'il convoi-
tait, et qu'il méritait d'ailleurs, tant par sa valeur que par les services qu'il avait rendus à la cause nationale ; mais il fut bien convenu
qu'il ne serait souverain que dans son comté, comme les autres, et
qu'il aurait seulement sur eux le commandement militaire en cas de
guerre, avec un droit à l'hommage. C'est ce qu'on appelle la *suzeraineté*.

Voilà, aussi sommairement que possible, et telle que nous la com-
prenons, l'origine du régime féodal, point obscur et longtemps con-
troversé, mais que les érudits contemporains ont à peu près éclairci.
La royauté capétienne se trouvait donc, à son début, dans une situation toute particulière. Elle était beaucoup plus faible que les précédentes, et il fallait tout l'esprit de solidarité du peuple chrétien pour
qu'un lien aussi fragile pût maintenir l'unité. C'était un pouvoir à
deux degrés, s'exerçant dans toute la plénitude sur un petit comté,
et, dans une mesure très restreinte et très vague, sur les autres parties
de l'ancien royaume des Francs. Pour améliorer cette situation précaire, la nouvelle dynastie avait à faire une double opération : il lui
fallait, d'une part, agrandir graduellement, par voie d'acquisition ou
autrement, son domaine propre, celui qu'elle possédait en toute
souveraineté, et, d'autre part, exploiter, élargir habilement les attributions qui composaient son droit de suzeraineté sur le reste. Ce
fut là, en réalité, l'œuvre des Capétiens directs ; c'est là tout le
secret de leur politique, et je viens de résumer en un seul mot
l'histoire d'une longue série de rois, depuis Hugues Capet jusqu'à
Louis XI.

Avant saint Louis, cette œuvre séculaire, qui était, après tout,
une œuvre salutaire et patriotique (car la féodalité, malgré quelques
bons côtés, était un élément de désordre et de désagrégement) ; cette
œuvre, disons-nous, était déjà heureusement commencée. Les quatre
premiers Capétiens, Hugues Capet, Robert, Henri Ier, Philippe Ier,
ces princes, dont le rôle politique est si peu connu encore et mériterait d'être étudié de plus près, avaient accru dans de sensibles
proportions, sinon la puissance territoriale, du moins le prestige et
l'influence de la royauté. Les documents originaux correspondant à
leur règne sont assez pauvres ; néanmoins l'érudit qui en a entrepris
récemment l'examen, M. Luchaire, en a déjà tiré assez de lumières
pour montrer que plusieurs des institutions apparues au grand jour
sous Louis le Gros ou Philippe-Auguste se formaient dans l'ombre sous
leurs prédécesseurs et existaient, pour ainsi dire, à l'état latent. La
part qui revient au célèbre Suger et à ses deux souverains, Louis VI
et Louis VII, est moins obscure. Mais on ne saurait trop insister sur

ce point, que la grandeur de la nouvelle monarchie se développa en raison de la protection accordée par elle au saint-siège. Le jour où les papes persécutés, comme Eugène III, comme Alexandre III, prirent l'habitude de venir lui demander asile ; le jour où les sujets

Entrée de saint Louis à Reims,

des grands vassaux virent la cause du roi identifiée avec celle du pape, la couronne de France reconquit en principe tout ce que lui avaient fait perdre les usurpations des barons. Les croisades, où le suzerain, à la tête de sa chevalerie, redevenait le chef militaire, et le maître incontesté, contribuèrent aussi à ce résultat. Mais le génie

hardi de Philippe-Auguste fit peut-être faire le plus grand pas, ou
du moins le plus rapide, à l'extension du pouvoir royal. Tandis que
ce grand prince maîtrisait les seigneurs à l'intérieur et leur appre-
nait le chemin de sa cour, il portait au dehors deux coups mortels
à la féodalité : il faisait juger par les pairs le plus puissant, le plus
redoutable de ses vassaux, le roi d'Angleterre lui-même, coupable
de meurtre sur la personne de son neveu, et lui confisquait la plupart des fiefs qu'il tenait de la couronne : la Normandie, le Maine,
l'Anjou, la Touraine, le Poitou, ce qui doublait d'un seul coup
l'étendue de son domaine; et en même temps il détruisait à tout
jamais les prétentions de l'empire allemand sur la France par la
victoire de Bouvines : fait immense, qui rendait à l'héritier des petits
comtes de Paris l'épée de Charlemagne et sa prépondérance. De si
rapides succès faillirent être compromis par la mort prématurée du
successeur de Philippe-Auguste. On rapporte que ce dernier, prévoyant que la mauvaise santé de son fils ferait tomber de bonne
heure la direction du royaume entre les mains d'une femme étrangère et d'un enfant mineur, c'est-à-dire de sa bru et de son petit-
fils, se prit, comme le grand empereur à la vue des premières
flottilles normandes, à déplorer l'avenir réservé à sa monarchie.
Le grand politique doutait de son œuvre; il ne savait pas que
Dieu en était le complice, que cette femme et cet enfant devaient
le dépasser lui-même en habileté, en honnêteté, en puissance, en
renommée.

Au premier moment cependant les craintes de Philippe-Auguste
parurent justifiées.

Né à Poissy le 25 avril 1214 (et non 1215), c'est-à-dire l'année
même de la bataille de Bouvines, année doublement heureuse pour
la France, Louis IX n'avait encore que douze ans lorsqu'il fut appelé
au trône par la mort de son père, le 8 novembre 1226. Louis VIII,
prince trop peu connu, laissait en lui un digne héritier des hautes et
rares qualités dont il n'avait pas eu le temps de faire profiter le royaume.
Il avait chargé de sa tutelle la reine Blanche de Castille, de préférence
à son frère Philippe Hurepel, parce qu'il connaissait et les vertus de
la mère et les besoins de l'enfant. C'était, en effet, la première fois,
depuis l'établissement de la dynastie capétienne, que le sceptre tombait
en des mains aussi faibles. Heureusement Blanche était une femme
au cœur viril, à la foi robuste, qui n'avait pas attendu ce jour-là pour
prémunir son fils contre tous les dangers par une éducation solidement chrétienne. « Dieu le garda par les bons enseignements de sa
mère, dit Joinville; elle lui enseigna à croire en Dieu et à l'aimer,
et attira autour de lui toutes gens de religion. Et elle lui faisoit,
si enfant qu'il fût, toutes ses heures et les sermons faire et ouïr aux

festes [1]. » Son enfance s'écoula ainsi entre la prière et l'étude, et lorsqu'il eut pour la première fois l'occasion de se révéler, après la mort de son père, ses sujets s'aperçurent avec stupéfaction que sous l'adolescent se cachait un homme.

Mais son âge n'était pas le seul prétexte invoqué par l'opposition malveillante des barons : l'onction du sacre, cette grande légitimation dont on vient de voir toute la valeur, cette validation suprême, que tous les successeurs de Hugues Capet avaient eu soin de faire donner de leur vivant aux aînés de leur race, n'avait pas encore marqué son front. On pouvait donc méconnaître son autorité, et l'on ne s'en fit pas faute. Une ligue formidable s'organisa; les seigneurs parlaient déjà de décerner la couronne à l'un d'eux; ils prétendaient à tout le moins enlever la régence à Blanche de Castille. Pouvait-on laisser la direction des affaires aux mains d'une femme? La coutume de France interdisait à son sexe de régner : ne lui interdisait-elle pas également de régner au nom du roi? Cette femme était de plus étrangère; son caractère, quelque peu hautain, n'attirait point les sympathies de la noblesse. L'occasion était belle pour la féodalité; elle pouvait en un instant regagner tout le terrain perdu. Les comtes de Bretagne, de la Marche et de Champagne se mirent à la tête des mécontents. Les uns refusaient de reconnaître le roi et de le laisser sacrer avant d'avoir obtenu la délivrance des comtes de Flandre et de Boulogne, prisonniers depuis Bouvines, et qui devaient apporter à la ligue un renfort puissant; les autres réclamaient la restitution de certaines terres dont les derniers rois les avaient dépouillés illégalement, disaient-ils. Les plus modérés se tenaient sur la réserve, et refusaient, sous différents prétextes, de venir assister au couronnement du jeune prince.

Grâce à la promptitude de Blanche, qui déconcerta les seigneurs; grâce au secours que lui prêta le cardinal Romain, légat du saint-siège, le sacre put néanmoins s'effectuer. Douze prélats et barons fidèles convoquèrent à Reims, au mois de novembre 1226, le reste de la noblesse, et au jour fixé la cérémonie s'accomplit devant une assistance relativement assez nombreuse. Mais il n'y eut point de réjouissances, et le jeune monarque fut ramené en toute hâte à Paris, d'où sa mère allait essayer de combattre les efforts persistants de la confédération féodale. En effet, dès le printemps suivant, les rébellions recommencèrent, en dépit de la consécration du nouveau règne. Louis marcha d'abord contre leurs auteurs et leur imposa un premier traité à Vendôme. Mais aussitôt après les ligueurs relevèrent

[1] Joinville, édit. de Wailly, p. 42.

la tête; ils projetèrent même de s'assurer de la personne du roi
et de l'enlever au passage, au moment où il revenait vers sa capitale, afin de le garder en leur pouvoir et d'annihiler l'autorité de
la régente. Saint Louis raconta plus tard à Joinville, qui nous
l'a répété, qu'il eut les plus grandes difficultés à faire avec sa
mère le trajet de Montlhéry à Paris; ils n'osaient point avancer,
de peur d'être surpris en chemin, et il fallut que les Parisiens
vinssent les chercher avec une force armée suffisante pour imposer
le respect [1].

Voilà, en résumé, où en était réduite, l'an 1228, la monarchie que
cet enfant devait laisser si grande en 1270. Les progrès accomplis
par ses prédécesseurs allaient être annulés, et l'existence même de
la France se trouvait en péril. Comment, partie de si bas, la royauté
de saint Louis arriva-t-elle si haut? Comment cet édifice encore
vacillant se trouva-t-il, au bout de si peu de temps, en état de défier
les siècles, et comment la couronne de France acquerra-t-elle bientôt
assez de prestige pour qu'un chef tartare la proclame, du fond de
l'Asie, la première des couronnes terrestres? La loyauté, la générosité, en un mot, la sainteté, assoiront sur une base inébranlable
ce que la politique purement humaine, avec son cortège de violences
et de finesses, n'avait pu fonder solidement. C'est d'abord le comte
Thibaud de Champagne qui, se ralliant franchement à la cause du
jeune roi et de la régente, provoque la dissolution de la ligue des
seigneurs, désormais décapitée. C'est le comte Raymond de Toulouse qui, en 1229, apporte au jeune prince sa soumission complète
et assure involontairement l'unité nationale par un traité célèbre
dont nous reparlerons. C'est Pierre Mauclerc, le farouche comte
de Bretagne, que nous verrons à son tour fléchir le genou devant
l'enfant royal, vainqueur, à quinze ans, devant Bellesmes et sur les
bords de la Loire. Et, pour couronner cette première série de
succès inespérés, la douce figure de Marguerite de Provence apparaît, dès 1234, à la cour de France, apportant à son jeune époux
le bonheur, au royaume de nouvelles espérances, que l'avenir devait
réaliser. Amenée à Sens par les officiers de son père, épousée et
couronnée dans la cathédrale de cette ville le jour de l'Ascension,
la reine fut ensuite amenée par saint Louis dans sa capitale, qui
lui fit un accueil enthousiaste. C'était plus qu'un mariage : c'était,
pour ainsi dire, une autre annexion; car, à partir de ce jour, la
Provence devait être à moitié française, en attendant sa réunion
définitive à la mère patrie. Sans doute, la fermeté, l'habileté de
la régente, ne furent pas étrangères à ces premiers triomphes. Mais

[1] Joinville, édit. de Wailly, p. 42.

les vertus précoces du jeune prince, son énergie, sa décision, la protection divine qui le couvrait si manifestement, tout faisait pressentir en lui ce je ne sais quoi de mystérieux qui annonce les hommes supérieurs; et les fronts s'inclinaient, et les événements eux-mêmes semblaient se plier au gré de ses désirs.

CHAPITRE II

Étendue du royaume de France et du domaine royal. — Modifications et agrandissements apportés à l'un et à l'autre par la politique de saint Louis. — Traité d'Abbeville et de Paris; le roi d'Angleterre vassal du roi de France. — L'annexion du Languedoc. — Fondation définitive de l'unité nationale.

Nous avons vu ce que la royauté, considérée en elle-même et théoriquement, devait être à l'époque de saint Louis et ce qu'elle était de fait à son avènement. Avant d'examiner dans quel état il la laissa, ce qu'il fit de la France au point de vue administratif et politique, il convient de bien établir où en était le pays et quels changements il y apporta sous le rapport de l'étendue matérielle. La constatation préalable du théâtre des opérations est ici d'autant plus utile, que de l'expansion des frontières dépend en grande partie le développement de la puissance intérieure : la mesure de la première donne presque toujours la mesure du second. Essayons donc de déterminer le rayon dans lequel s'exerçait l'autorité du roi; nous comprendrons mieux ensuite comment fonctionnait son gouvernement.

Le roi ayant alors, comme nous l'avons dit, un double caractère, celui de suzerain et celui de souverain, et ces deux attributs ne s'exerçant pas sur les mêmes terres, nous avons à établir, d'une part les limites de sa suzeraineté, de l'autre celles de sa souveraineté. Les premières répondent aux limites du royaume même, et les dernières à celles du domaine royal, deux choses essentiellement différentes. Dans le domaine royal, le roi, seul souverain, ne voit aucun pouvoir intermédiaire se dresser entre lui et ses sujets; il possède à la fois le gouvernement et la haute propriété; il est absolument chez lui. Dans le reste du royaume, partagé en un certain nombre de grands fiefs, les possesseurs de ces fiefs, les barons ou grands vassaux de la couronne, sont souverains; ils ne doivent au roi, leur suzerain, que la foi et hommage, un service militaire conditionnel, et des aides ou secours pécuniaires dans certains cas (je parle ici de l'état de choses primitif, et non des modifications introduites par les progrès successifs de la royauté); de plus, ils jouissent directement des droits régaliens, qui consistent à battre monnaie, à créer des offices, à lever des impôts, à rendre la justice, à prendre ou à déposer les armes.

Commençons par la plus grande de ces deux sphères d'action, et occupons-nous de l'étendue du royaume ou de la suzeraineté royale.

Malgré le morcellement du territoire, la notion de l'ancienne unité nationale, réalisée sous Charlemagne et ses successeurs, n'est nullement perdue à l'époque de saint Louis. La France existe bien, quoique son nom ne s'applique pas toujours à un même groupe de provinces; et je n'en veux pour preuve que les cris d'enthousiasme que sa pensée arrache à nos vieux trouvères, dans ces chants patriotiques si répandus encore au XIIIᵉ siècle. Quand Roland tombe sur le champ de bataille, on place dans sa bouche une invocation suprême à cette contrée bénie du ciel : « Terre de France, mult estez duz païs!... » Il tourne vers le sol natal ses derniers regards : « De plusieurs choses à remembrer lui prit : de dolce France, etc. »

Et dulces moriens reminiscitur Argos.

Douce France, telle est, en effet, l'expression familière aux auteurs de nos épopées. On sent passer dans leurs strophes inspirées le souffle ardent de l'amour de la patrie, et l'on peut dire de la France d'alors : elle est aimée, donc elle est. Que ce nom désigne tantôt le territoire de l'Ile-de-France, tantôt l'ancienne Neustrie, tantôt toute la moitié septentrionale de la France actuelle (ce qui est le cas le plus fréquent), ou même tout l'empire de Charlemagne, comme il arrive dans les chansons de geste, peu importe : il n'en implique pas moins l'existence d'un centre commun, d'une patrie une et forte, dont le sentiment survit à tous les fractionnements produits par la féodalité; et c'est ce qui aidera puissamment les rois à reconstituer aux dépens des seigneurs l'unité politique du pays. Dans un autre ordre de documents, on trouve la confirmation évidente de cette idée. Les actes officiels, les actes de la chancellerie royale, dont la for-

mule initiale avait toujours été, jusqu'au XIIIe siècle, *Ludovicus,* ou
Philippus, Dei gratia, Francorum rex, nous présentent dès lors, et
de plus en plus fréquemment, la variante *Franciæ rex*. Même dans
le monde officiel, où les traditions et les formes anciennes se per-

La mort de Roland.

pétuent si longtemps sans raison, le royaume de France remplace
peu à peu l'empire des Francs, qui n'est plus qu'un souvenir loin-
tain; le roi prend le titre qui symbolise l'unité territoriale, pour le
garder jusqu'à nos jours.

Quelle est donc cette France, déjà si homogène dans le fond,
quoique divisée à la surface? Répond-elle à l'ancienne Gaule? En
théorie, oui, si l'on s'en rapporte à la description du moine Robert

d'Auxerre, lequel émet sans hésiter cette proposition, que, de son temps, la Gaule est répartie en dix-huit provinces. *Secundum modernos, universa Gallia in decem et octo provincias est dispertita.* Mais c'est là une géographie rétrospective et idéale. La Gaule n'a déjà plus qu'une existence historique, et la trace de son antique division se conserve uniquement dans les circonscriptions des archevêchés et évéchés; l'Église seule est restée romaine malgré tout. Loin de comprendre les provinces rhénanes, le royaume de France, à l'avènement de saint Louis, ne comprend même pas tous les pays de langue française ou de langue d'oïl; car un certain nombre d'entre eux, à l'est, sont encore sous la suzeraineté de l'empire. Une carte soigneusement dressée par M. Auguste Longnon [1], d'après une multitude d'indications puisées aux sources contemporaines, nous permet de le reconstituer exactement. Tel qu'il apparaît sur cette carte, il représente à peu près le territoire attribué à Charles le Chauve par le traité de Verdun, conclu en 843, entre les fils de Louis le Débonnaire pour le partage de l'empire carlovingien. C'est par ce traité que fut véritablement créé le nouveau royaume, car il ne subit en 870 que des modifications très passagères. Il était alors borné, d'après le récit de Prudence, évêque de Troyes, au nord par l'Escaut, à l'est par la Meuse, la Saône et le Rhône, au midi par la mer et les Pyrénées, à l'ouest par l'Océan, ¦la Bretagne et la Manche. Ce sont encore les grandes lignes de sa configuration au XIIIᵉ siècle. Examinons-les en détail, et suivons la frontière à travers tous les pays qu'elle traverse.

A l'est c'est l'empire qui limite tout du long le royaume, depuis les bouches de l'Escaut jusqu'à celles du Rhône, en empiétant plus ou moins sur son territoire naturel. La ligne frontière passe près des localités suivantes, qu'elle laisse au royaume : Gand, Audenarde, Tournai, Douai, Guise, Mézières, Grandpré, Vitry, Joinville. Quelques terres du comté de Champagne se trouvent du côté de l'empire. Ce vaste fief était, en effet, partagé en deux portions très inégales, dont la plus petite ne dépendait en rien du roi. Mais c'est là une anomalie qui disparut bientôt, car des pièces officielles du commencement du siècle placent déjà hors de la suzeraineté impériale une partie des terres en question.

Reprenons notre ligne. Après avoir passé au delà de Fay et de Mirabeau, elle se confond, un peu au-dessous d'Auxonne, avec le cours de la Saône, puis avec celui du Rhône, jusqu'à quelques lieues au sud de Valence. Ainsi la Franche-Comté, les Dombes, le Dauphiné, tous pays de langue française en grande partie, ne dépendaient

---

[1] A l'Appendice de l'édition de Joinville publiée par M. de Wailly.

pas du royaume. En ce qui concerne le Lyonnais, les stipulations du traité de Verdun avaient reçu plus d'une atteinte, et cette région avait passé sous la suzeraineté, au moins nominale, de l'empire [1]. En réalité, elle appartenait aux seuls archevêques de Lyon. « Indépendance vis-à-vis de la France, dépendance illusoire vis-à-vis de l'empire, » c'est ainsi que M. Bonnassieux caractérise sa situation. Et, en effet, le Lyonnais n'eût pu abriter le pape Innocent IV, qui vint y chercher un refuge contre les violences de Frédéric II, si ce prince y eût exercé le moindre pouvoir.

Au-dessous de Valence, nous trouvons un nouvel empiètement de l'empire sur la rive occidentale du Rhône. Le Vivarais faisait l'objet d'un différend entre les couronnes de France et d'Allemagne; mais, en raison de certains privilèges conférés aux évêques de Viviers par la maison des Hohenstaufen, ce pays fut attribué à la seconde par les souverains pontifes, arbitres du débat, sauf Rochemaure, qui paraît être demeurée française. Près de Saint-Paul-Trois-Châteaux, la limite recommence à suivre le cours du Rhône jusqu'à son embouchure, dans le voisinage d'Aigues-Mortes.

Sur toute cette grande ligne, de la mer du Nord à la Méditerranée, les confins des deux puissances restent les mêmes pendant le règne de saint Louis. Aucune modification territoriale n'est produite de ce côté par sa politique, dont le programme comportait le maintien de la paix avec son voisin. Mais il n'en est pas ainsi sur la frontière méridionale. Le Roussillon était depuis longtemps disputé par le roi de France et le roi d'Aragon; ce dernier élevait même des prétentions sur plusieurs pays limitrophes, le comté de Foix, le pays de Sault, le Fenouilhedès et le Narbonnais. En 1258, les deux parties s'accordèrent par le traité de Corbeil : saint Louis abandonna ses droits sur le Roussillon, et le roi d'Aragon renonça à tout ce qu'il pouvait réclamer sur le reste. Chacun d'eux s'assura une possession paisible en sacrifiant quelque chose du domaine contesté. C'était là une transaction plutôt qu'une cession de territoire.

D'ailleurs, cet abandon d'une suzeraineté douteuse va se trouver plus que compensé à l'autre extrémité de la chaîne des Pyrénées. La ligne frontière suit bien les crêtes des montagnes, à peu près comme aujourd'hui, jusqu'au golfe de Gascogne. Mais à l'avènement de saint Louis, le vaste duché de Guyenne, embrassant la vicomté de Béarn et le comté de Bigorre, quoique compris dans les anciennes limites du royaume, n'est plus, par le fait, sous la suzeraineté du roi de France. Il appartient au roi d'Angleterre, qui l'a gardé malgré la confiscation des possessions continentales de Jean sans Terre, et

[1] V. Bonnassieux, *le Lyonnais faisait-il partie de la France en 1295?* p. 5.

qui, depuis longtemps déjà, n'en rend plus l'hommage. Après saint
Louis, au contraire, la Guyenne, tout en restant aux Anglais, est
redevenue un fief de la couronne, en attendant qu'elle fasse partie
intégrante du domaine royal. Le roi d'Angleterre reconnaît qu'il
est, pour ce sujet, le vassal du roi de France. Ce changement
important est le résultat du traité dit d'Abbeville, conclu par les
deux princes en 1259. Par ce traité, moyennant une augmentation
de fief dont nous reparlerons, saint Louis a véritablement ramené
dans le giron de la France une grande province qui pouvait en être
détachée à jamais, et a préparé son retour à la couronne, tout en
enchaînant son possesseur, qui était un rival redoutable, dans les
liens de la vassalité. Pour bien comprendre la valeur de cet accroissement de la suzeraineté royale, il faut se rappeler que le duché de
Guyenne renfermait les diocèses de Bordeaux, de Bazas, d'Oloron,
de Lescar et d'Aire en entier, ceux de Bayonne et de Tarbes en
partie, puis l'île d'Oléron. Aussi la convention qui le replaçait sous
la dépendance du roi doit-elle être considérée, quoi qu'on en ait dit,
comme un grand acte politique.

A l'ouest, le royaume s'étend, comme au sud-est, jusqu'à la mer.
La seule différence survenue depuis Charles le Chauve, c'est que la
Bretagne, jadis État indépendant, est entrée, depuis Philippe-Auguste,
dans l'hommage lige de la couronne. Il faut donc la compter dès lors
comme fief français.

Telle est, en deux mots, la configuration extérieure de la France
de saint Louis. Si elle est plus resserrée qu'aujourd'hui à l'est, elle
embrasse au nord, en revanche, un assez grand territoire incorporé
actuellement à la Belgique. On voit, en outre, que la suzeraineté
royale gagna sous ce règne plus qu'elle ne perdit, quoique les principaux agrandissements réalisés par Blanche de Castille et son fils
soient des agrandissements du domaine direct, dont nous nous occu-
perons tout à l'heure. Mais, dans ce vaste périmètre qui vient d'être
tracé, combien peu de provinces se trouvent sous l'autorité immédiate du roi! Combien échappent à sa souveraineté, pour former,
sous la main des grands vassaux, autant de petits royaumes contenant eux-mêmes une quantité d'arrière-fiefs, de manière à rendre
presque impossible une administration uniforme ou même équitable!
Au nord, c'est le comté de Flandre, dont le titulaire, ennemi de la
couronne, est retenu prisonnier au Louvre depuis la bataille de Bouvines; c'est le comté de Boulogne, dont le possesseur est dans le
même cas, et qui a sous sa dépendance celui de Saint-Pol; ce sont
les comtés de Ponthieu, d'Aumale, d'Eu, de Soissons, de Dreux;
celui de Montfort-l'Amaury, qui a donné son nom au célèbre vainqueur des Albigeois, Simon de Montfort; les évêchés de Tournai, de

Les murailles d'Aigues-Mortes.

Beauvais, de Noyon, de Laon, de Lisieux, dont les évêques sont comtes et seigneurs. A l'est, c'est le vaste comté de Champagne, duquel relèvent six autres comtés, ceux de Rethel, de Grandpré, de Roucy, de Brienne, de Joigny, et le comté Porcien ; ce sont les évêchés de Reims, de Châlons, de Langres, qui forment également, pour une partie au moins, des fiefs distincts ; c'est le duché de Bourgogne, appelé à devenir si puissant ; puis les comtés de Nevers, de Tonnerre, d'Auxerre, de Mâcon, de Beaujeu. Au centre, c'est la seigneurie de Bourbon, que le plus jeune fils de saint Louis doit ramener à la maison royale ; le comté de Forez ; le comté et le dauphiné d'Auvergne, répondant seulement à une petite portion de cette ancienne province ; les comtés de Blois et de Chartres, appartenant à une branche de la maison de Champagne. A l'ouest le duché ou comté de Bretagne, passé à la maison de Dreux, constitue, par la dépossession de la plupart de ses vassaux, un État considérable. Au midi enfin le comté de Toulouse avec ses dépendances, quoique bien amoindri par la guerre des Albigeois, englobe encore la plus grande portion du Languedoc ; la Guyenne est aux mains du roi d'Angleterre ; les évêques d'Albi, de Cahors, d'Agde, de Lodève, de Mende possèdent leur diocèse à titre de comté ; celui de Maguelonne conserve même une partie du sien à titre indépendant, par suite d'une donation du saint-siège, et demeurera jusqu'à la révolution possesseur du comté de Melgueil ; les sires de Montpellier relèvent de lui.

Voilà pour les grands fiefs remontant aux origines de la féodalité (je néglige les seigneuries peu importantes). Mais ce n'est pas tout encore : Louis VIII ayant institué par son testament un apanage en faveur de trois de ses fils, il en résulta un nouveau démembrement du domaine de la couronne. Le comté d'Artois fut donné à Robert ; le comté d'Anjou, comprenant le Maine et le Vendômois, à Jean, auquel fut substitué ensuite son frère Charles ; le comté de Poitiers, avec ceux d'Angoulême et de la Marche et la terre d'Auvergne, à Alphonse. Cette constitution d'apanage, qui devait être imitée par plusieurs de nos rois, créait, pour ainsi dire, des États dans l'État, et la plupart des historiens l'ont blâmée pour ce motif. Toutefois les pays ainsi détachés de la couronne ne l'étaient pas pour toujours ; ils devaient lui revenir en certains cas, ordinairement à défaut d'héritiers mâles des apanagistes. En outre, ils conservaient avec le gouvernement royal des liens plus étroits que les autres fiefs : leur administration était calquée sur la sienne, comme on le voit pour le vaste domaine d'Alphonse de Poitiers ; les monnaies étaient les mêmes ; les impôts étaient partagés entre le titulaire et le suzerain. En un mot, ils avaient beaucoup moins d'autonomie, et l'autorité que le

roi gardait sur les membres de sa famille retenait en quelque sorte
ces terres sous sa domination directe. Il n'en est pas moins vrai que
la part faite aux trois fils puinés de Louis VIII réduisait de près de
⸱moitié le territoire sur lequel saint Louis pouvait exercer la plénitude de sa souveraineté.

Que restait-il donc de ce domaine royal, et quelles modifications
subit-il sous le règne de ce prince? C'est ce que nous avons à établir
maintenant.

Il restait d'abord le noyau primitif des possessions capétiennes :
l'ancien duché de France, comprenant l'Ile-de-France et l'Orléanais,
c'est-à-dire les comtés de Paris, de Melun et d'Orléans. A ce patrimoine étaient venus s'ajouter successivement : le Vexin français,
séparé du Vexin normand par le cours de l'Epte ; le Gâtinais et la
vicomté de Bourges, acquisition de Philippe Ier ; le comté de Corbeil
et la seigneurie de Montlhéry, réunis à la couronne par Louis VI,
l'Artois (que je compte ici pour mémoire, puisqu'il sortit du domaine
pour former l'apanage d'un des fils de Louis VIII), le Vermandois,
embrassant le comté d'Amiens, le Valois, le Vexin normand, les
comtés d'Évreux, de Meulan, d'Alençon, du Perche, de Beaumont-
sur-Oise, acquis par Philippe-Auguste ; enfin le vaste territoire
confisqué et conquis par le même prince sur Jean sans Terre, c'est-
à-dire toute la Normandie, la Touraine, le Maine, l'Anjou et le
Poitou ; mais ces trois dernières provinces sont aussi à retrancher,
comme constituant deux apanages princiers. Telle était, à l'avènement de saint Louis, la composition de ce groupe central, dont
la configuration est bizarrement contournée, mais qui se tient pourtant tout d'une pièce. Il ne renfermait que quatre ou cinq petites
enclaves, formées par les évêchés de Noyon, de Beauvais et de
Lisieux, et les comtés de Clermont et de Mortain. Ces deux comtés
furent incorporés par saint Louis au domaine royal par voie d'acquisition, le premier en 1250, le second en 1259. C'est la seule modification territoriale survenue de ce côté sous son règne, et cette
modification est néanmoins un agrandissement assez important. Je
ne parle pas des petites seigneuries ou des villes isolées que la couronne put s'adjoindre successivement ; cela nous entraînerait dans
des détails trop minutieux.

A l'est, dans la région avoisinant l'empire, le roi ne possédait rien
avant saint Louis. Ce prince y fonda un nouveau centre domanial par
l'achat, signé en 1239, du comté de Mâcon, auquel se trouva jointe
la commune de Charlieu, déclarée inséparable de la couronne dès
le temps de Philippe-Auguste. Saint Louis paya ce comté dix mille
livres tournois à Jean, comte de Mâcon, et à Alix de Vienne, sa
femme, qui renoncèrent à leur seigneurie, l'un pour aller chercher

la mort en Palestine, l'autre pour se faire religieuse à Maubuisson ;
toute la somme fut consacrée à des aumônes et à des œuvres de piété
par ces deux époux chrétiens. Le roi, fidèle à sa politique de paix
et à son habitude de prévenir à l'avance toute contestation, de tenir
compte de tous les intérêts lésés, acheta même les droits ou les prétentions des héritiers de la comtesse. Cette annexion portait un
double coup à la féodalité ; car non seulement elle supprimait un
vassal, mais elle diminuait la puissance de deux autres vassaux plus
redoutables, les comtes de Châlons et de Bourgogne, qui possédaient
auparavant la suzeraineté du comté de Mâcon, et qui dès lors n'y
eurent plus aucun droit, le roi de France ne pouvant être le vassal
de personne. Pourtant ceux-là même durent recevoir une compensation pécuniaire, les rois rachetant ordinairement les hommages dus
par les terres qu'ils acquéraient, et saint Louis n'étant point d'un
caractère à esquiver cette obligation.

Mais c'est au midi que se passent les grandes révolutions territoriales qui signalent le règne de ce prince. Deux changements de
nature différente et d'importance inégale se produisent en vertu des
traités de 1229 et de 1259, et, comme ces traités étaient gros de
conséquences, comme ils ont été souvent mal compris ou mal interprétés, ils méritent d'arrêter un moment notre attention. Je considé-
rerai d'abord le second, car l'ordre chronologique doit céder ici le
pas à l'ordre géographique.

Au commencement du XIIIe siècle, le domaine royal ne renfermait
aucune portion de cette vaste région méridionale que l'on comprit
plus tard sous la dénomination de pays de *langue d'oc*, région où
les mœurs, les esprits, les caractères, aussi bien que le langage,
formaient un contraste frappant avec la France du nord. Philippe-
Auguste commença le premier à s'y étendre ; tant par la conquête
que la confiscation des biens de Jean sans Terre, coupable de
meurtre sur la personne de son neveu Arthur, il devint le possesseur direct de l'Auvergne, du Poitou, de l'Angoumois, du Périgord,
du Limousin, de la vicomté de Turenne et de leurs dépendances.
Nous avons vu que l'Auvergne, le Poitou et l'Angoumois furent de
nouveau détachés de la couronne par Louis VIII, pour former l'apanage de son fils Alphonse. Il restait donc au roi, de ce côté, un petit
groupe domanial répondant à peu près aux départements actuels de
la Dordogne, de la Corrèze et d'une partie de la Haute-Vienne.
C'est précisément le même groupe que saint Louis remit en 1259,
au roi d'Angleterre, à titre d'augmentation de fief, afin d'obtenir de
lui la reconnaissance de toutes les conquêtes et saisies faites sur ses
prédécesseurs, plus la rentrée du duché de Guyenne dans la suzeraineté de la France, avantage dont j'expliquais tout à l'heure

l'importance. En outre, une portion de la Saintonge, de l'Agenais et du bas Quercy, jadis acquise par les princes anglais en vertu de conventions matrimoniales, et maintenant comprise dans l'apanage d'Alphonse de Poitiers, devait aussi faire retour à l'Angleterre (toujours à titre de fief seulement) dans le cas où l'apanagiste mourrait sans postérité. Le traité qui régla ces conditions a été appelé à tort traité d'Abbeville, sur la foi d'un passage obscur de Matthieu de Westminster, chroniqueur dont l'existence même est problématique; en réalité, les bases en furent jetées à Paris, dans un acte daté du 28 mai 1259, et il fut ratifié définitivement à Londres, le 13 octobre 1259. L'hommage lige du roi d'Angleterre au roi de France, qui devait lui donner son plein effet, fut prêté à Paris le 4 décembre suivant[1].

Nous nous trouvons donc ici en face d'un amoindrissement réel du domaine royal, et l'on n'a pas manqué d'en faire un crime à saint Louis. Plusieurs historiens l'ont accusé à ce propos d'avoir agi contre le gré de son conseil et d'avoir disposé à lui seul du sort des populations ainsi cédées à Henri III, d'avoir obéi à des scrupules exagérés, d'avoir commis enfin un acte impolitique. Telles sont les principales critiques formulées contre le traité de 1259 par MM. Beugnot, Henri Martin, et répétées en partie par M. Wallon dans son récent ouvrage sur *Saint Louis et son temps*[2]. Un examen sérieux de sa teneur, de la situation qui en dicta les stipulations et de celle qui en résulta, conduit à des conclusions tout opposées. Depuis longtemps le roi d'Angleterre ne cessait de réclamer les provinces qui lui avaient été enlevées par Philippe-Auguste; il pouvait venir un jour les revendiquer par les armes, et alors quels désastres ne devait-on pas prévoir, en dehors des misères inséparables d'une pareille guerre! il fallait être complètement victorieux, ou renoncer à plus de la moitié du patrimoine si laborieusement acquis. Ce n'était plus deux ou trois petites seigneuries que l'on perdrait en cas d'échec; c'était la riche Normandie, c'était la Touraine, l'Anjou, le Poitou, et tout ce qui avait appartenu jadis aux Plantagenets. Prévenir la possibilité d'une pareille mutilation au prix d'un léger sacrifice, c'était, au contraire, un acte de haute prévoyance, tout à fait digne d'un prince qui ne voulait rien tenir de la violence, mais qui, dans ses propres causes comme dans celles d'autrui, cherchait à s'assurer le consentement de la partie adverse. Ce sacrifice, d'ailleurs, en quoi consistait-il? Y avait-il, comme on l'a cru, une cession de suzeraineté, un abandon de nationalité?

[1] V. ces actes dans le tome III de l'*Inventaire du trésor des chartes*, n°[os] 4416, 4554.
[2] Ire édition, tome II, p. 355 et suiv.

Nullement. Les pays cédés restaient français, restaient sous la dépendance de la couronne de France, et se trouvaient joints au duché de Guyenne pour être tenus comme lui en fief. Non seulement l'hommage lige devait être prêté pour eux, mais il devait l'être, pour ce dernier duché, contrairement à ce qui se passait auparavant, et pour toutes les possessions du roi d'Angleterre sur le continent, sans distinction : « Et aussi de Bordeaux, de Baionne et de Gascoine, et de tote la terre qu'il tient deça la mer d'Engleterre en fiez et en demaines, et des illes, se aucune en i a que li roi d'Engleterre tiegne, que soit dou reaume de France. » Le chroniqueur Primat fait ressortir avec soin le caractère éminemment avantageux de cette clause : « Car avant, dit-il, la terre de Gascongue ne mouvoit pas des roys de France ne de leur règne. Et, avec tout ce, il fut ainsi ordené que, pour cele terre que le roy li avoit donnée en l'hommage que il li avoit fait de Gascongue, il seroit mis el royaume de France el conte des barons, et d'ore en avant seroit apelé per[1]. » C'était là un fait capital : le souverain d'une puissante nation, d'une nation rivale, devenait le subordonné du roi de France, se faisait son vassal, et lui devait, dans certains cas, la soumission. Il faudrait connaître bien mal les lois et les usages de la féodalité pour ne voir là qu'un vain mot, qu'une suprématie purement honorifique. Le roi d'Angleterre se plaçait dans une dépendance réelle, et saint Louis l'entendait bien ainsi ; car il maintint, comme l'a observé Boutaric, « un sénéchal. français de Périgord, qui n'eut d'autre occupation que de faire sentir aux agents anglais en Guyenne la supériorité du roi de France. Le parlement de Paris reçut les appels des sentences des sénéchaux anglais, et les fit exécuter par la force[2]. » En 1269, un sénéchal français alla saisir les revenus du monarque anglais à Bordeaux, et plus tard Philippe le Bel tira encore un meilleur parti de sa suzeraineté sur le roi d'Angleterre.

Il faut bien que cette suzeraineté ait été effective et capable de produire de sérieux bénéfices, puisque son acquisition paraît avoir été ici le principal objectif de saint Louis. En effet, ce n'est point un scrupule exagéré, ce ne sont point des doutes sur la légitimité de la confiscation prononcée contre Jean sans Terre qui le faisaient agir. Joinville le dit expressément, quand il rapporte l'entretien du roi et de ses conseillers à ce sujet. « Sire, objectaient les mécontents, ou les conquêtes de votre aïeul ne vous paraissent pas légitimes, et alors vous devez les restituer toutes ; ou elles vous semblent justes,

---

[1] V. Wallon, *Saint Louis et son temps*, t. II, p. 354.
[2] Boutaric, *Saint Louis et Alphonse de Poitiers*, p. 93.

et vous ne devez rien rendre du tout. — Signour, répondit le prince,
je suis certain que li devancier au roy d'Angleterre ont perdu tout
par droit la conqueste que je tieing; et la terre que je li doing,
ne li doing-je pas pour chose que je soie tenu à li ne à ses hoirs,
mais pour mettre amour entre mes enfants et les siens, qui sont
cousin germain ; et me semble que ce que je li doing emploi-je
bien, *pour ce que il n'estoit pas mes hom, si en entre en mon hou-
maige.* » Ailleurs encore, Joinville fait dire au roi « que il savoit
bien que li roys d'Angleterre n'i avoit droit, mais il y avoit bien
raison par quoi il li devoit bien donner la terre » ; c'est ajoute-t-il,
« *que il est mes hom, ce qu'il n'estoit pas devant[1].* » Il ne s'agit donc
pas d'une restitution aux yeux de saint Louis, et sa délicatesse,
quelque admirable qu'elle soit, n'est point en cause; ce n'est l'occasion ni de la louer ni de la blâmer. S'il eût pensé qu'il devait restituer, il eût certainement restitué le tout, et non une minime partie;
sa loyauté bien connue et l'exemple qu'il donna dans d'autres circonstances analogues nous en sont de sûrs garants. L'autorité d'un
passage de Guillaume de Nangis, sur lequel on s'est appuyé, ne
saurait infirmer le témoignage renfermé dans cet entretien si naturel
et si vrai, pris sur le vif, et indiquant le véritable motif de la conduite du roi, qui était le désir de vivre en paix avec l'Angleterre et
de s'assurer une supériorité sur elle en cas de conflit. Était-ce là de
la mauvaise politique? J'y trouve, au contraire, la preuve d'un
sens politique profond, bien au-dessus de celui des conseillers
royaux. C'est le cas de répéter, avec Joinville, que saint Louis savait
mieux décider une question à lui seul qu'avec le concours de ses
officiers, et qu'il n'y avait personne d'aussi habile que lui dans tout
son conseil. D'ailleurs, ce conseil, qu'on lui reproche de ne pas
avoir consulté ou de n'avoir pas écouté, n'avait nullement voix déli-
bérative dans les affaires de ce genre. Beugnot, lorsqu'il prétend le
contraire, se place à un point de vue beaucoup trop moderne. Il
allègue une phrase de Jean de Leyde, chroniqueur du temps, disant
que les pairs de France devoient s'occuper des questions ardues du
gouvernement (*ardua regni negotia tractare*). Matthieu Paris émet
aussi l'idée que nul roi de France ne peut esquiver le conseil des
grands (*consilium optimatum subterfugere*)[2]. C'est là une théorie
admise en général (nous l'avons vu) ; mais ce n'est pas une règle
absolue. Si nous interrogeons les faits, les cas analogues qui se produisent sous saint Louis, nous reconnaissons d'une manière certaine
que le roi avait, dans l'usage, le droit de prendre des décisions impor-

---

[1] Joinville, édition de Wailly, pp. 38, 374.
[2] Beugnot, *Institutions de saint Louis*, p. 64.

Le sire de Joinville.

4

tantes sans l'assentiment de ses conseillers. Comme M. de Wailly l'a constaté dans un éclaircissement fort judicieux ajouté à sa belle édition de Joinville, « ce n'était point par convenance politique, ou par respect pour une ancienne tradition, que saint Louis réclamait habituellement l'avis de ses conseils : c'était par scrupule de conscience et pour mieux connaître la vérité. » Il ne croyait pas devoir les consulter toujours, et quand il les consultait, il ne se conformait pas toujours à leur opinion ; ainsi, lorsqu'il rendit à Matthieu de Trie le comté de Dammartin, qui lui revenait de droit, il agit manifestement contre leur gré. Et personne n'y trouvait à redire, tant cet exercice personnel du pouvoir était dans le droit commun de l'époque. Il y a plus : Joinville, qui juge avec une grande liberté les moindres torts de son héros, l'approuve hautement de prendre à lui seul des décisions graves, « quand il voyoit, comme il dit, le droit tout clair évident. » Il lui fait même un reproche d'avoir écouté ses barons lorsqu'ils l'engagèrent à réserver pour la ville de Damiette les provisions trouvées dans cette place par les croisés. Ainsi, conclurons-nous avec M. de Wailly, « non seulement le roi était libre de ne pas prendre l'avis de ses conseillers, ou, l'ayant pris, d'adopter une opinion contraire, mais encore on le louait souvent d'en agir ainsi. Au contraire, il pouvait être blâmé de s'être conformé à leur avis unanime, au lieu d'avoir embrassé de son propre mouvement une résolution meilleure[1]. » Lors donc que Beugnot et ses imitateurs accusent le saint roi de n'avoir point agi en souverain constitutionnel, ils commettent un anachronisme grossier : le gouvernement de la France était, au XIIIe siècle, une monarchie absolue, tempérée par des institutions diverses, et nullement une monarchie parlementaire. Mais Beugnot écrivait en 1821, et l'on prête volontiers aux époques que l'on étudie les usages et les idées de celle où l'on vit.

J'ai répondu à peu près à toutes les critiques suscitées par ce fameux traité de 1259. Il y en a cependant une dernière, répétée par M. Wallon, qui me paraît au moins singulière. « Les peuples, dit cet historien, ne sont pas des troupeaux dont on puisse trafiquer, et si le conquérant, aujourd'hui encore, ne les consulte pas pour les prendre, c'est bien le moins que le roi dont ils relèvent tienne compte de leurs dispositions avant de les céder volontairement. Or les populations rendues aux Anglais répugnaient à cet abandon[2]... » M. Wallon reconnaît, il est vrai, quelques lignes plus loin, qu'il n'y eut pas abandon de nationalité, qu'il y eut simplement cession

[1] Joinville, édition de Wailly, p. 455.
[2] Wallon, op. cit., t. II, p. 355.

du domaine direct. Alors ce n'était pas la peine d'éveiller une pareille question. Mais, puisqu'on le fait, observons, ici encore, que l'on se trompe absolument d'époque. Quoi! ce ne serait plus seulement le conseil royal, ce seraient les populations elles-mêmes qu'il eût fallu consulter et écouter! Un plébiscite au XIIIᵉ siècle! un appel au suffrage universel sous saint Louis! C'eût été le renversement de l'ordre établi. En bonne conscience, on ne saurait demander à un prince du moyen âge d'agir comme les Machiavels de nos jours.

En résumé, le traité de 1259, malgré une légère diminution du domaine royal, fut bien plus avantageux à la France qu'à l'Angleterre; et ce qui le prouve péremptoirement, c'est que les barons anglais en furent indignés. Il est même permis de croire, avec Boutaric, « que la honte dont ce traité (suivi d'un serment solennel de fidélité prêté au roi de France devant les grands seigneurs des deux pays) couvrit le monarque anglais ne fut pas sans influence sur la révolte qui éclata bientôt après, sous la conduite du comte de Leicester, et manqua de faire tomber la couronne de la tête d'Henri III[1]. »

Tout autre est le caractère du traité de 1229, et bien plus considérables furent les modifications territoriales qu'il amena, modifications toutes au profit du domaine royal, cette fois. Il est vrai que cet acte fut l'œuvre de la régente Blanche de Castille, puisque son fils était encore mineur; mais saint Louis travailla ensuite efficacement à en exploiter les énormes avantages. La guerre des Albigeois, cette grande entreprise à la fois religieuse et politique, avait eu de désastreuses conséquences pour les deux partis : d'une part, le Midi était épuisé, et cependant le comte de Toulouse, Raymond VII, toujours rebelle aux sentences de l'Église, continuait la résistance malgré les conquêtes de Louis VIII; de l'autre, la mort inopinée de ce prince, en 1226, venait d'affaiblir la cause française et de compromettre tous les succès antérieurs; les embarras d'une minorité et l'ébranlement du trône par la coalition féodale empêchaient de poursuivre utilement la campagne. Par l'initiative du cardinal Romain, légat du saint-siège, et de la reine mère, des conférences s'ouvrirent à Meaux, en 1229, et bientôt après fut signée à Paris cette convention, d'une importance si capitale pour notre histoire, qui réconciliait Raymond VII avec l'Église en assurant la réunion du Languedoc, c'est-à-dire de presque tout le midi de la France actuelle, à la couronne. Voici quelles en étaient les principales stipulations. Le comte gardait en fief les diocèses de Toulouse, d'Agen, de Cahors, de Rodez, la partie du diocèse d'Albi située sur

---

[1] Boutaric, *op. cit.*, p. 95.

la rive droite du Tarn. Tout le reste de son vaste État, jusqu'au Rhône, était cédé au roi, et ce qu'il avait au delà du Rhône, c'est-à-dire en dehors du royaume, dans la mouvance de l'empire, était remis au pape; c'est cette dernière portion qui forma le comtat Venaissin. Un nouveau groupe de domaines royaux se trouvait donc formé dans le Midi : il comprenait les diocèses de Nîmes, d'Uzès, de Narbonne et de Carcassonne, et il été séparé en deux par la seigneurie indépendante de Montpellier, avec le comté de Mauguio et le comté d'Agde. Seulement Narbonne et son territoire appartenaient à des vicomtes particuliers, et la suzeraineté seule en était transférée au roi. Ces pays formèrent deux grands gouvernements, appelés les

Carcassonne.

sénéchaussées de Nîmes et de Carcassonne. Louis VIII, en les occupant en partie, y avait déjà installé des sénéchaux; mais l'administration royale n'y fut régulièrement organisée que sous saint Louis. Ils ne dépendirent réellement et solidement de la couronne qu'à partir du traité de 1229, qui légitimait et consacrait la conquête française. Moyennant de telles concessions, moyennant l'engagement de travailler à l'extirpation des hérésies qui subsistaient dans son comté, moyennant la promesse de prendre la croix, moyennant une pénitence publique et l'hommage lige prêté à saint Louis, moyennant enfin des garanties et des indemnités pécuniaires, la paix fut accordée à Raymond et par l'Église et par le roi. Et quelle compensation obtenait-il en retour d'une soumission si complète? C'est ici le chef-d'œuvre de la diplomatie de la régente. Elle qui n'eût pu, en ce moment, arracher par la force au comte de

Toulouse ni un pouce du territoire ni l'abandon d'un seul droit,
non seulement elle obtenait tout par la voie des négociations, mais
elle avait le bonheur ou l'adresse de lui faire accepter comme un
dédommagement, comme une faveur unique, ce qui allait précisément consommer sa ruine. La fille de Raymond VII était admise
à l'honneur d'épouser un frère du roi de France; mais cette fille
devait rester la seule héritière du comté, lors même que son père
serait venu à avoir d'autres enfants; mais surtout, dans le cas où
elle et son époux décéderaient sans postérité, leur héritage devait
revenir directement et immédiatement à la couronne. Ainsi le comte
ne gardait plus que l'usufruit des seigneuries qui lui étaient laissées;
elles appartenaient désormais, soit à un prince de la maison de
France, soit au chef suprême de cette maison. C'était, dans un délai
qui ne devait pas être long, l'annexion du Languedoc entier; c'était
la fusion des deux grandes régions du nord et du midi. Et cependant
Raymond acceptait cette clause avec l'accent de la reconnaissance :
*Dominus autem noster, attendens humilitatem nostram, et sperans
quod in devotione Ecclesiæ et fidelitate ejus fideliter perseveremus,*
VOLENS NOBIS FACERE GRATIAM, *filiam nostram,* QUAM SIBI TRADEMUS,
*tradet in uxorem uni de fratribus suis, per dispensationem Ecclesiæ,
et dimittet nobis totum episcopatum Tholosanum,* etc.[1]

Quel prestige devait avoir déjà le nom royal, pour qu'un pareil
langage sortît de la bouche d'un adversaire naguère si redouté!
Mais, si le comte de Toulouse ne se sentait pas entièrement dépouillé
par le traité de Paris, l'opinion publique ne s'y trompait pas, et
dès le premier moment elle regarda sa dépossession comme virtuellement accomplie. J'en trouve une preuve curieuse dans une
anecdote demi-sérieuse, demi-plaisante, qui circulait du temps de
saint Louis, et qui est encore inédite. Raymond, nous raconte l'auteur d'un recueil d'exemples anonymes, était poursuivi en justice, par-
devant le roi de France, par certain prieur dont il détenait les biens
à l'époque où il s'occupait de conclure l'accord en vertu duquel sa
fille devait épouser le frère de ce prince. Le jour même où fut terminé cet arrangement, il traitait le roi à sa table, quand, au milieu
du repas, on entendit frapper violemment à la porte. Un écuyer du
comte vint voir ce que c'était et reconnut le prieur, qui demandait
à entrer. Il retourna dire à son maître : « Seigneur, c'est ce prieur
que vous savez. — C'est bon, cria Raymond; réponds-lui qu'il
compte les clous de la porte, je dîne avec le roi. » La commission
fut faite aussitôt. « Ah! c'est ainsi! fit alors le religieux. Eh bien!
je te charge à mon tour de porter cette réponse à ton seigneur :

[1] V. ce traité dans l'*Inventaire du trésor des chartes*, t. II, p. 147.

dis-lui qu'il mange le plus qu'il pourra, car il n'aura bientôt plus rien à se mettre sous la dent; il a vendu aujourd'hui l'héritage de ses pères[1]. »

En effet, comme par un jugement providentiel, les éventualités prévues par le traité se réalisèrent promptement. Raymond, après de nouvelles révoltes suivies de nouvelles défaites, étant mort en 1249, Alphonse, comte de Poitiers, qui était devenu son gendre, ajouta ses possessions à l'apanage dont il jouissait déjà, et devint par là le plus puissant feudataire du royaume. Mais Alphonse n'était, pour ainsi dire, que lieutenant de son frère; le gouvernement de son vaste domaine fut calqué sur celui du domaine royal; ses actes administratifs, les mesures pacificatrices par lesquelles il cicatrisa les plaies encore saignantes du Languedoc et ramena peu à peu le cœur de ses habitants à la grande patrie française, furent inspirés et dictés par saint Louis en personne. En réalité, c'est de Paris que partaient les ordres; Alphonse ne faisait que les exécuter avec une docilité intelligente. L'annexion s'opérait insensiblement. Dieu la voulait; car il n'accorda précisément aucun héritier au comte de Poitiers et à sa femme, et, quand ils moururent tous deux en même temps, la moitié méridionale de la France, rattachée d'avance à l'autre moitié, s'y trouva soudée naturellement et sans secousse. Le domaine royal s'étendit d'un seul coup jusqu'aux Pyrénées; au lieu d'être l'exception sur le sol français, la souveraineté du roi devint la règle, et les grands feudataires n'occupèrent plus à leur tour que des territoires morcelés, inférieurs en richesses et en consistance, destinés à une absorption graduelle et inévitable. L'unité de la France était véritablement fondée, et l'assiette définitive de la grande puissance catholique se trouvait être, en somme, le résultat le plus clair de la tentative de scission et de désorganisation entreprise par les Albigeois. Saint Louis venait d'expirer lorsque l'œuvre commencée par le traité de Paris reçut ce magnifique couronnement, en 1271; mais, si elle vint à bien, c'est grâce à la prudence, à la modération, au tact avec lequel il la poursuivit par l'entremise de son frère, de ses sénéchaux, de ses enquêteurs, et il faut sans aucun doute la regarder comme une des gloires les plus indiscutables de son règne.

Ainsi, en définitive, saint Louis laissa le royaume, et surtout le domaine royal, considérablement plus étendus qu'il ne les avait trouvés. Sans être le moins du monde un conquérant (car il n'estimait légitimes que les agrandissements consacrés par l'accord des parties), il fit faire à la monarchie capétienne un pas plus décisif, un

---

[1] Manuscrit 454 de la bibliothèque de Tours.

progrès plus éclatant que tous ses prédécesseurs réunis. On ne trouvera plus d'aussi grand destructeur de la féodalité jusqu'à Louis XI;
car, chose étonnante, c'est Louis XI qui achèvera la tâche du saint
roi, Louis XI, son antipode vivant, qui visera au même but par des
moyens tout opposés, l'astuce au lieu de la loyauté, l'intrigue au
lieu de la fermeté, l'injustice au lieu de l'équité minutieuse. Ce sont
deux politiques absolument contraires; mais entre les deux le choix
des gens de bien ne peut hésiter. Celle de saint Louis est la politique morale, la politique chrétienne par excellence. Ses succès furent
beaucoup plus honorables, et ils furent aussi beaucoup moins coû-
teux. Dieu a voulu, par son exemple, montrer aux disciples de
Machiavel que l'honnêteté est encore le meilleur programme des
gouvernements, et que les grands principes qui régissent la vie
privée doivent être aussi la base et la force des États. C'est une leçon
que l'étude de son histoire nous fournira plus d'une fois.

CHAPITRE III

Tentatives du roi d'Angleterre. — Coalition du comte de la Marche et de la noblesse du Midi. — Campagne foudroyante de 1242; combat de Taillebourg. — La guerre de Cent ans reculée d'un siècle. — Rapports ultérieurs de saint Louis avec l'Angleterre.

Presque à ses débuts, on voit saint Louis affirmer hautement la politique antiféodale et en même temps éminemment nationale dont nous avons parlé. Au fond, la pensée générale de son règne se résume en deux mots : la paix entre les États chrétiens, la lutte contre leurs ennemis communs. Saint Louis se regarde comme investi moralement de l'héritage de Charlemagne. La société chrétienne est pour lui comme une vaste famille, comme un empire un et indivisible dans le fond, malgré sa subdivision en royaumes, principautés ou seigneuries. Il est chargé d'en conserver l'harmonie; il est le « sergent de Jésus-Christ », à qui incombe la mission de maintenir le troupeau de ses fidèles en bon ordre, sous la houlette du pasteur commun. La même mission comporte la résistance aux agresseurs de la chrétienté, le refoulement des envahisseurs, la guerre aux infidèles. Telle est sa double ligne de conduite, logique, invariable.

Mais l'amour de la paix ira-t-il chez saint Louis jusqu'à la condescendance, jusqu'à la faiblesse envers ses voisins? Lui fera-t-il sacrifier les intérêts majeurs de ses sujets, ou même l'agrandissement de son pouvoir royal? Non, car à ce sentiment il impose pour borne le droit, le droit strict et absolu, dont il se fait le premier l'esclave pour avoir la liberté de le faire respecter aux autres. Il observe le droit d'autrui, mais il veut qu'on observe le sien comme celui du premier venu. S'il apaise un différend, ce n'est jamais que sur les bases de l'équité, de l'impartialité ; quand il ne peut arriver à la justice par les moyens pacifiques, alors il n'hésite pas à saisir son épée ; l'agneau devient lion et se précipite au combat pour atteindre son but par le chemin le plus court.

La seule puissance chrétienne avec laquelle il soit obligé d'en venir à cette extrémité, c'est l'Angleterre. Dès le début de son règne, Henri III, attiré sur le continent par le comte de Bretagne, Pierre Mauclerc, prend part à la coalition féodale qui menace le trône mal assis de l'héritier de Louis VIII. Il songe à reprendre la Normandie, arrachée naguère à la domination anglaise par la confiscation légalement prononcée des biens de Jean sans Terre ; quelques traîtres de ce pays viennent lui offrir leur concours. Il veut en même temps prendre possession de la Bretagne, dont le comte lui a fait l'hommage, bien qu'il fût le vassal de la couronne de France depuis Philippe-Auguste. Le jeune roi, à peine âgé de seize ans, ne doute pas, quoi qu'on en ait dit, de la légitimité des agrandissements de domaine ou de suzeraineté opérés par son aïeul ; il marche, à la tête des barons fidèles, sur la Flèche, sur Angers, sur Ancenis ; là il déclare le comte de Bretagne déchu de sa dignité, et fait jurer à tous ses vassaux de ne conclure ni paix ni trêve avec les Anglais sans son assentiment. Henri III, se voyant abandonné, se retira dans son île, et saint Louis, satisfait d'avoir maintenu ses droits sur les deux provinces, signa, sur la demande du pape, une première trêve avec l'Angleterre au mois de juillet 1231. Cette suspension d'armes fut renouvelée trois ans plus tard, également sur les instances de Grégoire IX, et la lettre écrite à ce sujet par le vieux pontife au jeune monarque nous fait voir que la raison politique du saint-siège était absolument conforme à celle de la royauté ; en effet, dans cette lettre, qui était close, particularité assez rare dans la chancellerie pontificale et qui dénote un message confidentiel, Grégoire IX n'invoque pas d'autres considérations que la nécessité pour les princes chrétiens de s'accorder entre eux dans le but de secourir la terre sainte. La paix intérieure de la chrétienté dans l'intérêt de la guerre extérieure était donc le programme commun du pape et du roi, et l'on ne peut s'empêcher de remarquer ici avec quel empressement filial le second entra dans les vues du premier.

En 1241, le monarque anglais, beaucoup moins scrupuleux que son voisin, profita d'une circonstance favorable pour recommencer ses tentatives. Une vaste conjuration venait de se former dans le sud-ouest de la France, à l'instigation du comte de la Marche, Hugues de Lusignan, et de sa femme Isabelle, la propre mère d'Henri III,

remariée en secondes noces à ce seigneur. Un rapport secret extrêmement curieux, adressé à la reine Blanche par un bourgeois de
la Rochelle qui était resté attaché à sa cause, nous révèle en détail
les causes et les préparatifs de cette levée de boucliers, tout en nous
faisant assister à des scènes d'intérieur pleines d'animation[1]. La
comtesse de la Marche, qui ne pouvait supporter l'humiliation infli-
gée à son premier époux Jean sans Terre par le roi de France, et dont
le caractère altier faisait plier son second mari sous sa volonté, entra
en fureur à la pensée que celui-ci avait prêté l'hommage au frère
de saint Louis, Alphonse de Poitiers, récemment investi de son apanage. Il avait fait bien pis : il s'était engagé par traité à rendre au

Angers.

même Alphonse Saint-Jean-d'Angély et l'Aunis, qui lui avaient été
cédés en perspective du mariage de son fils avec la sœur du roi,
mariage qui n'avait pu s'accomplir; et c'est là cette convention que
Joinville appelle à tort une « mauvaise paix », parce qu'elle fut signée
à la suite de négociations mystérieuses dont l'objet lui échappait,
mais qui était, au contraire, tout à l'avantage de la couronne.
Enfin le comte de la Marche avait donné l'hospitalité, dans son
propre château de Lusignan, aux chefs de la maison de France, si
abhorrée, à saint Louis et à son frère. Autant de lâchetés aux yeux
de l'impérieuse comtesse. Dans sa colère, elle accourt à son tour

---

[1] Ce rapport, découvert récemment par M. Léopold Delisle, a été publié dans la *Bibliothèque de l'École des chartes*, année 1856, p. 513.

à Lusignan, et, comme pour purger le château de la souillure qu'il
avait subie, elle en fit immédiatement retirer tous les meubles, les
draps, la literie, les coffres, les vases, les ornements de chapelle,
et jusqu'à l'image de la sainte Vierge.

Mais laissons l'auteur du rapport anonyme nous raconter lui-même
la suite de ces extravagances. « A cette vue, le comte, fort affligé,
lui demanda d'un ton humble et soumis pourquoi elle dépouillait si
indignement le château, ajoutant qu'elle pouvait acheter autant et
d'aussi beaux meubles à Angoulême et qu'il les payerait volontiers.
— Fuyez, lui dit-elle, et ne restez plus en ma présence, vous qui
avez fait honneur à ceux qui vous déshéritent; je ne vous verrai plus
désormais. Le pauvre mari la suivit pourtant au bout de deux jours
à Angoulême, et entra dans la ville, mais il ne put avoir accès dans
le château où elle était; pendant trois jours entiers il dut manger
et coucher dans la maison du Temple, aux portes de ce château.
Alors enfin, par la médiation d'un tiers, il obtint la faveur de parler
à sa femme. Quand il se présenta, elle se mit à fondre en larmes,
afin que ses pleurs et ensuite ses paroles servissent à l'émouvoir.
O le plus mauvais des hommes! s'écria-t-elle, n'avez-vous pas vu à
Poitiers, où j'ai dû attendre trois jours pour donner satisfaction à
votre roi et à votre reine, n'avez-vous pas vu qu'au moment où je
parus devant eux dans la chambre, le roi siégeait d'un côté du lit
et la reine de l'autre, avec la comtesse de Chartres et sa sœur l'ab-
besse (de Fontevrault), et qu'ils ne m'ont pas même invitée à m'asseoir avec eux, le faisant à dessein pour m'avilir devant tout le
monde? L'indignation que j'éprouve, plus encore que la perte de cette
terre dont ils nous ont si méchamment dépouillés, me tuera, si,
Dieu aidant, ils n'ont pas à se repentir et ne perdent du leur. Ou je
perdrai moi-même tout ce qui me reste, ou je mourrai de chagrin.
A ces paroles et devant ces larmes, le comte, bon comme vous le
savez, fut très ému et dit : Madame, ordonnez; tout ce que je
pourrai, je le ferai. — Eh bien! oui, reprit-elle; sinon, jamais plus
vous ne m'approcherez ni je ne vous verrai. Et il lui jura avec plus
de force qu'il ferait sa volonté[1]. »

A l'issue de cette scène conjugale, où l'astuce de la femme et la
faiblesse du mari sont peintes de main de maître, la révolte s'organisa. Le comte persuada les barons du Poitou que le roi de France
et sa mère voulaient leur enlever tout ce qu'ils tenaient du roi d'Angleterre. Il recruta des adhérents dans tout le Midi : les comtes de
Comminges, d'Armagnac, le vicomte de Narbonne, celui de Béziers,
les sires de Lautrec et de l'Isle-Jourdain, les seigneurs de Gascogne,

---

[1] Ce passage a été traduit par M. Wallon, *Saint Louis et son temps* (tome I).

Chinon.

les maires de Bordeaux, de Bayonne, de Saint-Émilion, de la Réole, et une foule de châtelains répondirent à son appel. Tout ce qui avait la haine de la France, tout ce qui redoutait les suites du traité de 1229, par lequel le comté de Toulouse et la plus grande partie du Languedoc étaient assurés à la maison royale, jeta un cri d'insurrection. Le comte de Toulouse lui-même, quoique devenu le beau-père d'Alphonse de Poitiers, promit de rompre ses engagements. On alla chercher jusqu'à des princes étrangers : le roi d'Aragon offrit son concours ; l'empereur Frédéric II, qui s'était obligé par écrit, en 1232, à empêcher les barons allemands de s'allier aux Anglais contre la France, mais qui ne regardait pas de si près à sa parole, excita de loin une révolte qui servait ses desseins contre le pape, en occupant dans l'intérieur de son royaume l'allié naturel du saint-siège. Mais surtout on invoqua l'intervention d'Henri III, qui se mit, en effet, à la tête du mouvement et prépara une descente en Poitou.

Le comte de la Marche commença les hostilités en reniant l'hommage qu'il avait prêté et en défiant publiquement Alphonse de Poitiers. Peu de temps après, le roi d'Angleterre débarquait en Bretagne et pénétrait jusqu'à Royan, avec son frère et une grande partie de sa noblesse, et trente tonneaux remplis de sterlings pour lever des troupes. C'était donc, cette fois, plus qu'une conjuration de seigneurs; c'était une véritable lutte nationale que saint Louis allait avoir à soutenir. La voie pacifique était-elle encore praticable? Il l'essaya d'abord, en sommant Hugues de Lusignan de revenir au devoir et de reconnaître son seigneur. Fidèle à ses principes, il lui répugnait de recourir à la force avant d'avoir épuisé tous les moyens d'accommodement. D'ailleurs, le mystérieux correspondant de sa mère avait ajouté à son rapport des considérations et des avis qui devaient le confirmer dans ce sentiment, et ils répondaient trop bien à sa ligne de conduite habituelle pour n'être pas écoutés.

« La paix est un très grand bien, si vous pouvez de quelque façon les tenir en paix, et il y a grand péché mortel dans la guerre ; car votre terre de Poitou est, par la grâce de Dieu, dans un meilleur état maintenant qu'elle n'a jamais été du temps des rois anglais. Sachez-le, en vérité, quoi qu'en disent vos Poitevins, qui veulent toujours la guerre, *la mort viendra sur eux et leur glaive sera brisé*, et leur épée entrera dans leur cœur; car, s'ils font la guerre, par un effet de la juste providence de Dieu, ils perdront par leur ingratitude ce que, pour le bien de la paix, vous leur avez gratuitement laissé du domaine du comte de Poitiers[1]. » Cela revient à dire que

---

[1] Ce passage a été traduit par M. Wallon, *Saint Louis et son temps* (tome I).

celui qui entame la guerre sans nécessité absolue est un grand coupable, et l'on aime à constater que saint Louis n'était pas seul, de son temps, à penser ainsi. Mais, cette fois, ses efforts furent vains; il dut entrer en campagne malgré toute sa bonne volonté, après en avoir laissé tomber la responsabilité sur ses adversaires.

Aussitôt son parti pris, il change d'allure, et l'on voit subitement apparaître le lion dont je parlais. Averti de tout à l'avance par le partisan ou l'agent secret qui lui écrivait de la Rochelle, au premier signal des hostilités ouvertes en Poitou par les gens du comte de la Marche, il se trouve prêt, il part, il arrive sur le théâtre de la lutte. A Chinon, il est rallié par de nouveaux renforts : quatre mille chevaliers, vingt mille écuyers, avec des gens d'armes et de trait. On fait le désert devant lui en ravageant les champs, en comblant les puits, en empoisonnant les fontaines. Il passe outre, et prend coup sur coup les places de Montreuil en Gâtine, de Fontenay-le-Comte, de Moncontour, de Vouvant. Échappant, dit-on, au poison préparé contre lui-même à l'instigation de la comtesse de la Marche, il s'avance jusqu'à Fontenay, met le siège devant la forteresse, où ses ennemis avaient accumulé les défenses, et s'en empare en quinze jours. Le propre fils du comte lui est amené prisonnier avec la garnison ; les officiers royaux veulent le faire pendre : « Non, dit Louis ; ce jeune homme n'est pas coupable pour avoir obéi aux ordres de son père, ni ses hommes pour avoir servi fidèlement leur seigneur. » Et il les fait garder en lieu sûr.

Ces succès foudroyants avaient à peine laissé au monarque anglais le temps de gagner Saintes et de venir camper devant Taillebourg. Saint Louis le rejoint en ce lieu, loge ses troupes dans la ville et s'apprête à l'attaquer le lendemain. L'armée des coalisés comptait plus de vingt mille hommes. On en prête au roi un plus grand nombre ; mais cet avantage était compensé par les difficultés du passage de la Charente, rivière profonde, aux bords escarpés, qui le séparait de son adversaire. Un pont très étroit, gardé par les Anglais, reliait seul les deux rives ; on ne pouvait faire face à l'ennemi que sur un front des plus restreints. Malgré cet obstacle, quelques Français, raconte Joinville, franchirent sur des barques la « male rivière », et alors « l'empoignement commença fort et grand ». Le jeune roi se jeta dans la mêlée ; les ennemis, au même instant, se présentent vingt contre un, mais sa bravoure les fait reculer. Aussitôt il fait occuper le pont. Son armée commence à passer. C'est le signal de la déroute des Anglais. Henri III, renonçant à la lutte, envoie son frère demander une trêve, qui lui est accordée pour vingt-quatre heures, en considération du dimanche, et parce que son vainqueur espère toujours une conclusion pacifique. A la faveur

Bataille de Taillebourg, d'après le tableau d'Eugène Delacroix.

de cette suspension d'armes, toutes ses troupes plient bagage, se retirent confusément, et lui-même joue des éperons jusqu'à ce qu'il se sente à l'abri derrière les murs de Saintes.

Cette journée célèbre (20 juillet 1242) devait décider du sort de la campagne. La reddition de tous les châteaux, la soumission de Hugues de Lusignan et de son altière épouse, qui durent venir se jeter avec leurs enfants aux genoux du roi de France, la dissolution de la ligue, la brouille d'Henri III et du comte son beau-père, qui se reprochèrent mutuellement, comme il arrive toujours, la fatale issue de leur entreprise, la retraite du roi d'Angleterre dans ses possessions de Guyenne, se succédèrent rapidement. Saint Louis voulait pousser jusqu'à Bordeaux, et enlever ce dernier refuge à son adversaire ; mais la dysenterie, qui se mit à décimer ses troupes et qui l'atteignit lui-même, le contraignit de s'arrêter et de consentir à une nouvelle trêve qui devait durer cinq ans. A partir de cette époque, dit un chroniqueur du temps, les barons de France cessèrent de rien entreprendre contre leur roi, l'oint du Seigneur, voyant manifestement que la main de Dieu était avec lui[1]. Un si beau résultat avait été obtenu presque sans sacrifices ; car, suivant la remarque de Joinville, le roi n'avait imposé à ses sujets, pour cette expédition, aucune charge extraordinaire. Il avait frappé un grand coup ; réduit à faire la guerre, il avait conquis le droit de commander la paix et de songer librement à la défense extérieure de la chrétienté. Désormais il n'aura plus besoin de sortir de son rôle pacifique vis-à-vis des puissances de l'Europe. Le prestige de son épée suffira pour prévenir les agressions ; l'éclat de sa force et de sa modération fera de lui l'arbitre des princes.

Comme corollaire à ce récit abrégé de la guerre contre les Anglais, il est on ne peut plus curieux de mettre en regard un échantillon des bulletins de campagne d'Henri III. Ce n'est pas d'hier que les vaincus ont pris l'habitude de raconter à leur guise leurs défaites et de s'ingénier à composer des versions fantaisistes. Nous n'avons même pas inventé cet art, et je ne sais si le télégraphe l'a perfectionné, à en juger par le contenu de la lettre adressée par le roi d'Angleterre à son allié secret, l'empereur Frédéric II : « La trêve étant ainsi rompue par la faute du roi de France, lui écrivait-il, nous avons, du conseil de tous nos fidèles, commencé à lui faire la guerre ; et nous sommes certain que notre expédition eût été heureuse, avec la grâce divine, si le comte de la Marche et les autres de notre parti en Poitou nous avaient fidèlement aidé et fermement soutenu ; mais le contraire est arrivé, comme cela paraîtra clairement

[1] Chronique de Guillaume de Nangis.

par ce qui suit. Nous avançant donc de Pons jusqu'à Saintes, où nous sommes resté quelques jours, nous sommes venu ensuite jusqu'à Tonnay-sur-Charente, où les nôtres entrèrent pour incommoder le roi, qui assiégea les châteaux dudit comte et de ses gens, et s'en empara selon sa volonté; et cela n'est pas étonnant, car le comte a laissé ces châteaux et les autres dépourvus de bonnes troupes et de toute autre munition... Quant à nous, apprenant que le roi approchait de l'autre côté du fleuve vers Taillebourg, nous y sommes revenu pour lui fermer le passage du fleuve; mais, comme nous ne le pouvions faire, parce que nous avions amené avec nous peu d'hommes d'armes de notre nation d'Angleterre, et à cause de la puissance du roi, que nous voyions bien supérieur à nos forces, du conseil de tous nos fidèles, nous sommes revenu à Saintes... Comme nous ne pouvions demeurer davantage sans péril pour notre personne et pour tous ceux qui étaient avec nous au milieu de cette nation perfide et sans pudeur du Poitou, nous nous sommes transporté en Gascogne. Après avoir passé la Gironde en laissant une bonne garnison à Blaye, nous nous sommes arrêté en face de cette ville, parce que le roi de France était venu avec une armée pour l'assiéger. Mais, étant resté à deux milles de la ville pendant quinze jours environ dans son camp, il n'a pas osé s'en approcher de plus près, bien que ses troupes eussent eu de forts engagements avec notre garnison, *et ainsi il a fini par retourner dans son pays* [1]. »

Pas un mot du combat de Taillebourg, ni de la déroute, ni des trêves sollicitées et obtenues; en revanche, le roi de France est dépeint comme n'osant pas se mesurer avec son adversaire et se retirant par frayeur ou lassitude. Il y a dans ces lignes autant d'habileté, autant de fécondité d'imagination que dans certaines dépêches modernes. Mais heureusement les actes originaux sont là pour attester la vérité, et pour empêcher l'histoire de devenir un jeu de l'esprit.

Saint Louis ayant contracté dans les marais de la Saintonge les germes d'une maladie grave et s'étant croisé pour obtenir sa guérison, le privilège qui couvrait les princes et les pays engagés dans la guerre sainte empêcha le roi d'Angleterre de reprendre les hostilités avant le retour de son adversaire. Mais, après que l'Orient eut rendu son souverain à la France, Henri III fut arrêté dans ses velléités d'attaque par des raisons d'un ordre différent. Des révoltes intestines désolaient son propre royaume et l'absorbaient à son tour; force lui fut de demander une nouvelle prolongation des trêves. Saint Louis voulut profiter de ces dispositions et de la bonne intelligence amenée par une visite du prince anglais à Paris, pour convertir le précaire

---

[1] *Royal and other historical letters of the reign of Henry III,* t. II, p. 25. Wallon, I, 401.

état de choses résultant du régime de la trève en une situation
solide et régulière, n'offrant plus aucun prétexte à la reprise de ces
luttes continuelles, si funestes aux deux pays. C'est ce qui l'engagea

Bataille d'Evesham.

à négocier, en 1258, ce fameux traité dont j'ai suffisamment parlé
dans le chapitre précédent, et qui, ratifié l'année suivante, régla
définitivement les rapports des deux couronnes. Le roi d'Angleterre
abandonnait toute prétention, tout espoir de revendication sur les
possessions continentales de ses prédécesseurs. Il gardait seulement
son duché de Guyenne, mais à titre de fief, sous la suzeraineté du roi

de France; il devenait par là l'homme lige de ce prince, auquel il
devait prêter un serment de fidélité. En compensation, une partie
du Périgord, du Limousin et du Quercy, qui avaient appartenu jadis
aux monarques anglais, était ajoutée à son fief. Acte de profonde
politique, comme je crois l'avoir montré. Saint Louis acquérait une
supériorité de droit sur son rival, et le droit féodal, en ce temps,
était respecté de tous; cette supériorité, il l'exerça de fait, et son
petit-fils Philippe le Bel la fit sentir encore mieux au successeur
d'Henri III. En outre, la guerre internationale, sans cesse renaissante,
était prévenue désormais par la reconnaissance des faits accomplis
et l'abdication volontaire, spontanée, du fils de Jean sans Terre.
Par une admirable prévoyance, saint Louis, devinant que cette lutte
périodique serait pour les deux royaumes un fléau séculaire et désas-
treux, la rendait impossible. Et qui peut dire que la guerre de
Cent ans, avec tout son cortège d'horreurs et de dévastations, se fût
jamais déchaînée, si sa loyale et saine politique eût été suivie après
lui? Au lieu de voir deux grandes nations s'entre-détruire dans les
convulsions d'un antagonisme acharné, on les eût vues s'adonner de
concert aux travaux de la paix, à la défense des intérêts chrétiens en
Orient, et l'alliance franco-anglaise, cette conception féconde, dont
il a fallu de longs siècles pour démontrer l'utilité, eût été réalisée
cinq à six cents ans plus tôt. Saint Louis se trouve ici le précurseur
d'une grande idée moderne : comment blâmerait-on chez lui ce qu'on
a tant applaudi de nos jours? Si l'on pouvait revenir actuellement à
son programme, ou plutôt si l'on n'en était jamais sorti, l'Europe ne
serait pas exposée aux terribles dangers qui la menacent; il a donc été
plus qu'un politique ordinaire, il a été un voyant.

Les relations ultérieures de notre grand roi avec l'Angleterre nous
font clairement voir les conséquences de l'état de choses constitué
par son initiative en 1259. Il intervient dans les discordes de plus en
plus violentes d'Henri III et de ses vassaux; car il a maintenant
un nouveau titre pour leur imposer sa décision, celui de suzerain.
La reine Marguerite, sa femme, dont la sœur avait épousé le roi
d'Angleterre, profite également de ses liens de famille pour travailler
à l'apaisement des révoltes. Une correspondance intéressante, mise
en lumière depuis peu[1], nous la montre prenant une part active aux
négociations, aux démarches tentées des deux côtés; et ce n'est pas
sans un certain étonnement que l'on voit cette princesse, autrefois
renfermée dans un rôle tout intime et complètement effacée par sa
belle-mère, déployer dans ces affaires délicates un caractère viril et
résolu dont elle avait, du reste, déjà donné des preuves pendant la

[1] V. *Marguerite de Provence,* par Boutaric. (Extrait de la *Revue des questions historiques.*)

captivité de son mari chez les Sarrasins. Les papes s'occupent aussi de pacifier l'Angleterre, et ce sont eux-mêmes, eux, les suzerains de cette contrée, de par l'hommage d'un de ses rois, qui remettent à saint Louis l'arbitrage de ses destinées. Urbain IV, Clément IV, invitent tour à tour ce prince à interposer sa médiation entre Henri III et ses sujets. Ils lui envoient pour cet objet des légats spéciaux; les prélats des deux pays s'en mêlent aussi, et enfin le roi et les barons anglais viennent eux-mêmes déposer leur cause entre ses mains. Voilà donc leur ennemi de la veille transformé en juge de leurs querelles! Ce prince, qui les avait vaincus par les armes, les subjuguait encore par l'ascendant de sa droiture; ils se soumettaient d'avance à sa décision, eux qui naguère n'avaient pas assez de malédictions pour sa personne, pas assez de haine pour sa domination! Quel plus beau triomphe pour la politique de saint Louis, et quelle consécration plus éclatante de la suzeraineté acquise par lui en 1259! Les statuts d'Oxford, imposés à Henri III par la ligue des seigneurs rebelles, et restreignant considérablement les prérogatives de la couronne, faisaient le fond du différend. Après avoir tenu à Amiens une assemblée solennelle où fut tranché, comme le dit Tillemont, le débat le plus important et le plus célèbre qui ait peut-être été jugé par un homme, le roi de France déclara ces statuts subversifs et donna gain de cause à son royal vassal, non point parce qu'il était son pareil, mais parce que le droit parut être de son côté; en effet, la garde des châteaux, la nomination des officiers et des membres du conseil, enlevés au roi d'Angleterre, devaient lui revenir en vertu des coutumes féodales. Cette sentence arbitrale, rendue en 1264, fut confirmée par le pape. Toutefois elle ne fut pas longtemps respectée par la partie qui avait eu le dessous, et les hostilités recommencèrent. Après des péripéties diverses, la médiation de saint Louis, invoquée de nouveau, puis repoussée par les barons vainqueurs, fut remplacée par une série de combats qui finalement décidèrent comme lui en faveur d'Henri III, et la bataille d'Evesham, où périt, en 1265, le chef des révoltés, Leicester, fut une sorte de jugement de Dieu ratifiant par une sentence sans appel celle qu'avait prononcée le plus consciencieux et le plus impartial des juges.

Pour terminer cette esquisse des rapports de saint Louis avec l'Angleterre, je citerai un exemple encore plus frappant de sa loyauté et de son désintéressement. Dans l'excès de son zèle pour la cause de son beau-frère, la reine Marguerite demanda un jour au comte de Poitiers de faire arrêter, pendant qu'ils traversaient ses États, quelques habitants de Bayonne attachés au parti des barons anglais. Le comte n'y vit pas d'inconvénient, et donna des ordres dans ce sens. Mais tous deux avaient compté sans la justice inébranlable du

roi de France et sans son respect pour le droit des gens, qui interdisait d'emprisonner des sujets anglais pour un pareil motif, leur
pays n'étant pas en guerre avec le royaume. Louis se fit remettre
ces prisonniers, et, après enquête, leur rendit la liberté. « Cette
doctrine de non-intervention, qui, bien qu'acceptée, dit l'historien
d'Alphonse de Poitiers, n'a pas toujours été observée dans les temps
modernes, n'avait pas cours au moyen âge, et il faut louer hautement saint Louis d'avoir agi contre ses sympathies privées en ne se
faisant pas en France l'exécuteur des vengeances ou le ministre des
intérêts d'un souverain étranger [1]. » La conduite du roi est ici d'autant plus remarquable, que non seulement il résistait aux désirs
d'une épouse tendrement aimée, mais qu'il était, à cette époque, le
défenseur et l'allié d'Henri III, et que les adversaires de ce prince
pouvaient être considérés comme les siens. La reine Marguerite, qui
avait le mérite de la fermeté, mais qui avait aussi le défaut de cette
qualité (on en a la preuve dans certains propos rapportés par Joinville et dans l'engagement qu'elle fit prendre à son fils Philippe de
rester sous sa direction jusqu'à l'âge de trente ans, engagement dont
le saint-siège dut prononcer la nullité), la reine Marguerite ne se
tint pas pour battue; elle écrivit de nouveau au comte de Poitiers
pour lui dire que son mari avait cru devoir délivrer les prisonniers
bayonnais, mais qu'elle le requérait, elle, de leur interdire au moins
le séjour dans ses domaines, ce qu'Alphonse lui accorda. C'est ainsi
que, dans la lutte perpétuelle entre le droit et l'intérêt, le bon roi
se trouvait souvent seul à défendre le premier, et rencontrait de l'opposition, même parmi les siens; mais il savait passer outre et s'iso-
ler des choses de la terre, pour se guider uniquement sur les règles
immuables de la morale.

[1] Boutaric, *Saint Louis et Alphonse de Poitiers*, p. 110.

CHAPITRE IV

SAINT LOUIS RÉSISTE A L'ALLEMAGNE

Déloyauté de l'empereur Frédéric II. — Sa lutte contre le saint-siège. — Saint Louis se pose en défenseur de la papauté. — Rancune de l'empereur. — Politique du roi en Sicile, en Aragon, en Provence. — Saint Louis, médiateur des princes.

A l'est, la France avait un voisin plus redoutable que l'Angleterre, un voisin que la politique royale, depuis Bouvines, tendait à ménager. Dans cette journée mémorable, d'une importance si capitale par ses conséquences, l'empire avait perdu tout espoir de faire valoir ses prétentions à la suzeraineté effective de l'Occident. L'autonomie des nations européennes, en particulier de la nôtre, avait reçu là une sanglante et définitive consécration. Cependant l'Allemagne était demeurée forte, et il importait de vivre en bon accord avec elle encore plus qu'avec les autres puissances, ne fût-ce que pour conserver sans conteste le bénéfice des faits accomplis. Nous allons donc voir la politique de saint Louis suivre à son égard la ligne pacifique qui lui a été tracée aussi bien par l'intérêt de la chrétienté que par celui de son royaume et par son penchant personnel, mais seulement jusqu'au point où le devoir et le service de la cause catholique viendront poser à sa bonne volonté une borne sacrée.

Frédéric II était malheureusement l'antipode vivant du roi de France, et l'on ne pouvait guère espérer de le voir correspondre à ses généreux désirs. Avant sa grande querelle avec la papauté, en 1227, il avait conclu avec lui un traité d'alliance par lequel il s'engageait à ne pas se joindre aux Anglais, alors ennemis déclarés ou latents de la dynastie qui leur avait enlevé leurs plus belles pos-

sessions sur le continent. Ce traité n'empêcha pas le déloyal empereur de s'unir un peu plus tard à une princesse anglaise, à la
propre fille du roi condamné et dépouillé par Philippe-Auguste, et
de s'allier plus ou moins ouvertement, comme nous l'avons vu tout
à l'heure, à la formidable coalition des barons de l'Ouest et du
Midi, dirigée par Henri III contre la monarchie française et déjouée
à Taillebourg. Saint Louis avait déjà compris qu'il fallait peu se
fier à la bonne foi allemande, et, tout en conservant avec Frédéric
des relations courtoises, il se tenait sur ses gardes. Aussi, quand
l'empereur l'invita à venir le trouver avec les premiers princes de
la chrétienté sur les confins de leurs possessions respectives, à
Vaucouleurs, pour conférer ensemble sur certaines affaires d'un
intérêt général, il partagea l'opinion, qui se répandit aussitôt
partout, que ce faux ami tramait quelque machination contre la
France[1]. Le roi avait précisément sous la main deux mille chevaliers et d'autres milices, réunis à Compiègne à l'occasion de la pro-
motion de son frère Robert d'Artois au grade de chevalier; il résolut
de les emmener avec lui à Vaucouleurs, par mesure de précaution. Aussitôt Frédéric, se sentant deviné, feignit d'être malade et fit
annoncer la remise de l'entrevue à l'année suivante. Le chroniqueur
anglais, qui ne manque pas une occasion d'exercer sa maligne critique, voit dans cette conduite prudente du roi un exemple terrible
et dangereux[2]. Tout dépend du point de vue, et ce qui déplaisait si
fort aux ennemis de la France devait être nécessairement un acte
salutaire pour ses amis.

Vers le même temps éclate la lutte violente de Frédéric contre
le saint-siège. Il faudrait presque un volume pour retracer le rôle
véritable du grand monarque chrétien dans cette longue et difficile
affaire. C'est en vain qu'on a voulu dénaturer son attitude profondément dévouée à l'Église et son respect filial pour l'autorité du successeur de Pierre. Il observa, a-t-on dit, la neutralité d'un diplomate habile, c'est-à-dire la politique trop fameuse du juste milieu.
Mais qu'on observe de près ses actes. Est-il, oui ou non, avec Grégoire IX, quand il permet dans son royaume la publication de l'anathème lancé contre l'empereur, et la levée des deniers destinée à le
combattre? Est-il avec le pontife ou avec son adversaire, quand il
réclame énergiquement les évêques français arrêtés par les sbires
impériaux sur les vaisseaux qui les emportaient en Italie, et qu'il
lance au tyran cette menace indignée : « Que votre puissance impériale nous donne satisfaction, car le royaume de France n'est pas

[1] *Ut a multis dicebatur.* (Chron. de Nangis, an. 1238.)
[2] Matthieu Pâris, *Hist.*, IV, 548 et suiv.

tellement affaibli, qu'il se laisse écraser sous votre talon? » Est-il avec l'Église ou avec son persécuteur, quand il invite les cardinaux intimidés à ne pas prolonger la vacance du saint-siège, qui durait depuis deux ans, en leur écrivant : « Soyez ferme, résistez au joug honteux sous lequel vous n'avez que trop courbé la tête ; *vous pouvez compter sur l'appui de la France*[1] ? »

Et quand il accueille, à Cluny, Innocent IV fugitif et dépouillé, n'en déplaise aux auteurs de l'audacieux mensonge suivant lequel il aurait interdit à ce pontife le sol français, quand il lui fait offrir son concours par les moines de Cîteaux, quand enfin il voit l'empereur prêt à marcher sur Lyon, où le pape se tient réfugié, et qu'il l'arrête court en mettant la main sur son épée, en se préparant à descendre en Italie, est-il dans toutes ces circonstances l'allié fidèle et ferme du vicaire de Jésus-Christ, ou seulement le médiateur indifférent, tenant la balance égale entre les deux parties? Sans doute il a désiré, il a cherché, comme le pape lui-même, une solution pacifique ; il a essayé (nous le verrons plus loin) de rapprocher les deux adversaires et de rétablir l'harmonie si nécessaire des deux pouvoirs. Mais, loin de poser des conditions au souverain pontife, c'est de l'empereur qu'il a attendu la soumission, et c'est contre lui qu'il s'est tourné lorsque la conciliation n'a plus été possible. Innocent IV a proclamé bien haut dans une de ses lettres qu'il ne devait son salut qu'à la démonstration énergique du roi et des princes français. Les effusions de sa reconnaissance nous le prouvent surabondamment, saint Louis a penché, et non seulement il a penché lui-même en faveur du pape, mais il a fait pencher de ce côté la balance qui porte les destinées du monde.

La suite des rapports de saint Louis avec Frédéric II montre chez celui-ci une malveillance et une déloyauté ressemblant beaucoup à de la rancune. Lorsque le roi part en croisade à la tête de forces considérables, l'empereur lui fait demander le renouvellement de son alliance, et en même temps la promesse que les terres conquises par les croisés seront attribuées au royaume de Jérusalem; il craignait de voir s'établir en Orient une nouvelle principauté française. Louis se contente de répondre qu'il ne cherche que le bien de l'Église, et qu'il ne fera rien qui puisse porter préjudice à l'empereur ou à son fils. En apparence, Frédéric favorise l'expédition; il écrit aux marchands de l'empire et à ses officiers de Sicile de fournir à l'armée royale des vivres au plus juste prix. Mais en dessous il noue des intrigues tout à fait indignes d'un prince chrétien, même d'un prince excommunié, et qui ne peuvent qu'imprimer sur sa mémoire la flétrissure des traîtres. L'historien arabe Makrizi affirme positivement

---

[1] V. la correspondance de Frédéric II, publiée par Huillard-Bréholles (VI, 68).

que le sultan, malade à Damas, fut prévenu par un ambassadeur
allemand, travesti en marchand, des préparatifs du roi de France
contre l'Égypte [1]. Cela ne doit pas nous étonner : Frédéric avait une
telle horreur pour les croisades, qu'au moment de s'embarquer lui-
même pour une de ces guerres saintes, il s'était sauvé lâchement du
port de Brindes. Un peu plus tard, s'étant décidé à partir, il n'avait
paru en Palestine que pour nuire aux chrétiens de Saint-Jean-d'Acre
et pour conclure un traité d'alliance avec le sultan d'Égypte, scandale inouï jusqu'alors dans la chrétienté. Rien de plus naturel, par
conséquent, que l'avis officieux transmis par lui à ce potentat musulman. Mais son astuce devient de l'impudence à la nouvelle de la
captivité de saint Louis et de l'insuccès de son entreprise ; il ne peut
retenir une explosion de joie, il donne des fêtes et des festins. Il
envoie au roi captif des messagers chargés de lui porter ses condoléances, et en même temps il écrit au sultan, en apparence pour
l'engager à rendre la liberté à son prisonnier, mais plutôt, comme
bien des gens en étaient convaincus, rapporte Joinville lui-même,
dans un but tout opposé.

Tant de duplicité révolte, et il semble vraiment que la dégradation
morale suivait de près, chez les princes atteints par les foudres de
l'Église, la dégradation matérielle. Frédéric en donna des preuves
dans tout le reste de sa conduite : non seulement il s'unit avec les
Sarrasins d'Orient, les plus dangereux ennemis de la chrétienté,
mais il appela en Italie ceux qui habitaient ses possessions de Sicile ;
il les installa à Lucera, sur cette terre vassale du saint-siège, consacrée, pour ainsi dire, par le voisinage de la chaire apostolique, et
il en fit une troupe armée à son service ; mieux encore, il se mit à
vivre lui-même à leur façon, beaucoup trop à leur façon, comme le
dit en termes gazés un récent historien. Et c'est au milieu de ces
hontes que s'ensevelit la puissance des Hohenstaufen, qui avaient
rêvé, depuis plusieurs générations, de renverser le trône des pontifes romains, et ce merveilleux édifice qui, suivant la promesse
divine, ne doit pas périr parce qu'il est assis sur la pierre, et que
sur cette pierre les armes de ses agresseurs se brisent et se briseront
comme du verre jusqu'à l'accomplissements des temps.

Dans les troubles qui suivirent la mort de Frédéric II et de son fils
Conrad, la politique française demeura étroitement unie à celle de
Rome. Le meilleur gage que le roi pouvait donner à cette union, c'était
d'accepter pour son frère Charles d'Anjou le royaume de Naples, fief
du saint-siège, dont les papes ne voulaient plus laisser la possession
aux empereurs pour des raisons trop faciles à comprendre. Il en

---

[1] V. la traduction de cet auteur dans la *Bibl. des croisades* (t. IV).

avait refusé l'investiture pour un de ses fils, tant il était peu ambitieux pour sa famille et soucieux de ne pas empiéter sur les droits
d'une autre maison; mais des considérations d'intérêt général et les
instances d'Urbain IV, à qui son origine française donnait une
influence particulière, le décidèrent à l'accepter pour son frère. Il
envoya même des troupes à son aide; il permit de lever en France
des décimes, pour lui faciliter la conquête de son royaume sur son
compétiteur Mainfroy; il fit prêcher et prêcha lui-même la croisade
contre ce dernier. Ce n'est pas à dire toutefois qu'il approuvât les
rigueurs du gouvernement de Charles d'Anjou en Sicile et à Naples,
ni le supplice du jeune Conradin, petit-fils de Frédéric, qui, tout en
consommant la ruine de la domination allemande, prépara celle de
la dynastie française en Italie. De tels procédés n'étaient point dans
son caractère et ne pouvaient avoir son assentiment. Mais Charles
n'avait pas conservé envers le chef de sa maison la déférence et la
soumission que lui témoignait, dans les actes de son administration, son autre frère Alphonse de Poitiers; il avait sa politique propre,
indépendante, et cette politique devait aboutir en Sicile au massacre
épouvantable que l'on sait, malheur qu'on eût sans doute pu détourner si le saint roi eût vécu, ou si son influence eût encore dirigé
le cours des événements qui amenèrent peu à peu ces sanglantes
représailles.

La paix que saint Louis s'efforçait de maintenir avec l'Angleterre
et l'Allemagne, il savait également l'entretenir avec les États moins
puissants qui avoisinaient les siens. Le roi Jacques d'Aragon, jadis
hostile et impliqué dans la ligue des barons français, apaisé depuis
par le traité de 1258, qui lui garantissait la possession du Roussillon, fut rattaché plus étroitement à la France par le mariage de
sa fille Isabelle avec l'héritier de ce royaume, Philippe le Hardi.
Toutefois saint Louis ne consentit à cette union qu'à la condition que
Jacques, malgré les liens de famille qui l'attachaient à Mainfroy,
l'adversaire du saint-siège en Italie, ne lui porterait aucun secours,
ne soutiendrait aucunement sa cause; de sorte qu'en mariant son fils
aîné il faisait coup double : il assurait un allié à sa maison et enlevait un antagoniste à la papauté.

A l'égard du comté de Provence, dont il prépara en quelque sorte
l'annexion à la France par un autre mariage, celui de son frère
Charles d'Anjou avec l'héritière du comte Raymond Béranger, son
rôle était particulièrement délicat. Cette héritière, Béatrix de Provence, se trouvait en litige au sujet de la succession paternelle avec
ses sœurs, qui avaient été déshéritées en sa faveur; et l'une de ces
princesses, Marguerite, était précisément l'épouse de saint Louis.
L'antagonisme entre cette dernière et son beau-frère Charles alla si

loin, qu'elle obtint du pape la réserve de ses droits dans les faveurs accordées au nouveau roi de Naples, et de son fils Philippe l'engagement formel de ne contracter aucune alliance avec son oncle d'Anjou. Marguerite ne revendiquait rien moins que la Provence; cependant elle se contenta plus tard de réclamer le complément de sa dot. Placé entre les intérêts de sa femme et ceux de son frère, le saint roi eût pu éprouver des hésitations; mais l'intérêt comptait pour peu de chose à ses yeux. Il appuya les plaintes de la reine Marguerite dans ce qu'elles avaient de juste; néanmoins il ne fit rien pour enlever à Charles et à Béatrix la possession de leur comté, et quand le premier partit pour entreprendre la conquête de son royaume de Sicile, il cessa toute réclamation, ne voulant pas que des discussions de famille pussent nuire à une entreprise où était engagé l'honneur de la France. Auparavant il avait réconcilié ce même comte d'Anjou avec sa belle-mère, qui lui faisait aussi la guerre au sujet de la Provence, par une sentence arbitrale rendue à la demande des deux parties. Il l'avait accordé encore avec Guillaume de Hollande, élu roi des Romains, avec lequel il était sur le point d'en venir aux mains dans la Flandre.

On pourrait multiplier ces exemples; car de tous côtés saint Louis était invoqué comme arbitre, et de tous côtés son intervention rétablissait la paix. Il n'est pas jusqu'aux princes d'Orient qui ne fissent appel à sa médiation, comme nous le verrons bientôt. Ainsi ce roi de France, qui avait essuyé un si rude échec en Égypte, loin de voir sa position amoindrie par là, n'avait fait qu'acquérir, depuis son retour de la croisade, un surcroît de grandeur et d'influence. Pourquoi donc, sinon parce que l'éclat de sa sereine sagesse et le rayonnement de sa loyauté inaltérable avait ébloui tous les regards, en Occident comme en Orient? Comment ce vaincu était-il devenu le dominateur et l'arbitre de l'Europe, sinon parce que, suivant le mot magnifique de Montaigne, il est des défaites triomphantes à l'envi des plus belles victoires? A l'extérieur comme à l'intérieur, il fut guidé constamment par l'amour de la paix, par la passion de la paix, fondée sur le droit. C'est là ce qui fit écouter tous ses jugements comme des oracles, et ce qui mit à ses pieds le monde subjugué, maîtrisé, non pas à la façon des conquérants, mais à la façon des saints. C'est là le résumé de sa politique européenne, et cette formule, si les faits dont je viens de présenter une rapide esquisse ne la justifiaient pleinement, se trouverait confirmée par les paroles admirablement concordantes de deux historiens du temps, qui renferment toute la clef de cette tactique, vraiment chrétienne et vraiment royale : « Quand le roi, dit le confesseur de la reine, entendoit qu'il y avoit guerre entre aucuns nobles hommes hors de son royaume, il envoyoit à eux messages solennels pour les apaiser, mais non pas sans grands despens (à sa charge)[1]. » — « Et quand le bon roi savoit, dit Geoffroi de Beaulieu, qu'il avoit aucun ennemi ou envieux en secret, il les attiroit à soi charitablement par débonnaireté, par bénéfice et par aide quand ils avoient besoin de lui; et pour que ses voies et ses faits plaisoient à Notre-Seigneur, s'il lui arrivoit d'avoir aucuns ennemis, il les convertissoit et attiroit à paix et à concorde. Il savoit si sagement agir, si loyalement, si débonnairement, si miséricordieusement envers tout le monde, tant sujets qu'étrangers, qu'il méritoit d'être honoré et aimé de tous. Et, selon ce que dit l'Écriture : Miséricorde et vérité gardent le roi, débonnaireté affermit son royaume; ainsi le trône du royaume de France fut gardé et affermi au temps de saint Louis, et il resplendissoit au regard de tous les autres royaumes, comme le soleil qui répand partout ses rayons[2]. »

[1] Mém. du confesseur de la reine Marguerite (*Histor. de France*, t. XX).
[2] *Vie de saint Louis*, par Geoffroi de Beaulieu, *ibid.*

CHAPITRE V

Le double péril oriental. — Rôle nécessaire de l'empire latin de Constantinople; saint Louis le soutient et y exerce une influence prépondérante. — L'empereur Baudouin cède au roi la sainte couronne d'épines. — Translation de cette insigne relique à Paris, et fondation de la Sainte-Chapelle.

La politique extérieure de saint Louis, disions-nous, présente deux faces, annonçant, comme celles de Janus, l'une la paix, l'autre la guerre : la première tournée vers la chrétienté, la seconde regardant les infidèles. Il nous reste à envisager celle-ci, et, sans sortir de l'étude du rôle personnel de notre grand monarque, à déterminer d'une manière précise son attitude vis-à-vis des puissances d'Orient.

Il ne s'agissait pas seulement de faire la guerre aux Sarrasins. La guerre, aux yeux du saint roi surtout, n'était qu'un moyen temporaire, qu'une ressource suprême pour arriver au but poursuivi depuis si longtemps par les papes et les princes de l'Europe : le rétablissement de la religion chrétienne et catholique dans les contrées qui en avaient été le berceau. Ce moyen n'était pas le seul ; il ne venait qu'en seconde ligne, après la prédication et la conversion des infidèles, dont l'Église a toujours fait son premier objectif. Enfin il n'était pas applicable à tous les États orientaux, puisqu'il existait à Constantinople un empire latin, autour de lui des principautés latines qui étaient autant d'alliés, et à côté d'eux un empire et des principautés grecs qui étaient chrétiens, mais schismatiques, neutres ou traîtres suivant les cas, et du nombre de ceux que les Occidentaux pouvaient appeler « nos amis les ennemis ».

6

La politique à suivre était donc complexe, et la question d'Orient se trouvait, par moments, aussi embrouillée que de nos jours.

Ce mot ne saurait étonner le lecteur. La question de la croisade était bien la question d'Orient, et la question d'Orient est aujourd'hui la question de la croisade transformée. Je m'explique. La chrétienté était menacée dans son existence même par deux torrents envahisseurs, qui de l'Asie débordaient périodiquement sur l'Europe, comme s'ils eussent voulu tout submerger. Les Sarrasins, plusieurs fois repoussés, avaient néanmoins réussi à prendre pied sur divers points du territoire européen : ils occupaient le sud de l'Espagne; ils étaient en Sicile, on les avait vus en Provence, en Savoie, jusqu'au cœur de la France, et ils avaient laissé des colonies dans différentes contrées. Ils constituaient l'avant-garde de la grande invasion païenne, et c'était non seulement pour leur reprendre la terre sainte, mais surtout pour les faire passer de l'offensive à la défensive, de manière à les occuper chez eux et à les empêcher de songer à de nouvelles conquêtes, que l'Occident tout entier s'était précipité sur le centre de leurs possessions. Les croisades eurent un double but : un but pieux, qui était d'arracher le tombeau du Christ aux barbares qui le profanaient; un but politique et social, qui était de refouler les mahométans loin de l'Europe et de mettre celle-ci à l'abri de leurs attaques. Le premier de ces mobiles attirait des milliers de fidèles sous l'étendard de la croix; l'autre dirigeait surtout les gouvernements, les rois, les papes, tous ceux qui réfléchissaient et qui se préoccupaient par devoir du salut de la société.

Mais derrière les Sarrasins un autre péril se dressait; une autre source d'invasions désastreuses se cachait au milieu des montagnes inaccessibles de l'Asie centrale. Les hordes redoutées des Tartares avaient aussi promené le fer et le feu, à différentes reprises, sur la terre chrétienne, sur la Pologne, la Silésie, la Russie méridionale, la Moravie, la Hongrie. Elles parurent, en 1240, aux portes de l'Allemagne. La France elle-même se sentait menacée, et son roi, inquiet mais résolu, disait bravement et spirituellement à la reine mère, suivant Matthieu Pâris : « Si leur nation vient sur nous, nous ferons rentrer ces Tartares dans leurs demeures tartaréennes (c'est-à-dire dans l'enfer), ou bien ils nous feront monter au ciel[1]. » Ces fils d'Attila et de Gengis-Khan étaient moins hostiles aux Sarrasins qu'aux chrétiens. Après avoir dévasté la Chine, l'Inde, l'Asie Mineure, ils avaient attaqué les Turcs de Syrie et leur disputaient la Palestine. Ils cherchaient à s'allier tantôt aux Francs contre les musulmans, tantôt aux musulmans contre les Francs, dans l'intention évidente

[1] Matthieu Pâris, *Hist.*, V, 146.

de se retourner ensuite contre leur auxiliaire et d'en faire leur dernière victime. Les Sarrasins, de leur côté, ne craignaient pas de mendier, aux jours de détresse et d'épouvante, le secours des princes chrétiens contre ce qu'ils appelaient l'adversaire commun ; et ils avaient raison, car c'était bien là l'ennemi suprême, la dernière réserve des armées de Gog et de Magog, gardée par Dieu pour servir périodiquement d'exécuteurs à ses vengeances sur les nations coupables. Les hordes tartares étaient alors le péril le plus éloigné ; mais il était déjà le plus grave et le plus redoutable.

Or, de nos jours, les choses ne sont changées qu'à la surface. La barbarie musulmane occupe toujours la terre sainte, et la barbarie tartare ou mongole, dominée par la Russie conquérante, peut redevenir dans ses mains, à un moment donné, le fléau de Dieu comme le font appréhender les dispositions belliqueuses de ces peuples et les chants de haine que l'on surprend actuellement dans leur bouche. La question d'Orient a son principe dans le besoin de faire face à ce double danger. Pour l'Europe occidentale, pour l'Europe latine et catholique, il s'agit, comme au temps des croisés, d'enlever aux envahisseurs la domination des contrées orientales, et de les refouler chez eux. Seulement la position des deux adversaires est intervertie ; l'effondrement de la puissance des Turcs a relégué au second plan les inquiétudes pouvant venir de leur côté ; la Russie, ayant derrière elle les héritiers des Tartares, apparaît au premier menaçante et forte. Mais toujours les Turcs implorent le secours des chrétiens d'Occident ; toujours leurs agresseurs cherchent à se ménager l'alliance de l'Europe, ou au moins à la réduire à l'impuissance, et ils sont d'autant plus à craindre, qu'ils réunissent en eux le troisième élément dont je parlais tout à l'heure, cet élément hybride et incertain, ni musulman ni catholique, mais pouvant devenir aussi bien l'un ou l'autre, en un mot, l'élément grec et schismatique. Toujours enfin l'intérêt de l'Église, comme l'intérêt de la civilisation, commande de ne répondre à aucune de ces avances, de ne soutenir aucun des deux antagonistes, mais de chercher à faire triompher en Orient le drapeau du catholicisme, qui peut seul, soit en attirant à lui les populations indigènes, soit en les maintenant en respect, et garder le tombeau du Sauveur avec la dignité qui convient, et repousser efficacement le double torrent des invasions asiatiques.

C'est ainsi que saint Louis comprit cette éternelle question d'Orient, qui paraît insoluble à nos plus fins diplomates, parce qu'ils s'arrêtent à de mesquines considérations d'équilibre européen, d'intérêt commercial, de neutralisation des mers, etc. La vraie solution, la seule solution possible, s'imposa tout de suite à lui ; il entreprit premièrement d'empêcher les Grecs schismatiques de reprendre possession de Constantinople en secourant l'empereur Baudouin ; secondement, de porter la guerre chez les Sarrasins d'Égypte, maîtres de Jérusalem, tout en essayant de répandre le foi parmi ces infidèles ; et, en troisième lieu, d'attirer également au christianisme, s'il était possible, la nation des Tartares. Par là le flot dévastateur de la barbarie devait se trouver non seulement arrêté dans son cours, mais tari jusque dans sa source. C'était le plus beau plan qu'une politique humaine pût concevoir ; trop beau, hélas ! pour réussir. Examinons rapidement ce qu'il fit pour l'exécution des trois parties de ce programme.

Et d'abord, que fit-il à l'égard de Constantinople ? La création de l'empire latin de Constantinople, substitué à l'empire grec par les croisés en 1204, était à elle seule une partie de la solution. Il fallait maintenir à tout prix cet État catholique, gouverné par une dynastie française, et qui était une barrière opposée aux héritiers de Photius comme aux enfants de Mahomet. Les empereurs byzantins étaient tombés au dernier degré de l'abaissement et de l'impuissance ; leurs successeurs, chargés de relever l'honneur de nom chrétien, placés comme des sentinelles avancées en face des possessions musulmanes, devaient être appuyés par toute la chrétienté. Jérusalem et Constantinople étaient les deux postes à occuper ; à défaut du premier, on avait le second, qui y menait, qui donnait la clef de l'Orient tout entier ; fortifier cette position, conquise au prix de tant de sacrifices, était un intérêt du premier ordre. En effet, si on l'eût conservée, il est bien douteux que les Turcs, lorsqu'ils se présentèrent devant les murs de la ville deux cents ans plus tard, eussent pu s'en emparer. S'ils avaient trouvé là devant eux, en place des fils dégénérés des Grecs, dont la résistance, quoique désespérée, était forcément insuffisante, l'élite de la chevalerie de France, d'Angleterre, d'Allemagne; si ces nations, au lieu de s'entre-déchirer, se fussent unies pour secourir leurs alliés et leurs frères, que fût-il advenu, je le demande? Constantinople n'eût pas été prise ; les Turcs ne posséderaient rien sur le sol de l'Europe ; ce boulet fatal, qu'elle traîne depuis quatre siècles, et qui lui cause des déchirements périodiques, n'aurait pas été rivé à ses flancs ; on n'aurait pas vu des princes chrétiens soumis à la triste obligation de soutenir la puissance musulmane, sous peine d'en livrer le domaine à une puissance plus dangereuse et plus redoutée ; en un mot, la situation actuelle et surtout la situation à venir seraient modifiées de tout en tout. C'était donc une grande pensée, c'était un chef-d'œuvre d'intuition, que la formation de l'empire latin de Constantinople. Les papes le sentaient bien et ne cessèrent de travailler à son affermissement par l'assistance la plus active, par les sollicitations les plus pressantes auprès des souverains d'Occident. Malheureusement, comme si une fatalité inéluctable eût été attachée à la possession de la ville de Constantin, les princes français qui en furent investis ne tardèrent pas eux-mêmes à s'amollir sous l'influence énervante de ce beau ciel, et à prendre quelque chose du caractère byzantin. Au temps de saint Louis, leur faible héritier, Baudouin II, attaqué à la fois par les Grecs, par les Bulgares, par les Sarrasins, en était réduit à parcourir l'Europe en mendiant des secours, à donner ou engager pour de l'argent ce qu'il avait de plus précieux, les saintes reliques de la passion de Jésus-Christ. En France, il trouva un accueil particulièrement sympathique. Le roi, occupé par sa lutte contre la coalition et contre les Anglais, ne pouvait en ce moment l'aider de sa personne. Mais, cédant aux instances de Grégoire IX et de Baudouin autant qu'à ses propres idées, il fournit au jeune empereur de l'argent, des chevaliers, des capitaines ; on organisa dans le royaume une véritable armée, à laquelle les comtes de Bretagne, de Bar, de Soissons, de Mâcon, de Toulouse, le duc de Bourgogne et une quantité de nobles croisés promirent de se joindre. Malgré la divergence de vues qui entraîna ensuite une partie de ces seigneurs vers la Palestine, Baudouin repartit pour sa capitale à la tête de soixante mille hommes, et ce puisssant renfort, joint à la croisade qui se préparait, devait rendre pour quelque temps la solidité à son trône. Saint Louis et sa mère exercèrent dès lors une légitime influence sur le gouvernement de l'empire latin. Cette influence, qu'on n'a peut-être pas assez remarquée, se trahit en particulier dans une lettre écrite par Baudouin à Blanche de Castille, en 1243, et conservée dans le trésor des chartes. L'empereur, par cette missive, assure à la reine mère qu'il ne fait rien par le conseil des Grecs ou des Byzantins, mais qu'il suit en toutes choses l'avis des seigneurs et des prud'hommes de France qui sont auprès de lui[1]. Ainsi le gouvernement de saint Louis étendait jusqu'à Constantinople son action bienfaisante ; le roi de France régnait presque dans la Rome de l'Orient.

Mais le généreux et politique appui prêté à l'empire latin lui valut un avantage bien plus doux à son cœur qu'un surcroît de prépondérance. Une des plus vénérables reliques dont s'enorgueillisse aujourd'hui la cathédrale de Paris, la sainte couronne d'épines, vint en cette occasion en sa possession. Ce trésor, que les Byzantins regardaient comme le palladium de leur cité, avait été engagé à Venise par le malheureux Baudouin, au moment de sa grande détresse, contre une somme équivalant à environ 116,000 francs de notre monnaie. Durant son séjour en France, il la donna à saint Louis,

[1] V. l'*Inventaire des layettes du trésor des chartes*, t. II, p. 518.

à la charge de la dégager, et en signe de gratitude pour ses bons offices. Deux frères prêcheurs reçurent la mission d'aller désintéresser les Vénitiens et de rapporter en France, au grand chagrin de ceux-ci, le débris sacré de l'œuvre de notre salut. C'était un grand événement pour des chrétiens du xiii° siècle, pour des chrétiens de toute pièce, que l'acquisition d'un objet pareil. Tout le pays tressaillait de joie et versait des larmes d'attendrissement à la pensée qu'il allait être sous la sauvegarde de cette insigne et fameuse relique. Il semble que Dieu, prévoyant dans sa prescience infinie le prochain renversement de l'empire latin, n'ait pas voulu la laisser retomber aux mains des schismatiques, ni l'exposer aux profanations des Turcs, qui devaient bientôt leur succéder. C'était la France qu'il choisissait pour dépositaire de son diadème sanglant, emblème de sa royauté sur les nations, comme si la France devait participer à cette souveraineté universelle. Un roi tel que saint Louis devait tenir le privilège qui lui était accordé pour le grand honneur de son règne. Voici, d'après la relation de l'archevêque de Sens, Gautier Cornut, témoin oculaire, comment se passa cette grande fête nationale, d'un genre bien oublié aujourd'hui, de la Susception ou Réception de la sainte couronne d'épines :

« L'an 1239, le lendemain de la fête de saint Laurent, martyr, le précieux trésor est apporté à Sens (de Villeneuve-l'Archevêque, où le roi avait été le chercher) au milieu du concours de toutes les populations voisines. L'allégresse agite toute cette multitude, sans distinction d'âge ni de sexe. A la porte de la ville, le roi, nu-pieds, revêtu seulement de sa tunique, prend sur ses épaules le fardeau vénéré, avec son frère Robert, qui donne les mêmes signes d'humilité. Devant et derrière marchent les chevaliers, sans chaussures également. Les habitants en liesse accourent au-devant du cortège; le clergé s'avance en procession ; les prêtres de la cathédrale, couverts d'ornements de soie, et les religieux des différents monastères portent avec eux les corps des saints et les autres reliques : on dirait que les saints se hâtent d'aller à la rencontre de leur Seigneur qui arrive. Dans toutes les bouches éclatent spontanément les louanges de Dieu; la ville, parée de tentures et de tapis, étale toutes ses richesses; les cloches sonnent, les orgues retentissent, et le peuple transporté applaudit. Les places, les faubourgs sont illuminés par la lueur des cierges et des torches enflammées. La sainte couronne est déposée dans l'église de saint Étienne protomartyr ; on la découvre, et la foule se repait de la contemplation de l'objet de son bonheur.

« Le lendemain, le roi se remet en route vers Paris, portant toujours la châsse qui renferme la bienheureuse relique. Sur ses pas,

tout le monde le couvre d'acclamations : « Béni soit celui qui vient
« en l'honneur du Seigneur, et à qui le royaume de France doit le
« suprême bonheur d'un pareil présent! » Le huitième jour, on arrive
devant les murs de la capitale, près de l'abbaye de Saint-Antoine,
où une tribune élevée se dresse au milieu de la plaine. Là, en pré·
sence d'une foule de prélats, du clergé de toutes les églises en habits
de fête, des reliques des saints transférées et exhibées, et de tout
Paris sorti de ses murs, la châsse est offerte aux regards du haut de

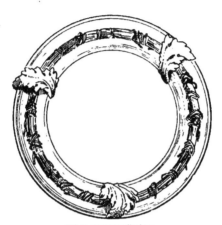

Sainte couronne d'épines.

la tribune; on prêche au peuple la grandeur de ce jour et la cause
de son allégresse.

« Ensuite le roi et son frère, déchaussés comme auparavant et revêtus simplement de leur tunique, introduisent leur précieux fardeau
dans la ville. Les prélats, les clercs, les religieux, les chevaliers
le précèdent nu-pieds. Que de démonstrations de joie sur leur
parcours! Que de signes de réjouissance! Personne ne saurait
retracer un pareil spectacle. Le cortège se rend à l'église épiscopale de Notre-Dame, et, après avoir payé un tribut d'actions de
grâces à Jésus-Christ et à sa bienheureuse mère, revient en grande
pompe au palais du roi avec le dépôt sacré, et la couronne du
Sauveur est placée solennellement dans la chapelle royale de Saint-
Nicolas [1]. »

Ce sanctuaire n'était pas digne d'une si haute destination, au gré

[1] Gautier Cornut, dans Duchesne, *Franc. hist. script.*, t. V, p. 407.

du pieux roi. Tout le monde sait qu'il fit bâtir pour le remplacer la
merveille de l'architecture chrétienne, la Sainte-Chapelle du palais;
et désormais le trésor du royaume fut abrité sous un autre trésor.
Un architecte éminent, Pierre de Montereau, qui venait d'achever
le beau réfectoire de l'abbaye de Saint-Germain-des-Prés, fut chargé
de la construction de ce joyau de pierre, qui passe avec raison pour
le résumé le plus parfait de l'art du moyen âge et mérite, à ce
titre, de nous arrêter un instant.

L'édifice fut commencé en 1242; cinq ans après (délai bien court
pour l'époque et pour une telle merveille), tout était terminé. La
dédicace fut faite le 25 avril 1248 (jour anniversaire de la naissance
du roi) par l'évêque de Tusculum, légat apostolique, pour la chapelle supérieure, consacrée en l'honneur de la sainte couronne et de
la vraie croix, et par le bienheureux Philippe Berruyer, archevêque
de Bourges, pour la chapelle basse, consacrée à la sainte Vierge.
L'ensemble des travaux coûta, dit-on, au roi quarante mille livres,
somme considérable, représentant à peu près la valeur de quatre
millions aujourd'hui. Mais la châsse et l'ornementation des reliques
lui coûtèrent deux ou trois fois autant, d'après Tillemont. Cette profusion, la seule que se permit jamais le pieux monarque, nous explique la somptuosité qui règne dans tout l'édifice. Le style rayonnant,
ce perfectionnement si élégant de l'architecture française, improprement appelée l'architecture gothique, y brille dans tout l'éclat de sa
nouveauté. Le constructeur n'avait pas à faire une église dans les
dimensions et les formes ordinaires : il a fait simplement un reliquaire
en pierre; il a voulu surmonter les saintes reliques d'une seconde et
plus vaste châsse, et cette châsse, il l'a posée sur une première chapelle ou sur un étage inférieur, à voûte basse, divisé, celui-là, en trois
compartiments de hauteur égale, et formant comme le piédestal du
vase précieux destiné à renfermer le palladium du royaume. Cette
disposition a été imitée à Vincennes, à Bourges, à Bourbon-l'Ar-
chambauld, partout où se sont élevées des Saintes-Chapelles, c'est-
à-dire des chapelles renfermant quelque insigne relique de la
Passion. A l'extérieur, les arcs-boutants, ces béquilles nécessaires
du vaisseau de l'église gothique, ont été remplacés par de longs
contreforts à puissante saillie, munis à leur base d'un fort empate-
ment et présentant toute la somme de résistance voulue. Quant aux
arcades de l'intérieur, absentes de la chapelle supérieure, elles ont
été rappelées sur les murs latéraux par une arcature dessinée des
plus riches, dont chaque travée se compose de deux arcs trilobés
surmontés d'un quatre-feuilles; et les espaces laissés vides par cette
décoration ont été eux-mêmes couverts de bas-reliefs, de peintures,
de verres colorés ou dorés, ou d'application de gaufrure. En em-

La Sainte-Chapelle,

ployant pour l'architecture ce dernier procédé, usité d'ordinaire pour
décorer les vêtements des statues, on est arrivé à produire l'effet le
plus élégant qu'on puisse imaginer. C'est un luxe tout à fait particulier à la Sainte-Chapelle. Mais dans tout le reste du monument,
dans les grandes verrières, dans la voûte, dans la chapelle basse,
et dans cette flèche aiguë, élevée au milieu de la croisée des arcs
comme pour former un dais de dentelles et de dorures au-dessus
des saintes reliques, on retrouve les caractères ordinaires de l'église
rayonnante, et à un degré de perfection qui n'a été que bien rarement atteint. Cet édifice, dont les contemporains font un éloge enthousiaste, demeura comme le type de la mode nouvelle et exerça
sur la marche de l'art une influence véritable. Comme l'a dit M. de
Caumont, « il fait époque dans les annales de l'architecture française ;
de ce moment, le principe d'élévation et de légèreté fit de nouveaux
et rapides progrès, et le style ogival revêtit les formes les plus gra-
cieuses [1]. »

Tel est le chef-d'œuvre artistique du règne de saint Louis. L'art
du XIIIe siècle a enfanté bien des merveilles, et pour les décrire il
faudrait de longues pages ; mais pour en avoir une idée sommaire,
il suffit de connaître et d'étudier la Sainte-Chapelle de Paris. C'est
pourquoi je ne pouvais me dispenser de lui consacrer ces quelques
lignes. Saint Louis voulut que les frais d'entretien du monument
fussent pris sur sa cassette particulière. Il en fit faire le service par
un maître chapelain et une douzaine d'autres clercs, installés près
de là dans des corps de logis spéciaux. A la couronne d'épines il avait
réuni un morceau considérable de la vraie croix, puis l'éponge et le
fer de la sainte lance. Les plus précieuses reliques de la passion du
Sauveur passèrent ainsi de l'Orient à l'Occident. Quand les Grecs
reprirent plus tard possession de Constantinople, ils trouvèrent leurs
églises dépouillées de la plus grande partie de ces trésors enviés ;
les Latins se les étaient partagés avec avidité, et, il faut le dire,
par des procédés moins honorables que ceux du roi de France ; dès
lors c'en était fait de la gloire et de la grandeur de la vieille cité
impériale.

Pour en revenir à notre sujet, ces mêmes Grecs, que saint Louis
n'avait pu empêcher de renverser Baudouin par la trahison et la ruse,
rendirent à leur tour hommage à sa justice et à sa puissance en invoquant sa médiation dans leur différend avec la cour de Rome. Michel
Paléologue lui envoya des messagers pour lui demander de s'interposer entre eux comme arbitre. Mais le roi, quelque désir qu'il eût
de travailler à la réunion des deux Églises, refusa de s'ériger en

[1] *Abécédaire d'archéologie*, p. 457.

juge dans une cause où la décision appartenait au saint-siège; il se contenta de promettre ses bons offices auprès des cardinaux. Cet acte de déférence et de soumission catholique est la dernière trace de ses rapports avec Constantinople; il se dirigeait alors vers les rivages de Tunis, d'où il ne devait pas revenir.

CHAPITRE VI

LA SIXIÈME CROISADE

Passons maintenant chez les Sarrasins, et examinons la conduite de saint Louis à leur égard. La croisade de Palestine, depuis long-temps préparée et prêchée par l'initiative de Grégoire IX, était devenue subitement d'une urgence extrême en 1244, par suite de la perte de Jérusalem, qui, rendue aux chrétiens depuis quelques années, venait d'être reprise par les musulmans d'Égypte, maîtres de la Syrie. Le petit nombre de fidèles que le sabre avait épargnés imploraient du secours de tous les côtés, à Chypre, à Antioche, à Constantinople, en Occident. Mais, parmi les princes qu'ils invo-quaient, les uns étaient trop faibles; les autres, comme l'empereur d'Allemagne et le roi d'Angleterre, étaient absorbés par des luttes d'un autre genre. Restait la France, que Rome pressait d'agir; la France, cette suprême ressource des chrétiens écrasés. Son souve-rain avait lui-même de grandes difficultés sur les bras; mais, ayant réussi à dompter ses barons et à faire prolonger la trêve avec les Anglais, frappé sur un lit de douleur d'un rayon de la lumière divine, il prit résolument la croix, malgré les pleurs de sa mère et de ses familiers. Dès ce moment il appartient tout entier à son idée. Les préparatifs de son voyage, accélérés le plus possible, durèrent néanmoins quatre ans : il fallait réunir une armée imposante, une

quantité de chevaux, des sommes considérables ; il fallait chercher
des moyens de transport, louer des navires aux Génois ; il fallait
acheter le territoire d'Aigues-Mortes pour y créer un port d'embarquement suffisamment sûr ; il fallait surtout assurer la tranquillité du
royaume en munissant la régente de l'autorité et des ressources nécessaires. Tout cela fait au prix de mille difficultés, le roi se rendit
à la basilique de Notre-Dame dans le costume du plus humble pèlerin, et s'achemina vers la Méditerranée en passant par Lyon, où il
eut avec le pape Innocent IV une dernière entrevue. En 1248, le
25 août, jour auquel on devait plus tard célébrer sa fête, il mit à la
voile avec la reine Marguerite, sa femme ; les comtes d'Artois et
d'Anjou, ses frères ; le légat Eudes de Châteauroux, évêque de Tusculum, et l'élite de la noblesse française. Sa flotte, conduite par
deux amiraux génois, se composait de trente-huit grands vaisseaux
chargés d'hommes et de vivres. Au bout de vingt-quatre jours, il
mouilla au port de Limesson, dans l'île de Chypre, où devaient le
rallier de nouveaux renforts. Malheureusement il perdit dans cette
île un temps précieux, si l'on peut dire perdu un hiver consacré à
éteindre un schisme local, à réconcilier les deux ordres de l'Hôpital
et du Temple, à ramener l'unité dans la direction de la guerre. Sa
volonté personnelle, du reste, était de repartir sans retard ; en
cédant aux instances de ses barons, dont la plupart le suppliaient
d'attendre ceux qui n'étaient point encore arrivés, il commit une faiblesse qui ne lui était pourtant pas habituelle et qui devait nuire au
succès de l'entreprise ; le désordre, la maladie, se mirent dans son
armée et lui firent sentir trop tard qu'il avait raison. Il jugeait
également bien en dirigeant ses forces vers l'Égypte ; car, non
seulement les Égyptiens étaient en ce moment les maîtres de Jérusalem, mais il était utile en tout temps ds s'emparer d'un port,
de créer un établissement dans ce pays sain et fécond, où l'on
pouvait avoir un refuge commode et préparer des attaques fruc-
tueuses sur la Syrie. Ce plan peut être blâmé par des stratégistes
en chambre ; mais un historien vénitien des plus compétents,
Sanud, a employé tout un livre de sa chronique à démontrer
que c'était le plus rationnel, et qu'il valait beaucoup mieux, pour
celui qui se proposait de conquérir la terre sainte, aller droit en
Égypte [1].

Quoi qu'il en soit, au printemps suivant, le roi, ne voulant pas se
départir des usages de la civilisation et de la chevalerie, même
envers les infidèles, manda au sultan d'Égypte qu'il s'apprêtait à
l'attaquer s'il ne lui faisait sa soumission. On rapporte que le sultan,

[1] V. ce livre dans le tome I de la *Bibliothèque des croisades*.

malade, furieux de son état d'impuissance et de ce qu'il considérait comme une insulte, en pleura de douleur. Il ne put empêcher l'armée des croisés, forte de plus de vingt-cinq mille hommes, suivant les calculs les plus autorisés, et remplissant maintenant cent vingt gros navires, de débarquer devant Damiette à la vue des Sarrasins. Dans son impatience, saint Louis sauta tout armé de sa chaloupe dans la mer, et fut un des premiers sur le rivage. Communiquant son ardeur à tous les chevaliers, il les lança sur les groupes ennemis qui leur barraient le passage. Ceux-ci, culbutés, prirent la fuite. En même temps les vaisseaux chrétiens forçaient l'entrée du port. La ville de Damiette, qui avait autrefois résisté plus de quatorze mois aux troupes de Jean de Brienne, tomba en un jour aux mains des croisés, le 6 juin 1249. Le roi y fit aussitôt son entrée, non en triomphateur, mais en pénitent et les pieds nus, comme il était parti. Un *Te Deum* fut chanté, et l'armée victorieuse s'installa solidement dans les positions abandonnées par les infidèles. Damiette devint dès lors le point d'appui de l'expédition; le ravitaillement était assuré de ce côté. Il s'agissait maintenant de tirer parti d'un si merveilleux succès.

L'avis personnel de saint Louis était de marcher en avant. Profiter de la surprise et de la terreur profonde excitées chez les maîtres de l'Égypte pour se porter rapidement sur leur capitale, — ce qui, de leur propre aveu, les eût mis à la merci des croisés, — c'était, en effet, le meilleur plan à suivre. Malheureusement les conseils de son entourage décidèrent le roi à ne pas s'éloigner de Damiette avant l'arrivée du comte de Poitiers, son frère, qui lui amenait des renforts. A l'attendre, on perdit de nouveau un temps précieux, pendant lequel on se borna à fortifier le camp, à repousser des attaques partielles, à se mesurer avec les Turcs dans quelques escarmouches aussi brillantes qu'inutiles. Alphonse n'arriva que cinq mois après. La discipline s'était affaiblie, un certain désordre s'était déjà glissé dans les rangs des croisés. Malgré tout, la marche sur le Caire fut décidée en grand conseil. Dans l'espoir de l'arrêter, le sultan moribond fit offrir, dit-on, de rendre Jérusalem et son royaume et les prisonniers chrétiens, avec une somme énorme; propositions vaines, que son successeur ne devait pas ratifier et auxquelles saint Louis, pour ce motif, ne pouvait s'arrêter. L'armée chrétienne se mit donc en chemin à travers le Delta en suivant la rive droite de la principale branche du Nil, pour ne pas avoir à la franchir avant d'atteindre la capitale de l'Égypte. Sur cette route était massé le gros des forces turques, échelonnées le long du fleuve. C'était presque une témérité de s'enfoncer ainsi à la découverte dans une contrée mal connue, sillonnée de canaux et de rivières, semée de pièges de toute sorte. On devait s'attendre à une lutte de tous les jours contre la nature et contre l'ennemi ; mais la foi robuste des croisés et certaines intelligences que leur chef avait dans la place entretenaient leur espoir. Des obstacles formidables furent surmontés de gaieté de cœur dans cette marche en avant ; car le soldat français fut toujours le même. Au delà de Farescour, un canal leur fermait le passage ; ils le mirent à sec au moyen d'une levée de terre, et le roi lui-même mit la main à l'ouvrage. Un peu plus loin, des corps détachés se présentèrent ; quelques-uns faisaient mine de vouloir se joindre à l'expédition, les templiers durent les rejeter dans le Nil. Saint Louis s'avança ainsi à petites journées, épargnant les populations, défendant de tuer les femmes et les enfants, mais ordonnant de leur donner le baptême s'il était possible, et recommandant même de faire les hommes prisonniers plutôt que de les tuer, tant il cherchait à éviter l'effusion du sang jusque dans la guerre la plus sainte. Il arriva, un peu avant la fête de Noël, sur les bords du canal d'Achmoun, derrière lequel s'était retranchée l'armée musulmane. Parti de Damiette le 20 novembre, il avait mis un mois à franchir une vingtaine de lieues !

En se trouvant en face du gros de l'ennemi, commandé par l'émir Fakhr-Eddin, qui remplaçait le sultan défunt, son premier soin fut d'établir fortement son camp près du canal et du Nil, de manière à avoir le premier devant lui et le second à sa droite, avec la ville de Mansourah. Une partie de sa flotte, qui avait remonté le fleuve pour le ravitailler, concourait de ce côté à le protéger. Mais les Sarrasins avaient aussi des bateaux ; interceptant les convois des chrétiens, ils les attaquaient sur l'eau comme sur terre. La situation ne pouvait donc se prolonger ; il fallait brusquer la bataille. La première opération devait consister à traverser l'Achmoun, afin de se précipiter sur le corps de l'émir, qui très habilement se tenait immobile, laissant les Français se consumer en efforts de toute espèce. Mais par quel moyen franchir un cours d'eau aussi profond, aussi encaissé ? On n'en trouva pas d'autre que celui qui avait réussi précédemment : on entreprit d'élever une grande chaussée de terre assez forte pour arrêter le canal et faire refluer sa partie supérieure dans le Nil, tandis que sa partie inférieure se viderait. Mais c'était un travail bien plus long, bien plus difficile que la première fois. Le volume d'eau à soutenir et à détourner était beaucoup trop considérable, et les ingénieurs royaux commettaient là une véritable faute. Suivant une autre version, il est vrai, leur objectif aurait été simplement de resserrer, par le moyen de cette chaussée, le lit de l'Achmoun, afin de permettre d'y jeter un pont ; un historien arabe, Sanud, leur attribue cette pensée, et, en effet, Joinville, qui

Le delta du Nil.

7

leur prête le premier dessein, ne se rendait peut-être pas bien
compte du but de l'ouvrage. Quoi qu'il en soit, les travailleurs,
exposés aux traits des infidèles et aux ravages de leur terrible feu
grégeois, n'avançaient que péniblement; la chaussée était détruite
à mesure qu'elle s'élevait, et les croisés se décourageaient de jour
en jour.

Tout à coup un Bédouin vint leur révéler, moyennant cinq cents
besants d'or, un gué qui se trouvait un peu plus bas. Aussitôt l'espoir leur est rendu, le passage entrepris. Le 8 février 1250, toute
l'armée chrétienne s'ébranle. Quelques chevaliers se noient; mais
l'avant-garde, composée des templiers, et le second corps, commandé
par le comte d'Artois, frère du roi, atteignent heureusement l'autre
rive. Dans un élan irréfléchi, le comte se précipite sur les premiers
Sarrasins qu'il rencontre. Tout fuit devant lui; l'émir, qui prenait
un bain, saute sur son cheval sans prendre le temps de se vêtir; il
est enveloppé et périt avec les siens. Mais, dans sa furieuse poursuite,
Robert d'Artois se laisse entraîner trop loin; il dépasse Mansourah,
se hasarde sur la route du Caire, et, lorsqu'il revient enfin sur ses
pas, il se voit pris à son tour comme dans un piège au milieu des
rues étroites de la ville. Ne pouvant s'échapper, il périt glorieuse-
ment avec plus de deux cent quatre-vingts chevaliers.

Pendant ce temps, le roi et son corps d'armée, parvenus à leur
tour sur la rive sarrasine, engagent contre plus de six mille Turcs
une lutte terrible, dont il faut lire dans Joinville les sanglantes péripéties. Le brave sénéchal court sus à un groupe de Sarrasins, en
train de charger leurs bagages pour s'enfuir. Il en abat un d'un coup
de lance appliqué sous l'aisselle; mais il est blessé à son tour et se
réfugie derrière une masure, où le comte d'Anjou vient un peu plus
tard le délivrer. Le preux roi court lui-même les plus grands dangers :
six Turcs saisissent dans la mêlée le frein de son cheval; avec sa
bonne épée d'Allemagne, il frappe sur eux à coups redoublés et les
force à le lâcher. Vingt fois ses chevaliers, écrasés par le nombre,
sont sur le point de plier; vingt fois ils reviennent à la charge. Au
soleil couchant, le champ de bataille leur reste. Saint Louis demande
avec instance des nouvelles de son frère disparu. « Il est au paradis,
s'écrie le prévôt de l'Hôpital. Et le roi, ajoute le brave sénéchal,
répondit que Dieu fût adoré pour ce qu'il lui donnoit; et alors les
larmes lui tomboient des yeux bien grosses[1]. »

Telle fut cette grande bataille de Mansourah, qu'un éminent critique littéraire a appelée le suprême épanouissement et comme le
bouquet de la chevalerie sainte, de la chevalerie tout en vue de la

---

[1] Joinville, édition de Wailly, p. 135.

croix, opposée à la chevalerie profane qui devait lui succéder. Malheureusement une si belle victoire ne devait pas avoir de lendemain. Une partie de l'armée ennemie s'était reformée derrière Mansourah; le chemin du Caire demeurait fermé; tout était à recommencer. Une seconde bataille s'engagea le 11 février, et, cette fois encore, les croisés, passant de l'offensive à la défensive, conservèrent leurs positions au prix des plus pénibles efforts. Mais, dès les jours qui suivirent, la disette sévit dans leur camp, et une maladie pestilentielle commença à les décimer. Les vivres envoyés de Damiette étaient interceptés par des galères sarrasines. Le chemin de cette ville était barré à son tour; la situation devenait grave.

A ce point critique de l'expédition, les négociations pouvaient encore prévenir un désastre. Saint Louis, cédant alors à de cruelles nécessités, modifia sa politique à l'égard des infidèles et entra dans la voie des sacrifices. Il voulait renoncer à Damiette contre la restitution de Jérusalem et des ports de l'ancien royaume; mais le nouveau sultan exigeait en garantie sa personne même, et les Français, selon notre brave chroniqueur, auraient mieux aimé se faire tuer jusqu'au dernier que de se déshonorer en livrant leur chef. Alors on battit ouvertement en retraite sur Damiette, et le bon roi, supplié par ses conseillers, par le légat, de monter en barque avec les malades (car il avait à la fois « fièvre double, tierce, dysenterie très forte et la maladie de l'armée dans la bouche et dans les jambes »), résista noblement, en s'écriant « qu'il ne laisseroit pas son peuple et feroit telle fin comme ils feroient [1] ». Alors aussi il commença à se montrer plus grand dans les revers que dans la victoire, suivant la parole de l'Apôtre : *Quum infirmor, tunc potens sum.* N'ayant pu dompter par la force les ennemis de la foi, ou plutôt leur terre meurtrière, il allait les éblouir et les subjuguer par le spectacle de sa magnanimité.

Poursuivi par des adversaires de plus en plus nombreux, auxquels ce mouvement de recul a rendu la confiance, il finit par tomber entre leurs mains, avec une multitude de croisés, le 6 avril 1250, moins de deux ans après son brillant départ des côtes de Provence. Tandis que la présence d'une reine courageuse à Damiette préserve de l'abandon cette place, dernier refuge des chrétiens, dernier gage de la rançon, le roi est ramené à Mansourah comme pour expier sa victoire sur les lieux qui en ont été les témoins; c'est la Passion après le triomphe des Rameaux; c'est la nuit de Gethsémani après l'entrée dans Jérusalem. Les Sarrasins lui demandent d'abord de leur livrer quelqu'une des forteresses des chevaliers du Temple ou

---

[1] Joinville, édition de Wailly, p. 165 et suiv.

de l'Hôpital; il déclare qu'il n'en a pas le pouvoir. Ils le menacent de le mettre aux *bernicles* (torture affreuse, consistant à broyer les jambes du patient entre deux pièces de bois armées de dents); il répond qu'il est leur prisonnier et qu'ils peuvent faire de lui ce qu'il leur plaira. On lui soumet les exigences du sultan pour sa délivrance; il refuse de prendre un engagement quelconque, car

Le comte d'Artois pousse la charge jusque dans Mansourah.

il ne sait si la reine, à qui il a confié Damiette, le ratifiera. On lui propose de le mettre en liberté moyennant la reddition de cette ville et le payement d'un million de besants d'or, c'est-à-dire d'environ cinq cent mille livres. « Si la reine y consent, je vous donnerai, dit-il, cette somme pour mes gens et Damiette pour ma personne; car je ne suis pas de ceux qui doivent se racheter à prix d'argent. » Un tel mépris de la vie, une telle hauteur de sentiments confond le sultan lui-même. « Par ma foi, s'écrie-t-il, il est large, le Franc, qui n'a

pas marchandé sur une si grande somme de deniers. » Et, dans son
admiration, il lui fait remise de cent mille livres. Le roi traite
sur ces bases; mais il défend à ses barons de traiter en particulier
de leur rançon, de peur que ces transactions à l'avantage des plus
riches n'empêchent la délivrance des chevaliers pauvres, et lui-
même se charge de négocier et de payer pour tous à ses propres
dépens.

Sur ces entrefaites, le sultan est assassiné par les émirs, et le chef
des conjurés victorieux se présente devant saint Louis, l'épée haute,
en lui commandant de le faire chevalier sous peine de perdre la vie.
Tout le monde presse le héros d'obéir : l'empereur Frédéric a bien
armé chevalier l'émir Fakhr-Eddin! Mais saint Louis n'est pas un
Frédéric, et sa foi lui défend de prostituer aux mécréants une dignité
essentiellement chrétienne; il reste impassible. Une troupe d'égor-
geurs se précipite sur lui; sa dernière heure semble venue. Mais
tout à coup ces barbares, fascinés par son attitude majestueuse, se
prosternent devant lui, le saluent en élevant leurs mains sur leurs
têtes, et lui promettent d'accomplir le traité qu'il a conclu avec leur
victime[1].

Cette grande scène nous donne une faible idée de l'ascendant irrésistible exercé par le pieux monarque sur ses geôliers. Leur vénération alla si loin, qu'ils furent sur le point de lui offrir de régner
sur eux à la place du sultan assassiné. Et quand lui-même demanda
plus tard à Joinville s'il croyait qu'il eût accepté : « Sire, dit le
sénéchal, vous eussiez agi en fol, attendu qu'ils venaient de tuer
leur seigneur. — Eh bien! répliqua le roi, vraiment, je ne l'eusse
pas refusé[2]. » Parole plus profonde qu'elle n'en a l'air, et qui se
rattache aux projets de conversions nourris par son prosélytisme : en
devenant leur maître, il aurait pu réaliser d'un seul coup le double
programme de sa politique. Voltaire, dans son *Essai sur les mœurs*,
a révoqué en doute cet épisode. Comment, objecte-t-il, des musulmans eussent-ils songé à se donner un chef chrétien, étranger à
leurs mœurs, à leur langue, à leurs idées? Comment le chroniqueur
français qui rapporte le fait a-t-il pu avoir connaissance des intentions de l'ennemi? N'a-t-il pas pris pour vérité une rumeur populaire sans fondement ni vraisemblance? — Mais Joinville a su une
quantité de détails authentiques sur ce qui se passait parmi les
Sarrasins. D'ailleurs, il ne parle que d'une proposition émanée de
quelques émirs renégats, et aussitôt repoussée. Il faut tenir compte
non seulement du prestige exercé par la personne de saint Louis,

[1] Joinville, édition de Wailly, p. 185 et suiv.
[2] *Id., ibid.*, p. 201.

mais de la division et de la lassitude qui régnaient parmi les meurtriers du sultan, dans cette garde redoutable de la Halca, composée
surtout d'étrangers [1]. Comme l'observe M. Didot dans sa notice sur
Joinville, les musulmans demandèrent plus d'une fois au roi son
alliance, et d'ailleurs le christianisme paraît n'avoir pas été alors
aussi antipathique aux populations orientales qu'il l'est devenu
depuis; on en pourrait citer bien des preuves intéressantes. Laissons
donc de côté la critique du trop fameux philosophe, qui n'avait ni le
sens chrétien ni le sens du moyen âge, et revenons à la politique
du roi.

Aussi loyal envers les Sarrasins qu'envers tous les autres, saint Louis
ne voulut pas, dans l'exécution du traité, leur faire tort d'un denier.
Un de ses chevaliers, Philippe de Nemours, se vantait devant lui de
les avoir trompés sur le poids de l'argent, lors du dernier payement
de deux cent mille livres qu'on leur devait. « Sachez, s'écria-t-il
avec indignation, que les deux cent mille livres leur seront livrées
intégralement, car je le leur ai promis; et je veux qu'il n'y manque
rien [2]. » Les engagements ainsi remplis, il ne lui restait plus qu'à
quitter Damiette pour la Syrie, où les chrétiens possédaient encore
quelques places, Saint-Jean-d'Acre, Césarée, Jaffa, et à fortifier
celles-ci pour appuyer une tentative ultérieure sur l'Égypte ou sur
Jérusalem. Mais une obligation encore plus sacrée le retint pendant
trois ans sur cette terre lointaine : celle de sauver les débris de son
armée. A ses frères, au légat, à ses conseillers, qui tous, à l'exception
de Joinville et du sire de Châtenay, l'engagèrent, dans une réunion
solennelle, à regagner la France, il répondit avec énergie qu'il ne
partirait point sans avoir délivré le reste des croisés captifs, et qu'il
n'abandonnerait pas la moindre partie de son peuple aux mains des
païens [3]. Ainsi nous le retrouvons toujours fidèle au premier devoir
de la royauté, toujours prodigue de ce dévouement pour les petits et
les faibles, que son biographe nous présente comme le trait dominant
de son caractère, et dont il cite en tête de son livre quatre grands
exemples, entre autres celui-là. Il sacrifiait à un principe rigide
l'envie, trop justifiée par la mort de la reine Blanche, de rentrer
dans son royaume; il lui sacrifia un désir plus cher encore, celui
d'aller baiser, comme un simple pèlerin, le sol où Jésus-Christ avait
souffert. On lui faisait espérer qu'il obtiendrait la faveur de le visiter,
sous le bon plaisir des musulmans. Mais voir Jérusalem captive, la
contempler en vaincu, sans pouvoir l'affranchir, c'était chose trop
dure à son cœur; il refusa, par la même raison qui avait jadis

[1] Joinville, édition de Wailly, p. 155.
[2] Id., ibid., p. 211.
[3] Id., ibid., p. 239.

arraché un mot sublime à Richard Cœur-de-Lion. Parvenu tout
près de la ville sainte et forcé de se replier en arrière, cet autre
modèle des chevaliers chrétiens s'entendit crier de loin par un de
ses compagnons : « Sire, sire, avancez jusqu'ici, et je vous montrerai
Jérusalem! » Mais Richard se voila le visage et dit en pleurant :
« Beau sire Dieu, ne souffre pas que je voie ta sainte cité, puisque
je ne puis l'enlever à tes ennemis! » Il y eut aussi un sanglot dans
le refus de saint Louis, on peut en être certain; et nulle douleur
plus poignante ne pouvait atteindre son âme, déjà abreuvée de
déceptions.

Mais la politique de saint Louis vis-à-vis des Sarrasins avait une
autre face que celle que je viens d'esquisser à grands traits, et
beaucoup moins connue, quoique méritant également de l'être. Il y
avait sous le guerrier un apôtre, et son but suprême était d'arrêter
l'invasion musulmane par la civilisation, par la conversion des pays
où elle s'étendait. Il n'y travailla pas seulement par ses magnifiques
exemples. Il avait emmené avec lui tout un bataillon pacifique de
frères prêcheurs et de frères mineurs, qui s'occupa sans relâche
d'évangéliser les infidèles. Rien que pendant son séjour à Saint-
Jean-d'Acre, ces religieux amenèrent à la foi, d'après la chronique
de Primat, cinq cents Turcs ou Arabes; on juge par là de ce qu'ils
purent faire dans toute la durée de la croisade. Geoffroy de Beaulieu
et le confesseur de la reine nous parlent aussi d'une quantité de
Sarrasins baptisés, rachetés, emmenés en France par les soins du
roi; il les entretenait à ses frais, il leur faisait épouser des femmes
chrétiennes, et leurs familles demeuraient perpétuellement sous sa
garde. Étienne de Bourbon, autre écrivain contemporain, donne
aussi de curieux détails sur l'influence salutaire que le contact des
croisés exerçait chez ces païens.

Sans doute la réciproque avait lieu quelquefois : on voyait de malheureux renégats, attirés par l'appât de la richesse ou des plaisirs grossiers,
devenir la honte de leurs frères et le jouet de leurs nouveaux coreligionnaires. Mais ces cas étaient rares, à côté des conversions au
christianisme. Celles-ci s'opéraient non seulement par les discours des
missionnaires, mais par les réflexions spontanées des mahométans.
« Beaucoup d'entre eux, dit l'auteur que je viens de nommer, comparant l'Alcoran avec l'Évangile qui leur était apporté, et jugeant
la loi de Mahomet incompréhensible et ridicule au point de vue de
la raison naturelle, ont embrassé notre religion. Leurs sages, quand
ils s'entretiennent en confidence avec les nôtres, reconnaissent que
notre foi est meilleure, et ils l'avouent dans l'intimité; mais ouvertement ils ne l'osent pas, soit par crainte de la mort qu'ils encour-
raient, soit par amour des voluptés auxquelles ils ont été habitués

Saint Louis rachetant les prisonniers. (D'après Granet.)

toute leur vie. C'est ce que j'ai appris des frères qui ont été chez eux, et ils ajoutaient qu'un grand nombre se faisaient baptiser en secret[1]. » Notons ceci : *en secret*. Cela signifie que la quantité des conversions réelles dépassa de beaucoup celle des conversions connues, et l'on ne peut vraiment savoir jusqu'où s'étendit la semence de vérité répandue par saint Louis et ses compagnons sur cette terre déshéritée. Un trait digne des premiers âges de l'Église, emprunté à la même source authentique et contemporaine, achèvera de nous montrer l'importance de leur apostolat et la solidité des recrues qu'ils faisaient chez les Sarrasins. D'après ce qui fut rapporté à Étienne de Bourbon par un chevalier de la suite du roi lui-même, un de ces mécréants s'était présenté aux lices des croisés après la prise de Damiette, en criant qu'il voulait se faire chrétien. On le reçut, et l'on vérifia la sincérité de ses dispositions ; puis on le baptisa. Peu après, le néophyte fut fait prisonnier avec saint Louis. Ses anciens coreligionnaires, chez lesquels il avait occupé un rang élevé, essayèrent de le ramener à leur foi : promesses, flatteries, rien n'y fit. Alors ils employèrent la menace, puis les coups. Ils le promenèrent nu à travers leur camp en le battant de verges, il refusait toujours de renier le Christ. Ils arrosèrent son corps de graisse bouillante ; enfin ils l'attachèrent à un arbre et le percèrent d'une grêle de flèches, la louange du Christ sortit de sa bouche jusqu'au moment suprême[2]. Ainsi donc il y eut des martyrs parmi les Sarrasins durant cette première croisade de saint Louis, et le sang répandu nous est un sûr garant que ses efforts de ce côté ne furent pas entièrement stériles : *Sanguis martyrum, semen christianorum.*

Derrière les musulmans apparaissaient les hordes tartares, péril suprême de la civilisation occidentale, ennemies à la fois des fils de Mahomet et des enfants du Christ. Fortes de leur éloignement et des retranchements élevés autour d'elles par la nature, elles n'avaient pas à redouter d'être attaquées chez elles. Mais là où les soldats ne peuvent pénétrer, les apôtres savent se frayer un chemin. La politique du saint roi devait donc se borner ici au second et au plus sûr de ses moyens d'action, à l'évangélisation, qui seule pouvait tarir le torrent des envahisseurs de l'Europe. Un des chefs de ces barbares, un successeur de Gengis-Khan, ou au moins un de ses lieutenants, lui fournit l'occasion d'y recourir, tandis qu'il séjournait en Chypre. A la nouvelle que les Francs allaient attaquer l'Égypte, ce chef, qui avait besoin d'immobiliser les forces de celle-ci pour porter un coup mortel à la puissance des califes de Bagdad, envoya demander à

---

[1] *Anecdotes historiques d'Étienne de Bourbon*, p. 275.
[2] *Id., ibid.*, p. 337.

saint Louis son amitié, en lui offrant de l'aider à conquérir Jérusalem. Une telle alliance pouvait sembler habile; mais elle n'eût pas été plus morale qu'une association avec les Sarrasins. Il était dans le rôle des païens de s'unir ainsi à l'un de leurs adversaires pour écraser l'autre, sauf à se retourner ensuite contre le premier; un roi de France ne pouvait s'abaisser à des stratagèmes de cette espèce, ni être dupe de semblables propositions. Il y avait un grand danger à faire cause commune avec les Tartares; il y en avait un également à leur opposer un refus absolu. Que fit le monarque chrétien? Il reçut avec bonté leurs messagers, ne leur donna pas de réponse précise au sujet de l'alliance; mais, comme ils lui laissaient entrevoir, pour mieux le tenter, la conversion possible de leur nation (chez laquelle, du reste, la secte nestorienne s'était perpétuée), il saisit ce prétexte pour leur envoyer des frères prêcheurs et mineurs chargés de leur enseigner la vraie foi. La beauté des objets extérieurs agissant toujours plus sensiblement sur les natures sauvages, il fit faire une tente d'écarlate fine en forme de chapelle et des statues représentant les principales scènes du Nouveau Testament, y joignit des livres, des vases sacrés et tous les divers instruments du culte, et prescrivit aux religieux d'offrir le tout de sa part au Grand Khan.

Une véritable caravane, composée d'officiers royaux et de missionnaires, entre autres d'André de Longjumeau, des frères Jean et Guillaume, franciscains, partit hardiment pour le pays des Tartares. Elle n'y parvint qu'au bout d'un an, après avoir longtemps erré autour de la mer Caspienne et dans les montagnes de l'Oural, et en marchant à raison de dix lieues par jour, s'il faut s'en rapporter à la version répétée par Joinville, qui paraît quelque peu exagérée. Elle trouva le souverain qu'on lui avait annoncé régnant sur un grand nombre de royaumes subjugués et sur des sujets en partie chrétiens ou de religion grecque. « Il envoyait ceux-là sur les Sarrasins, dit le chroniqueur, quand il voulait guerroyer avec les Sarrasins, et il envoyait ces derniers contre les chrétiens quand il avait affaire aux chrétiens [1]. » Ce qui prouve que c'était chez lui une tactique habituelle, et qu'il espérait se servir de la même façon du roi catholique. Du reste, son insigne fausseté, apanage des chefs barbares en général, éclata dans la réception qu'il fit aux ambassadeurs français. Il accepta tous leurs présents; mais, convoquant aussitôt sa cour et les princes voisins qui n'avaient point encore reconnu sa domination, et faisant tendre devant eux la chapelle d'écarlate, il leur déclara que tout cela lui était offert par le roi de France en signe d'hommage et de

---

[1] Joinville, édition de Wailly, p. 259 et suiv.

Jaffa

vassalité. « Et si vous n'en faites pas autant, ajouta-t-il, je l'enverrai
chercher pour vous perdre. » Paroles pleine d'enseignement, qui
montre le peu de sincérité du khan, mais qui confirme en même
temps la grande réputation de saint Louis chez ces peuplades lointaines. On s'explique après cela le propos tenu par un de leurs
chefs à d'autres missionnaires : « Quel est le premier prince de la
chrétienté? — C'est l'empereur. — Pas du tout, c'est le roi de
France. » En effet, beaucoup de seigneurs, jusque-là indépendants,
se soumirent aux Tartares à la suite de cette comédie, et par peur
du grand monarque chrétien.

Quant à l'objet de l'ambassade, le khan ne fit qu'une réponse;
mais celle-là était dépouillée d'artifice : « Nous te mandons, écrivit-il
au roi, que chaque année tu nous envoies tant de ton or et de ton
argent, que tu nous retiennes pour ami ; et si tu ne le fais, nous
te détruirons toi et tes gens, ainsi que nous avons fait des autres. »
Et le roi, ajoute le narrateur, se repentit de lui avoir envoyé des
députés[1]. Mais nous ne pouvons en induire qu'il se repentit de son
essai d'évangélisation, et il est bien probable que cette pacifique
entreprise produisit d'autres fruits que les quelques notions ethno-
graphiques ou géographiques rapportées par les ambassadeurs. Qui
saura jamais combien d'âmes plongées dans les ténèbres ont été
rachetées par la seule audition de la parole de Dieu?

Ce ne fut pas là, on le sait, la seule phalange apostolique députée
par saint Louis vers les Tartares; mais il semble bien qu'aucun de
nos rois n'avait pris avant lui cette initiative. Il faut voir là, dans
tous les cas, un des grands faits de son règne, et, pour ainsi dire,
l'ouverture de l'ère des missions. Vers le même temps, Innocent IV
envoyait de son côté des religieux en Tartarie, notamment le cordelier
Plancarpin, qui a laissé de son voyage une relation si intéressante.
Il ne fut pas plus heureux que le roi très chrétien; tous deux, malgré
leurs généreux efforts, n'arrivèrent qu'à des résultats partiels et
isolés. Unis par une même pensée, ils échouèrent devant le même
obstacle : le caractère fourbe et insaisissable de la race mongole, qui
est encore aujourd'hui la barrière la plus insurmontable rencontrée
en Asie par le christianisme.

Telle est, sous toutes ses faces, la politique suivie par notre grand
prince dans la question d'Orient, question vitale de son temps comme
au nôtre. Le fond de cette politique se résume, encore une fois, dans
un seul mot : arrêter les invasions de la barbarie païenne, par la
force au besoin, mais surtout et toujours par la civilisation et la
christianisation des races orientales. La largeur de vues qu'un pareil

[1] Joinville, édition de Wailly, p. 271.

plan suppose le place bien au-dessus de ses prédécesseurs. Et si nous
lui cherchons des successeurs dans cet ordre d'idées, si nous cherchons
aujourd'hui les véritables continuateurs de sa ligne politique, où les
trouvons-nous? sur le trône? dans les camps? chez les partisans des
Russes, ou parmi les défenseurs de l'empire ottoman? Non; nous
les trouvons sous l'humble habit de ces religieux héroïques dont il
frayait déjà la voie glorieuse, nous les trouvons chez ces missionnaires
persévérants, obstinés, qui vont porter l'Évangile jusqu'au fond du
vieux monde oriental, et qui, à l'instar de ses ambassadeurs, traversent
mille dangers pour arriver peut-être à sauver quelques âmes. Ceux-là
peuvent se dire vraiment les héritiers de son esprit et de sa tradition.
Quand ils franchissent les montagnes arides, les plaines brûlantes,
ils peuvent relever leur courage en pensant qu'ils accomplisseut le
rêve du plus sage et du plus perspicace de nos rois. Et quand ils
tombent sous les coups des bourreaux, quand ils versent leur sang
pour la sainte cause qui avait en lui un champion si vigoureux, on
peut vraiment leur appliquer cette parole fameuse, adressée naguère
à un autre martyr : « Fils de saint Louis, montez au ciel! »

CHAPITRE VII

SAINT LOUIS RÉFORME L'ADMINISTRATION DU ROYAUME

Administration centrale : le conseil royal; les grands officiers de la couronne. — Administration provinciale : baillis et sénéchaux; grande ordonnance de saint Louis réglant leurs attributions; son esprit éminemment progressiste. — Réforme de la prévôté de Paris. — Institution salutaire des *enquesteurs;* leurs missions et leurs procédures.

La mort imprévue de Blanche de Castille, à qui avait été confiée la régence durant la croisade, et les besoins d'un grand royaume abandonné à lui-même rappelèrent saint Louis en France, au mois d'avril 1254. Il mit à la voile le 25, avec sa femme, ses enfants et un grand nombre de chevaliers. Après avoir failli périr sur les côtes de Chypre, il débarqua heureusement au port d'Hyères, et, le 7 septembre, il faisait dans sa bonne ville de Paris une entrée triomphale au milieu d'un peuple enthousiaste, heureux de retrouver un prince qu'il avait cru perdu pour toujours. Dès lors commença la longue période de paix qui devait être la plus féconde et la plus prospère de son règne. Le saint roi, arrivé à l'âge de quarante ans, mûri par l'expérience et les revers, se consacra tout entier au bonheur de ses sujets, à la réforme du gouvernement, au triomphe de la justice. Loin d'amoindrir son autorité, les malheurs de la croisade lui avaient donné un nouveau prestige; l'auréole du martyr semblait briller sur son front. La vénération des peuples, l'admiration respectueuse des barons, lui rendaient plus facile la grande et noble tâche qu'il rêvait depuis longtemps d'entreprendre. C'est dans l'accomplissement de cette œuvre de prédilection que nous allons maintenant le contempler.

8

Avant d'aborder l'étude de ses réformes administratives, rappelons encore une fois le double caractère du pouvoir royal à cette
époque. Ne perdons pas de vue que l'autorité du roi a toujours deux
degrés, qu'elle s'exerce avec sa plénitude dans la seule circonscription du domaine de la couronne, tandis que, dans le reste du
royaume, dans les fiefs des grands vassaux, elle en serait réduite
à fort peu de chose si elle ne disputait et ne conquérait le terrain
pied à pied. Ainsi, lorsque nous parlons d'administration, il ne peut
s'agir que des possessions de la couronne; lorsque nous parlons
d'organisation militaire, il s'agit, au contraire, de tout le royaume,
puisque le roi est à la tête de toute l'armée féodale. Quant aux
institutions judiciaires, nous aurons à faire des distinctions et à
suivre les progrès d'une véritable lutte.

Il y avait alors, comme de nos jours, une administration centrale
et une administration provinciale, répondant, la première aux mi-
mistères, la seconde aux préfectures, avec un ressort beaucoup plus
étendu. L'administration centrale était encore organisée d'une façon
très rudimentaire, et son action s'exerçait dans des limites mal défi-
nies. Il n'y avait ni ministres ni corps délibérants; cependant il y
avait à peu près l'équivalent. Sans parler de la chambre des comptes
et du parlement, dont nous aurons à nous occuper un peu plus loin,
et qui avaient des attributions toutes spéciales, le roi était assisté,
dans le gouvernement général, par deux sortes d'auxiliaires : les
conseillers et les grands officiers de la couronne. Le conseil royal
n'avait pas une composition ni des fonctions bien fixes. Saint Louis,
nous l'avons déjà vu, soumettait certaines questions capitales aux
clercs, aux chevaliers, aux prudhommes de sa cour; mais ils les choisissait suivant la nature de ces questions, et ce n'était pas toujours
les mêmes. Il y avait des conseillers temporaires plutôt qu'un conseil
permanent. Les uns étaient chargés plus particulièrement de la justice, les autres des finances ou des affaires politiques (c'est le noyau
du parlement, de la chambre des comptes, du conseil d'État); mais
tous formaient encore un ensemble indistinct, appelé communément
« la cour du roi » (*curia*). La séparation ne fut régulièrement faite que
sous Philippe le Bel, qui donna à la centralisation et aux rouages
administratifs un développement inconnu avant lui. Enfin, comme
nous l'avons vu également, les conseillers royaux n'avaient qu'une
voix consultative. Le prince les interrogeait pour s'éclairer; mais il
se réservait la faculté de décider souverainement, ou même de ne pas
prendre leur avis, quand le droit, comme dit Joinville, était clair et
évident. A ceux qui l'entretenaient d'une affaire, il n'avait pas,
observe encore ce chroniqueur, l'habitude de répondre : « J'en pren-
drai conseil; » il consultait surtout l'équité, dont le sentiment était

assez fort chez lui pour prévenir les dangers d'un pareil système[1].
Cependant, dans les questions militaires, pour la marche de son
armée, par exemple, on le voit suivre avec une certaine déférence
l'opinion des chevaliers les plus expérimentés.

Les grands officiers de la couronne, au nombre de cinq, avaient
été longtemps de véritables ministres. Mais le plus important d'entre
eux, le *sénéchal*, chargé ordinairement du service de la table, ayant
fini par accaparer toute la juridiction du domaine royal et menaçant
de devenir un nouveau maire du palais, Philippe-Auguste avait
laissé son office vacant, et, cette vacance se perpétuant, la fonction
se trouvait par le fait annnulée. Les quatre autres avaient eux-mêmes
perdu de leur autorité, sauf le dernier. C'étaient : le *bouteiller*, qui
d'intendant de la cave était devenu le contrôleur de la dépense
royale; le *chambrier*, garde de la chambre, et par suite garde du
trésor; le *connétable* ou le comte de l'écurie (*comes stabuli*), érigé
plus tard en commandant des troupes de guerre; enfin le *chancelier*,
à qui la disposition du sceau donnait une situation hors ligne, analogue à celle de secrétaire du roi. Tous les actes de l'autorité souveraine lui passaient par les mains. Il souscrivait de son nom les
diplômes solennels, qui portaient, en cas de vacance de l'office, les
mots *vacante cancellarid*. Les autres officiers contresignaient également ces actes; mais on pouvait les rendre sans leur participation,
car la formule *adstantibus in palatio* accompagnait leurs noms même
lorsqu'ils étaient absents. Le chancelier, à la différence de ses collègues, pouvait n'être pas chevalier; il appartenait ordinairement
à l'Église, qui seule possédait alors des sujets d'une instruction
suffisante pour cet emploi. Le sceau fut confié pour la première
fois à des mains laïques par Philippe le Bel, qui n'eût pas trouvé
chez un ecclésiastique assez de docilité pour instruire le procès de
Boniface VIII.

Tous ces auxiliaires du souverain lui prêtaient un serment de fidélité et de loyauté; c'est pourquoi on appelait les conseillers de la
couronne les *conseillers jurés*. Joinville se sert notamment de ce terme
lorsqu'il recommande à son maître de leur défendre d'accepter des
cadeaux de qui que ce soit, conseil que le bon prince s'empressa de
mettre en pratique, après avoir expérimenté sur lui-même l'impossi-
bilité presque absolue de ne pas être influencé quelque peu par les
présents. La formule du serment ne se retrouve pas dans les actes
de saint Louis; mais nous en avons un spécimen de très peu postérieur : c'est celui que prêta, en 1310, Pierre de Châlon, clerc de
l'hôtel royal, élevé par Philippe le Bel au rang de conseiller en son

[1] V. Joinville, édition de Wailly, p. 455.

conseil. Quoiqu'à cette époque le grand conseil eût reçu son organisation distincte, il est probable que la teneur du serment n'avait
guère varié depuis saint Louis. En voici les termes : « Vous jurez que
vous serez féaux et loyaux au roi et son ainné fils roi de France, et
li garderez son cors, ses membres et s'onneur terrienne. Se ils vous
dit son secré, vous le garderez; et s'il vous demande conseil, vous
lui doiroiz bon et léal, à votre esciant. Si vous aist Dieu et les
sainctes paroles [1]. »

Outre ces garanties, il y en avait une plus efficace dans le caractère personnel des différentes dignités de la cour. Le principal héréditaire ne leur était pas appliqué, et le roi pouvait choisir à son gré
les sujets les plus capables pour s'entourer de leurs lumières. Cette
remarque est applicable aussi aux agents de l'administration locale,
auxquels j'ai hâte de passer, parce qu'ils étaient les véritables instruments du gouvernement, et que c'est au sujet de leurs fonctions
qu'on voit éclater le zèle et la sagesse de saint Louis. En effet, si
l'administration centrale n'avait encore qu'un rôle effacé, en raison
du caractère de la royauté et de la difficulté des communications fréquentes entre les divers pays soumis à son autorité, en revanche, et
par des motifs analogues, ses délégués dans ces mêmes pays étaient
les dépositaires d'un pouvoir très étendu. Les officiers du roi n'étaient
rien et ne pouvaient rien à côté de lui; mais loin de lui ils exerçaient
forcément toutes les prérogatives royales, ils représentaient le souverain sous toutes ses faces, et c'est pourquoi celui-ci apportait tant de
soin à les contenir dans les limites du droit, vis-à-vis de lui-même
comme vis-à-vis de ses sujets.

Les gouverneurs préposés à l'administration des différentes parties
du domaine royal s'appelaient *baillis* dans le nord, *sénéchaux* dans le
midi. Lorsque Philippe-Auguste supprima l'office du grand sénéchal
du palais, qui était devenu l'administrateur unique, il le remplaça
par quatre baillis, révocables à volonté, ayant chacun leur circonscription distincte. Sous saint Louis, les baillis devinrent beaucoup
plus nombreux; non seulement le domaine, mais la France entière
fut répartie en bailliages, et chacun des fiefs des grand vassaux fut
rattaché, pour les besoins de l'exercice des droits de la suzeraineté,
à une des provinces royales et au fonctionnaire placé à sa tête. Ainsi
le Vermandois, Senlis, Amiens, Arras, Saint-Omer, Gisors, Mantes,
Rouen, le pays de Caux, Verneuil, Caen, Bayeux, le Cotentin, Sens,
Mâcon, Étampes, Orléans, Tours, Bourges, la terre d'Auvergne,
eurent un bailli particulier; après le traité de 1229, Beaucaire et
Carcassonne, puis le Quercy, le Périgord et la Rochelle eurent un

---

[1] Boutaric, *la France sous Philippe le Bel*, p. 165.

sénéchal. En outre, la Bretagne fut mise dans le ressort du bailli de
Tours, la Bourgogne dans celui du bailli de Mâcon, la Guyenne dans
celui de la sénéchaussée de Périgord, etc. Chaque bailliage était sub-
divisé en un certain nombre de prévôtés. Les prévôts étaient aux
baillis ce que les sous-préfets sont aux préfets, mais ils n'étaient
pas nommés par le roi; les prévôtés étaient adjugées aux enchères
par les baillis, et leurs titulaires n'étaient guère que des fermiers du
domaine. Dans le midi, ils s'appelaient *bayles,* et leur circonscription
baylie. Si l'on ajoute à ces fonctionnaires les *sergents,* chargés de
porter leurs ordres et de les exécuter, on a le cadre presque complet
du personnel de l'administration royale, cadre fort peu compliqué,
comme on le voit.

Quelles étaient les attributions des baillis ou sénéchaux, des prévôts ou bayles? Ainsi que je viens de le dire, ils représentaient
l'autorité royale tout entière, c'est-à-dire qu'ils étaient à la fois
des agents administratifs, militaires et judiciaires; les prérogatives
de la royauté n'étaient pas plus divisées dans les mains de ses délégués que dans les siennes. Ainsi, suivant le relevé fait par Boutaric, les occupations du bailli consistaient en ceci : « chaque année
il se rendait à l'Échiquier (il tenait des assises); il faisait des enquêtes sur les points litigieux; il veillait à l'exécution des arrêts de
la cour et des ordres du roi; il protégeait les églises; il administrait
les domaines; il rendait les comptes des recettes et des dépenses de
son bailliage; il faisait rédiger un état des fiefs relevant du roi dans
la circonscription soumise à son autorité; il prenait le commandement
des nobles et des roturiers qui devaient le service militaire[1]. » Un
tel mélange de fonctions rend la tâche difficile à celui qui veut considérer séparément, selon le principe moderne de la division des pouvoirs, chacune des branches du gouvernement intérieur. J'essayerai
de garder pour un tableau spécial tout ce qui, dans le rôle des baillis et
des prévôts, se rapporte à la justice et aux choses de la guerre; mais
il faut bien subir quelque peu dans cet exposé la confusion qui règne
dans les documents et dans les usages du temps. Le législateur, en
traçant des règles à ces officiers, mêle ensemble toutes leurs attributions; nous ne pouvons mutiler son texte au gré des idées du jour.

Beaumanoir, qui fut lui-même bailli de Senlis et de Clermont, nous
apprend, en plusieurs passages de ses *Coutumes de Beauvoisis,* ce que
devaient être ses pareils. Dans son premier chapitre notamment, il
exige d'eux un ensemble de conditions morales donnant parfaitement
l'idée de la magistrature chrétienne, telle que les contemporains la
voulaient.

[1] *Saint Louis et Alphonse de Poitiers,* p. 133.

« Il noz est avis que cil qui veut estre loiax baillis et droituriers doit avoir en li dix vertus, esqueles l'une est qui doit estre dame et maistresse de toutes les autres, ne sans li ni poent estre les autres vertus governées; et cele vertus est apelée sapience, qui vaux autant comme estre sages...

« La seconde vertus que li baillis doit avoir, si est que il doit très durment, de tout son cuer, amer Diu, nostre père et nostre sauveur, et, por l'amor de Diu, sainte Église; et non pas de l'amour que li aucun des sers ont à lor segneurs, qu'il ne les aiment fors por ce qu'ils les criement et doutent, mais d'amor entière, si comme li fix doit amer le père, car de li amer et servir tuit li bien...

« La tierce vertus que li baillis doit avoir, si est que il doit estre doz et débonères, sans vilonie et sans rancune...

« La quarte vertus, si est qu'il soit souffrans (tolérant) et escoutans, sans li couroucier ne mouvoir de riens...

« La quinte vertus, si est qu'il doit estre hardis et viguereux sans nul parèce.

« La sisime..., si est larguece... La septime..., que il obéisse au commandement de son seyneur en toz ses commandemens, exceptés les commandemens par lesquix il porroit perdre s'ame s'il les fesoit... L'uitisme vertus, si est que il soit très bien connissans : premièrement il doit connoistre le bien du mal, le droit du tort, les loiax des triceurs, les bons des malvès... La nuevisme vertu..., si est que il ait en li soutil engieng et hastiv de bien exploitier, sans fere tort à autrui, et de bien savoir conter... La disime vertus qui doit estre en celi qui s'entremet de baillie, si est le mellor de toutes, ne sans li ne poent les autres rien valoir, car c'est cele qui enlumine toutes les autres..., et ceste vertus si est apelée loiatés[1]. »

Beaumanoir passe des obligations générales aux devoirs particuliers prescrits par les circonstances. Mais ces devoirs sont tracés d'une façon plus précise et plus intéressante pour nous dans une célèbre ordonnance de saint Louis, rendue en 1254 pour la réformation du royaume. Cette ordonnance est tout un code administratif, et l'on a pu dire que le moyen âge l'avait considérée comme la charte des libertés françaises, « charte qui ne fixait pas les droits du peuple ni les devoirs de la couronne, mais qui se bornait à prescrire aux agents du roi d'observer la justice, qui avait pour base l'équité, et dont pendant plusieurs siècles les grands et le peuple ne cessèrent de réclamer l'exécution[2]. » Je vais en résumer brièvement les principales dispositions, car l'étude détaillée de son texte entraînerait

---

[1] *Coutumes de Beauvoisis*, ch. I.
[2] Boutaric, *Saint Louis et Alphonse de Poitiers*, p. 150.

trop loin, et il suffira de montrer quelles idées, quelles améliorations la présence d'un saint sur le trône fit prévaloir en matière
d'administration provinciale. Plusieurs de ces améliorations peuvent
sembler peu de chose aujourd'hui ; mais quand on se reporte aux
désordres du temps, aux lacunes et aux irrégularités de la législation, aux abus enfantés par le défaut de règlements précis, aux entraves de toute sorte apportées par la routine féodale, on ne peut
s'empêcher d'admirer le pas gigantesque fait alors d'un seul coup
vers l'idéal du bon gouvernement.

Après avoir déclaré, dans son préambule, qu'il cherche avec
amour la paix de ses sujets, qui est sa propre tranquillité (*in quorum quiete quiescimus*), et qu'il éprouve contre ceux qui la troublent
une indignation légitime, saint Louis décrète les mesures suivantes.

Les sénéchaux et autres officiers royaux prêteront et observeront,
sous peine d'être châtiés par le roi lui-même, le serment de rendre
la justice sans distinction de personnes, suivant les coutumes et
usages approuvés, de conserver les droits du souverain sans porter
préjudice à ceux des particuliers, de ne recevoir aucun présent, ni
eux, ni leurs femmes, ni leurs enfants, et de rendre ceux qu'ils auraient reçus ; de ne jamais emprunter de leurs administrés que des
sommes d'argent peu élevées, au-dessous de vingt livres, et de les
rembourser dans un délai de deux mois ; de ne prélever aucune part
sur le profit des ventes ou des adjudications des offices inférieurs,
des rentes dues au roi, de la monnaie, etc.; de ne point protéger les
officiers subalternes coupables de malversations ou d'abus de pouvoir, suspects d'usure ou menant une vie scandaleuse, mais, au contraire, de les corriger. Ils ne proféreront aucune parole contre l'honneur de Dieu, de la sainte Vierge ou des saints ; ils s'abstiendront
des jeux de dés et d'échecs, de la fornication, de la fréquentation des
tavernes. Ils n'achèteront aucun immeuble dans leur circonscription
sans la permission du roi, sous peine de confiscation. Ils n'y prendront point femme, ni pour eux, ni pour leurs parents, ni pour leurs
domestiques. Ils ne feront pas recevoir leurs parents ni leurs domestiques dans des monastères, et ne leur procureront pas de bénéfices
ecclésiastiques. Ils ne prendront dans les maisons religieuses ni repas
ni gîtes sans l'autorisation du roi. Ils n'auront qu'un petit nombre de
bedeaux ou de sergents pour exécuter leurs jugements ; ces sergents
seront nommés publiquement dans les assises, et ne seront point
écoutés s'ils ne sont munis d'un mandat en règle de leur supérieur.
Les sénéchaux, baillis et leurs subordonnés ne pourront faire arrêter
personne pour dettes, si ce n'est pour les sommes dues au roi. Ils ne
pourront détenir l'individu accusé de crime qui sera en état de se
purger de l'accusation, à moins qu'il ne s'agisse d'un crime énorme,

ou qu'il soit convaincu par son propre aveu, par des preuves ou
des présomptions très fortes. Ils communiqueront à l'accusé les enquêtes dressées contre lui. Les personnes de bonne renommée, même
pauvres, ne seront pas mises à la question sur la déposition d'un
seul témoin. Ceux qui auront acheté des offices inférieurs ne pourront les revendre, et, s'ils sont plusieurs acheteurs, un seul rendra
la justice. Les sénéchaux ou baillis tiendront leurs audiences aux
lieux accoutumés. Ils ne chargeront le peuple d'aucune imposition.
Ils n'ordonneront de chevauchées que pour des causes nécessaires,
et ne pourront forcer à financer ceux qui voudront servir en personne. Ils ne défendront l'exportation des blés, des vins et autres
denrées qu'après la délibération d'un conseil. On ne fournira ni
armes, ni marchandises, ni argent aux Sarrasins ni aux autres
ennemis du roi. Les officiers royaux, après l'expiration de leurs
fonctions, resteront pendant cinquante jours sur les lieux pour répondre aux plaintes dont ils pourraient être l'objet. Les mesures
prescrites contre les usures et les blasphèmes des Juifs seront exé-
cutées. Les femmes publiques seront chassées des villes et des campagnes, et celui qui leur aura loué sa maison sciemment la perdra.
Les dés, les échecs, les sociétés de jeu seront interdits. Les taverniers ne logeront que des voyageurs ou des passants. — Toutes ces
dispositions, édictées d'abord pour les sénéchaussées de Beaucaire
et de Carcassonne, furent ensuite étendues au reste du royaume et
complétées par deux ordonnances nouvelles, rendues en 1255 et 1256[1].

Que de points importants sont touchés là! que d'abus révélés! que
de réformes entreprises! Ne soyons pas trop fiers de notre législation
moderne; car, si elle est supérieure par certains côtés à celle de
saint Louis, il y a, dans le texte que je viens d'analyser, telle mesure
d'ordre ou d'intérêt public inscrite depuis longtemps sur la liste des
desiderata de notre code actuel. Je ne citerai que l'abolition de la
prison préventive, que nous avons tant de fois entendu réclamer,
et que l'ordonnance de 1254 prononce en faveur de tous ceux qui
pourront fournir caution. Une captivité prolongée est plus douloureuse
encore pour l'accusé que pour le coupable reconnu, et, pour la justice qui frappe ainsi à l'avance, c'est souvent un sujet de remords.
Nous en sommes donc aujourd'hui, en plein XIXe siècle, à désirer
l'application d'une loi de saint Louis.

Une autre chose digne de remarque, parmi les obligations imposées aux hauts fonctionnaires, c'est le respect de Dieu, de la sainte
Vierge et des saints. Beaumanoir leur demandait tout à l'heure le

[1] V. les *Ordonnances des rois de France*, t. I, p. 65 et suivantes, et le texte rectifié que
j'ai donné, d'après les registres originaux, dans le recueil de chartes imprimé en 1878 pour
l'université catholique de Paris.

véritable amour de Dieu; le roi leur demande à son tour d'honorer son nom. La morale, à cette époque, n'allait pas sans la religion ; elle en était, pour ainsi dire, une dépendance, et la fidélité aux devoirs du chrétien était considérée comme la meilleure garantie de l'intégrité de l'homme public. Depuis, la loi est devenue athée; elle n'oblige ses agents qu'à une certaine honnêteté indifférente, et l'on croit cette honnêteté assez sûre pour se passer du frein religieux. Combien de déceptions, combien de scandales sont le fruit de cette naïve illusion !

Mais, sans nous attarder aux détails, recueillons le sens général de l'ordonnance de saint Louis. En somme, elle n'a qu'un but, qui a été celui de tout le règne de ce prince honnête : protéger ses sujets contre les excès du pouvoir ou la corruption de ses fonctionnaires, assurer la distribution de la justice aux faibles et aux pauvres. Ce n'est pas l'avantage de son administration qui le préoccupe ; c'est l'avantage et le profit du peuple. Rien de moins fiscal, rien de plus véritablement humanitaire qu'un pareil esprit. Rien de plus opposé aussi, reconnaissons-le, aux pratiques de la plupart des prédécesseurs et des successeurs du saint roi. C'est par de telles réformes qu'il a conquis entre tous les princes une place à part, et qu'il a mérité que son gouvernement fût appelé « un modèle toujours proposé, jamais atteint ».

Toutefois il faut avouer que sa constitution laissait encore debout des abus fâcheux : par exemple, cette vente ou cette adjudication de certains offices publics, dont la tradition s'est perpétuée jusqu'aux temps modernes. Il arrivait que des prévôtés avaient à la fois plusieurs titulaires, qui se réunissaient pour acquérir la charge et qui affermaient à leur tour les revenus domaniaux à des gens plus ou moins habiles, plus ou moins intègres. Le pouvoir royal n'était pas assez fort pour déraciner cette coutume, et d'ailleurs il faut croire qu'elle offrait des avantages compensatoires, puisqu'elle fut maintenue si longtemps. Saint Louis dut se contenter d'y apporter des tempéraments et de prescrire de sages précautions. Mais à Paris, où cet état de choses produisait un désordre plus grave, il coupa le mal dans sa racine, et ce fut pour lui l'occasion d'une autre réforme importante.

Paris n'avait point de bailli. La royauté avait craint sans doute qu'un magistrat si élevé n'acquît dans la capitale un surcroît d'influence pouvant devenir dangereux à un moment donné. Et puis d'ailleurs le roi y résidait presque toujours, et il n'y avait pas besoin de délégué là où se trouvait l'administrateur et le juge suprême. Il y avait donc seulement un prévôt de Paris. Mais ce prévôt exerçait, par le fait, les fonctions de bailli, et il avait fini par les exploiter si bien à son

profit, que sa charge, au lieu d'être utile au peuple, était devenue
une source d'oppression intolérable. Joinville, qui insère intégralement dans ses mémoires une traduction de l'ordonnance de 1254,
en faisant remarquer combien cet établissement amenda le royaume,
relate immédiatement après, avec une égale admiration, la réforme
de la prévôté de Paris. Il nous trace des abus qui la rendirent nécessaire un tableau très sombre, et qui ne paraît nullement chargé :
« La prévôté de Paris était alors vendue aux bourgeois de Paris ou
à d'aucuns, et, quand il advenait que d'aucuns l'avaient achetée, ils
soutenaient leurs enfants et leurs neveux en leurs méfaits; car les
jeunes gens se fiaient en leurs parents et en leurs amis qui tenaient
la prévôté. C'est pourquoi le menu peuple était fort foulé et ne
pouvait avoir raison des gens riches, à cause des grands présents et
des dons qu'ils faisaient aux prévôts. Celui qui en ce temps-là disait
la vérité devant le prévôt, ou qui voulait garder son serment pour
n'être point parjure, au sujet d'aucune dette ou d'aucune chose sur
quoi l'on fût tenu de répondre, le prévôt levait sur lui l'amende, et
il était puni. A cause des grandes injustices et des grandes rapines
qui étaient faites dans la prévôté, le menu peuple n'osait demeurer
en la terre du roi, mais allait demeurer en d'autres prévôtés et en
d'autres seigneuries. Et la terre du roi était si déserte, que, quand
le prévôt tenait ses plaids, il n'y venait pas plus de dix personnes ou
de douze. Avec cela, il y avait tant de malfaiteurs et de larrons à
Paris et dehors, que tout le pays en était plein. Le roi, qui mettait
grand soin à faire que le menu peuple fût gardé, sut toute la vérité;
alors il ne voulut plus que la prévôté de Paris fût vendue, mais il
donna bons et grands gages à ceux qui dorénavant la garderaient.
Et il abolit toutes les mauvaises impositions dont le peuple pouvait
être grevé, et fit enquerre par tout le royaume et par tout le pays
où il pourrait trouver un homme qui fît bonne et raide justice, et
qui n'épargnât pas plus l'homme riche que le pauvre. Alors lui fut
indiqué Étienne Boileau, lequel maintint et garda si bien la prévôté,
que nul malfaiteur, ni larron, ni meurtrier n'osa demeurer à Paris
qui ne fût tantôt pendu ou exterminé; ni parenté ni lignage, ni or ni
argent ne le purent garantir. La terre du roi commença à s'amender,
et le peuple y vint pour le bon droit qu'on y faisait. Alors elle se
peupla tant et s'amenda, que les ventes, les saisines, les achats et
les autres choses valaient le double de ce que le roi y recevait
auparavant [1]. »

Tel fut, en effet, le remède radical apporté à tant de maux par
saint Louis. Il supprima sans hésitation, en dépit de la vieille routine,

---

[1] Joinville, édition de Wailly (texte rapproché du français moderne), p. 390.

la vénalité de la prévôté de Paris et fit de son titulaire un fonctionnaire révocable à volonté, rétribué par un traitement fixe, et n'ayant plus rien à prétendre ni à prélever sur le domaine ni sur les sujets du roi. Non content de cette garantie, il chercha, pour inaugurer ce nouveau régime, le magistrat le plus ferme et le plus intègre, indiquant par là toute l'importance qu'il attachait à sa réforme. Étienne Boileau, sur qui son choix s'arrêta, est le célèbre auteur du *Livre des métiers*, recueil de règlements de police et de jurisprudence commerciale où les historiens ont été et vont chaque jour puiser les renseignements les plus précieux. Cet homme austère, issu d'une famille noble de l'Anjou, ne trompa point sa confiance. Il rétablit dans l'administration une discipline inflexible, même aux dépens de ses propres parents, et la capitale lui fut redevable de la renaissance de sa prospérité, dont l'essor devint de plus en plus rapide à partir de ce moment. Voilà, très sommairement, ce que fit saint Louis pour le bien de cette ville privilégiée, qu'il embellissait en même temps par la multiplication des chefs-d'œuvre de l'art chrétien, et plus encore par le spectacle de ses admirables vertus.

Je ne m'étendrai pas ici sur l'intervention du souverain dans l'administration municipale et dans les assemblées d'états particuliers, parce qu'un pareil sujet appartient surtout à l'histoire des communes et à l'histoire provinciale. Mais il est bon de rappeler, au moins en passant, que saint Louis ne fit pas de ses agents les seuls gouverneurs du pays, qu'il ne concentra pas tous les pouvoirs dans leurs mains, et qu'il laissa, dans le Midi surtout, une large part aux autorités locales. Les bourgeois des villes furent appelés plus d'une fois à seconder les sénéchaux et à leur servir de conseil. Des réunions des trois ordres furent convoquées par les mêmes officiers, notamment dans la sénéchaussée de Carcassonne, et, quoique les premiers états généraux n'aient été réunis qu'au siècle suivant, il faut certainement chercher le germe et l'inspiration de cette innovation capitale dans les états particuliers du Languedoc; il faut de plus reconnaître que ces dernières assemblées eurent, sinon pour fondateur, au moins pour régulateur le roi, qui mettait sa gloire à respecter tous les droits reconnus, à laisser s'exercer en paix toutes les libertés légitimes. Saint Louis était aussi favorable à la représentation de la nation et à la recherche sincère de ses intérêts qu'à l'affermissement du pouvoir central. C'est là ce qui fait le caractère si original de son gouvernement, caractère qu'il ne démentit jamais; car tel il nous apparaît dans ses études, tel il apparaîtra dans tous ses actes publics. Aussi, quand on voudra sérieusement trouver le modèle d'une politique intérieure vraiment ferme et libérale (pour me servir d'un accouplement de mots qui nous est devenu familier), on devra certainement s'adresser à lui plutôt qu'aux faiseurs de programmes dont notre siècle a vu tant de fois surgir et crouler les théories impuissantes.

Mais réformer ce qui existait ne pouvait suffire à une sollicitude aussi paternelle, à une équité aussi rigoureuse que celles de saint Louis. Il fallait encore créer dans le mécanisme gouvernemental des rouages meilleurs; il fallait introduire dans l'administration un contrôle plus efficace, pour apaiser cette soif intarissable de justice et de loyauté. A ce besoin répond l'établissement d'une nouvelle classe de fonctionnaires, investis d'une mission extraordinaire et d'un caractère tout spécial : je veux parler des célèbres *enquesteurs*. Ces agents tenant en quelque sorte le milieu entre l'ordre administratif et l'ordre judiciaire, ou plutôt participant de l'un et de l'autre, je demande au lecteur la permission de m'occuper d'eux avant de passer à l'organisation de la justice proprement dite.

Les enquesteurs sont une *inquisition* civile fondée par saint Louis pour assurer l'intégrité de son gouvernement, comme l'inquisition ecclésiastique l'avait été pour maintenir la pureté de la foi. Le nom de l'une et de l'autre est identique en latin (*inquisitio, inquisitores*), et même, en français, le titre d'*enquesteur* s'appliquait indistinctement à leurs membres respectifs. Pourquoi les uns ont-ils gardé cette dénomination archaïque, tandis que la forme plus moderne d'*inquisiteurs* était attribuée aux autres? On n'en voit pas la raison ; mais ce hasard est peut-être la seule cause qui ait préservé la création royale de la défaveur jetée de nos jours sur tout ce qui sent l'inquisition, car enfin enquesteurs et inquisiteurs remplissaient, chacun dans leur domaine respectif, absolument le même rôle; ils recevaient les plaintes, les dénonciations, examinaient, interrogeaient, sévissaient contre les coupables. Pourtant les premiers n'ont jamais recueilli qu'un tribut d'éloges (apparemment parce que les suites de leurs sentences étaient moins rigoureuses), et ces éloges, il faut le dire, leur institution les mérite sans réserve. Les baillis étant devenus tout à fait sédentaires et ne pouvant plus inspecter les provinces comme ils le faisaient dans le principe, les méfaits de leurs subalternes demeuraient facilement impunis ou même inconnus. Lorsque saint Louis partit pour sa première croisade, il prévit que son absence augmenterait encore ce désordre. C'est alors qu'il nomma pour la première fois de ces inspecteurs généraux, chargés de redresser non seulement les torts qui retombaient sur lui, mais ceux qui pouvaient remonter à son père et à son grand-père. Dans sa conscience de chrétien, il ne croyait pouvoir mieux se préparer à la guerre sainte qu'en rendant tout ce qui avait été pris injustement au moindre de ses sujets, en accordant ce qui avait été refusé sans raison, et en châtiant les auteurs de ces iniquités. Il ne crut pas pouvoir trouver

ailleurs que dans le clergé les hommes scrupuleux et délicats qu'exigeait
une pareille tâche ; avec l'autorisation du pape, il s'adressa aux chefs
des principaux ordres monastiques, et il obtint d'eux les religieux
les plus capables, qu'il transforma en commissaires royaux. Leur
habit ne pouvait qu'ajouter à l'autorité dont ils étaient revêtus, et
ils offraient par là une ressemblance de plus avec les inquisiteurs,
si révérés du peuple. C'est un des traits les plus saillants de son
règne que cette immixtion des moines dans les affaires de l'État,
immixtion voulue par lui, et plus salutaire, il faut le dire, à l'intégrité
de son administration qu'à la discipline religieuse. C'était le résultat
de sa prédilection pour les clercs réguliers, et particulièrement pour
les ordres nouvellement fondés ; mais il ne faut pas oublier qu'il
cherchait surtout dans leur concours une garantie de probité et
d'habileté, qu'il se les associait par mesure d'intérêt public et dans
une pensée aussi honorable pour eux que pour lui.

Ce fut vers la fin de l'année 1247 que des commissions de deux,
trois ou quatre moines, auxquels on trouve quelquefois adjoints des
clercs séculiers, et plus rarement des chevaliers, commencèrent,
munis de lettres d'obédience et de pleins pouvoirs délivrés par le
roi, à visiter plusieurs diocèses. On a constaté, par diverses mentions
trouvées dans des comptes de dépenses, leur passage à Paris, à
Orléans, à Amiens, à Tours, à Issoudun, à Sens, à Moret, à Beaumont,
à Saint-Germain, à Lyon, à Mâcon[1]. Leur mandat consistait à entendre
et à consigner par écrit toute plainte formulée contre le roi pour
une cause raisonnable, à ouvrir des enquêtes suivant des formes
déterminées, à contrôler les actes des baillis, prévôts, forestiers,
sergents, etc. ., à faire opérer les restitutions légitimes, soit par
les coupables, soit par leurs héritiers. Les évêques étaient invités
à leur prêter secours ; les baillis devaient leur obéir et subvenir à
leurs dépenses. A son retour d'Orient, saint Louis envoya dans les
provinces de nouveaux enquesteurs, tant il était inquiet sur les
abus qu'avait pu occasionner son éloignement. D'autres missions
semblables se succédèrent à des intervalles très rapprochés. Enfin,
en 1268, songeant à reprendre la croix, le roi fit entreprendre une
enquête générale dans toutes ses possessions. Les résultats de ces
inspections extraordinaires furent excellents au point de vue de la
bonne administration et de l'affermissement de l'autorité royale. La
renommée du grand justicier pénétra dans les plus humbles villages;
et le pauvre homme qui subissait une extorsion, une violence de la
part de son prévôt ou de son bailli, au lieu de dire : « Si le roi le
savait ! » pouvait s'écrier avec sécurité : « Le roi le saura ! »

---

[1] V. le Nain de Tillemont, *Vie de saint Louis*, III, 153.

Les procédures des enquesteurs de saint Louis se sont conservées jusqu'à nous en assez grand nombre. Un savant que j'ai déjà cité, et dont l'érudition déplore la perte prématurée, a eu le bonheur d'en retrouver une partie dans nos archives nationales. « C'est un spectacle admirable, dit-il, que de voir le soin avec lequel ces commissaires allaient au-devant des plaintes du peuple, et avec quelle impartialité ils prononçaient, soit contre le roi, soit contre ses officiers[1]. » Ces rouleaux des enquesteurs (c'est le nom sous lequel sont connus leurs longs procès-verbaux) sont une mine féconde pour l'étude du xiiie siècle. Elle a été trop peu explorée jusqu'à présent, et l'on peut affirmer sans témérité que sa connaissance complète jettera un jour nouveau sur l'histoire de cette période. Déjà Boutaric a étudié quelques-uns de ces précieux documents dans un mémoire spécial lu à l'Académie des inscriptions et belles-lettres. Mais il a surtout fait connaître les enquêtes entreprises, à l'imitation du souverain, par son frère Alphonse, comte de Poitiers. On sait que l'administration de ce prince, dont l'autorité s'étendit, après 1240, sur un immense domaine, embrassant presque tout le midi de la France, était la reproduction exacte de celle de saint Louis, s'inspirait d'elle, et se trouvait, pour ainsi dire, sous la direction du roi. C'est ici le cas de le dire une fois de plus ; car, dès que le domaine royal eut ses enquesteurs, Alphonse voulut avoir les siens, et le comté de Toulouse fut visité en son nom, l'an 1254, par des personnages importants comme Gui Fouquet, plus tard pape sous le nom de Clément IV ; Jean de Maisons, chevalier, etc.

Le comte de Poitiers développa même l'institution créée par son frère ; il la rendit permanente et en fit une annexe de son parlement, car, ainsi que je le disais, elle avait à un certain degré le caractère judiciaire, bien que les enquesteurs ne réformassent pas les sentences régulièrement prononcées et ne connussent que des cas non jugés par les tribunaux. Toutefois je ne voudrais pas assurer que les commissaires d'Alphonse rendissent autant de services que ceux de saint ·Louis, ni que le comte fût personnellement aussi empressé que le roi de réparer les fautes de ses agents, surtout lorsque ces fautes avaient été commises à son profit. L'un était un saint, l'autre ne l'était pas ; et, quoi qu'on en puisse penser, cette différence influait d'une façon notable sur les détails du gouvernement. Aussi d'ordinaire les enquesteurs du comte ne décidaient pas sur les réclamations qui leur étaient adressées ; il se réservait de le faire lui-même, et on lui adressait seulement le résultat des enquêtes, excepté pour les affaires peu importantes.

---

[1] Boutaric, *Saint Louis et Alphonse de Poitiers*, p. 388.

On sera certainement curieux d'avoir une idée moins vague des opérations de ces fonctionnaires. Un simple exemple fera voir à quels graves désordres ils étaient appelés à remédier. Une enquête entreprise en 1263 contre les officiers de la terre d'Auvergne amena les découvertes et les réparations suivantes. Un clerc du châtelain ou receveur de Nonnette avait acheté une maison qu'il ne voulait pas payer, on le força de le faire. Un bayle de la même localité avait osé vendanger la vigne d'un de ses administrés et s'en était approprié la récolte sans raison valable, on lui fit rembourser six sols de dommages et intérêts. Le connétable d'Auvergne (c'était le titre particulier du bailli de cette province) se faisait héberger dans les maisons religieuses; il prélevait sur la ferme des baylies, à son profit personnel, vingt à trente livres tournois par an; il affermait des baylies à des hommes de la domesticité de l'évêque de Clermont, à des ignorants, à des indigents hors d'état d'administrer sagement et de réparer les torts qu'ils avaient causés. Il avait en même temps laissé amoindrir le produit des commendes dues au comte de Poitiers; il avait reçu cent livres de cire du seigneur Géraud de Roquefort pour le dispenser pendant un an du payement de ses dettes et des poursuites de ses créanciers; il avait accepté un faucon du doyen de Mauriac, qui était en procès avec le prieur d'Orset, et sa femme avait également reçu de nombreux cadeaux. Tous ces griefs, dont l'accumulation était rare, il est vrai, donnèrent lieu à un examen général de la gestion du connétable. Des témoins furent cités et eurent à répondre sur une série de questions : Le connétable a-t-il conservé les droits et les fiefs du comte? A-t-il fait prêter aux bayles et aux sergents le serment ordonné? Choisit-il des personnes fidèles pour l'assister dans l'exercice de la justice? A-t-il reçu des présents? Les coutumes bonnes et approuvées ont-elles été observées? Le connétable est-il exact à rendre la justice? Les dépositions furent presque toutes défavorables, et cet officier fut jugé sévèrement[1].

Ailleurs on voit un bailli destitué pour avoir entretenu une concubine. A Orléans, un péage sur le sel est réduit de douze deniers à deux deniers par muid, et les enquesteurs remettent en même temps, de la part du roi, quarante livres à un lépreux, plus quatre livres douze sols pour son habillement. En Touraine, ils remboursent le montant des usures extorquées aux habitants par les juifs, s'élevant à six cents livres. A Amiens, ils payent quinze sols cinq deniers pour le douaire de la veuve d'un hérétique (*pro dote relictæ Henrici bougrii*). A Sens, à Étampes, dans le Vermandois, ce sont des restitutions de dix livres, de vingt livres, de cent livres même, faites à divers particuliers.

---

[1] Boutaric, *op. cit.*, p. 406 et suiv.

L'institution des enquesteurs produisit de si heureux fruits, qu'elle fut maintenue sous les premiers successeurs de saint Louis. Mais la pensée de scrupuleuse loyauté qui avait présidé à sa fondation ayant fait place à des idées plus autoritaires et plus fiscales, elle ne tarda pas à dégénérer. Dès 1281, le parlement défendit aux inspecteurs royaux de prononcer des condamnations ou des restitutions, et leur enjoignit de soumettre toutes leurs enquêtes à la cour du roi. Philippe le Bel, à son tour, envoya une multitude de commissaires dans les différentes parties du royaume. « La France, dit Boutaric, fut inondée de réformateurs, sous prétexte de veiller au maintien de la justice, mais qui n'avaient d'autre but que de faire entrer de l'argent dans le trésor royal. » Autres temps, autres mœurs. Le peuple, qui se souvenait encore du régime paternel de saint Louis, sentit bien que, tout en ayant l'air de marcher sur ses traces, son petit-fils poursuivait un but complètement opposé ; on en vint à supplier le roi de ne plus déléguer d'enquesteurs. Ils étaient devenus eux-mêmes un fléau plus redoutable que ceux qu'ils étaient chargés de combattre. Ainsi se corrompt la meilleure des créations humaines, quand elle passe des mains d'un saint aux mains d'un despote. Au fond, ce n'est pas la valeur des lois et des institutions qui fait les bons gouvernements, c'est la valeur des hommes qui ont le mandat de les appliquer et de les faire fonctionner.

CHAPITRE VIII

SAINT LOUIS JUSTICIER

Organisation de la justice au XIIIᵉ siècle; tribunaux du premier et du second degré. — Juridiction supérieure; origine du parlement. — Saint Louis abolit le duel judiciaire et multiplie les appels à la cour suprême. — Il rend personnellement la justice dans les *plaids de la porte*. — Les ordonnances de police. — Lois contre le blasphème.

Après avoir constaté les améliorations si importantes apportées par saint Louis dans le gouvernement des provinces royales, nous avons à envisager plus spécialement ce prince dans l'exercice d'un des attributs essentiels et primordiaux de la souveraineté, c'est-à-dire du droit de justice. Sa noble figure a traversé les siècles avec l'auréole toute particulière des grands justiciers. Il a été le Salomon moderne, et quand l'imagination du peuple évoque sa mémoire, elle se le représente immédiatement assis sur un trône de verdure, au milieu d'une épaisse forêt, et jugeant ses sujets à la façon des patriarches, loin de la pompe des cours et du bruit des avocats, assisté seulement de deux ou trois assesseurs pris parmi ses meilleurs conseillers. Cette scène légendaire du chêne de Vincennes est restée dans le souvenir de la nation comme le trait le plus saillant de son régne; et dernièrement encore un de nos grands sculpteurs, ayant à reproduire l'image du saint roi pour la déposer comme un hommage public dans le palais même où il rendit ses arrêts, le représentait abrité sous les rameaux de cet arbre célèbre, comme sous le plus glorieux de tous les dais. Ici la tradition n'est ni fausse ni exagérée. Le saint Louis qu'elle nous montre est bien le saint Louis de l'histoire; dans les actes officiels comme dans les récits des chroniqueurs, il nous apparaît avec la constante préoccupation de faire justice, c'est-à-dire

9

de terminer les différends suivant le droit ou la raison, d'accorder les
parties, d'établir, en un mot, entre les princes comme entre les particuliers le règne de cette paix désirable qui lui semblait un avant-
goût du ciel. « Mon fils, disait-il encore au moment de mourir à
l'héritier de la couronne, à justices tenir et à droitures soies loiaus
et roides à tes sougiez, sans tourner à destre ne à senestre, mais
adès à droit, et soustien la querelle dou povre jusques à tant que la
vérités soit desclairie... Se guerres et contens meuvent entre tes
sousgis, apaise-les au plus tost que tu pourras[1]. » Et cette conscience
inflexible avait le droit d'être loyale et raide envers les autres, parce
qu'elle avait commencé par l'être envers elle-même. Cet apôtre de
l'équité se condamnait et s'exécutait avec la même égalité d'âme,
avec la même indifférence qu'il eût condamné ou exécuté le moins
intéressant des malfaiteurs. Quand il jugeait, on l'eût dit étranger à
tout sentiment personnel; et pour trouver le modèle de cette magistrature calme et sereine, planant au-dessus des considérations terrestres, il faut remonter jusqu'au juge divin dont l'Évangile nous
répète les sublimes sentences. A son exemple, il accepte dans la
mesure raisonnable les coutumes établies; néanmoins il met la justice absolue au-dessus de l'égalité; il tend à la faire prévaloir et à
faire progresser la loi.

Mais faire progresser la loi, c'est une tâche complexe pour un
souverain. Il faut à la fois l'amender, la corriger, la compléter, et
améliorer les instruments chargés de son application. De là deux
points distincts dans cette partie de notre étude : l'un relatif à l'organisation judiciaire proprement dite et à son perfectionnement;
l'autre à la législation et aux dispositions nouvelles introduites
dans le code pénal de l'époque. Commençons par le premier, et
voyons à l'aide de quels rouages le roi distribuait alors la justice à
son peuple.

Il y avait, comme aujourd'hui, des juridictions du premier degré,
du second degré, et des juridictions supérieures. Mais, différence
capitale, tandis que chez nous les cours d'appel et la cour de cas-
sation ne peuvent juger en première instance, tout tribunal pouvait
le faire au XIIIᵉ siècle. La raison en est simple : le roi, étant le juge
suprême, prononçait lui-même sur les cas de toute nature qui lui
étaient directement soumis; ses représentants avaient, en principe,
le même pouvoir, et leur autorité était l'émanation pleine et entière
de son autorité, comme nous l'avons vu plus haut. Cela n'empêchait
pas le droit d'appel; seulement le même magistrat qui recevait et
jugeait les appels pouvait également juger en première instance.

---

[1] Joinville, édition de Wailly, p. 264.

Les officiers judiciaires de saint Louis, nous le savons déjà, n'étaient autres que les administrateurs du domaine royal; toutes les attributions de nos préfets, de nos receveurs, de nos procureurs, de nos généraux divisionnaires se trouvaient réunies, dans chaque circonscription, aux mains d'un même personnage. Au premier échelon, en commençant par le bas, étaient les prévôts ou bayles (le premier nom était usité dans le Nord, le second dans le Midi). Ils jugeaient, à l'origine, tous les cas de peu d'importance survenant dans leur prévôté ou dans leur baylie; mais on leur enleva bientôt ceux qui pouvaient donner lieu à une peine pécuniaire, parce qu'ils affermaient les amendes et qu'ils en trafiquaient, et on en remit la décision à un véritable jury, qu'ils étaient seulement appelés à présider. Ce jury, qui jugeait aussi en matière criminelle, devait être composé, suivant les coutumiers, de « gens suffisants », n'ayant aucun lien avec ni l'une ni l'autre des parties [1]. A la suite de la réforme radicale que saint Louis avait fait subir à la prévôté de Paris, dont le tribunal s'appelait le Châtelet, le titulaire de cette charge devint un véritable magistrat, nommé et rétribué par le roi, au lieu d'être un simple adjudicataire; et dès lors les Parisiens reprirent le chemin de la cour prévôtale, dont les injustices criantes les avaient éloignés. Dans les pays méridionaux récemment acquis par la couronne ou administrés par le comte Alphonse de Poitiers, les abus commis par les bayles furent prévenus ou réprimés de bonne heure par un moyen tout différent. Non seulement on restreignit les attributions judiciaires de ces officiers, mais on créa à côté d'eux un nouvel ordre de fonctionnaires chargés uniquement de rendre la justice; c'était un grand pas de fait vers la séparation des pouvoirs. Ce progrès fut réalisé dans le comté de Toulouse et ses dépendances par le frère de saint Louis, qui donna aux nouveaux magistrats le titre plus rationnel de *juges*. Dans la sénéchaussée de Beaucaire et de Carcassonne, ceux-ci existaient antérieurement sous le nom de *viguiers;* le roi, après l'annexion de cette contrée au domaine, se contenta de les maintenir, en les faisant assister par un officier royal.

Enfin, à côté de ces juridictions émanées du souverain, continuaient d'exister les anciennes justices municipales, administrées par les échevins et par un certain nombre de jurés pris parmi les habitants; car il était de droit commun que chaque citoyen fût jugé par ses pairs, et il est bon de remarquer que cette institution libérale du jury, dont notre siècle est si fier, prit naissance sous le régime féodal; nous la retrouvons, au xiiie siècle, dans presque toutes les juridictions. Même dans les villes où la commune n'avait pas de tri-

---

[1] V. les *Établissements de saint Louis.*

bunal, le juge royal ou seigneurial (car les seigneurs copiaient souvent le système administratif du suzerain) réunissait ordinairement
les notables du pays et les faisait voter sur le cas soumis à sa décision. En voici un exemple frappant, inséré par dom Vaissète dans
les *Preuves de l'histoire du Languedoc*, et appartenant à l'an 1299.
Un malfaiteur avait été pris par les bayles du vicomte de Lautrec;
on le mena sur la grande place du lieu, au pied d'un vieil orme,
suivant l'antique usage qui avait fait de cet arbre le centre et l'emblème de la vie municipale (il en subsiste encore un vestige dans
cette locution proverbiale : Attendez-moi sous l'orme). Là s'assem-
blèrent, sous la présidence du vicomte, un certain nombre de chevaliers, de damoiseaux (ou nobles non chevaliers) et de bourgeois.
Ce tribunal procéda à l'interrogatoire de l'accusé; il alla ensuite
aux voix. Un des assistants demanda la peine du bannissement, un
autre la mutilation; mais tout le reste, composé de plus de deux
cents personnes, parmi lesquelles les syndics du pays, réclama la
peine capitale. Le coupable fut, en conséquence, condamné à mort,
et les bourgeois firent rédiger par le vicomte la sentence ainsi
prononcée.

Tel était l'ensemble des juridictions du premier degré. Leur multiplication était une source de confusion et de conflits, et cet inconvénient était encore aggravé par la double concurrence des tribunaux ecclésiastiques et des petites juridictions seigneuriales, sans
cesse en rivalité avec celle du roi. Il y avait trop de juges et pas
assez de justice; c'est ce qui détermina saint Louis à créer les enquesteurs, qui rendirent plus de services sous ce rapport que sous
aucun autre.

Heureusement, au second degré de l'organisation judiciaire, nous
trouvons un état de choses beaucoup plus simple. Il n'y a uniquement à ce degré que les baillis ou sénéchaux; de tous les tribunaux
inférieurs que je viens de citer, on appelle au tribunal du bailli ou
du sénéchal, qui en même temps, ne l'oublions pas, juge aussi en
première instance. Ce magistrat tient tous les deux mois des assises
ambulatoires dans les principales localités de son ressort, et il rend
également la justice au chef-lieu de son bailliage. Il est assisté dans
le Nord par les magistrats inférieurs, dans le Midi par un lieutenant
nommé par le roi et appelé juge-mage ou grand-juge, qui est au
sénéchal ce que le simple juge est au bayle. Mais le bailli peut agir
aussi en dehors de l'assise, c'est-à-dire seul, et appliquer de lui-
même toute espèce de peine, sauf la peine de mort, d'après la jurisprudence de Beaumanoir. De plus, il préside les assises des chevaliers, véritables tribunaux de la féodalité, basés sur le principe de la
pairie, et qui s'opposaient à l'agrandissement du pouvoir royal. Les

Saint Louis et le chêne de Vincennes, d'après Guillaume.

feudataires de chaque province se réunissaient primitivement pour
juger les causes des gentilshommes; c'est précisément afin de miner
leur juridiction que furent institués les baillis, et, pour atteindre ce
but, on ne trouva rien de mieux que de faire présider par ceux-ci
des assemblées aussi dangereuses pour la royauté. Dès lors le rôle
de bailli consiste à empiéter le plus possible, et sur les attributions
de la noblesse du domaine, et sur les justices seigneuriales du reste
du royaume. Il attire à lui le jugement de tout ce qui constitue un
cas royal, comme des atteintes à la tranquillité générale, des délits
sur la voie publique, etc. De là l'extension considérable de son influence, et les abus nombreux qui finirent par émouvoir les scrupules
de saint Louis. Nous avons vu par quelles mesures énergiques, par
quelles précautions minutieuses il entreprit de contenir les baillis
dans le devoir, tout en affermissant l'autorité qu'ils exerçaient en
son nom. La grande ordonnance de 1254 porte presque entièrement
sur la manière dont ils devaient remplir leurs fonctions judiciaires.
Ainsi il n'est pas un degré de l'échelle où ce prince n'ait cherché
à opérer des réformes et à faire régner la stricte équité. Ses successeurs durent arrêter d'une autre manière les agissements des
baillis et leur enlever peu à peu l'administration de la justice, pour
la confier à des magistrats spéciaux; cette transformation était déjà
à peu près accomplie au xive siècle, et la séparation des attributions
administratives et judiciaires allait s'accentuer de plus en plus [1].

Arrivons à la juridiction du troisième degré ou juridiction supérieure; ici encore nous allons retrouver l'action salutaire du grand
réformateur. La juridiction supérieure, c'est celle du parlement,
institution fameuse, dont les origines ont à juste titre préoccupé les
érudits. Les travaux de Beugnot et l'étude approfondie des *Olim,* ou
des premiers registres de cette cour suprême, ont jeté une vive lumière sur la question. D'après l'état actuel des découvertes, qui paraît
devoir être définitif, voici en deux mots comment naquit le parlement et quelle était sa situation au xiiie siècle.

A partir du règne de Philippe-Auguste, et surtout de la croisade
qui tint ce prince assez longtemps éloigné, la *cour du roi,* tribunal
suprême dans lequel étaient venus se confondre le conseil royal, formé
de grands officiers et de vassaux directs de la couronne, et la cour
des pairs, composée, elle, de douze grands feudataires du royaume,
six laïques et six ecclésiastiques, rendit des arrêts de plus en plus
nombreux. Elle suivait le souverain dans ses voyages; elle s'assem-
blait quand il le jugeait à propos; mais il n'y avait encore rien de

---

[1] On trouvera de plus grands détails sur toutes ces réformes dans les intéressants chapitres
consacrés par Boutaric à l'organisation judiciaire. (*Saint Louis et Alphonse de Poitiers,*
p. 350 et suiv.)

fixe dans son fonctionnement. La première réforme de saint Louis consista à la rendre sédentaire et à lui affecter un local spécial à Paris; en même temps il régularisa l'époque de ses réunions, qui furent annoncées désormais à l'avance, et se tinrent généralement le lendemain des fêtes de la Pentecôte, de la Toussaint, de la Saint-Martin d'hiver et de la Chandeleur. On peut dire qu'à partir de ce moment le parlement était créé. De 1254, date où commence la série des *Olim*, jusqu'en 1302, on connaît soixante-neuf cessions tenues par cette assemblée, presque toutes dans la capitale. Toutefois ces réunions n'eurent point de périodicité absolument fixe avant Philippe le Bel, et elles ne prirent un caractère permanent qu'à la fin du xive siècle.

La composition de la cour du roi ou du parlement se trouva également modifiée par la force des choses. Elle demeura toujours variable au gré du prince; mais, comme ce tribunal avait à juger suivant le droit et la coutume, et non plus d'après les épreuves judiciaires de la féodalité primitive, comme il se trouvait en outre tout à fait dans la main du roi, qui en faisait un instrument de domination sur les grands vassaux, les barons en furent éliminés peu à peu; il n'en resta qu'un petit nombre, tandis qu'en revanche les clercs, les abbés, les prélats, et d'autre part les gens du roi et les officiers royaux s'y introduisirent dans une proportion considérable. Aussi les sentences ne furent-elles plus rendues comme autrefois, au nom du roi et de certains grands seigneurs, mais au nom du roi uniquement, détail qui révèle à lui seul toute l'étendue des changements survenus dans l'institution.

Enfin, dernier perfectionnement par lequel saint Louis acheva de donner la solidité à ce corps judiciaire et à ses opérations, c'est la création même de ces registres célèbres dont je viens de parler, et qui étaient destinés à former un immense recueil de jurisprudence civile et criminelle. Comme nous l'apprend M. de Mas-Latrie dans sa remarquable *Histoire de l'île de Chypre*, l'idée d'enregistrer les jugements avait été proposée pour la première fois à la cour des barons et à la cour des bourgeois pendant le séjour du roi à Saint-Jean-d'Acre; il est très probable que les avantages de cette innovation frappèrent le monarque, et qu'à son retour il voulut l'établir dans son parlement. Auparavant les arrêts étaient bien rédigés sous forme d'expéditions authentiques; mais ils n'étaient point recueillis en un corps officiel. C'est l'année même où saint Louis revint en France que fut ouvert le premier des *Olim* (nom provenant du mot initial d'un de ces registres, et appliqué par extension aux autres). Il ne reste aujourd'hui dans nos archives que quatre d'entre eux, auxquels on peut ajouter un volume restitué artificiellement par la sagacité d'un de nos plus éminents critiques, M. Léopold Delisle;

mais la série des registres qui font suite à ces monuments primitifs est, au contraire, innombrable, et remplit plusieurs salles du vaste dépôt de nos richesses historiques[1].

Quant aux attributions du parlement, elles étaient alors presque exclusivement judiciaires, et ce n'est que beaucoup plus tard qu'on lui donna ou qu'il assuma un rôle politique. En raison de son origine et de la participation des pairs à sa formation, il étendait indirectement son action sur les fiefs des grands vassaux, par conséquent sur le royaume entier. Mais ce fut saint Louis qui vint à bout de faire accepter cette extension aux barons eux-mêmes, d'annihiler par là leurs juridictions particulières et d'attirer toutes les causes à la cour du parlement. L'exercice de la justice étant regardé comme le principal attribut du souverain, si le roi imposait la sienne dans les domaines de ses feudataires, il devait acquérir insensiblement la souveraineté de ces domaines; de suzerain, il devenait le maître direct, absolu de toute la France. Cette suppression graduelle du pouvoir législatif et judiciaire des seigneurs s'accomplit par une série de conquêtes habilement ménagées, et dès la fin du xiiie siècle elle se trouvait achevée sans secousse ni révolte. Pour en arriver là, la politique royale se servit surtout de deux moyens aussi habiles que moraux, qui se tiennent ensemble, et dont l'un facilita l'autre : l'abolition du duel judiciaire et la multiplication des appels au parlement.

Le duel judiciaire était un débris attardé de la barbarie germanique. Deux particuliers avaient-ils un débat à vider, ou seulement un point de droit à établir, si les faits n'étaient point patents et publics, on les amenait en champ clos, et le sort des armes décidait. On avait beau dire que ce n'était pas un appel à la force, mais au jugement de Dieu, c'était là une procédure inique et inhumaine. Il y avait plus : le gentilhomme qui avait été condamné par un tribunal quelconque pouvait prendre son juge à partie et le provoquer au combat singulier; s'il le battait, la sentence était annulée et la cause portée devant une autre juridiction; c'est ce qu'on appelait *fausser jugement*. Cette dernière ressource était à la disposition des nobles seuls; car le bourgeois, le paysan, qui pouvaient se battre contre leurs égaux ou même contre des gentilshommes dans certaines conditions, ne pouvaient appeler en duel leurs juges, qui étaient leurs propres seigneurs ou les agents de leurs seigneurs. Un prince aussi équitable et aussi chrétien que saint Louis ne devait pas accepter une pareille législation. Comme le remarque son dernier historien, M. Wallon, au point de

---

[1] V. la notice placée en tête de l'*Inventaire des actes du parlement*, publié par les Archives nationales.

vue du droit elle était absurde, et au point de vue religieux elle était
impie. Qu'y a-t-il de commun entre le droit et la force? Et n'était-ce
pas tenter Dieu que de requérir son intervention en toute querelle et
de se décharger sur lui du devoir de juger? *Homo, quis me constituit
judicem aut divisorem super vos*[1]? Le pape Innocent IV avait déjà
condamné, en 1252, pendant l'absence du roi, cette funeste coutume
des Français. S'inspirant peut-être de la pensée du saint-siège, qui
lui dicta plus d'une réforme utile, saint Louis l'interdit à son tour
dans toutes ses possessions par une ordonnance solennelle datée
de 1260. Il permit aux parties d'user des autres preuves reçues jusqu'alors, et même de fausser jugement. Mais, au lieu d'être suivies
du combat, leurs déclarations eurent désormais une suite pacifique et
rationnelle : entre les deux adversaires, ce fut l'enquête judiciaire
qui intervint ; entre la partie et le juge, ce fut l'appel. La preuve par
témoin fut donc substituée à la preuve par les armes, en matière
civile comme en matière criminelle. Ce sont les propres termes du
premier article de l'ordonnance royale : « Nous deffendons à tous les
batailles par tout nostre domengne ; mès nous n'ostons mie les clains,
les respons, les contremans, ne tous autres convenans (ou pactes)
que l'en fait en court laie jusques à ore, selon les usages de divers
pays, fors que nos ostons les batailles, et en lieu de batailles nous
meton prueves de tesmoins ; et si nous n'ostons pas les autres bones
prueves et loyaux qui ont esté en court loye jusques à ore[2]. »

Comme on le voit, cette loi contre le duel judiciaire ne concer-
nait que le domaine royal. Mais les grands vassaux qui avaient con-
couru à sa confection en parlement furent engagés à l'adopter dans
leurs fiefs respectifs. Quelques-uns le firent ; toutefois beaucoup de
seigneurs répugnèrent à se soumettre aux enquêtes, et, même dans
le domaine de la couronne, l'opposition de la noblesse fut très
vive. Le préjugé était si fort, que le duel fut rétabli en matière
criminelle sous Philippe le Bel, et qu'il se perpétua, quoique restreint de plus en plus dans son application et dissimulé sous différentes formes, jusqu'au fameux combat entre la Châtaigneraie et
Jarnac, livré en 1546 devant toute la cour ; c'est alors seulement que
le funeste coup de Jarnac fit interdire absolument toutes les rencontres de ce genre.

La royauté fut plus heureuse en ce qui concerne les appels. Non
seulement ceux-ci se multiplièrent sur les terres du souverain par
suite de l'abolition du duel entre le juge et le condamné et de son
remplacement par cette procédure juridique, mais les barons même,

[1] Luc. XII, 14. Wallon, *op. cit.*, t. II, 130.
[2] Recueil des ordonnances, I, 86.

de gré ou de force, les laissèrent s'introduire dans leurs fiefs ; bientôt
le parlement ne fut plus occupé qu'à juger les causes des appelants,
et parmi ceux-ci figurèrent les premiers d'entre les seigneurs, qui
venaient débattre leurs droits devant la cour royale. C'est ce que nous
apprend la lecture si instructive des *Olim,* et ce que Beugnot a constaté depuis longtemps[1]. On se demande donc comment M. Wallon
a pu croire que saint Louis n'eut pas l'intention de ruiner par ce
moyen les juridictions féodales : « Établir comme suprême recours
l'appel à son tribunal, dit-il, c'eût été y subordonner toutes les
autres justices, c'eût été ravir à la féodalité la part de souveraineté
qu'elle avait acquise de ce chef, et saint Louis n'aurait pas voulu
commettre cette usurpation[2]. » Mais l'usurpation venait de la féodalité elle-même ; c'est elle qui avait profité de l'abaissement de la
royauté, à la fin de la seconde race, pour s'emparer de presque tous
les droits régaliens, et notamment du droit de haute justice. La
politique traditionnelle du trône consistait à reprendre ces droits
l'un après l'autre, et saint Louis pouvait sans scrupule suivre la
même ligne, car elle était d'accord avec son instinct admirable de
l'équité absolue. Sans doute il ne contraignit point par une loi
les grands feudataires du royaume à laisser déférer à sa cour
suprême les jugements de leurs tribunaux ; mais il chercha à provoquer ce résultat par des mesures partielles ; et ce n'est point uniquement par l'exemple d'une justice intègre et d'une procédure
meilleure, comme le pense M. Wallon, qu'il attira au parlement
les causes de leurs sujets. Les baillis, suivant l'explication de Boutaric, qui a, lui aussi, étudié particulièrement cette matière, et qui
a publié deux gros volumes d'actes du parlement, les baillis avaient
ordre de recevoir, non seulement les appels des prévôts, mais
encore ceux des justices municipales et seigneuriales[3]. Ces derniers allaient à la cour du roi, et tout ce que les barons et les
princes du sang purent obtenir, c'est que les appels de leurs cours
fussent portés immédiatement au parlement sans passer par-devant
les baillis.

En résumé, il faut reconnaître avec Beugnot, qui le prouve par
des exemples trop longs à rapporter ici, ce fait d'une importance
capitale : la juridiction de la cour royale n'avait, pour ainsi dire,
d'autres limites que les frontières du royaume, et, soit directement,
soit par l'intermédiaire de ses gens, elle pénétrait dans toute l'administration de la justice. Le parlement fut donc, à son origine, un
grand instrument de centralisation entre les mains de la royauté.

[1] *Essai sur les Institutions de saint Louis,* p. 301.
[2] Wallon, *op. cit.,* t. II, p. 131.
[3] Boutaric, *la France sous Philippe le Bel,* p. 189.

Cette centralisation, cette extension salutaire d'une suprématie trop longtemps nominale était dans les besoins, dans les aspirations de la nation, qui se fit complice des efforts de son souverain contre l'esprit particulariste de l'aristocratie féodale. N'oublions pas que nos rois, en luttant ainsi pour l'agrandissement ou le recouvrement de leur pleine puissance, luttaient pour le bien public et le règne de la justice, et que, s'ils allèrent un jour trop loin dans la voie de l'absolutisme, cet excès n'était pas encore à redouter sous saint Louis. Ce n'est point d'ailleurs à une époque comme la nôtre que l'on peut songer à incriminer l'établissement d'un pouvoir un et fort.

Nous avons parcouru très rapidement les divers degrés de la hiérarchie judiciaire. Mais il y avait encore quelque chose au-dessus de la cour suprême : il y avait la personne du roi, qui, étant en principe le juge souverain, pouvait rendre la justice lui-même, en dehors de tous les tribunaux constitués et de toutes les formalités administratives. C'est ce que saint Louis faisait fort souvent, comme l'on sait. Les choses déjà jugées en appel au parlement ne pouvaient lui être soumises que par voie de requête, et lorsqu'il y avait présomption d'erreur. Mais toutes les autres, quand elles lui étaient portées directement, étaient l'objet d'une discussion sommaire et d'une sentence définitive, dont il aimait à donner le spectacle à ses sujets. C'est là ce qu'on appelait de son temps les *plaids de la porte* (plaids ou *placita,* jugements; « de la porte, » parce qu'ils étaient rendus ordinairemet devant la porte du palais). Là chacun pouvait l'aborder librement, lui exposer ses griefs; on était sûr d'être écouté avec une bienveillance attentive. Le roi prenait un ou deux conseillers de sa suite, les érigeait, séance tenante, en avocats ou en juges, et se réservait le rôle de président. Il confirmait ou corrigeait leurs arrêts, suivant les cas, et le peuple qui l'entourait pouvait contrôler, de son côté, les opérations de ce tribunal improvisé. Une justice aussi expéditive économisait à la fois le temps et l'argent des plaideurs; c'est ce qui fait qu'ils se portaient en foule sur les pas du bon roi, soit le matin quand il revenait de l'église au palais, soit quand il allait respirer la fraîcheur dans son jardin de Paris ou sous les ombrages de Vincennes. Joinville, qui l'assista souvent dans ses jugements publics, ainsi que son cousin Jean de Nesle, comte de Soissons; Simon de Nesle, régent du royaume en 1270; Geoffroy de Villette, bailli de Tours, et Pierre de Fontaines, le savant jurisconsulte, Joinville nous en a laissé une description charmante de naturel et de simplicité :

« Maintes fois il advint qu'en été il s'alloit asseoir au bois de Vincenne après sa messe, et s'accotoit à un chêne, et nous faisoit

Duel de la Châtaigneraie et de Jarnac.

asseoir autour de lui. Et tous ceux qui avoient affaire venoient lui
parler sans empeschement d'huissier ni d'autres gens. Et alors il leur
demandoit de sa propre bouche : Y a-t-il quelqu'un qui ait sa
partie? Et ceux qui avoient leur partie se levoient, et alors il disoit :
Taisez-vous tous, et on vous expédiera l'un après l'autre. Et alors
il appeloit monseigneur Pierre de Fontaines et monseigneur Geoffroy de Villette, et disoit à l'un d'eux : Expédiez-moi cette partie.
Et quand il voyoit quelque chose à amender dans les paroles de
ceux qui parloient pour lui ou dans les paroles de ceux qui parloient
pour autrui, lui-même l'amendoit de sa bouche. Je vis quelquefois
en été que, pour expédier ses gens, il venoit dans le jardin de Paris
vêtu d'une cotte de camelot, d'un surcot de tiretaine sans manches,
un manteau de taffetas noir autour de son cou, très bien peigné et
sans coiffe, et un chapeau de paon blanc sur la tête. Et il faisoit
étendre des tapis pour nous asseoir autour de lui, et tout le peuple
qui avoit affaire par-devant lui se tenoit autour de lui debout; et
alors il les faisoit expédier en la manière que je vous ai dite avant
du bois de Vincennes [1]. »

Quelle scène patriarcale! Et comment tous les habitants du royaume
n'auraient-ils pas fui le dédale des tribunaux de la féodalité pour
se réfugier sous l'aile de cette justice suprême, qui se montrait si
simple et si majestueuse? Ainsi procédaient autrefois les juges des
Hébreux; ainsi faisaient encore les magistrats envoyés dans les provinces par les rois carlovingiens. C'était une tradition nationale;
mais nul prince ne sut la faire revivre avec autant d'éclat que le fils
de Blanche de Castille; nul ne chercha avec autant de sollicitude à
rendre lui-même bonne et prompte justice à son peuple, suivant le
conseil de ce cordelier qu'il rencontra près d'Hyères en revenant
de la croisade, et dont il semble avoir voulu appliquer à la lettre les
leçons salutaires. Les *plaids de la porte* se transformèrent après lui;
ils furent dévolus à la chambre des requêtes, qui était un démembrement ou une commission du parlement. A partir du commencement du règne de Philippe le Bel, on voit deux membres de cette
chambre, un clerc et un laïque, accompagner habituellement le souverain pour recueillir les plaintes ou les instances de ses sujets,
comme le faisaient les conseillers à la suite de saint Louis, qui
remplissaient déjà virtuellement les fonctions de maîtres des requêtes.
Néanmoins Charles V et d'autres princes continuèrent de rendre ainsi
la justice personnellement, à certains jours, et devant leur conseil.
Encore à la fin du xve siècle, Charles VIII faisait rechercher dans
sa chambre des comptes les formes employées dans cette fonction

---

[1] Joinville, édition de Wailly, pl. 21.

par le saint roi : tant la vieille tradition, en même temps que la
renommée du modèle des justiciers, étaient demeurées vivaces.

L'intervention personnelle de saint Louis dans l'exercice de la
justice fit briller en plusieurs occasions son inflexible équité. Qui
ne se rappelle la fameuse condamnation d'Enguerrand de Coucy,
cette scène mémorable qui inspirait naguère le pinceau d'un de nos
meilleurs artistes[1]? Ce seigneur, un des premiers barons du royaume,
avait fait pendre trois jeunes gentilshommes, coupables uniquement
d'avoir chassé sur un bois de sa terre. Arrêté et amené devant
le roi, il se fait accompagner de ses pairs, le duc de Bourgogne,
le comte de Champagne, le comte de Bar, le comte de Soissons, le
comte de Bretagne, le sire de Thorote et d'autres seigneurs. Louis
n'a auprès de lui que quelques officiers, l'abbé de Saint-Nicolas,
qui accuse le coupable; puis des femmes qui pleurent et demandent
justice. Il veut soumettre Enguerrand à l'enquête; celui-ci refuse,
et tous les barons refusent pour lui. Il est prêt à défendre sa cause
par le combat judiciaire, suivant l'usage féodal, mais non autrement.
Le prince résiste à tous les arguments et fait emmener le meurtrier
en prison. Nouvelles protestations des seigneurs, qui dénient même
au suzerain le droit de détenir ainsi un des leurs. « Vous ne parliez
pas ainsi naguère, dit le roi au comte de Bretagne, quand quelques-
uns de vos vassaux, se plaignant à moi, offraient de soutenir le duel
contre vous; vous prétendiez alors que bataille n'était pas voie de
droit. » Les amis d'Enguerrand déclarent, en dernier lieu, qu'un
membre de la noblesse ne peut être puni en conséquence d'une procédure qu'il n'a point acceptée. Rien n'y fait; Louis répond qu'il
n'aura égard ni à la noblesse du coupable ni à la puissance de
ses défenseurs. Il consent à peine à lui laisser la vie, et le condamne à payer 12,000 livres parisis (plus de 300,000 francs de notre
monnaie), à la confiscation de son bois, à la perte de son droit de
haute justice, enfin à la fondation de trois chapellenies pour le repos
de l'âme de ses victimes. « Pourquoi ne pas nous faire pendre tous?
dit par derrière un des barons mécontents. — Je ne les ferai pas
pendre, s'écrie le monarque instruit du propos, mais je les châtierai
tous s'il font mal[2]. »

Voilà l'homme « loyal et raide »; voilà le commentaire de ces deux
mots dont saint Louis faisait à son fils un programme, et il ne dé-
mentait ce caractère vis-à-vis de personne, pas même vis-à-vis de
sa propre famille. Un jour, Charles d'Anjou, son frère, emprisonne
un chevalier qui voulait appeler à la cour royale d'une sentence

---

[1] Luc-Olivier Merson, dont le tableau a été justement admiré au salon de peinture il y a
quelques années.

[2] V. le Nain de Tillemont, *Vie de saint Louis*, IV, 180 et suiv.

rendue contre lui par les officiers de son seigneur. Louis le force à
délivrer le captif en lui adressant cette parole typique : « Il ne doit
y avoir qu'un roi en France [1]. » Telle était bien la pensée de ce
noble et juste envahisseur, de ce conquérant pacifique. Toute sa politique se reflète dans cette maxime : « Il ne doit y avoir qu'un roi,
qu'un gouvernement; » et tout l'ensemble de ses institutions judiciaires peut se résumer dans ce mot : « Il ne doit y avoir qu'un seul
juge souverain. » Unité légitime et nécessaire, ne craignons pas de
le répéter; et la meilleure preuve de sa légitimité, c'est ce fait même,
que l'homme le plus scrupuleux de son temps, le prince le plus
honnête que notre histoire connaisse, en a conçu l'idée et poursuivi
la réalisation.

Pour compléter ce chapitre, il faudrait encore étudier en détail
la législation de saint Louis. Je voudrais au moins essayer d'en
esquisser le caractère général. Les monuments de cette législation
consistent uniquement dans une série d'ordonnances détachées, publiées dans le premier volume de la collection des *Ordonnances des
rois de France* et dans l'*Inventaire du trésor des chartes,* imprimé
par les soins de l'administration des archives. Les *Établissements de
saint Louis,* dont on parle fort souvent, n'émanent en rien de ce
prince, comme on l'a cru longtemps et presque jusqu'à nos jours.
C'est une simple compilation de droit coutumier, n'ayant rien d'original, et dont le contenu se retrouve dans les coutumes d'Anjou,
d'Orléans, de Tours et de Paris. Quelques ordonnances royales sont
citées seulement dans les premiers chapitres, et cette circonstance,
jointe à la teneur de la préface et à certains passages de Beaumanoir, ont pu faire croire que le recueil avait une origine officielle.
Mais cette même préface appelle le prince « le bon roi Louis », terme
qui, selon les usages du temps, désigne un souverain décédé, et
de plus elle donne à la composition du livre la date de 1270;
or, à ce moment, saint Louis était déjà décédé, ou bien était parti
pour Tunis, et il ne pouvait s'y occuper de pareils travaux. Lorsque
Beaumanoir cite les *Établissements de saint Louis,* il veut parler
de ses ordonnances (*établissement* se disait alors dans le sens d'ordonnance), et non d'un traité particulier. L'idée d'un code général
rédigé par l'État n'apparaît d'ailleurs en France que deux siècles
plus tard, et aucun historien n'en signale l'éclosion à cette époque.
Donc c'est là une œuvre privée, qui aura été mise sous le patronage d'un roi par quelque légiste désireux d'en rehausser la valeur.

Elle a été entreprise dans la pensée de fondre ensemble les lois
romaines, féodales et canoniques tant en matière civile qu'en matière

[1] Wallon, *op. cit.,* t. II, p. 147.

de procédure. Mais Desfontaines avait déjà fait une tentative analogue, et vers le même temps Beaumanoir rédigea à son tour une
œuvre bien supérieure aux *Établissements*, sans pour cela qu'on ait
vu dans les coutumiers de ces deux auteurs le moindre caractère
officiel. Au surplus, celui qui voudra connaître en détail les sources
des *Établissements de saint Louis* les trouvera indiquées, aussi habilement que possible, dans la récente publication de M. Paul Viollet,
bibliothécaire de l'École de droit [1]. Il suffit d'avoir expliqué ici
pourquoi nous ne pouvons, à l'exemple de Beugnot et de plusieurs
autres, exposer d'après ce recueil la part de législation revenant au
saint roi.

Les ordonnances authentiques de ce prince ont trait pour la plupart
à ce qu'on appellerait aujourd'hui la police intérieure du royaume,
c'est-à-dire à l'ordre public, à la réforme des mœurs, à l'administration générale et municipale. Elles offrent surtout le caractère de
lois pénales, et plusieurs établissent des punitions très sévères contre
certains délits que la piété du monarque lui faisait prendre particulièrement en horreur. Nous avons déjà rencontré quelques-unes
des principales, notamment celles qui concernent les fonctions
des baillis et sénéchaux, les duels, etc. D'autres ont pour objet de
réprimer les guerres privées, l'usure, ou de régler la condition des
juifs. Chacune d'elles mériterait une étude approfondie, qui ne
saurait trouver ici sa place. Il en est une cependant qui doit nous
arrêter un instant, parce qu'elle nous offre un spécimen intéressant
du genre et qu'elle montre combien son auteur aimait à mettre sous
la sanction de la loi civile les prescriptions de la loi religieuse,
ce qui est encore un des caractères saillants de sa législation. Il
s'agit de son édit contre les blasphémateurs. Comme le zèle avec
lequel il poursuivit ce délit a prêté à des interprétations quelque
peu exagérées, il est bon de mettre en lumière la véritable pénalité
dont il le frappa.

La punition du blasphème par les lois de l'État était loin d'être
une innovation. Justinien l'avait déjà édictée en défendant à tous ses
sujets de jurer par la tête ou par les cheveux de Dieu, et cela sous
peine de mort [2]. Plusieurs rois au moyen âge imitèrent son exemple,
tout en prononçant des peines moins terribles. Récemment Philippe-
Auguste, au dire des chroniqueurs, avait établi contre les blasphémateurs une amende de quatre livres (représentant la valeur de
quatre cents francs environ, en tenant compte de la différence du

---

[1] Les *Établissements de saint Louis*, 4 vol. in-8°, publiés pour la Société de l'histoire de
France.
[2] Novelle 67.

pouvoir de l'argent), et, s'ils ne possédaient pas cette somme, il les faisait jeter dans l'eau, sans toutefois les exposer à périr. Il y avait donc déjà en France plus qu'une peine pécuniaire, il y avait un châtiment corporel. Non seulement ce châtiment était prononcé par les lois, mais un usage alors assez répandu voulait que l'individu qui jurait par Dieu, par les saints ou par le diable, reçût à l'instant un soufflet de celui qui l'entendait. Cette coutume était établie notamment dans l'hôtel du sire de Joinville, qui nous l'apprend lui-même, en déplorant la fréquence du blasphème en France et en citant avec admiration l'exemple de son pieux souverain, qui ne prononçait jamais le nom du diable. « Et c'est, dit-il, grande honte au royaume de France, et au roi quand il le souffre, qu'à peine on puisse parler qu'on ne dise : Que le diable y ait part ! Et c'est un grand péché de langage, quand on approprie au diable l'homme ou la femme, qui sont donnés à Dieu dès qu'ils furent baptisés. En l'hôtel de Joinville, qui dit une telle parole reçoit un soufflet ou une tape, et ce mauvais langage y est presque tout détruit [1]. » Ainsi le bon sénéchal était partisan de la peine corporelle, et trouvait même honteux que le pouvoir suprême ne sévît pas contre le blasphème. L'esprit du temps était donc favorable à la répression énergique de cet abus, et saint Louis, ici comme dans ses lois contre les juifs, cédait à la pression de l'opinion publique aussi bien qu'à ses sentiments de piété.

Ce qui le poussait aussi à sévir, c'était le progrès effrayant de la contagion. Deux autres contemporains, Jacques de Vitry et Étienne de Bourbon, confirment entièrement sur ce point le témoignage de Joinville, en rapportant, dans leurs anecdotes, diverses locutions blâmables, familières surtout aux habitants de la Bourgogne et de la Franche-Comté, comme *Reddo te diabolo, Abnego Deum* (en bon français : Va-t'en au diable ; je renie Dieu, ou *jarnigué*, comme disent nos paysans). Ils citent encore des traits plaisants sur d'incorrigibles rustres qui ne pouvaient prononcer une phrase sans placer deux ou trois jurons, même pour promettre qu'ils ne jureraient plus. Mais ces mêmes auteurs appuient d'une façon encore plus curieuse et plus précise la parole de l'historien du saint roi. Ils racontent l'un et l'autre qu'un bourgeois de Paris ayant proféré sur le grand pont de cette ville quelque gros blasphème, un chevalier qui passait par là lui lança un vigoureux soufflet. Traîné devant le souverain pour avoir enfreint les privilèges de la cité en maltraitant un de ses habitants, l'homme d'épée se justifia en disant : « Il outrageait mon Roi céleste ; j'en aurais fait autant s'il eût outragé mon roi

[1] Joinville, édition de Wailly, p. 247.

terrestre. » Alors le prince, l'approuvant, lui ordonna d'en faire autant
chaque fois que l'occasion s'en présenterait [1].

Quel que soit le degré d'authenticité de ce récit populaire, et quel
que soit le monarque mis en scène ici (l'un des auteurs ne le désigne
pas, l'autre nomme Philippe-Auguste, quoique le trait convienne
beaucoup mieux à saint Louis), nous n'y trouvons pas moins une
nouvelle trace de l'usage de reprendre les blasphémateurs par un
soufflet. On aura cherché peut-être à étayer cette coutume sur une
autorisation royale, et l'on aura transformé en chose décrétée ce qui
n'était qu'une tradition, pour lui donner plus d'autorité. De toute
façon, il est suffisamment prouvé, je crois, que la répression matérielle du blasphème n'est pas de l'invention de saint Louis. On lui
a reproché avec quelque raison son extrême sévérité sur ce point
et les supplices qu'il infligea à certains coupables. Mais il faut soigneusement distinguer le châtiment extraordinaire appliqué à un ou
deux d'entre eux, pour l'exemple, des peines prononcées contre la
généralité par l'ordonnance royale. Lorsque le roi, d'après Joinville,
« fit mettre un orfèvre à l'échelle à Césarée, en caleçon et en che-
mise, les boyaux et la fressure d'un porc autour du cou, et en si
grande foison qu'ils lui arrivaient jusqu'au nez; » lorsqu'il fit brûler
le nez et la lèvre à un bourgeois de Paris pour avoir juré, il agit de
son autorité propre et dans un transport de sainte indignation qu'il
ne dissimula point : « Je voudrais, dit-il à ceux qui murmuraient,
être marqué d'un fer chaud, à condition que tous vilains jurements fussent ôtés de mon royaume [2]. » Mais Joinville, pas plus
que Geoffroi de Beaulieu, qui a, le premier, rapporté le second de
ces faits, pas plus que le confesseur de la reine, que Guillaume de
Nangis, que les chroniqueurs de Saint-Denis, qui l'ont répété, ne
parle nullement ici d'une pénalité établie; ce sont des cas isolés, des
condamnations prononcées exceptionnellement. Le confesseur ajoute
même que le supplice du fer chaud fut ordonné contre le gré du
conseil royal; une telle opposition n'aurait pu se produire si cette
peine avait été prononcée en vertu d'un édit antérieur. Il indique,
à la vérité, dans un autre passage, que le même châtiment fut
appliqué plus d'une fois; mais il en dit autant de celui que subit
l'orfèvre de Césarée, sans qu'on puisse trouver trace dans les faits
d'une seconde application de l'un ou de l'autre.

Rien n'autorise donc la supposition d'une ordonnance contenant
une semblable pénalité; et celle qui subsiste dément, au contraire,
la pensée qui avait dicté au pieux roi ces sentences d'une rigueur

[1] V. les *Anecdotes historiques, légendes et apologues d'Étienne de Bourbon*, publiés
pour la Société de l'histoire de France, p. 340.
[2] Joinville, édition de Wailly, p. 247.

extrême. Clément IV lui ayant adressé à leur sujet des remontrances
paternelles en louant son zèle, mais en l'invitant à le mieux régler
et à punir seulement les coupables *citra membri mutilationem et
mortem*, Louis s'empressa, avec une docilité qui l'honore, de fixer
dans ce sens la législation du royaume. Voilà donc encore une réforme
due à l'initiative de la papauté et à l'accord parfait qui régnait entre
elle et le pouvoir royal. Les principales dispositions de l'ordonnance
rendue en 1269 soumettent les blasphémateurs à diverses amendes,
depuis cinq sols jusqu'à quarante livres, suivant les cas ; ceux qui
ne pourront les payer seront condamnés au pilori et à la prison ; s'ils
ont moins de quatorze ans, ils seront punis de la fustigation. Toutefois le roi se réserve encore de punir lui-même plus sévèrement les
blasphèmes monstrueux qui lui seront dénoncés[1]. C'est là une nouvelle preuve de la souveraine puissance qui lui était attribuée dans
le domaine judiciaire, en dehors de toutes les cours et juridictions,
puissance dont saint Louis n'était pas homme à abuser, malgré
l'excès où l'entraîna un moment sa profonde vénération pour les
noms les plus sacrés.

Ainsi, tout concourt à le prouver, ce prince fut la personnification de la justice absolue ; et ce sentiment, ce besoin impérieux
d'équité, qu'il satisfaisait aussi bien à son détriment qu'aux dépens
de ses sujets, avait une source toute religieuse. C'est sa piété, c'est
la délicatesse d'une conscience chrétienne qui lui firent transformer
l'administration de la justice et qui amenèrent sous son règne, dans
la mesure possible, le triomphe de ce grand principe social : l'égalité de tous devant la loi. « Soyez juste envers le peuple, afin que
Dieu vous juge à son tour d'un œil favorable, lui avait dit un de
ces moines mendiants dont il écoutait les leçons avec une foi si
avide. Il usa sa vie à mettre cette maxime en pratique, et c'est
principalement pour cette raison que les hommes le saluèrent si
vite du beau titre de saint, qui résumait alors toutes les gloires
et toutes les grandeurs. »

[1] Recueil des ordonnances, I, 99.

CHAPITRE IX

Charges militaires de la noblesse et du peuple. — L'armée royale; saint Louis inaugure les
milices régulières soldées. — Il institue le *maître des arbalétriers*. — Il s'oppose aux
guerres privées et propage ou établit la *quarantaine-le-roi*. — Son rôle de pacificateur
universel. — La classe des croisés; ses privilèges augmentés par saint Louis. — Efforts
des prédicateurs pour entraîner les chevaliers à la guerre sainte; affaiblissement de l'esprit
des croisades après l'expédition d'Égypte.

Dans les chapitres précédents, nous avons considéré tour à tour
en saint Louis le politique travaillant à l'agrandissement de son
domaine, l'administrateur cherchant à l'améliorer, le justicier préoccupé d'y faire régner l'ordre et la paix. Il nous reste, pour achever
le tableau de l'œuvre intérieure de ce grand organisateur, à examiner ce qu'il fit dans l'ordre militaire et dans l'ordre financier.
Quel était l'état de ce qu'on appellerait de nos jours le département
de la guerre, et de ce qu'on a nommé souvent le nerf de la guerre, qui
est aussi bien le nerf de toute administration, à savoir : des finances
publiques et du budget royal? Commençons par le premier point.

Le roi, nous le savons, est, au XIIIᵉ siècle, le chef militaire
reconnu de tous les barons de France. Il conserve pour la guerre
la plénitude de l'autorité suprême, tandis que pour le reste il est
obligé de la reconquérir pied à pied. La nécessité de l'unité dans le
commandement des armées avait imposé à la féodalité cette concession, qui devait finir par lui être fatale; car le dépositaire de l'autorité militaire devient vite le maître absolu, lorsqu'il le veut résolument. Toutefois il s'en faut bien, même à l'époque de saint Louis,
que le souverain dispose uniquement à son gré des forces du

royaume entier. Le grand principe qui lui en confère la direction est contrarié, dans l'application, par mille petites règles traditionnelles que la routine féodale a fait passer dans la loi écrite. Il peut appeler à volonté sous les armes les vassaux de son domaine direct ; là il agit comme il l'entend ; il réunit dans sa main tous les droits, ceux du suzerain et ceux du seigneur. Mais les grands feudataires, les ducs d'Aquitaine, de Bourgogne, les comtes de Champagne, de Toulouse, etc., ne lui doivent le service obligatoire que si l'intégrité du royaume est menacée, et seulement pour une guerre défensive. Dans tous les autres cas, ils peuvent contester l'opportunité de la guerre, et rester chez eux s'ils le veulent. Encore à la fin du XIIIᵉ siècle, on voit le comte de Blois suivre en Navarre Philippe le Hardi sous la réserve expresse, admise par ce prince, qu'il n'y était pas tenu et que c'était une pure grâce de sa part.

Autre restriction : ces grands seigneurs ne conduisent à l'armée royale qu'une faible partie de leurs propres vassaux. Ainsi le duc de Bretagne, ayant sous ses ordres cent soixante-six chevaliers, n'en amène avec lui qu'une quarantaine. De plus, le service militaire n'est dû, en principe, que dans l'intérieur du fief et pour une durée de quarante jours. On a inféré du texte d'un manuscrit des *Établissements* dits *de saint Louis* que ce monarque lui-même porta le temps obligatoire à soixante jours ; mais les meilleurs exemplaires contredisent ce chiffre, invraisemblable d'ailleurs, admis à tort par les éditeurs du grand recueil des *Ordonnances,* et maintiennent le nombre de quarante.

De telles conditions (et je ne parle ici que des principales) rendaient déjà très difficile la formation d'une armée sérieuse et l'entreprise d'une guerre un peu longue. De là, pour la royauté, la nécessité d'avoir des chevaliers soldés, *stipendiarii,* que l'on trouve joints en assez grand nombre, sur les rôles de la milice, aux chevaliers servant par devoir. Un peu plus tard, elle chercha d'autres ressources dans les levées en masses connues sous le nom de ban et d'arrière-ban. Mais dès le XIIᵉ siècle, sous Louis VI, on voit accourir sous sa bannière, au moment où l'empereur Henri V menace d'envahir la France, les seigneurs de tous les pays avec leurs tenanciers ; le sentiment de la solidarité, l'idée de la patrie commune, suffisent, aux heures du péril, pour grouper autour de la couronne toutes les forces vives du royaume. C'est ce qui prouve mieux encore le grand mouvement national qui aboutit à la victoire éclatante de Bouvines, due à l'intervention de toute la noblesse et d'une bonne partie du peuple. Ne nous y trompons pas cependant : même dans ces soulèvements généraux, qui armaient tout un pays pour la défense de son unité ou de sa liberté, même dans ces grandes rencontres où les armes se choquaient avec furie pendant des journées entières, l'effectif des troupes était toujours considérablement inférieur au chiffre qu'il atteint dans les temps modernes; par suite, les victimes étaient moins nombreuses, les combats moins meurtriers, les ravages moins épouvantables, malgré les lamentations des chroniqueurs, qui en auraient sans doute poussé bien d'autres s'ils avaient pu voir quelques siècles plus loin. A Bouvines, la grande armée nationale comptait au plus cent mille hommes, et ce nombre excédait de beaucoup celui des hommes qui prenaient part aux campagnes ordinaires. En 1276, les troupes levées dans les sénéchaussées de Toulouse, de Carcassonne et du Périgord, c'est-à-dire dans presque tout le midi de la France, pour porter la guerre en Navarre, ne s'élevèrent qu'à vingt mille hommes. A la bataille de Mont-Cassel, en 1328, l'armée de Philippe de Valois se composait, suivant les grandes chroniques de Saint-Denis, de quarante mille hommes. A mesure qu'on se rapproche de notre époque, ces chiffres vont grossissant. Il était réservé aux siècles de progrès de voir se déchaîner dans toute son horreur le démon de la guerre, de voir créer les engins de destruction les plus atroces et mener les peuples à la boucherie par deux cent, par cinq cent, par neuf cent mille hommes.

Il résulte de ce que je viens de dire que l'impôt du sang n'était pas payé seulement par les nobles, mais que les roturiers devaient, eux aussi, un certain service militaire. Les nobles étaient tenus par état, envers leurs seigneurs, à l'*ost* et à la *chevauchée* (l'*ost,* quand il s'agissait d'une guerre véritable, générale ou particulière; la *chevauchée,* quand la prise d'armes n'avait lieu que pour une excursion de peu d'importance, pour une course à cheval, comme l'indique son nom). Un grand nombre devaient encore *estage,* c'est-à-dire la garde ou la garnison au château du seigneur, pendant un temps déterminé, mais variable. Toutefois les roturiers, à mesure que la servitude disparut, à mesure qu'ils conquirent une sorte d'égalité sociale par le mouvement des communes, par les croisades, par le progrès des idées, furent appelés à partager les charges comme les bénéfices de la condition d'homme libre. Dès le XIIe siècle, il fut admis dans le droit public que les seigneurs réclamassent l'aide des vilains résidant sur leur fief; ils les astreignirent notamment au guet et à la réparation des châteaux, contribution assez rationnelle, puisque ces forteresses avaient été bâties, à l'origine, pour abriter et protéger contre l'ennemi les populations rurales. On maintint cependant une différence essentielle entre les combattants nobles et les autres : les armes offensives furent réservées aux premiers, qui faisaient seuls profession du métier militaire;

les roturiers, simples auxiliaires, n'eurent que des armes défensives, empruntées le plus souvent à leurs instruments agricoles. Pour éviter les abus et les vexations que pouvait occasionner ce nouvel état de choses, on reconnut que les vilains ne pouvaient être convoqués que pour la défense du fief. Beaumanoir déclare formellement qu'en dehors des limites du fief le seigneur devait payer leurs services, et les *Établissements de saint Louis* ajoutent même que le seigneur n'avait pas le droit de les mener dans un lieu d'où il leur était impossible de revenir chez eux le même jour. Toutes ces règles souffraient cependant des exceptions nombreuses. Il y avait des exemptions, des dispenses, personnelles ou locales ; le remplacement même était admis dans une certaine mesure. Quelques villes avaient obtenu des privilèges restreignant beaucoup la dette de leurs habitants envers le seigneur ou la supprimant tout à fait ; la plupart avaient d'ailleurs leur milice communale, employée à défendre la cité sous les ordres des magistrats municipaux. Tous ces points ont été élucidés par un des meilleurs érudits de notre époque, dans un livre spécial auquel on me permettra de renvoyer le lecteur qui voudrait avoir plus de détails[1].

Arrêtons-nous seulement à l'organisation particulière des armées royales sous saint Louis et aux modifications qu'il y introduisit. Nous avons, pour nous éclairer, des états de troupes et des comptes de dépenses très curieux, se rapportant à son règne. Sur ces documents figurent d'abord des chevaliers à gages, recevant six sols par jour, plus le prix de leurs chevaux quand ils les perdaient. Viennent ensuite des sergents à cheval, pris sans doute parmi les nobles qui ne pouvaient prétendre à la chevalerie, et payés cinq sols par jour, des sergents à pied, constituant la plus ancienne troupe d'infanterie soldée dont on retrouve la trace ; puis des arbalétriers à cheval, accompagnés souvent d'un valet, également à cheval, et recevant la même solde de cinq sols ; enfin des arbalétriers à pied, n'ayant qu'un sol, et des *lequillons,* sorte d'archers ayant seulement huit deniers. Cette solde minimum représente encore soixante-dix centimes environ ; c'est bien plus que le sou du troupier actuel, mais il faut dire que la nourriture des hommes d'armes était généralement à leur charge. Les compagnies mercenaires qui venaient s'ajouter ainsi aux troupes féodales du souverain étaient placées sous le commandement de capitaines connus et recommandables. Leur formation constituait un notable progrès sur ces bandes de cotereaux ou de routiers, véritables pillards de grand chemin, dont les rois précédents étaient obligés d'invoquer le secours ; elle parait remon-

[1] Boutaric, *les Institutions militaires de la France,* 1 vol. in-8°.

ter à l'époque de la première régence de Blanche de Castille. C'est donc le règne de saint Louis qui vit les premières troupes régulières soldées, amélioration peut-être aussi importante, au point de vue de la discipline, du nombre, voire même de la solidité, que la création des armées permanentes, qui devait avoir lieu sous Charles VII.

En même temps, d'autres perfectionnements furent apportés par le saint roi dans l'organisation militaire. La conduite de l'armée royale appartenait, après le souverain, au *connétable,* à qui tous les barons, chevaliers et soudoyers devaient une égale obéissance. Il faisait partie de l'hôtel du roi et jouissait de privilèges magnifiques. Sous lui commandaient en temps de guerre deux *maréchaux de France* institués par Philippe-Auguste, et recevant, même en temps de paix, un traitement fixe. Saint Louis leur adjoignit un nouveau dignitaire, qui s'appela le *maître des arbalétriers,* et qui eut la direction en chef, non seulement des arbalétriers, mais des archers et de tous les gens de pied ; c'était, pour ainsi dire, un commandant général de l'infanterie, et la création même de ce poste nouveau nous montre qu'on attachait à cette arme une importance de plus en plus grande. Du maître des arbalétriers dépendait encore ce qui représentait le génie : les charpentiers, les mineurs, les ingénieurs, et jusqu'à l'artillerie (que ce mot ne surprenne pas le lecteur, car le nom existait avant la chose et s'employait dès le xiii⁰ siècle pour désigner toute espèce d'engins de guerre). Enfin il ne faut pas oublier que les baillis ou sénéchaux et les prévôts, dont j'ai longuement parlé, cumulaient avec leurs différentes fonctions des attributions militaires. Ils convoquaient la noblesse au nom du roi, et quelquefois même ils appelaient directement aux armes les tenanciers des seigneurs. Ils rassemblaient le *ban,* composé des hommes astreints au service féodal, et l'*arrière-ban,* composé de ceux qui n'étaient appelés que dans les levées générales ; ces dernières troupes étaient même placées sous leur conduite spéciale, de sorte qu'on peut les considérer comme une classe d'officiers à demi civils, commandant les réserves. Nous avons vu toutes les précautions, toutes les améliorations prescrites par saint Louis pour introduire dans l'exercice de leur mandat la fidélité et la probité qui leur manquaient trop souvent ; les mesures dont ils furent l'objet doivent donc aussi compter parmi les réformes militaires opérées par ce prince, et c'est à ce titre que je me permets de les rappeler encore une fois.

Ce n'était pas assez de rendre l'armée royale plus forte contre les agressions du dedans et du dehors. Il fallait encore, pour imposer silence aux adversaires du trône et contraindre à la paix des feudataires turbulents, détruire ou tout au moins restreindre le droit qu'ils s'étaient arrogé de faire la guerre à leurs pairs et même à

leur suzerain. Chaque seigneur, dans le système féodal, pouvait
défendre son fief comme le roi défendait son royaume, et attaquer
celui-ci sous prétexte de déni de justice. Ce droit de guerre privée,
qui semble une extension du droit au duel judiciaire, produisit des
désordres épouvantables à l'époque où la féodalité régnait en souveraine, c'est-à-dire aux Xe et XIe siècles. Il n'y avait pas un possesseur de fief qui n'eût des inimitiés avec ses voisins et qui ne forçât
ses hommes à combattre pour sa querelle. On n'entendait plus dans
tous les coins de la France que le cliquetis des armes ; la culture
était délaissée, les violences se multipliaient, la barbarie enfin re-
naissait à vue d'œil. L'Église intervint la première et tenta d'enrayer
le mal par deux institutions célèbres, qui se suivirent à peu d'intervalle : la *paix de Dieu* et la *trêve de Dieu*. La paix de Dieu, établie
par plusieurs conciles sous le roi Robert, et jurée bientôt par une
bonne partie des seigneurs eux-mêmes, leur imposait l'interdiction
de commettre des violences dans les églises et les cimetières, et à
trente pas à la ronde d'enlever des juments, des poulains ou d'autres
animaux domestiques, de brûler des chaumières, d'attaquer des
clercs, des religieuses ou des veuves, le tout sous peine d'excommunication. La trêve de Dieu, née en Espagne ou en Roussillon, se
propagea d'abord dans le midi. Ratifiée par le concile de Clermont,
elle devait s'étendre du commencement de l'avent à l'octave de l'Épi-
phanie, du premier jour de carême à l'octave de la Pentecôte, et,
pendant le reste de l'année, du mercredi soir au lundi matin ; mais,
dans beaucoup de diocèses, elle fut réduite à un délai plus court, du
samedi soir au lundi matin. Malgré la terreur salutaire inspirée par les
foudres de l'Église, malgré les serments obtenus de la noblesse, ces
barrières morales, qui n'étaient maintenues par aucune autorité temporelle, demeurèrent impuissantes ; les jours de tranquillité ne lui-
saient toujours pour le peuple qu'à de rares intervalles. D'autres tentatives furent dues à l'initiative des évêques ou des particuliers : on
vit surgir de différents côtés des confréries de la Paix ; dans le Midi
notamment, des confédérations de *paissiers*, ou pacificateurs, formèrent une sorte de gendarmerie, aux ordres du diocésain, chargée
de contenir tous les perturbateurs du repos public et payée au moyen
d'un impôt spécial appelé la *pezade*. Cette espèce de police locale
subsista jusqu'au jour où la réunion du Languedoc à la couronne
amena son remplacement par une police royale. Mais toutes ces associations, toutes ces ligues populaires ne tardèrent pas elles-mêmes
à dégénérer ; elles jetèrent dans les masses des ferments de révolte,
et les *encapuchonnés*, ou les frères de la Paix, devinrent une véritable secte armée, qui finit par être détruite dans les dernières
années du XIIe siècle.

Telle était donc la situation au début du règne de saint Louis. Le droit de guerre privée, combattu vainement par des institutions particulières, subsistait dans la pratique et dans la législation. Une rixe entre gentilshommes, une simple injure, suffisaient pour amener une de ces luttes terribles dans lesquelles étaient entraînés les vassaux des deux parties, leurs tenanciers, leurs parents même ; car tous les membres de la famille noble étaient tenus de prendre parti pour le membre belligérant. C'est cette dernière coutume qui donna naissance à ce qu'on a appelé la *quarantaine-le-roi*, remède déjà plus efficace que les précédents, parce qu'il était prescrit et imposé par l'autorité royale, seule capable de venir à bout d'un abus aussi enraciné. Le souverain n'était pas encore assez fort pour pouvoir abolir d'un seul coup les guerres privées ; il les attaqua dans leur principe d'une façon détournée en établissant que les parents ne seraient obligés de prendre part à la vengeance de leurs proches que quarante jours après l'origine de la querelle. Cette restriction, qui n'avait l'air de rien, donnait aux intéressés le temps de provoquer l'*asseurement* : au lieu de consacrer les quarante jours de délai à des préparatifs belliqueux, ils en profitaient pour se faire *asseurer* ou garantir par le seigneur commun contre toute attaque de la partie adverse. C'était là un autre procédé imaginé pour étouffer les discordes de la noblesse, et qui différait de la trève, avec laquelle on l'a souvent confondu, par un caractère de permanence et de perpétuité.

Or c'est probablement à saint Louis en personne qu'il faut faire honneur de l'établissement de la *quarantaine-le-roi*, et par conséquent de la première barrière officielle opposée par l'État au développement des luttes armées entre les seigneurs. Cette gloire, il est vrai, lui a été contestée par Laurière et par l'érudit que je citais tout à l'heure [1], sous prétexte que Beaumanoir attribue l'institution au *bon roi Philippe*, lequel ne pourrait être que Philippe-Auguste ; car ces mots désignent un prince défunt, et le célèbre juriste écrivait du vivant de Philippe le Hardi. Mais Philippe-Auguste, dans le cours de son règne agité, n'a jamais entrepris de réformes de ce genre. Il ne subsiste aucune trace de l'ordonnance qu'il aurait rendue à ce sujet, et Beaumanoir, quoique séparé de lui par un demi-siècle seulement, a pu, à la rigueur, lui prêter par méprise un acte un peu plus récent ; il a pu tout simplement mettre un nom pour un autre dans la courte mention qu'il en fait : « Le bon roi Philippe fist un establissement tel [2]. » En faveur de saint Louis, je trouve, au contraire, au lieu d'un témoignage isolé, des textes et des argu-

---

[1] Boutaric, *Institutions militaires*, p. 177.
[2] *Coutumes de Beauvoisis*, ch. LX.

ments assez probants. Nous n'avons pas non plus d'ordonnance originale de lui sur la *quarantaine;* mais il en a existé une, si l'on s'en
rapporte à des lettres du roi Jean, qui, bien que données au milieu
du siècle suivant, sont encore assez anciennes pour mériter quelque
crédit. Ces lettres contiennent l'analyse complète et, pour ainsi dire,
la reproduction de l'ordonnance disparue, attribuée à l'an 1245, et
désignent formellement saint Louis comme son auteur. Le jurisconsulte Bouthilier, dans sa *Somme rurale,* émet la même opinion, qui
a prévalu pendant longtemps. Pourquoi supposer ces deux autorités
en faute, de préférence à Beaumanoir? Pourquoi surtout rejeter la
teneur d'un document officiel, rédigé à une époque où l'ordonnance
citée devait subsister encore? Beugnot, dans son édition des *Coutumes de Beauvoisis,* dit qu'il fut rendu deux édits successifs, l'un
par Philippe-Auguste, prescrivant la *quarantaine,* l'autre par saint
Louis, obligeant les parties à cesser les hostilités. Nous possédons,
en effet, ce dernier acte, en date de 1257-58; toutefois il ne répond
pas du tout à l'analyse donnée par le roi Jean; il en diffère essentiellement par son dispositif, qui a pour objet, non la *quarantaine,* mais l'interdiction absolue des guerres privées. Ainsi l'origine de la première ordonnance est au moins douteuse, et, en
fin de compte, on doit la rapporter plutôt à saint Louis qu'à son
aïeul.

Du reste, lors même que cette attribution serait mal fondée, l'acte
de 1258 prouve encore bien mieux le zèle du pieux roi pour l'abolition de ces luttes sanglantes, puisqu'il apporte, non plus une restriction, non plus un palliatif, mais un remède radical, l'interdiction
absolue. Si donc on lui conteste l'initiative d'une première réforme
partielle, on ne peut, dans tous les cas, lui refuser l'honneur d'avoir
commencé à saper par la base un arbre qui produisait de si mauvais
fruits, et entrepris la complète destruction d'un fléau que les autres
avaient seulement essayé de restreindre. Ce document est, en effet,
aussi authentique dans sa source qu'énergique dans sa forme. On
me pardonnera, vu son importance, d'en reproduire ici le texte
original :

*Noveritis nos, deliberato consilio, guerras omnes inhibuisse in re-
gno, et incendia, et carrucarum perturbationem. Unde vobis districte
præcipiendo mandamus ne, contra dictam inhibitionem nostram,
guerras aliquas vel incendia faciatis, vel agricolas qui serviunt car-
rucis seu aratris disturbetis. Quod si secus facere præsumpseritis,
damus senescallo nostro in mandatis ut fidelem et dilectum nostrum
G[uidonem], Aniciensem electum, juvet fideliter et attentè ad pacem
in terra sua tenendas, et fractorem pacis, prout culpa cujuscumque
exigerit, puniendos. Actum apud Sanctum Germanum in Laya,*

anno Domini millesimo ducentesimo quinquagesimo septimo, mense januarii [1].

Cet exemplaire du mandement de saint Louis est adressé aux sujets du roi dans le diocèse du Puy; mais il dut en être expédié de semblables dans les autres parties du royaume, puisqu'il s'agit, d'après le texte, d'une prohibition générale (*Inhibuisse in regno*). Une remarque intéressante à faire ici, c'est que cet évêque élu du Puy, que le sénéchal est chargé d'assister dans le maintien de la paix publique et dans le châtiment des perturbateurs, est le célèbre Guy de Foulque ou Foucaud, appelé sept ans après au trône pontifical, qu'il occupa sous le nom de Clément IV. Il était le conseiller et l'ami personnel de saint Louis; il lui inspira l'idée de plusieurs réformes importantes, accomplies vers cette même époque, où l'activité administrative du roi et sa vigilante sollicitude pour son peuple atteignirent leur apogée. Il est donc permis de croire que le futur pape ne fut pas étranger à l'initiative de la mesure énergique prise en cette circonstance par le pouvoir civil; du moins l'on peut affirmer à coup sûr qu'il ne fut pas étranger à son application, et dans ce grand acte on aime à retrouver une fois de plus l'accord intime de l'Église et de l'État, si fécond pour le bien des nations.

Malheureusement la loi de saint Louis contre les guerres privées ne porta pas tous les fruits qu'on pouvait en attendre, par suite de l'obstination des seigneurs, jaloux de conserver intact un de leurs derniers et de leurs plus exorbitants privilèges. Beaumanoir, dans son code coutumier, rédigé en 1283, en maintient encore l'exercice, et, tout en reconnaissant que le souverain peut contraindre les parties à la paix, il expose longuement la manière de procéder dans les luttes entre seigneurs [2]. Gentilhomme en même temps que légiste, il semble vouloir concilier le devoir de sa profession avec sa tendance naturelle. Une autre ordonnance du même prince, interdisant le port des armes dans ses domaines, et reproduite par Alphonse de Poitiers dans les siens, paraît n'avoir pas été mieux observée. Le mal diminua d'intensité et d'étendue; mais bientôt, et surtout lorsque la main ferme qui l'avait coupé dans sa racine ne fut plus là, il reprit son essor, et à diverses reprises la royauté dut renouveler ses prohibitions. Dès l'année 1304, Philippe le Bel rendit un édit général, à l'instar de son aïeul, dit-il, défendant absolument dans tout le royaume les guerres, les meurtres, les agressions des paysans, au nom de qui que ce soit. Peu après, les barons, ne pouvant supporter de pareilles exigences, se révoltèrent, et réclamèrent de Louis X la resti-

---

[1] *Ordonnances des rois*, I, 84.
[2] *Coutumes de Beauvoisis*, ch. LIX.

tution de leurs anciens droits, en première ligne du droit de guerre. Il leur fut rendu momentanément; mais Philippe le Long, Jean le Bon, Charles V, le leur retirèrent, et ils le perdirent définitivement le jour où la puissance royale n'eut plus rien à redouter de la féodalité expirante.

Toutefois cette résistance et ces retours offensifs ne sauraient ôter aux efforts de saint Louis leur mérite et leur générosité. C'est un spectacle véritablement grandiose et touchant que de voir cet honnête homme, dont l'intérêt est de laisser les vassaux de la couronne s'épuiser et se déchirer entre eux, dont la politique doit trouver dans leurs divisions son plus sûr élément de succès, de le voir, dis-je, employer toute sa force à les maintenir d'accord, au risque de se trouver plus faible devant le faisceau de leurs inimitiés réunies. C'est que l'amour de la paix et le souci du bien-être de son peuple l'emportent chez lui sur toute autre considération. Un diplomate ordinaire raisonnerait différemment; il mettrait en pratique la maxime fameuse : diviser pour régner. Mais cette haute intelligence, supérieure aux finesses et aux calculs humains, comprend qu'une ligne de conduite basée sur le désintéressement, sur l'équité et la loyauté absolue, doit grandir mille fois plus la puissance et la majesté royales. Les autres emploient les petits moyens et cherchent les petits succès; lui vise aux grandes choses et compte avant tout sur le prestige, sur l'influence souveraine que doit lui donner la politique de l'honnêteté; il veut gagner par là les cœurs de ses sujets et même ceux des étrangers, sachant fort bien que l'empire de l'amour est plus fort que la violence ou l'adresse. Et ce n'est pas moi qui lui prête cette pensée; son biographe est là pour l'attester : « Se fut, dit Joinville, l'omme du monde qui plus se travailla de paiz entre ses sousgis, et especialement entre les riches homes voisins et les princes du royaume... De ces gens estranges que le roy avoit apaisiés, li disoient aucuns de son conseil que il ne fesoit pas bien quant il ne les lessoit guerroier; car, se il les lessast bien apovrir, il ne li courroient pas sus sitost comme se il estoient bien riche. Et à ce respondoit le roy que il ne disoient pas bien; car, se les princes voisins véoient que je les laissasse guerroier, il se pourroient aviser entre eulx et dire : Le roy par sa malice nous laisse guerroier. Si en avenroit ainsi, que par la hainne que il auroient à moy, il me venroient courre sus, dont je pourroie bien perdre en la hainne de Dieu que je conquerroie, qui dit : Benoit soit tuit li apaiseur. Dont il advint ainsi, que les Bourguignons et les Looreins, que il avoit apaisiés, l'amoient tant et obéissoient, que je les vi venir plaidier... à la court du roy [1]. »

_____

[1] Joinville, édition de Wailly, p. 376.

Deux mobiles particuliers lui dictèrent donc son rôle de pacificateur : la crainte d'être haï de Dieu et le désir d'être aimé de ses vassaux. Ce sont ces raisons d'ordre supérieur qui le firent passer par-dessus les petits intérêts placés au premier plan, et qui le poussèrent à poursuivre quand même l'abolition des guerres privées. Jusqu'à la fin de sa vie il eut ce noble but sous les yeux, et sur son lit de mort il répétait encore à l'héritier de la couronne : « Chier fils, je t'enseigne que les guerres et les contens qui seront en ta terre ou entre tes hommes, que tu metes peine de les apaiser en ton pouvoir ; car c'est une chose qui moult plest à Nostre Seigneur [1]. »

Cette préoccupation continuelle corrobore singulièrement, à mon sens, l'opinion qui attribue à saint Louis l'institution de la *quarantaine-le-roi ;* et, dans tous les cas, les textes que je viens de citer sont le meilleur commentaire de l'ordonnance de 1257, inspirée par la même pensée de concorde et d'union.

On ne saurait quitter les questions militaires sans dire un mot de la classe toute spéciale des croisés, ne fût-ce que pour montrer quel esprit l'animait et quelle importance elle conservait encore sous saint Louis. Ces innombrables auxiliaires du roi constituaient au fond la grande force guerrière de l'époque ; il importe d'en connaître l'organisation, le recrutement et le service.

Le succès qui couronna dès le début les efforts des croisés, la conquête de Jérusalem, la fondation d'un royaume chrétien sur les ruines de la domination musulmane, les victoires des Godefroy, des Baudouin, des Richard Cœur-de-Lion, quoique mélangées de revers, développèrent au plus haut point parmi la noblesse l'amour de la guerre sainte. Des bandes populaires, sans consistance ni discipline, avaient précédé les milices féodales sur la route de l'Orient, avec Pierre l'Ermite et Gauthier Sans-Avoir. Mais les chevaliers seuls purent faire quelque chose d'utile. Ils se lancèrent aussitôt après dans l'arène ouverte à leurs instincts belliqueux ; ils s'emparèrent de la croisade comme de leur chose, et elle devint le but fondamental de leur institution. Combattre l'infidèle, et l'infidèle de Palestine, fut leur mot d'ordre et leur constante préoccupation durant tout le siècle qui suivit, dans ce XIIᵉ siècle qu'on peut appeler l'âge d'or des croisades. C'est alors qu'on voit se fonder des ordres spéciaux pour la défense des lieux saints, devenue la grande œuvre des chrétiens. Les gentilshommes de toute catégorie se jettent avec enthousiasme dans ces milices sacrées du Temple, de l'Hôpital, de Saint-Jean de Jérusalem, de l'ordre Teutonique, qui représentent l'élite de tous les pays, ou dans quelques autres d'un caractère plus local, comme celles de

[1] Joinville, édition de Wailly, p. 404.

Calatrava et de Saint-Jacques de la Spata en Espagne, celle du Christ en Livonie et en Prusse. Ils se soumettent sans balancer à des règles quasi-monastiques. La ferveur est générale; de tous côtés on arbore à l'envi la croix rouge, et sous les pas des prédicateurs, qui répètent périodiquement le cri solennel : *Dieu le veut!* les recrues se multiplient comme par enchantement.

Au xiii⁰ siècle, des modifications sensibles vont s'opérer dans l'esprit public. Le commencement de cette période n'apporte, il est vrai, aucun refroidissement au zèle des chrétiens d'Occident pour leurs frères d'Orient. Au contraire, la conquête de Constantinople ne fait que lui donner un nouvel aliment, comme on peut s'en convaincre par la lecture si attachante de la relation que nous a laissée Geoffroi de Villehardouin. Déjà cependant les préoccupations des croisés sont moins exclusivement religieuses : la politique, la curiosité, l'ambition, l'avidité, se mêlent plus ou moins aux mobiles pieux et viennent ternir la pureté des ardeurs primitives. Sous le règne de saint Louis, dont nous nous occupons, il faut distinguer entre l'époque qui a précédé sa première expédition et celle qui a suivi son retour. La première offre encore peu de différence avec l'état de choses antérieur; arrêtons-nous-y pour reconnaître la condition des croisés, leurs sentiments, leurs dispositions.

Depuis un certain temps déjà, les croisés constituent dans la société une classe à part; ce sont des privilégiés parmi les privilégiés. Des droits très enviés leur ont été concédés par la puissance ecclésiastique et par la puissance civile, par les conciles et par les rois, pour les encourager dans leur pénible mission. Leurs biens sont placés sous la protection du pape et des évêques; ils sont par conséquent justiciables des seuls tribunaux de l'Église, droit reconnu par une ordonnance de Philippe-Auguste, sauf quelques exceptions. Ils sont dispensés de payer les impôts pendant les premières années de la croisade; ils sont même quittes de l'intérêt de l'argent qu'ils peuvent être obligés d'emprunter pour accomplir leur vœu. A cette faveur singulière, saint Louis ajoute un délai de cinq ans pour le payement de toutes leurs dettes. Enfin leurs procès demeurent suspendus tant que dure l'expédition dont ils font partie, et encore une année après leur retour. Il y a dans la législation une certaine tendance à accroître leurs privilèges, et cette tendance semble indiquer que leurs rangs commencent à se recruter avec un peu moins de facilité.

On peut tirer la même induction de la teneur des exhortations adressées par le clergé aux fidèles pour les engager à prendre la croix. Rien de curieux, en principe, comme les prédications faites dans ce but spécial. Malheureusement il ne nous en reste que des monuments fort incomplets. **Nous** en sommes réduits à quelques résumés composés par les maîtres de la chaire pour servir de patrons aux orateurs qui en auraient besoin. **Mais**, à défaut de la lettre des discours, ces documents font revivre du moins les idées et les arguments employés pour décider la noblesse et la nation en général à s'enrôler sous l'étendard sacré. Si nous voulons savoir comment on devait prêcher la croisade, interrogeons le cardinal Jacques de Vitry, qui composa son recueil de sermons avant 1240. Il fallait, d'après lui, développer les propositions suivantes. La vraie place des chevaliers, c'est en face des infidèles. En allant les combattre, on expie un passé criminel; on se voue au service du Christ, qui sera lui-même la récompense de tous ses champions. Honnis ceux qui reculent, qui refusent de partir quand ils le peuvent, et le veulent ensuite quand ils ne peuvent plus. Si l'on est obligé de s'arracher à de tendres affections, on n'en a que plus de mérite. D'ailleurs, les femmes et les enfants, s'ils participent à la peine, participent également aux bénéfices spirituels, et cet avantage s'étend même aux parents défunts. Les ordres militaires surtout sont responsables de la garde des lieux saints; ils forment la véritable armée de l'Église, car le conseil donné par l'Évangile de ne pas résister par les armes ne concerne pas la défense extérieure de la chrétienté, qui autrement serait depuis longtemps détruite; ils sont tenus par vœu de tirer le glaive contre les Sarrasins de Syrie, les Maures d'Espagne, les païens de Prusse, de Comanie, et au besoin, quand l'autorité supérieure l'ordonne, contre les schismatiques de Grèce et les hérétiques de tous les pays[1].

Telles sont les principales considérations invoquées par le cardinal, qui avait passé presque toute sa vie parmi les hommes et les choses de la croisade, et qui savait mieux que personne le moyen d'y attirer ses contemporains. Mais Étienne de Bourbon, qui écrivait vers 1250, est plus précis et plus intéressant à entendre sur cette matière. Il commence par nous dire qu'il est souvent besoin d'exhorter les hommes à prendre la croix, et voici les raisons qu'il conseille à ses confrères de faire valoir en pareil cas. En premier lieu, beaucoup de textes de l'Écriture sainte fournissent un appui à l'idée du pèlerinage d'outre-mer; passons sur leur énumération. Secondement, la nature même, ou l'instigation de la raison naturelle, doit y pousser les chrétiens. Chacun, en effet, chérit naturellement son pays d'origine : or c'est de la terre sainte que nous tirons tous notre origine, et charnelle, et spirituelle, puisque Adam, notre père commun, a été créé dans cette contrée, qu'il y a été enseveli, ainsi que les autres patriarches,

---

[1] *La Chaire française au moyen âge*, par Lecoy de la Marche, 2e édition, p. 317 et suiv.

et que, d'un autre côté, Jésus-Christ, notre père selon l'âme, et la
bienheureuse Vierge, notre mère, y sont nés, y ont leur sépulcre,
et qu'enfin l'Église a eu là son berceau. « De plus, continue notre
auteur en s'animant à la pensée de la servitude de cette terre bénie,
elle nous appartient par droit de succession, si nous sommes vraiment les fils de Dieu, les fils de Marie et les fils de l'Église; elle
nous appartient par droit d'acquisition, car le Christ l'a achetée pour
nous au prix de son sang, et en en faisant chasser les Juifs par les
armes des Romains, et en y implantant le peuple chrétien. Il y a de
riches personnages qui ne s'inquiètent pas de l'injure faite à Notre-
Seigneur. » Et, pour faire rougir ceux-là, Étienne raconte la parabole
d'un père qui avait deux fils, dont l'aîné, emprisonné par les Sarrasins, fut délivré par lui après une série de combats et de souffrances.
Battu et pris à son tour, ce seigneur lui envoie demander du secours;
mais l'ingrat refuse et s'oublie au sein de la richesse, tandis que son
jeune frère, quoique plus pauvre, s'apprête à venir en aide au père
avec ses faibles forces. Les objurgations les plus pressantes n'ont
aucune prise sur le cœur de l'aîné; il se moque et de l'auteur de ses
jours et de son impuissant cadet. Mais le père, sorti enfin de prison
et redevenu vainqueur, assemble ses barons en cour plénière, fait
juger son fils aîné comme félon et contumace, le déshérite et le plonge
dans une captivité éternelle. « Ainsi, ajoute le narrateur, notre Père
céleste agira-t-il envers les grands et les riches du monde, qu'il a
rachetés des mains du démon, tirés des cachots de l'enfer, et qui non
seulement ne prennent pas la croix, mais se raillent de ceux qui la
prennent, sans plus se soucier de la cause paternelle. A la fin, Dieu
convoquera le conseil de ses barons, et par une sentence prononcée
en commun les déclarera déchus et déshérités. Les petits seront
appelés à son héritage, et les grands seront punis de leur ingratitude
par une détention perpétuelle [1]. »

Ce modèle du genre est très instructif, parce qu'il nous montre
comment les prédicateurs de la croisade se mettaient à la portée des
nobles, comment ils cherchaient à les convaincre en empruntant au
régime féodal leurs expressions, leurs figures, leurs comparaisons,
et ensuite comment il se trouvait déjà dans les rangs de cette classe
quelques sceptiques, quelques beaux esprits, tournant en dérision
chez les autres le dévouement dont ils n'étaient pas capables eux-
mêmes. On reconnaît là ces seigneurs jaloux de l'influence ecclésiastique, ces fauteurs de ligues anticléricales, que nous rencontrerons
plus loin sur notre chemin. Le sourire de Voltaire semble errer déjà
sur leurs lèvres. Ils sont en minorité, je l'accorde. C'est là pourtant

---

[1] *Anecdotes, légendes et apologues d'Étienne de Bourbon*, p. 171 et suiv.

le symptôme d'une décadence prochaine; car, lorsque le mauvais exemple vient d'en haut, il se propage dans le reste de la nation avec une effrayante rapidité.

Ailleurs, Étienne de Bourbon cite, comme l'ayant recueilli de la bouche d'un orateur qui prêchait la croisade, un trait de l'histoire du roi Arthur, c'est-à-dire d'un des Romans de la Table-Ronde, *Messire Gauvin* ou *la Vengeance de Radiguel*. Le corps d'un chevalier, percé de coups de lance et couvert de sang, arrive soudain, sur une barque abandonnée, devant la cour réunie; on trouve dans son aumônière (ou dans sa bourse) des lettres demandant que l'on tire justice de ses meurtriers, et tous ses confrères saisissent aussitôt leurs armes pour aller venger le sang innocent. « Si cela n'est pas vrai à la lettre, ajoute-t-il, cela est vrai comme parabole; car le Christ, notre champion, nous est apparu porté sur le bois de la croix, injustement tué par les Juifs et les païens, et pour notre cause; ce que nous attestent les saints Évangiles, sortis de l'aumônière de son cœur comme des lettres d'accusation authentiques. De telles raisons sont très puissantes pour exciter le cœur des nobles à prendre les armes pour la querelle divine [1]. » Les prédicateurs citent encore à ceux qu'ils veulent enrôler sous la croix des traits merveilleux, leur annonçant les célestes récompenses : c'est la Vierge qui s'est montrée à des chevaliers tenant l'enfant Jésus, et le leur offrant au moment où ils faisaient vœu de se rendre en terre sainte; ce sont des croisés qui, après avoir eu la tête coupée par les Sarrasins, sourient comme s'ils jouissaient des délices du ciel, tandis que leurs ennemis, tués à côté d'eux, montraient des faces épouvantables et grimaçantes; ce sont des paroles héroïques prononcées par des preux qui se jettent tête baissée contre les infidèles : « Maudit soit celui qui s'élancera le dernier au paradis! » Ou bien : « Toi qui m'as porté si souvent vers l'enfer dans les tournois, ô bon morel (cheval noir), porte-moi aujourd'hui, et d'une seule traite, jusqu'au ciel! » Ou bien encore c'est un chevalier français qui, après avoir suivi les traces du Sauveur dans toute la terre sainte, arrive enfin sur la montagne qui fut le théâtre de son ascension; là il lève les mains et les yeux vers le ciel et s'écrie : « Seigneur, autant que je l'ai pu, j'ai marché sur vos pas; mais à présent je ne puis plus vous suivre, car je n'ai ni ailes ni échelles. Je vous en prie donc, attirez-moi après vous, et recevez en paix mon esprit! » Et, cela dit, son âme s'envole [2]. Cet exemple touchant n'est pas entièrement fabuleux. Il semble n'être qu'une variante du récit donné par Raoul Glaber de la mort du Bourguignon

[1] Étienne de Bourbon. *ibid.*, p. 86.
[2] *Id., ibid.*, p. 92.

Lethbaud, qui, succombant sous son émotion, expira peu d'heures après avoir visité le mont des Oliviers.

Ainsi donc la palme céleste est présentée comme la récompense certaine des croisés; et la plupart, en effet, sont entraînés en Orient par le désir du martyre. C'est ce que montre notamment le beau cri échappé au sire de Brancion, en présence de Joinville, son parent, qui nous le répète avec tout l'accent de la vérité. Josserand de Brancion venait de se battre contre une troupe d'Allemands qui attaquaient un moutier; après les avoir mis en fuite, il va se prosterner devant l'autel, le cœur navré, et s'écrie à haute voix : « Sire, je te prie qu'il te prenne pitié de moi, et que tu m'ôtes de ces guerres entre chrétiens, où j'ai vécu si grande pièce (de temps), et que tu m'octroies que je puisse mourir à ton service (dans la terre sainte), par quoi je puisse gagner ton royaume de paradis. » Et effectivement il trouva bientôt après une mort glorieuse au milieu des Sarrasins, devant la Massoure [1]. Voilà l'expression la plus sublime et la plus fidèle de l'esprit chevaleresque, de l'esprit des croisades; et cette parole a été vraiment prononcée, nous en sommes certains, de sorte qu'elle doit nous consoler amplement des premiers signes de défaillance que nous rencontrons. L'époque qui produit de tels hommes peut toucher à l'âge de fer de la chevalerie chrétienne; mais elle fait encore partie de son âge d'or. La grande pensée des croisades peut être voisine de son déclin; mais elle illumine plus que jamais le cœur des véritables preux, comme une lampe brillante qui, avant de pâlir et de s'éteindre, projette par moments des clartés plus vives.

Tel est à peu près l'état de l'opinion publique à l'instant où nous sommes, et tels sont les principaux mobiles auxquels obéissent les gentilshommes en attachant la croix sur leurs épaules. Mais il ne faut pas oublier que c'est là aussi quelquefois une œuvre de pénitence accomplie pour racheter un passé déshonorant; et cette pénitence n'est pas toujours volontaire, elle peut être imposée par l'Église. Dès le VIIe siècle, on trouve un exemple de criminel condamné à se rendre en terre sainte pour expier sa faute; c'est celui d'un des persécuteurs de saint Léger, Waimer, duc de Champagne. Les trois grands pèlerinages de la chrétienté, c'est-à-dire ceux de Jérusalem, de Rome et de Saint-Jacques de Compostelle, devinrent de très bonne heure une peine canonique, appliquée de plus en plus souvent. Les infracteurs de la trêve de Dieu devaient être envoyés en Palestine, d'après un décret des évêques rendu en 1042. On a prétendu souvent que ces sortes d'exils avaient un but politique, que l'on se débarrassait

---

[1] Joinville, édition de Wailly, p. 132.

des sujets dangereux pour la société en les bannissant ainsi dans une terre meurtrière, habituée, suivant l'expression d'un chroniqueur anglais, « à dévorer ses habitants; » que par suite les rangs des croisés s'enrichissaient du rebut des nations, et que la croisade perdait par là tout ce que gagnait la paix intérieure des royaumes européens. Il y a sans doute un peu de vrai dans cette appréciation, et je ne prétends pas établir que le mélange singulier observé dans les armes chrétiennes ne fût pour rien dans l'insuccès des expéditions transmarines; les plaintes de Jacques de Vitry à ce sujet suffiraient pour me démentir, si je l'essayais. Mais de là à faire de ces armées des ramas d'aventuriers, et du pèlerinage ou de la croisade une déportation déguisée, il y a loin. La Palestine, à ce compte, eût été une autre Guyane, Jérusalem une autre Nouméa. A coup sûr, une telle pensée n'a pu être celle de l'Église ni celle des princes contemporains. L'Église, comme les princes, croyait à l'efficacité de la pénitence, à la sincérité des repentirs; les prêtres n'envoyaient pas les pécheurs à la mort, mais à la réhabilitation, car ils savaient que Dieu ne veut pas qu'ils périssent, mais qu'ils reviennent à lui. Nous croirons, nous aussi, jusqu'à preuve du contraire, que les coupables envoyés en terre sainte, et qui partaient sur la seule injonction de l'autorité spirituelle, pouvaient rentrer dans leur patrie amendés et transformés, ou mourir justifiés. Quelques exemples contraires ne sauraient détruire une règle basée sur la foi et sur la morale. Des exemples, on n'en manquerait pas non plus pour réfuter ceux-là. Je n'en citerai qu'un seul. Un grand pécheur avait été faire sa pénitence en Palestine; au lieu d'y guerroyer (ce qui n'était peut-être pas dans ses moyens naturels), au lieu de continuer sa vie de désordre (ce qu'il pouvait faire facilement), il entra dans un hôpital et se voua au service de ses frères souffrants. Là il lavait les pieds des malades, et quand il trouvait un ulcère trop répugnant (pardon, lecteur, de ce détail; mais l'historien ne saurait reculer devant le mot quand des chrétiens n'ont pas reculé devant la chose), il buvait à pleine bouche, en souvenir de ses fautes, l'eau qui avait servi à ce lavage. L'auteur qui rapporte ce trait presque héroïque (dont on a, du reste, l'équivalent dans la vie de plus d'un saint) ajoute que le pénitent sentait alors une saveur délicieuse et une odeur embaumée, en signe de la rémission de ses péchés [1]. Voilà du moins un exilé qui ne revit pas son pays, il est vrai, mais qui ne contribua en rien aux malheurs de la croisade. Combien d'autres, dont on ne saura jamais les noms, édifièrent ainsi leurs compagnons au lieu de les scandaliser, et justifièrent la mesure de sagesse prise à leur

---

[1] Étienne de Bourbon, *op. cit.*, p. 133.

égard par l'autorité religieuse, dans leur intérêt particulier comme dans l'intérêt de la société !

Mais, comme je le disais, la grande majorité des croisés suivaient en s'expatriant l'impulsion des prédicateurs ou une inspiration pieuse, plus ou moins mélangée de sentiments terrestres, et non une injonction. L'entraînement était encore assez grand, quoi qu'en puissent faire penser les critiques citées tout à l'heure, pour qu'en 1245, à la grande assemblée tenue par saint Louis et par le légat Eudes de Châteauroux, une foule considérable de barons et de chevaliers, stimulés par l'exemple du roi, prissent la croix avec enthousiasme. Si le souverain usa réellement de l'agréable stratagème que lui prête Matthieu Pâris, et profita de l'obscurité pour fixer aux habits de plusieurs de ses courtisans l'emblème qui les obligeait au même vœu que lui, nul ne réclama quand le jour parut, et tous, au contraire, rirent de bon cœur du procédé. On partait gaiement, une fois le triste moment des adieux passé, et l'on se battait de même, car ce trait si frappant du caractère des guerriers français se retrouve jusque dans les actions les plus périlleuses de la croisade. Le sentiment de la grandeur du but à poursuivre était encore si répandu, que la classe militaire ne se croisa pas seule : on vit des bourgeois s'associer à elle; on vit même des femmes recevoir le signe sacré et suivre l'expédition (ce qui n'était pas toujours un bien); on vit aussi des hommes, n'ayant pas de croix d'étoffe préparées, saisir, dans leur empressement, deux branches de feuillage, les croiser l'une sur l'autre et s'en parer; c'est ce qu'on appela la croix de feuilles, et en l'arborant on était lié aussi bien que par l'autre. Toutefois un bon nombre de ceux qui partirent furent stipendiés par le roi ou par les seigneurs; c'est-à-dire que les nobles se rendant à la guerre sainte par devoir ou par dévouement y allèrent, comme aux autres guerres, accompagnés de chevaliers soldés et de combattants inférieurs, également à leurs gages.

Maintenant, comment l'esprit des croisades, si vivace jusque-là, s'altéra-t-il après le retour de saint Louis? Car c'est alors que commencent à se manifester visiblement une lassitude et une répugnance qui ne feront que s'accentuer par la suite. Le refroidissement du sentiment religieux ne saurait expliquer ce changement; car le sentiment religieux domine encore les masses à la fin du XIIIe siècle, et la tendance anticléricale ne se trahit que dans un cercle bien restreint de barons et de légistes. La grande cause, c'est l'issue même de la campagne d'Égypte; ce sont les souffrances atroces endurées sans aucun fruit par les croisés, les douleurs de la captivité, la honte d'avoir laissé tomber la personne du roi aux mains des ennemis, les difficultés du retour, en un mot, toutes les malheureuses péripéties d'une entreprise qui n'avait servi à rien, sinon à faire éclater dans tout son lustre le mérite supérieur du chef suprême. Mais cette cause n'est pas la seule. La question d'argent, qu'on retrouve partout, joua également un rôle dans le ralentissement de l'élan général, et des impossibilités matérielles vinrent s'opposer à la continuation ou au

Les hôpitaux de Palestine.

renouvellement de tentatives généreuses sans doute, mais de plus en plus ruineuses. D'abord l'habitude prise par le roi d'adjoindre aux milices féodales des troupes soldées, chose excellente en principe, devenait extrêmement onéreuse quand il s'agissait de conduire ces troupes en des contrées lointaines, au delà des mers, et qu'il fallait les entretenir durant une ou plusieurs années. Pour les simples seigneurs qui assumaient une charge analogue, ils y laissaient le plus souvent leur fortune, comme il arriva au sire de Joinville, qui, menacé ensuite d'être abandonné par ses hommes faute d'argent,

ne s'en tira que par la générosité royale. Les navires qu'on louait
à Marseille ou à Gênes coûtaient aussi des sommes énormes. La
rançon de saint Louis et de ses chevaliers vint ajouter aux dépenses
prévues quatre cent mille livres tournois, équivalant à huit millions
cent cinq mille cinq cent vingt-huit francs de notre monnaie en
valeur intrinsèque, mais à beaucoup plus si l'on calcule la valeur
relative; et, bien que le roi eût pris sur la dépense de son hôtel,
pour combler cette brèche, jusqu'à cent soixante-sept mille cent
deux livres, comme le prouve un ancien registre de la chambre des
comptes, le reste forma encore une dette considérable. Le pape
avait beau faire appel au dévouement du clergé et ordonner la levée
d'une quantité de décimes, certaines communautés commençaient à
se trouver épuisées et à murmurer contre ces impôts extraordinaires,
qui tendaient à devenir ordinaires. Force était bien de recourir aux
emprunts, et saint Louis en contracta plusieurs en Palestine, soit
pendant qu'il y était, soit après son départ, pour les besoins des
chevaliers qu'il y avait laissés. Les prêts étaient faits par des compagnies de marchands siennois ou lombards, et moyennant un intérêt
fort élevé, de huit ou de dix pour cent au moins. A l'exemple du
souverain, les seigneurs durent invoquer l'aide des banquiers et même
des usuriers. Mais, comme un concile les avait dispensés de payer
l'intérêt des sommes empruntées pour la croisade, comme le pouvoir civil leur avait accordé un délai de cinq ans pour l'acquittement
de leurs dettes, ils finirent par ne plus trouver du tout de prêteurs;
de là l'insertion constante, dans les contrats du temps, d'une clause
énonçant une *renonciation au privilège de croix prise ou à prendre,*
c'est-à-dire aux immunités ou aux avantages pécuniaires que pouvait
conférer le titre de croisé, renonciation imposée aux nobles par leurs
cocontractants, qui se prémunissaient ainsi contre des échappatoires
trop commodes.

Ce n'étaient encore là que les moindres causes de ruine pour les
pèlerins qui se rendaient en terre sainte. Dans chaque principauté,
dans chaque seigneurie qu'ils traversaient, il leur fallait, malgré toutes
les défenses promulguées à ce sujet, subir des exactions intolérables,
sous forme de péages, de droit de transit, etc. Arrivés en Palestine,
c'était bien autre chose. Quand ils n'étaient pas complètement dépouillés
en route par les Sarrasins, les chrétiens du pays se chargeaient de
leur faire consumer en peu de temps leurs maigres ressources. Ils leur
vendaient au poids de l'or des vivres corrompus, des denrées mal-
saines. Les marchands de Saint-Jean-d'Acre acquirent surtout parmi
les croisés une réputation méritée pour leur rapacité et leurs fraudes
de toute espèce. L'esprit gaulois se vengeait de ces trahisons par
d'amères plaisanteries. On racontait dans le camp, et plus tard dans

les châteaux, des historiettes du genre de celle-ci. Un habitant de
Saint-Jean-d'Acre est fait prisonnier par les infidèles ; il demande
à parler au soudan. Conduit devant lui, il lui tient ce langage :
« Seigneur, je suis en votre puissance ; vous pouvez me faire périr
ou me mettre en prison ; mais sachez qu'alors vous ferez une grande
perte. — Et comment cela ? — C'est bien simple : il n'y a pas d'année
où je ne vous débarrasse de plus de cent pèlerins, vos ennemis ; je
leur vends tant de viandes fermentées et de poissons gâtés, qu'il
n'y survivent pas ! » Le soudan se met à rire et le renvoie continuer
son petit commerce[1]. Mais la satire ne servait à rien, et les malheureux revenaient en France dépossédés, endettés, la santé délabrée, et
surtout profondément désillusionnés ; après leur retour, ils semaient
le découragement parmi leurs compatriotes.

C'est pour tous ces motifs que, le jour où saint Louis fit un nouvel
appel à la noblesse pour se rendre en Afrique, en 1270, sa voix,
ordinairement si puissante, ne trouva presque pas d'écho. Les chevaliers de son conseil émirent sur l'entreprise une opinion défavorable ; beaucoup refusèrent de l'accompagner, et ceux qui l'accompagnèrent le firent presque tous par peur du roi. Joinville lui-même,
le confident intime, l'inséparable compagnon des jours de victoire et
de captivité, fut mandé en vain par son maître ; il ne voulut pas le
suivre. Bien plus, il blâma hautement l'entreprise, et dans son livre
il n'hésite pas à accuser de péché mortel ceux qui la conseillèrent.
« Tant que j'ai été au service de Dieu et du roi outre-mer, disait-il
pour s'excuser, et depuis que j'en revins, les sergents du roi de
France et du roi de Navarre m'ont tellement détruit et appauvri
mes gens, que le temps ne viendra jamais où eux et moi nous vau-
drons pis. Et, pour faire au gré de Dieu, je demeurerai ici afin d'aider
et de défendre mon peuple ; car si je mettais mon corps en l'aventure
du pèlerinage de la croix, là où je vois tout clair que ce serait pour
le mal et dommage de mes gens, j'en courroucerais Dieu, qui exposa
son corps pour sauver son peuple[2]. » Et le vieux sénéchal n'était pas
seul à penser et à parler ainsi. Des idées de méfiance, des pressen-
timents sombres se manifestaient jusque dans l'entourage du roi, et,
la veille du jour où il reprit la croix officiellement, deux chevaliers
se disaient l'un à l'autre, tout à côté de lui : « Si le roi se croise
demain, ce sera une des plus douloureuses journées qui jamais fut en
France[3]. » Ils ne savaient certes pas si bien dire. Mais qu'il y a loin
de ces paroles mélancoliques au généreux cri des premiers jours :

[1] Jacques de Vitry. V. la Chaire française au moyen âge, par Lecoy de la Marche,
2ᵉ édition, p. 397 et suiv.
[2] Joinville, édit. de Wailly, p. 398.
[3] Id., ibid.

« Dieu le veut! » Alors on ne pesait ni le danger, ni la fatigue, ni la misère; on ne calculait rien, et l'on entreprenait tout; à présent on calculait tout, et l'on n'entreprenait rien. Cette fois, la grande idée commençait réellement à perdre son empire; les croisades étaient finies.

Ne nous y trompons pas cependant, le vaste embrasement allumé en Europe par la haine du nom de Mahomet et par l'ambition de posséder le tombeau du Christ ne s'éteindra pas aussi brusquement; il jettera encore de temps à autre de vives étincelles, comme un foyer d'incendie mal enseveli sous les cendres. Les papes, par une prévoyance trop tôt justifiée, ne cesseront d'appeler les chrétiens aux armes contre les infidèles, et les princes prépareront plusieurs fois de nouvelles descentes sur les côtes d'Asie ou d'Afrique. Au XIVᵉ siècle, Charles de Valois, le duc Louis de Bourbon et d'autres grands seigneurs seront sur le point de conduire en Orient de brillantes armées; mais les divisions intestines des royaumes catholiques paralyseront toutes les velléités, tous les essais de résurrection des croisades. Au siècle suivant, les impossibilités augmenteront avec les discordes et les guerres nationales, et, à la faveur de celles-ci, les Turcs prendront pied sur le sol européen, entreront à Constantinople et souilleront le pavé de Sainte-Sophie. Alors Rome redoublera ses cris d'alarme; l'Italie, la France, l'Angleterre, l'Allemagne se boucheront les oreilles, pour ne songer qu'à leurs querelles mesquines et à leurs intérêts particuliers. Un instant Louis XI se montrera disposé à entrer dans les vues du saint-siège; ce ne sera là qu'un artifice diplomatique, un ressort que le rusé monarque fera jouer habilement pour influencer la cour pontificale. Arrivera ensuite la Renaissance; dès lors il n'y aura plus de chrétienté dans l'acception ancienne du mot; ce qu'on appelait *le peuple chrétien* sera remplacé par *des peuples chrétiens* plus ou moins attachés à l'orthodoxie, plus ou moins unis à l'Église, mais toujours divisés entre eux par la raison politique, et par conséquent impuissants à rien entreprendre contre l'adversaire commun. Eh bien! malgré tout, l'esprit des croisades subsistera encore. Lorsque François Iᵉʳ contractera une première alliance avec l'empire ottoman, les consciences catholiques se soulèveront d'indignation. Lorsqu'Henri IV imaginera son « grand dessein », comprenant la destruction de cet empire, il sera d'accord (de nombreux documents l'attestent) avec les aspirations de son temps. Jusque dans le cours du XVIIᵉ siècle, comme nous l'apprend un récent travail de dom Piolin, le savant prieur de Solesmes[1], on verra surnager les tendances traditionnelles qui ont

[1] *L'Esprit des croisades,* brochure in-8°.

poussé nos pères à s'armer contre la domination du Croissant. Et de nos jours même, dans un temps si oublieux et si dédaigneux des idées du moyen âge, à une époque qui a vu nos soldats combattre à côté des soldats turcs, une flotte française ira cependant sur les côtes de Syrie imposer aux mahométans le respect du nom chrétien: copie bien pâle, souvenir bien effacé des grandes expéditions d'autrefois, mais enfin toujours inspiré par un vieux reste inconscient de l'esprit des croisés. Est-ce la dernière étincelle? Espérons que non, en dépit des complications de la question d'Orient, ou à raison même de ces complications.

CHAPITRE X

LE BUDGET DE SAINT LOUIS

Impôts féodaux prélevés sur le domaine royal. — Impôts généraux prélevés sur tout le royaume; décimes payées par le clergé. — Système économique de perception. — Améliorations introduites par saint Louis; la chambre des comptes. — Dépenses de l'hôtel du roi; dépenses des bailliages et prévôtés. — Excédent des ressources ordinaires. — Le peuple associé au vote et à l'assiette de l'impôt.

Pour la guerre comme pour la paix, pour l'administration intérieure comme pour l'exercice de la justice, il fallait au pouvoir royal des finances bien réglées. Saint Louis avait un budget : était-il équilibré? une comptabilité : était-elle bien tenue? Son peuple était-il foulé par des impôts ruineux, et l'État pressurait-il sans merci, comme on l'a vu trop souvent, la bourse des contribuables? Ce sont là des questions vitales; c'est un criterium qui permet d'apprécier la valeur et la moralité des gouvernements.

Le trésor du roi était alimenté surtout par les revenus de son domaine, composé du produit des impositions ou redevances établies par la féodalité. Les principales de ces impositions étaient les suivantes : la *taille*, sorte de capitation levée une fois par an sur toute personne n'appartenant pas à la noblesse; le *cens*, dérivé de l'impôt romain, frappant toutes les terres, et accompagné parfois d'un *surcens* représentant le plus souvent quelque service féodal racheté par les censitaires; les *aides*, contribution extraordinaire payée à la fois par les roturiers et les nobles, et destinée en principe à la défense du royaume, mais pouvant être levée aussi dans quatre cas spéciaux : quand le roi ou le seigneur armait son fils aîné chevalier; quand il mariait sa fille aînée; quand il était fait prisonnier, pour payer sa rançon; enfin quand il partait pour la croisade.

Indépendamment de ces impôts généraux, mille droits particuliers se percevaient dans certains cas, soit sur les roturiers, soit sur la

noblesse : par exemple, le droit de relief ou de mutation, dû chaque
fois qu'un fief passait d'une main dans une autre ; le droit d'amor-
tissement, quand le fief était acquis par un roturier qui, ne pouvant
plus remplir les devoirs du chevalier, était tenu de compenser cette
dépréciation ou cet amoindrissement de produit réel au moyen
d'une redevance pécuniaire ; le *quint* et le *requint*, droits prélevés
sur la vente des terres féodales ; les taxes de toute sorte représentant nos contributions indirectes : droits de péage, de tonlieu, de
transit, sur les récoltes, les marchandises, les poids et mesures ;
enfin les droits sur les mariages et les successions, sur les usuriers
juifs, etc. etc. Rien de moins régulier ni de plus compliqué que ce
système d'impôts ; ou plutôt il n'y a pas de système : c'est une réunion
de *services* (pour employer le langage de l'époque) de nature et
d'origine diverses, que l'érudition la plus patiente est à peine parvenue à distinguer et à classer. La plupart se sont perpétués, sous un
nom ou sous un autre, dans notre organisation moderne. Il n'est pas
jusqu'à notre impôt des portes et fenêtres, c'est-à-dire, suivant
l'opinion populaire, la vente de l'air et de la lumière du jour, qui ne
trouve son pendant au milieu de ce labyrinthe. Les orateurs de la
chaire reprochent amèrement à certains seigneurs ou à leurs officiers
de faire payer à leurs hommes le droit au soleil. Ils citent un bailli
courtisan qui excitait son maître à exploiter cette ressource d'un
nouveau genre. « Seigneur, disait-il, si vous voulez vous en
rapporter à moi, je vous ferai gagner chaque année une fortune.
Permettez-moi seulement de vendre le soleil sur vos terres. —
Comment cela ? — Il y a sur toute l'étendue de votre domaine des
gens qui font sécher et blanchir des toiles au soleil ; en prélevant
douze deniers par toile, vous réaliserez une somme considérable[1]. »

Ce trait satirique peut donner l'idée de la rapacité que beaucoup
de seigneurs manifestaient dans leurs rapports avec la *gent taillable*.
Mais l'administration royale, sous saint Louis du moins, ne poussait
pas aussi loin la fiscalité. Ce n'est que sous Philippe le Bel que
l'on vit un gouvernement centralisateur et despotique imposer à la
nation des charges nouvelles d'une rigueur intolérable, et notamment cette fameuse *maltôte*, impôt sur la consommation, qui excita
tant de murmures et de séditions dans le peuple.

En dehors des droits que le roi percevait dans son domaine, et
que chaque feudataire percevait même dans le sien, il y en avait
d'autres qu'il prélevait sur le royaume entier, non pas précisément
en vertu de son titre de suzerain, mais plutôt par suite du désordre
et de l'arbitraire qui avaient présidé à l'établissement du régime
féodal. Ainsi la taille royale était imposée sur les terres des sei-

[1] *La Chaire française au moyen âge*, par Lecoy de la Marche, 2ᵉ édition, p. 400.

gneurs concurremment avec la taille seigneuriale. Les indemnités
dues par les communes qui obtenaient de la couronne leur reconnaissance ou des privilèges particuliers, les régales exercées au
détriment des évêchés, étaient encore des sources de produits qui
s'étendaient à tout le royaume. Il faut en dire autant des décimes
payées au roi par le clergé, et qui remplaçaient pour les biens
ecclésiastiques le tribut ordinaire. Sans doute la perception de ces
décimes n'était originairement qu'une mesure exceptionnelle, prise
à l'occasion et pour les besoins de la croisade; mais les papes la concédèrent bientôt pour toute sorte de motifs, si bien que, de 1247
à 1274, elle se renouvela vingt et une fois. C'était donc presque
l'équivalent d'une contribution annuelle. Ainsi l'on ne saurait soutenir
que les clercs ne participaient pas aux charges de l'État. Ils n'en
étaient pas plus exempts que la noblesse. Leurs biens particuliers
étaient d'ailleurs soumis aux mêmes conditions que les autres, et
leur personne même ne jouissait de l'immunité de l'impôt individuel
ou de la taille que s'ils vivaient cléricalement, sans faire de commerce,
sans se marier, sans enfreindre aucune de leurs obligations sacrées.

Comment se faisait la perception des impôts? Nous le savons déjà :
par les baillis ou sénéchaux, dont l'administration financière composait, avec la guerre et la justice, la principale attribution, et au-
dessous d'eux par les prévôts, qui n'étaient au fond que les fermiers
des revenus royaux. Tous les ans, les prévôtés étaient mises aux
enchères; l'adjudicataire s'engageait à verser au bailli ou sénéchal
duquel il dépendait une somme déterminée, calculée d'après la valeur
et l'étendue des redevances établies dans sa circonscription, et il se
remboursait en se faisant payer celles-ci par les contribuables, au
besoin par la force, ce qui est l'origine de son pouvoir judiciaire.
Le bailli ou sénéchal gardait à son tour pour lui une part du produit
des prévôtés, ordinairement le tiers des amendes et des services; en
outre, des frais d'administration lui étaient attribués, et il rendait
compte du tout au conseil du roi.

Cette simplicité de rouages, quoique avantageuse à certains points
de vue, prêtait cependant à une foule d'abus et de vexations, dont la
réforme des prévôtés et la correction des baillis, opérées par saint
Louis avec une vigueur désintéressée, ont pu donner une idée. Ce
prince apporta aussi dans l'administration supérieure des finances
une amélioration notable, c'est-à-dire que les membres du conseil royal chargés d'examiner annuellement les comptes des baillis
commencèrent sous son règne à former une délégation spéciale qui
devint le noyau de la chambre des comptes, comme une autre section
du conseil devint le noyau du parlement. Ce n'est guère qu'au siècle
suivant que les conseillers députés aux comptes (*gentes quæ ad no-*

stros computos deputantur, comme les désignent les actes officiels),
constituèrent un corps distinct et permanent; mais dès lors ils se
réunirent périodiquement au Temple, à Paris, et firent l'office d'une
commission régulière, investie d'un contrôle administratif. L'institution de cette chambre, qui rendit de si grands services par la suite,
est donc un nouveau progrès, un nouveau perfectionnement à porter
à l'actif du saint roi, et c'était là encore, à ses yeux, un moyen d'assurer l'intégrité de ses officiers, l'équité absolue de son gouvernement.
Ainsi, au fond de tous ses actes et de toutes ses réformes, nous
retrouvons la même pensée de réparation et de probité scrupuleuse.

Nous venons de voir en gros quelles étaient les recettes du trésor
royal, comment elles s'effectuaient et se contrôlaient. Mais les dépenses, comment étaient-elles réglées? Des comptes très précieux,
publiés dans un des derniers volumes de la collection des *Historiens
de France,* ont permis à un de ses savants éditeurs d'en faire le
relevé exact et d'établir d'une manière aussi précise que possible le
budget de saint Louis. Suivons M. de Wailly dans ses habiles déduc-
tions, et ne craignons pas de descendre avec lui aux chiffres; l'ari-
dité des chiffres disparaît ici devant l'intérêt capital d'une question
économique toujours pendante.

Deux sortes de dépenses sont à distinguer dans la comptabilité
royale : celle de l'hôtel du roi, celle des bailliages et des prévôtés.
En réunissant et en comparant les données fournies par différents
comptes partiels (car nous ne possédons malheureusement pas d'état
général), on arrive à reconstituer complètement les premières de ces
dépenses pour une année : du 10 février 1256 au 9 février 1257.
A cette époque, le royaume est en paix, l'administration est réor-
ganisée; les résultats obtenus fournissent donc un spécimen, une
moyenne à peu près sûre. Voici le tableau de ces dépenses de l'hôtel :

	liv.	s.	d.
Six *mestiers* ou ministères de la maison du roi (paneterie, échansonnerie, cuisine, fruiterie, écurie et chambre)	35,078	»	»
Arbalétriers et sergents	3,858	17	4
Baptisés (frais de baptême de juifs, sarrasins ou autres)	413	3	4
Aumônier	5,099	18	»
Aumônes diverses	995	16	6
Robes et fourrures du roi	132	12	»
Robes données	185	11	»
Harnais	3,873	18	»
Manteaux	1,020	»	»
Dons	1,320	»	»
Chevaux	2,123	11	5
Nouveaux chevaliers (équipements et dons)	485	19	»
Gages	4,312	14	»
Dépenses diverses	3,281	17	7
Total	64,181 liv.	19 s.	5 d.

D'un autre côté, les dépenses annuelles des bailliages et prévôtés, représentant tous les frais d'administration intérieure, ont été évalués par M. de Wailly à l'aide de comptes partiels afférents aux années 1238 et 1248. Il est arrivé, en suivant des règles de critique rigoureuses, au total de 80,909 livres 17 sols 1 denier, dans lequel la dépense du personnel des baillis est comptée pour 21,501 livres 18 sols 4 deniers, c'est-à-dire à peu près pour un quart. Réunissons maintenant les dépenses de l'hôtel pour l'année 1256 avec celles des bailliages pour l'année 1238-48, et nous aurons la dépense complète d'une année : ce total général sera par conséquent de 158,817 livres 11 sols 8 deniers. Traduisons en chiffres modernes, et cette dépense annuelle représentera la somme de 3,939,213 francs 83 centimes [1].

Je livre ce chiffre aux méditations des hommes d'État de nos jours. Sans doute le royaume, et surtout le domaine royal, étaient moins étendus que la France actuelle; sans doute la valeur de l'argent était alors bien plus considérable; mais, même en tenant compte de ces circonstances atténuantes, on constate une disproportion effrayante entre le total du budget de saint Louis et le total du nôtre. Autant il employait de millions, autant nous consumons de milliards. Que l'on fasse monter l'évaluation de sa dépense, en raison de la différence du pouvoir de l'argent, jusqu'à 20 millions; qu'on la surélève encore, en considération de la différence d'étendue du territoire, jusqu'à 40, jusqu'à 80 millions : il restera encore un écart d'environ trois milliards, puisque notre budget dépasse ce dernier chiffre de plus de la somme qui suffisait au xiiie siècle. Cet abîme a été creusé peu à peu par les progrès de la centralisation, par ceux du luxe, ennemi de l'aisance publique comme de l'aisance privée, par des gouvernements dissipateurs et par des révolutions désastreuses. Est-on bien fondé, après cela, à maudire le temps des corvées et des tailles? L'impôt est peut-être aujourd'hui plus justement réparti, moins arbitrairement appliqué; mais il est, en somme, infiniment plus lourd, et il est toujours aussi odieux aux contribuables.

La contre-partie du budget, le côté de l'avoir, a pu être établi approximativement par des procédés analogues, et il en est résulté un enseignement plus utile encore; c'est que les recettes des bailliages, formant les revenus ordinaires de la monarchie, dépassaient notablement le chiffre des dépenses. Pour l'année 1238, elles s'élevèrent à 235,286 livres 7 sols; pour 1248, à 178,530 livres 12 sols 9 deniers; c'est-à-dire qu'elles produisirent un excédent d'environ 77,000 livres pour l'un de ces exercices, et d'environ 20,000 pour l'autre [2]. Ainsi, pouvons-nous conclure avec M. de Wailly, les res-

[1] V., pour le détail de ces comptes, le *Recueil des historiens de France*, t. XXI.
[2] *Ibid.*

sources ordinaires suffisaient, et bien au delà, aux dépenses ordinaires; leur excédent offrait largement de quoi subvenir, non seulement aux fondations et aux constructions d'établissements pieux,
mais aux charges imprévues de la politique et de l'administration,
en exceptant toutefois celles des expéditions transmarines, auxquelles
on faisait face par des subsides particuliers, notamment par les
décimes imposées au clergé. Saint Louis leva aussi pour la croisade
un tribut extraordinaire sur les *bonnes villes* du royaume; mais ce
tribut fut assis et recueilli par les habitants eux-mêmes, d'après la
forme établie par une ordonnance de 1256 en faveur de ces mêmes
villes. Elles le concédèrent « de leur volonté et grâce ». Ainsi le tiers
état fut appelé dès cette époque à voter une part de l'impôt; et le
roi, comme l'a marqué l'historien d'Alphonse de Poitiers, qui en
cela encore imita son frère, « le roi aima mieux se faire octroyer ces
subsides que de les imposer de son autorité privée, ainsi que la
rigueur du droit féodal le lui permettait[1]. »

Des procédés si libéraux sont l'éclatante confirmation de ce passage
de Joinville, où le vieux sénéchal, témoin des exactions de Philippe
le Bel, rapporte avec amertume les douceurs de l'ancien régime :
« Ne pour dons, ne pour dépens que l'on feist en cel host, ne autres
deçà mer ne delà, le roy (saint Louis) ne requist, ne ne prist onques
aides des siens barons, ne à ses chevaliers, ne à ses hommes, *ne à
ses bones villes*, dont en se plainsist[2]. » Ce qui ne signifie pas, comme
on l'a compris quelquefois, qu'il ne perçut jamais d'aides ou de contributions extraordinaires, mais que, lorsqu'il le fit, pour les besoins
de la croisade, ce fut de façon à ne pas exciter une seule plainte.
Joinville ajoute qu'il se conduisait en cela d'après les conseils de sa
mère et des prud'hommes du temps de son père et de son aïeul. Mais
il faisait mieux encore, puisqu'il associait le peuple à l'assiette de
l'impôt suivant un des principes dont notre droit moderne est si fier,
et qu'il laissait ainsi à ses sujets une part dans les affaires de l'État,
selon la théorie de saint Thomas et des autres politiciens de son
temps.

Donc, et pour conclure, si les avantages résultant du peu d'élévation du budget peuvent être, à la rigueur, attribués à des causes
indépendantes de la personne de saint Louis, à l'état des mœurs
et de la société, au défaut de centralisation, au cercle borné des
besoins publics, il est du moins un honneur qu'on ne saurait lui
contester : c'est qu'il fit face à toutes les charges du gouvernement
au moyen des seules contributions régulières; mérite qui lui est

[1] Boutaric, *Saint Louis et Alphonse de Poitiers*, p. 306.
[2] Joinville, édition de Wailly, p. 60.

d'autant plus propre, que tous ses successeurs, sauf peut-être Charles V, ont essayé en vain d'y parvenir. C'est que sa préoccupation constante était de ménager de toutes les manières les ressources du royaume. En matière financière comme en matière militaire, le bon roi cherchait avant tout, non l'intérêt du trône, mais l'intérêt de ses sujets. Son administration de la guerre tendit à supprimer le plus de guerres possible; son administration des finances, à demander le moins d'argent possible. Prodigue de sa personne dans les batailles, il fut économe du sang d'autrui; généreux et large de ses deniers, il fut avare de l'or de son peuple.

CHAPITRE XI

SAINT LOUIS ET LA PAPAUTÉ

Saint Louis fut-il un gallican? — Sa pragmatique sanction. — Fausseté de cette ordonnance établie par la forme comme par le fond de l'acte. — Rapports intimes de Blanche de Castille et de son fils avec Grégoire IX. — Attitude de saint Louis dans la querelle du sacerdoce et de l'empire; il défend ouvertement la cause d'Innocent IV. — Ses relations amicales avec les successeurs de ce pontife. — Respect des pouvoirs spirituel et temporel pour leurs droits respectifs.

L'étude des principaux rouages du gouvernement de saint Louis, particulièrement le tableau de sa politique intérieure et extérieure, seraient par trop incomplets si l'on négligeait l'examen de ses rapports avec la cour de Rome, qui ont donné lieu à tant d'insinuations, à tant d'assertions erronées. Tout le monde sait qu'une certaine école historique a voulu voir dans ce type du monarque chrétien un des fondateurs du gallicanisme, comme d'autres auparavant avaient cherché à le faire passer pour un janséniste. Ni le gallicanisme ni le jansénisme n'existaient de son temps. Mais ce qu'il y a de plus singulier, c'est que ceux qui lui attribuent les idées dites gallicanes ne paraissent pas se rendre un compte bien exact du sens véritable de ce terme. Qu'est-ce, en effet, qu'un gallican dans le langage usuel? C'est celui qui défend l'indépendance des Églises particulières contre l'Église romaine, les privilèges des évêques contre ceux du pape, dans le cas où ils peuvent se trouver en conflit. Or ceux-là même qui prêtent au pieux roi cet esprit particulariste rencontrent surtout, dans l'histoire ecclésiastique de son règne, des différends entre son gouvernement et les évêques, entre la justice royale et les justices épiscopales, et, loin de voir là une contradiction, ils y puisent volontiers un argument. Mais passons sur cette querelle de mots. « L'É-

glise, nous dit M. Renan, avait commandé aux rois d'obéir : Philippe-Auguste, saint Louis réclamèrent; Philippe le Bel osa résister [1]. »
Que Philippe le Bel ait résisté, cela n'est pas douteux; que saint Louis ait réclamé, c'est ce qu'il faut voir. Mais, en tous cas, ne l'oublions point, il ne s'agissait nullement, comme on voudrait le faire croire, d'une obéissance passive en toutes choses; il s'agissait d'une union intime et réciproque du pouvoir spirituel et du pouvoir temporel, imposant à chacune des parties des obligations et lui rapportant des avantages. Dans le système théocratique du moyen âge, les papes revendiquent sur les rois une suprématie spirituelle, une direction morale s'étendant nécessairement à quelques-uns des actes de leur vie publique ou privée; ils ne leur disputent ni le gouvernement civil ni la possession de leur royaume. De leur côté, les princes et leurs sujets acceptent sans déplaisir cette haute tutelle, et s'en trouvent bien, malgré quelques résistances isolées. Cela posé, recherchons quelle position prit particulièrement saint Louis vis-à-vis de la cour de Rome dans les affaires qui intéressaient en même temps les deux pouvoirs, c'est-à-dire qui avaient un caractère à la fois religieux et civil. On comprend toute la gravité de la question : un roi si pieux et si éclairé, offert comme modèle par l'Église elle-même, n'a pu que tenir à cet égard une conduite très sage, très digne d'approbation; donc l'attitude qu'il aura adoptée sera la bonne. Mais quelle est cette attitude?

Dès le xviie siècle, les gallicans avaient pris saint Louis pour patron, et le plus illustre champion de leur cause, Bossuet, s'appuyait sur son exemple. Cette manière de voir est devenue en quelque sorte une tradition et s'est perpétuée jusqu'à nos jours. Elle a été suivie par plusieurs historiens modernes, MM. Beugnot, Henri Martin, Faure, et combattue par d'autres, MM. Thomassy, Lenormant, Gérin, etc. Or le débat s'agite presque tout entier autour d'un acte unique, qui aurait l'importance d'un véritable manifeste contre Rome, et dont l'examen s'impose par conséquent au seuil de ce chapitre.

Cet acte est l'ordonnance royale qui a reçu, on ne sait trop pourquoi, le nom hybride de pragmatique sanction (du grec πρᾶγμα et du latin sanctio), titre convenant tout au plus à un édit qui sanctionnerait un édit antérieur. Malheureusement cette fameuse pragmatique sanction de saint Louis n'en est pas une, car elle ne sanctionne rien, et elle n'émane pas de saint Louis, ni même d'aucun personnage de son temps. Ce dernier point est l'objet capital du litige; mais la critique moderne, à l'aide de moyens de contrôle dont ne

---

[1] *Histoire littéraire de la France*, XXIV, 146.

disposaient pas ses devanciers, l'a déjà éclairci ; l'authenticité de la pragmatique est généralement rejetée aujourd'hui, et je doute qu'elle trouve encore un seul partisan, du moins parmi les vrais érudits. Cependant ce résultat ne suffit plus; car au cours du débat il s'est produit, à côté de l'opinion favorable à la prétendue ordonnance et de l'opinion contraire, un parti intermédiaire dont le raisonnement est au moins curieux. Ce raisonnement, en réalité, consiste à dire : « Non, saint Louis n'a pas fait la pragmatique, nous sommes forcés de l'avouer; mais il aurait fort bien pu la faire. » En d'autres termes, nous abandonnons la pragmatique, nous la jetons par-dessus bord, parce qu'elle n'a plus aucune valeur; mais nous gardons néanmoins sur le fond de la question la même idée que si elle était authentique. C'est dire que ce tiers parti incline visiblement vers le gallicanisme. Nous avons donc, d'une part, des partisans de la pragmatique de saint Louis, tels que Fleury, Noël Alexandre, Beugnot, le docteur Soldan, Henri Martin, Laferrière; de l'autre, des adversaires du même acte, les Bollandistes, MM. Lenormant, Thomassy, les docteurs Rosen, Gérin, Adolphe Tardif; et au milieu des critiques disant à la fois oui et non : non sur l'origine de la pièce elle-même, oui pour la vraisemblance et les tendances qu'elle indique ; jusqu'à présent, ces derniers ne sont guère que deux, MM. Viollet et Wallon. J'essayerai de résumer les arguments des trois partis, en y ajoutant quelques réflexions nouvelles. Il sera facile de prononcer entre les deux premiers, puisque l'accord est déjà à peu près établi en faveur du second; quant au troisième, je lui répondrai par l'examen détaillé des rapports de saint Louis avec la papauté, qui est le cœur de notre sujet. Mais il faut avant tout, pour nous livrer à cette étude sans idées préconçues, débarrasser le terrain d'un monument factice, dont l'ombre obscurcirait le champ de nos recherches en influant malgré nous sur notre jugement, comme elle a influé sur celui de plusieurs historiens sincères.

Dans ce document, dont je reproduis en note le texte et la traduction[1], il faut distinguer la forme et le fond. Au point de vue de la

---

[1] Ludovicus, Dei gratiâ, Francorum rex, ad perpetuam rei memoriam. Pro salubri ac tranquillo statu Ecclesiæ regni nostri, nec non pro divini cultus augmento et Christi fidelium animarum salute, utque gratiam et auxilium omnipotentis Dei, cujus soli ditioni atque protectioni regnum nostrum semper subjectum extitit, et nunc esse volumus, consequi valeamus, quæ sequuntur hoc edicto consultissimo, in perpetuum valituro, statuimus et ordinamus :

1° Ut ecclesiarum regni nostri prælati,

Louis, par la grâce de Dieu, roi de France, en mémoire perpétuelle de la chose, voulant pourvoir au bon état et à la tranquillité de l'Église de notre royaume, à l'accroissement de la religion et au salut des âmes chrétiennes, comme aussi obtenir la grâce et le secours de Dieu tout-puissant (sous la seule protection duquel notre royaume a toujours été placé, et nous voulons qu'il le soit encore), par cet édit mûrement délibéré et valable à toujours, nous statuons et ordonnons :

1° Que les prélats des églises de notre royaume,

forme, son authenticité n'est pas soutenable, et elle n'a plus été
soutenue du jour où la critique moderne a appliqué sa loupe sur le

les patrons et les collateurs ordinaires des bénéfices jouissent pleinement de leur droit, et
qu'à chacun sa juridiction soit conservée.

2° Que les églises cathédrales et autres de
notre royaume aient intégralement les élections
libres et tous leurs effets.

3° Nous voulons et ordonnons que le crime
funeste de simonie, qui souille l'Église, soit
entièrement banni de notre royaume.

4° Que les promotions, collations, provisions
et dispositions de prélatures, dignités et autres
bénéfices et offices quelconques de notre royaume,
se fassent conformément aux prescriptions, ordonnances et règlements du droit commun, des
sacrés conciles de l'Église de Dieu et des anciens
décrets des saints Pères.

5° Nous défendons que les exactions et les
charges très lourdes d'argent imposées ou à imposer par la cour romaine sur les églises de
notre royaume, par lesquelles notre royaume est
misérablement appauvri, soient levées ou re-
cueillies en aucune sorte, si ce n'est pour cause
raisonnable, pieuse et urgente, ou par nécessité inévitable, et du libre et exprès consentement de nous et de l'Église de notre royaume.

6° Les libertés, franchises, prérogatives,
droits et privilèges accordés par les rois nos
prédécesseurs, d'illustre mémoire, et depuis par
nous-même, aux églises, monastères, lieux
saints, et aux religieux ou ecclésiastiques de
notre royaume, nous les renouvelons, louons,
approuvons et confirmons par les présentes.

Par la teneur desquelles nous mandons et
ordonnons expressément à tous nos justiciers,
officiers et sujets ou à leurs lieutenants, présents et futurs, et à chacun d'eux selon qu'il
lui appartiendra, d'observer, maintenir et garder
inviolablement toutes les choses ci-dessus prescrites et chacune d'elles, de ne rien faire ou
attenter, ni de laisser rien faire ou attenter à
l'encontre; punissant, selon l'exigence des cas,
ceux qui les transgresseraient ou y contrevien-
draient de telle peine, que cela serve d'exemple
aux autres,

En témoignage de quoi nous avons muni les
présentes lettres de l'apposition de notre sceau.

Donné à Paris, l'an du Seigneur 1268 (1269),
au mois de mars.

patroni et beneficiorum collatores ordi-
narii jus suum plenarium habeant, et
unicuique jurisdictio debite servetur.

2° Item ecclesiæ cathedrales et aliæ
regni nostri liberas electiones et earum
affectum integraliter habeant.

3° Item simoniæ crimen pestiferum,
Ecclesiam labefactans, a regno nostro pe-
nitus eliminandum volumus et jubemus.

4° Item promotiones, collationes, pro-
visiones et dispositiones prælaturarum,
dignitatum vel aliorum quorumcumque
beneficiorum et officiorum ecclesiastico-
rum regni nostri, secundum dispositio-
nem, ordinationem, determinationem juris
communis, sacrorum conciliorum Ecclesiæ
Dei atque institutorum antiquorum sanctorum Patrum, fieri volumus pariter et
ordinamus.

5° Item exactiones et onera gravissima
pecuniarum per curiam romanam Ecclesi-
æ regni nostri impositas vel imposita,
quibus regnum nostrum miserabiliter de-
pauperatum extitit, sive etiam imponen-
das aut imponenda, levari aut colligi
nullatenus volumus, nisi duntaxat pro
rationabili, pia et urgentissima causa,
inevitabili necessitate, et de spontaneo et
expresso consensu nostro et ipsius Ecclesiæ regni nostri.

6° Item libertates, franchisias, immu-
nitates, prærogativas, jura et privilegia
per inclitæ recordationis Francorum re-
ges prædecessores nostros et successive
per nos ecclesiis, monasteriis atque locis
piis, religiosis, nec non personis eccle-
siasticis regni nostri concessas et con-
cessa innovamus, laudamus, approbamus
et confirmamus per præsentes.

Harum tenore universis justiciariis,
officiariis et subditis nostris ac locaten-
tibus, præsentibus et futuris, et eorum
cuilibet, prout ad eum pertinuerit, districte præcipiendo mandamus quatenus
omnia et singula prædicta diligenter et
attente servent, teneant et custodiant,
atque servari et teneri et custodiri invio-
labiliter faciant, nec aliquid in contra-
rium quovis modo faciant vel attentent,
seu fieri vel attentari permittant; trans-
gressores aut contrafacientes juxta casus
exigentiam tali pœna plectendo, quod
ceteris deinceps cedat in exemplum.

In quorum testimonium præsentes litte-
ras sigilli nostri appensione muniri fecimus.

Datum Parisiis, anno Domini 1268 (1269),
mense martio.

(*Ordonnances des rois*, t. I, p. 97.)

texte. En effet, les mots *ad perpetuam rei memoriam,* qui se trouvent dans la suscription, n'ont jamais été du style de la chancellerie royale; c'est la formule textuelle des bulles pontificales. Les formules des actes publics étaient alors réglées par des usages immuables, tellement qu'on a pu fonder sur leur ensemble une science exacte, la *diplomatique,* ou la science des diplômes et des chartes, qui nous enseigne à distinguer les actes authentiques des actes faux, trop souvent fabriqués au moyen âge pour la défense de tel ou tel intérêt particulier. Il est donc impossible qu'un secrétaire royal ait écrit, en tête d'une ordonnance pareille, *ad perpetuam rei memoriam,* au lieu de *omnibus præsentibus et futuris salutem,* qui était la formule usitée alors chez nos rois; plus impossible encore que le chancelier ait laissé passer cette bévue sans la corriger, ou que saint Louis ait voulu usurper le langage d'un pape. De pareilles expressions dans un édit royal du XIIIe siècle sont une anomalie choquante. C'est comme si le roi envoyait à ses sujets sa bénédiction apostolique. La pièce aura donc été écrite par un contrefacteur maladroit, habitué au style des actes ecclésiastiques. Les mots *hoc edicto consultissimo,* et *universis justiciariis, officiariis, locatenentibus,* ne sont pas du temps non plus. Les mandements de saint Louis sont toujours adressés aux sénéchaux, baillis et prévôts dont se composait son administration (*senescallis, ballivis et præpositis nostris*), et non à des officiers et lieutenants sans fonction déterminée. Toute cette terminologie trahit une époque postérieure, qui est plus que probablement celle où Charles VII rédigea sa propre pragmatique sanction contre les procédés de la cour romaine. Cette nouvelle pragmatique sanctionne celle de saint Louis, et son titre s'explique ainsi; tandis que les clercs qui inventèrent la première pour étayer la seconde, ne comprenant pas bien cette dénomination assez rare, l'étendirent par étourderie à l'acte qu'ils fabriquaient, croyant que deux pièces de même nature devaient s'intituler de même.

D'ailleurs, la date du prétendu manifeste de saint Louis nous est révélée par d'autres indices. Ni Philippe le Bel, ni Boniface VIII, dans leur différend, ni personne autre, dans aucune circonstance, ne le cite avant le XVe siècle, malgré le secours considérable qu'il eût apporté aux précurseurs du gallicanisme. On en trouve les premières mentions dans une consultation donnée à Louis XI par Basin, évêque de Lisieux, et dans une ordonnance du même prince datée de 1463. « Vous vous trompez, dit ici Beugnot à ses adversaires; nous nions que la pragmatique soit restée aussi longtemps sans être citée. » Et il allègue un texte où il en est question, non deux cents ans après saint Louis, mais cent soixante-huit ans après. Eh! qu'importe cette différence? Au reste, l'essai de Beugnot sur les *Institutions de saint*

Louis est une œuvre de jeunesse qui est loin de révéler la même
maturité d'esprit que ses travaux ultérieurs, et qui porte dans les
questions religieuses l'empreinte d'une passion peu dissimulée. Ce
texte qu'il met en avant ne parle nullement de l'ordonnance de saint
Louis; c'est une phrase de Juvénal des Ursins, archevêque de
Reims, par laquelle ce prélat engage Charles VII à résister à la
cour de Rome en prétendant que saint Louis lui a donné l'exemple.
Comme dans la même phrase Juvénal des Ursins cite également
l'exemple de Philippe-Auguste, son assertion ne peut s'appliquer à
la pragmatique; autrement il faudrait dire que Philippe-Auguste en
a fait une aussi; ce serait toute une série de pragmatiques, et il
y en a déjà trop. Que la première citation de cette pièce apparaisse
sous Louis XI ou sous Charles VII, de toute façon la pièce a dû
être inventée à la même époque et dans le même but, c'est-à-dire
pour procurer aux légistes du xv⁰ siècle un appui qui leur man-
quait et dont leurs successeurs, les gallicans du xvii⁰, devaient
s'emparer.

Comment s'expliquerait-on d'ailleurs que nos archives n'en possèdent ni l'original, ni la minute, ni aucune copie contemporaine?
Le trésor des chartes, les registres de la chambre des comptes et
du parlement contiennent tous les actes royaux de quelque intérêt,
et pour le règne de saint Louis ils en renferment un très grand
nombre de moindre importance. Celui-là seul aurait donc échappé
à tous les enregistrements officiels? Comment se fait-il en outre
que plusieurs exemplaires du texte ne donnent pas le cinquième
article, relatif aux exactions de la cour de Rome? Comment les uns
attribuent-ils à la pièce la date de 1228 ou 1229, les autres celle
de 1269, de telle sorte qu'on a vu des auteurs amenés à croire à
l'existence de deux pragmatiques, ou au moins à deux éditions de la
même? Ces différentes raisons sont tellement convaincantes, qu'elles
ont suffi, je le répète, pour désarmer les derniers défenseurs de cette
œuvre d'imposture. Le fond de l'acte offre des invraisemblances et
des anachronismes également probants; mais à cet argument, qui
prête davantage à la discussion, ils résistent, espérant sauver au moins
et maintenir dans l'histoire la réalité de la tendance antiromaine
prêtée au saint roi. Voyons donc ce qui en est.

Les articles 1, 2 et 4 parlent de la collation des bénéfices ecclésiastiques et rétablissent ou maintiennent les droits des collateurs
ordinaires, ainsi que la liberté des élections épiscopales. Précaution
bien inutile, car les atteintes portées à ces droits ou à cette liberté
sont presque nulles sous ce règne, comme l'objectent les adversaires
de la pragmatique, notamment M. Tardif, dans son excellent cours
de droit canonique. Pas du tout, répond M. Viollet dans une disser-

tation spéciale; les papes interviennent alors à chaque instant dans les nominations de prélats et de chanoines réservées aux évêques diocésains ou aux chapitres, et ces trois articles se justifient parfaitement. Mais M. Viollet n'a pas la main heureuse; il ne cite que des exemples étrangers à la France, concernant l'Église de Tolède, celle d'York (qu'il prend pour Évreux), celle de Marseille, de Périgueux, d'Agen, qui ne dépendaient pas encore du royaume. Saint Louis ne pouvait rien avoir à réclamer dans tout cela. Pour les bénéfices mineurs, comme les canonicats, les prébendes, le pape a-t-il enfreint davantage les droits des évêques collateurs? M. Viollet l'affirme, et ici encore il allègue des exemples qui portent à faux. Il confond la nomination avec la recommandation que le saint-siège exerçait alors légalement, et d'une façon beaucoup plus réservée qu'au siècle suivant, où une extrême complaisance envers les rois de France l'entraîna trop loin. Les recommandations de Rome sont généralement bien accueillies des évêques et ne provoquent point de conflit. Quand il arrive aux souverains pontifes d'appeler directement un clerc à un bénéfice, ils réservent formellement au supérieur local le droit d'examen, et par conséquent de refus[1].

Toutes les précautions sont prises par les pontifes eux-mêmes pour que l'ordre canonique soit respecté. M. Viollet et après lui M. Wallon, dans son ouvrage sur saint Louis, invoquent une lettre d'Urbain IV à laquelle ils attachent une grande importance pour leur thèse. Les collations en cour de Rome, dit ce document, ont affligé et grevé les Églises de France; elles ont été pour les évêques un grand scandale, et elles ont troublé leurs consciences. On aurait donc là un aveu positif, *confitentem reum*. Mais il faut lire la lettre entière pour comprendre la vraie signification de ce passage. Isabelle, fille de saint Louis et femme du roi de Navarre, ayant écrit au pape afin de lui demander quatre bénéfices pour des clercs qu'elle protégeait, Urbain IV lui répond en substance, après quelques compliments affectueux, que sa demande est indiscrète; que quatre bénéfices à la fois c'est beaucoup; qu'il s'est fait une loi d'être très réservé dans les concessions de ce genre, lesquelles indisposent les évêques et blessent leurs droits; enfin il la prie de lui envoyer les noms de deux de ses protégés, qu'il tâchera de pourvoir dans le courant de l'année, par exception et en considération d'une si haute princesse[2]. Il y a loin

---

[1] M. Gérin l'a constaté, dans sa réplique à M. Viollet, par des textes comme ceux-ci : *Dummodo*, écrit le pape en parlant de son candidat, *sit idoneus moribus et ætate, aliudque canonicum non obsistat. Fraternitati tuæ mandamus quatenus, circa vitam et conversationem ejusdem clerici inquisitione diligenti præmissâ, si eum vitæ laudabilis et honestæ conversationi esse repereris, et aliàs non sit beneficiatus aliudque canonicum non obsistat*, etc. (V. Gérin, *les Deux Pragmatiques sanctions*.)

[2] Le texte intégral de cette lettre a été reproduit par M. Gérin. (*Ibid.*)

de là au jugement sévère, aux lamentations sur le naufrage de l'antique discipline qu'on voudrait y voir. Au contraire, j'y trouve pour ma part une reconnaissance formelle du droit des évêques, et je constate l'expression d'un regret amer chez le pontife obligé de donner une satisfaction partielle à la fille de saint Louis. Ce trait décisif est donc sans portée; voilà l'inconvénient de tronquer les textes et d'en commenter une phrase détachée. Il serait du reste facile de montrer que le roi était d'accord, sur les collations de bénéfices, avec l'autorité ecclésiastique. Ainsi les articles visés de la pragmatique sanction se trouvent sans objet.

L'article 3 est dirigé contre la simonie qui ronge l'Église dans le royaume de France. Ce ne serait pas là une remontrance à l'adresse de Rome, mais bien plutôt à l'adresse des évêques français, et l'article va droit contre ceux dont on veut défendre la cause. Effectivement la simonie, c'est-à-dire le trafic vénal des charges ecclésiastiques, n'apparaît pas alors au sommet de l'Église; les papes et les conciles la condamnent et la répriment avec une égale ardeur. Elle est assez répandue dans le clergé, s'il faut en juger d'après ces condamnations et d'après les invectives adressées à ce sujet aux prélats par les orateurs de la chaire. Toutefois les faits précis de simonie sont rares, et l'on peut maintenir sans crainte l'affirmation de M. Tardif, qui estime qu'ils ne sont pas plus fréquents à cette époque qu'à une autre. Ainsi l'article en question n'a pas plus de raison d'être que les précédents.

L'article 5 est beaucoup plus grave. Il accuse le saint-siège d'avoir « misérablement appauvri » le royaume par des levées d'impôts. Premièrement, le royaume était loin d'être réduit à la misère sous saint Louis, qui sut y trouver des ressources considérables pour deux croisades extraordinairement coûteuses. Cette expression convient bien mieux au temps de Charles VII, où la ruine publique et privée atteignit des proportions incroyables, et où doit remonter, en réalité, la confection de l'acte. A côté de cette objection, qu'on n'avait pas encore fait valoir, je rappellerai celle de M. Thomassy et de M. Gérin sur le but des décimes levées sur le clergé au temps de saint Louis : presque toutes furent provoquées par lui et versées à son profit, pour les besoins de la croisade; précisément les décimes lui avaient été concédées pour trois ans à partir de 1267. Il aurait donc eu bien mauvaise grâce à s'en plaindre. Ces décimes étaient perçues par ses propres officiers. Il était complètement d'accord sur ce point avec le pape; celui-ci intervenait seulement pour faire choisir des estimateurs sûrs, pour modérer les excès de zèle des fonctionnaires royaux, et il reconnaissait que le produit de l'impôt ecclésiastique appartenait au prince. « Quant à ceux qui n'ont pas payé la décime et qui sont dans l'intention de la payer, écrit le légat à l'archevêque de Rouen, il faut les absoudre, car la décime est due au roi sans contredit[1]. » Sans doute Grégoire IX, sans doute Innocent IV, ordonnèrent aussi des levées à leur profit; mais c'était au moment où la lutte contre Frédéric II les réduisait à des besoins pressants d'argent et de soldats, où le premier était menacé dans sa capitale, où le second s'enfuyait de l'Italie, chassé par un ennemi triomphant. Quoi de plus légitime, en des cas pareils, que de recourir à une contribution extraordinaire et de faire appel au dévouement du clergé? Songe-t-on aujourd'hui, dans l'Église, à incriminer le denier de saint Pierre, cette cotisation volontaire de la chrétienté pour son chef dépouillé? Quelques évêques, quelques synodes firent entendre, à la fin du règne de saint Louis, des gémissements sur les charges fréquentes qui pesaient sur leurs églises; mais, en somme, elles n'étaient pas si appauvries, et il faut voir surtout dans ces plaintes le vif désir, assez naturel chez tout propriétaire, de garder son bien. Si quelques communautés religieuses s'associèrent à leurs doléances, ce furent précisément les plus opulents (les riches sont souvent les plus intéressés). Les chevaliers du Temple et de l'Hôpital, les moines de Cîteaux, par exemple, réclamèrent vivement contre la décime levée en 1263; mais c'est qu'une mesure équitable était venue les obliger à contribuer dans la même proportion que les ordres les plus pauvres, ce qui n'avait pas lieu auparavant. Ils ne voulaient pas payer pour aider l'entreprise de Charles d'Anjou en Italie. Or à ce moment même « le roi, dit Tillemont[2], faisant pour Charles plus qu'il ne pouvait demander à un frère, et remplissant pour lui l'office de prédicateur, animait et excitait tout le monde à prendre la croix, de sorte que le bruit courait que non seulement la Provence, mais aussi toute la France se préparait à aller fondre sur l'Italie. » Donc saint Louis ne pouvait épouser la querelle de ceux qui refusaient du secours à son frère; donc il ne pouvait protester contre les décimes levées pour de pareils motifs, et sa politique était d'ailleurs trop unie à celle de la papauté pour lui permettre de blâmer les collectes auxquelles la nécessité réduisait celle-ci.

Il ne s'agit pas seulement d'un blâme : l'auteur de la pragmatique prétend empêcher le pape de lever des décimes; il le lui défend formellement, s'entremettant par là entre le clergé et son chef de sa propre autorité. Cela n'eût-il pas été, au XIIIe siècle, un empiétement plus flagrant que tous ceux qu'on reproche au pape? On vit quelquefois, au moyen âge, nos rois défendre leurs privilèges ou leur

[1] Registre des visites d'Eudes-Rigaud, édit. Bonnin, p. 733.
[2] Vie de saint Louis, VI, 60.

pouvoir contre Rome; on ne les vit jamais soutenir les Églises particulières contre l'Église mère et maîtresse, à laquelle, au contraire,
ils avaient souvent recours contre l'opposition de leur clergé. Il n'était
nullement question, sous saint Louis, de franchises, de prérogatives,
de libertés accordées aux Églises, ou du moins de ce qu'on a entendu
plus tard par ces mots. S'ils figurent dans les textes du temps, c'est
assurément avec un sens tout différent. Ces franchises sont une protection contre les puissances laïques, contre les prétentions du roi
ou des seigneurs, et nullement contre l'autorité papale. Il faut bien
se garder de confondre deux choses aussi opposées. Donc, même en
supposant l'authenticité de la pragmatique, l'article 6, qui parle des
libertés des Églises, ne signifierait pas du tout ce qu'on veut lui
faire dire.

A tous ces arguments contre chacun des articles en particulier, se
joignent des raisons non moins fortes contre l'ensemble. La date assi-
gnée par les faussaires à leur œuvre est on ne peut plus mal choisie.
En 1269, le roi avait plus besoin que jamais du concours du pape
pour la levée des deniers de la croisade qu'il était à la veille d'entreprendre. Il était, au contraire, en difficultés avec une partie de son
clergé au sujet de la même levée, et le pape lui donnait raison contre
les députés de ce clergé. Tous deux entreprenaient ensemble et de
concert plusieurs réformes importantes. Et saint Louis eût saisi un
pareil moment pour rompre avec Clément IV, son ami, son ancien
conseiller, par une déclaration où la violence du langage le dispute
à l'absurdité du fond! Un grand roi eût été si impolitique, un saint
si inconvenant envers le chef vénéré de l'Église universelle? Est-ce
qu'il n'eût pas cherché au moins à s'entendre préalablement avec
lui, avant de l'attaquer aussi brusquement? Est-ce qu'il n'eût pas
soulevé, dans son ordonnance, la question des régales, la seule difficile à régler de son temps entre le pouvoir royal et la cour de Rome?
On répond que le caractère de saint Louis ne comportait pas une
soumission absolue à l'Église en matière temporelle, et que sa piété
éclairée n'allait pas jusqu'à obéir aveuglément au clergé. Mais on
fait ici une étrange confusion : on fait allusion aux différends du
roi avec certains évêques, on mêle à la question de ses rapports
avec le pape celle de ses rapports avec ses sujets ecclésiastiques,
et l'on prétend que, parce qu'il a résisté aux empiétements ou
aux injonctions des prélats, il a dû également résister au saint-
siège. La conséquence n'est pas juste. Ces prélats se trouvaient
eux-mêmes en désaccord avec le pape sur plusieurs des affaires
en litige; et c'est précisément parce que le roi avait des difficultés avec eux qu'il ne serait pas naturel de lui voir prendre
la défense de leurs libertés d'une manière si générale et si

absolue. L'argument se retourne contre ses propres auteurs [1].

En résumé, l'authenticité de la pragmatique sanction ne peut être soutenue, ni quant à la forme ni quant au fond. Et ceux qui se retranchent derrière cette argutie : « Saint Louis ne l'a pas faite, mais il aurait pu la faire, » ceux-là n'ont pas étudié suffisamment l'attitude gardée constamment par ce prince vis-à-vis du saint-siège ; ou bien ils l'ont étudiée avec les préventions involontaires qu'avait fait naître une longue croyance à la pragmatique. Abordons à notre tour cette étude, et abordons-la librement, puisque le terrain est déblayé ; agissons comme s'il n'avait jamais été question de la trop fameuse ordonnance, et servons-nous uniquement des sources authentiques. Encore un mot pourtant, avant de la quitter. Beugnot, Guizot, Henri Martin et autres, en s'appuyant sur elle, en la proclamant le fondement des grandes libertés gallicanes, ont voulu suivre la trace de Bossuet. Eh bien ! Bossuet lui-même n'y a pas beaucoup cru. Déjà de son temps plusieurs voix s'élevaient contre elle, et il s'écriait, en désespoir de cause : « *Quand même cette pragmatique serait apocryphe,* la doctrine qu'elle contient ne serait pas à rejeter [2]. » C'est à peu près ce que disent aujourd'hui les partisans de l'opinion mixte: nous abandonnons la pièce, mais nous retenons l'idée. Le lecteur doit être maintenant convaincu que ni la pièce ni l'idée, au point de vue historique, ne sont acceptables.

Passons maintenant aux réalités.

A l'avènement de Grégoire IX, en 1227, saint Louis régnait depuis une année à peine, et n'avait encore que treize ans. Son rôle dans le gouvernement était donc purement nominal ; la régente Blanche de Castille, qui était d'un caractère assez impérieux, exerçait la

---

[1] On allègue, pour prouver la résistance de saint Louis aux prétendues exactions de Rome, un discours injurieux que son ambassadeur aurait tenu, en 1247, au pape Innocent IV. Il était permis à Beugnot de tirer parti d'un pareil *factum*, et il ne s'en est pas privé ; mais je m'étonne que M. Viollet, qui est au courant des progrès de la critique, ose encore l'invoquer et surtout le signaler comme un document capital. C'est un écrit tiré des compilations de Matthieu Pâris, auxquelles M. Wallon lui-même, avec une sagacité et une sincérité qui l'honorent, refuse tout crédit. C'est moins encore : c'est une pièce publiée en 1690 seulement par l'Anglais Édouard Browne, qui dit qu'elle lui a été communiquée par Thomas Gale, qui dit l'avoir tirée de certaines notes manuscrites ajoutées à la chronique de Matthieu Pâris. Quelle autorité ! Mais l'origine du discours serait-elle sûre, il suffit de le lire pour voir qu'on a affaire à une audacieuse et ridicule invention. « Si c'est en vertu de la plénitude de votre puissance que vous faites ceci et beaucoup d'autres choses, dit l'ambassadeur au pape, il est juste que cette plénitude soit restreinte par l'autorité de la raison et limitée par la prudence... Vous avez envoyé, pour recevoir l'impôt, des frères mineurs qui vont par tout le royaume, imposant sur les Églises des tailles insupportables. Mais, vive Dieu ! il serait honteux pour monseigneur le roi de permettre à ces moines ce qu'il n'a pas souffert d'un légat. » Et il y en a plusieurs pages sur ce ton. Le rédacteur de cette harangue s'est trompé de siècle ; on la croirait écrite sous Philippe le Bel ou sous Louis XIV. Quiconque connaît un peu l'histoire de saint Louis, et notamment ses relations intimes avec les frères mineurs, peut juger du premier coup d'œil la valeur historique d'un tel morceau.

[2] *Defensio,* part. II, liv. II, ch. IX.

puissance royale dans toute sa plénitude. Un de ses premiers actes
envers le souverain pontife fut de lui demander sa protection pour
elle et pour son fils, dont l'autorité, contestée et combattue par les
barons, était sérieusement menacée. Grégoire IX s'empressa de la
leur accorder, bien qu'il fût obligé par le lien féodal de couvrir du
même patronage le roi d'Angleterre, vassal du saint-siège et adversaire du roi de France. Il le fit en des termes tout particulièrement
affectueux, également honorables pour le royaume et pour le jeune
prince, dont la réputation de précoce vertu avait déjà passé les
Alpes : « Jamais ne sortira de notre mémoire la sincérité de la foi et
du dévouement que la France et ses souverains ont témoignée jusqu'à
présent au siège apostolique, comme chacun sait. En retour de ces
sentiments, le siège apostolique s'est constamment efforcé de les
combler d'honneurs. Nous aussi, d'abord en raison de notre devoir
commun! qui est de veiller aux intérêts de la veuve et de l'orphelin, et
puis à cause des dispositions du roi notre fils, héritier du dévouement
de sa race, nous vous prenons sous la sauvegarde de saint Pierre et
la nôtre, avec votre royaume, votre maison et tous vos biens[1]. » Le
pontife écrivit dans le même sens au cardinal de Saint-Ange, son
légat, et l'influence de ce dernier ne fut pas étrangère au triomphe
remporté par la cause royale. Il ne s'agissait pas d'une protection
vague et d'une bienveillance banale ; on en eut la preuve deux ans
plus tard, quand le pape chargea expressément les évêques de Senlis,
d'Orléans et de Meaux d'apaiser les troubles suscités par une confédération des seigneurs français, « conduits par une instigation dia-
bolique et divisés eux-mêmes par une haine inexorable, qui avaient
entrepris, au mépris de l'autorité souveraine, de déchirer le royaume
de France, royaume de grâce et de bénédiction[2]. » En même temps
Grégoire IX adjurait le duc de Bourgogne de ne pas se laisser en-
trainer par les autres barons, mais de tenir ferme dans la voie de la
soumission et de la paix. En 1230, nouvelle mission donnée à l'é-
vêque de Chartres d'empêcher la défection de seigneurs et de réprimer les perturbateurs au moyen de censures ecclésiastiques. Le
pontife ne sortait pas en cela de son rôle de médiateur et de pacificateur suprême. L'union du légat et de la régente, dans ces con-
jonctures difficiles, fut si étroite, qu'elle donna vraisemblablement
naissance au bruit absurde d'une liaison scandaleuse, bruit propagé
à dessein par des vassaux irrités, pour essayer de déconsidérer celle
qu'ils ne pouvaient renverser. Cette fable, répétée par le Ménestrel
de Reims avec des détails révoltants complètement impossibles, n'a

---

[1] Cette pièce se trouve dans le *Trésor des chartes*. (Archives nationales, J. 198 B.)
[2] Baronius, *Annales*.

pas plus de fondement que la légende des amours de Blanche avec
le comte Thibaud de Champagne, dont la passion peut avoir été
réelle, mais ne fut certainement pas partagée. Il y a là néanmoins
un curieux vestige de l'excitation produite dans les esprits par la
vivacité de la luttte.

Vers la même époque, la régente, qui n'était pas plus facile envers les prélats qu'envers les barons, eut un différend avec l'archevêque de Rouen et un autre beaucoup plus grave et plus long avec
l'évêque de Beauvais. L'archevêque, Thibaud d'Amiens, n'avait pas
non plus l'humeur accommodante; Guillaume le Breton l'appelle *vir
precibus inflexibilis nimiique rigoris*[1]. Après une contestation relative
à son droit de justice, et dont le détails n'intéressent pas notre sujet,
il mit en interdit les domaines du roi dans sa province, et Blanche,
de son côté, fit saisir les terres épiscopales. Il s'ensuivit un appel au
pape. Grégoire IX montra dans cette affaire autant de fermeté que
lui en permettait son affection paternelle. Il chargea le légat de juger
le différend, mais ordonna de restituer avant tout les biens de
l'Église de Rouen. Cette satisfaction donnée au prélat facilita l'accommodement des parties. Maurice, successeur de Thibaud, eut une querelle analogue avec l'administration royale, et Grégoire la termina
de même en le faisant réintégrer par les évêques de Paris et de Senlis
dans la possession de ses domaines saisis. La régente ne paraît pas
avoir réclamé, et ses relations avec la cour romaine, à en juger par
les lettres du pape, n'en furent point altérées.

A Beauvais, la question était beaucoup plus compliquée. La ville
appartenait avec toute sa juridiction à l'évêque, qui était de droit
comte et pair de France. Néanmoins, à la suite d'une sédition
populaire survenue au sujet de l'élection du maire, le gouvernement
royal crut devoir nommer directement un maire étranger; le peuple
refusa de le reconnaître et le maltraita tellement, lui et les notables
de la ville, que saint Louis et sa mère, ne se contentant point des
offres tardives de la justice épiscopale, vinrent eux-mêmes punir
les séditieux, firent arrêter les principaux et démolir leur maisons.
L'évêque ayant vu, lui aussi, ses biens temporels saisis, l'archevêque
de Reims et ses suffragants, après plusieurs monitions adressées au
roi, mirent l'interdit sur leur province; les chapitres refusèrent
de se soumettre à cet interdit, et l'on a des lettres de saint Louis
remerciant les chanoines de Laon d'avoir pris fait et cause pour lui
dans cette circonstance. Le roi et Milon, évêque de Beauvais, en
appelèrent au pape chacun de leur côté. Grégoire écrivit encore, sur
un ton à la fois sévère et paternel, à Blanche et à son fils, les exhorta

[1] Tillemont, *op. cit.*, I, 475.

à se réconcilier avec le prélat, et leur envoya un de ses chapelains pour médiateur. En considération de la personne du roi, il refusa, malgré toutes les sollicitations contraires, de maintenir l'interdit ; la bulle rendue en 1234 le dit expressément. Cependant l'enquête ordonnée par lui fut empêchée ; son délégué, Pierre de Colmieu, reçut de Paris l'avis de n'y point procéder, par la raison qu'il s'agissait d'une question essentiellement temporelle, et que le roi voulait rendre lui-même bonne et prompte justice à chacun [1]. La situation menaçait donc de se tendre ; mais, Milon étant mort sur ces entrefaites, le débat s'assoupit.

A partir de la majorité de saint Louis (1235), ces tiraillements deviennent plus rares. Jusque-là Blanche de Castille avait gouverné seule ; dès lors son fils gouverne réellement avec son assistance, en attendant qu'il gouverne seul à son tour ; la régente conserva, en effet, jusqu'à sa mort une grande influence politique. L'administration personnelle de saint Louis devait dissiper graduellement les derniers nuages entre les cours de Rome et de Paris. Grégoire IX se plaint encore une ou deux fois de la conduite des barons ou des baillis royaux à l'égard des évêques. Il adresse même au roi, en 1236, une longue monition au sujet de la défense faite aux laïques de répondre au for ecclésiastique ; mais cette affaire se rattache à la ligue des seigneurs contre la juridiction épiscopale, ligue formée ouvertement un peu plus tard ; le pape d'ailleurs sait faire la distinction entre le jeune prince et son entourage, dont il l'engage à repousser les conseils pernicieux. Saint Louis n'en est pas moins l'objet de sa faveur particulière ; il lui concède, vers la même époque, deux bulles de privilèges portant, l'une que les chapelles royales ne pourront être mises en interdit, l'autre que le roi et sa famille pourront fréquenter les excommuniés sans encourir eux-mêmes l'excommunication [2]. Le vieux pontife fait plus encore : il écrit, sur sa demande, aux évêques de France de ne pas prononcer inconsidérément cette peine si grave et alors si fréquente ; donc, si le roi est en dissentiment sur ce point avec quelques prélats, il est d'accord avec l'Église, puisqu'il l'est avec son chef, et cet accord est d'autant plus remarquable qu'il se fait contre des dignitaires de la même Église.

D'autres rapports s'échangent entre Grégoire IX et saint Louis à l'occasion de la trêve avec l'Angleterre, dont le pape presse la conclusion, et de la querelle renaissante du saint-siège et de l'empereur, contre lequel il demande au roi *aide et conseil*. Cette lutte si grave et si acharnée était de nature à resserrer étroitement l'alliance de

---

[1] V. ces pièces dans le *Trésor des chartes*. (Archives nationales, J. 167 et 696.)
[2] *Ibid.* (Archives nationales, J. 684 et 686.)

Rome avec la France. Dans la lettre qu'il adresse à ce propos à
Louis et à sa mère, Grégoire invoque la tradition séculaire qui unit
les deux puissances ; il fait de notre nation un pompeux éloge, un
peu intéressé peut-être, mais utile à recueillir ici.

« Le Fils de Dieu, aux ordres duquel l'univers obéit, au bon plaisir
duquel les armées célestes sont soumises, a, selon les différences de
langue et de race, établi divers royaumes, en signe de sa souveraine puissance, et leur a confié pour l'accomplissement de ses
volontés divines des missions distinctes. De même que la tribu de
Juda était appelée entre toutes les tribus d'Israël à une bénédiction
spéciale, le royaume de France est illustré aujourd'hui au-dessus
de tous les autres par une prérogative divine d'honneur et de grâces.
Car, ainsi que cette tribu, image préfigurée de la France, mettait en
fuite de tous côtés les bataillons ennemis, les renversait et les subjuguait, ainsi ce royaume, combattant le combat du Seigneur, luttant
à l'Orient et à l'Occident pour la défense de la liberté de l'Église,
a, sous l'étendard de vos prédécesseurs, arraché la terre sainte des
mains des païens, ramené l'empire de Constantinople à l'obédience
romaine, délivré Rome d'une foule de périls, extirpé le fléau de
l'hérésie albigeoise. De même que la tribu de Juda n'abandonna
jamais le culte du Seigneur, de même, dans le royaume de France,
la foi chrétienne n'a point chancelé, le dévouement à l'Église n'a
jamais faibli, la liberté ecclésiastique n'a jamais péri[1]. »

Suivent des louanges à l'adresse de Louis VIII, et l'expression de
la ferme conviction que son fils suivra la même ligne de conduite
que lui. Un tel langage n'eût guère été de saison, si réellement saint
Louis avait manifesté la tendance que quelques-uns lui supposent
à réprimer ce que le pape appelle la liberté ecclésiastique.

La politique du roi très chrétien ne pouvait manquer de s'affirmer
dans une question aussi capitale que la lutte du sacerdoce et de l'empire. Le rôle qu'il adoptera dans cette grande affaire nous donnera
évidemment la mesure de son dévouement à la papauté. Or ce rôle,
nous l'avons déjà fait pressentir en parlant de ses relations avec
l'Allemagne. Sans doute il se fera le médiateur des deux puissances
rivales, car l'amour de la paix sera toujours le trait dominant de son
caractère ; mais de laquelle des deux parties cherchera-t-il à obtenir
la soumission ? pour laquelle penchera-t-il ? Peut-on dire, avec
M. Huillard-Bréholles, que, comme roi, il soutiendra l'empereur
contre le pouvoir ecclésiastique, et que, comme chrétien, il protégera

[1] *Trésor des chartes.* (Arch. nat., J. 352; *Inventaire*, n° 2835.)

le pape contre les excès de l'autorité temporelle? La première partie
de cette proposition est un corollaire un peu forcé des travaux du
savant historien de Frédéric II. Ses documents eux-mêmes ne la justifient guère. Les premiers actes de saint Louis, après la réception
du légat spécial de Grégoire IX, sont de permettre la publication de
l'anathème lancé contre l'empereur et de laisser lever des deniers
sur les bénéfices ecclésiastiques pour aider à le combattre. Le pape
aurait voulu de plus, suivant un chroniqueur anglais, que saint
Louis déclarât lui-même la guerre à Frédéric, et, sur son refus, il
aurait cassé l'élection d'un de ses oncles à l'évêché de Noyon. Mais
c'est là un fait mal interprété; ce n'était pas le moment d'entreprendre
la guerre, car Grégoire songeait alors à déférer la question à un
concile; et s'il refusa de ratifier l'élection de l'évêque de Noyon, c'est
que le candidat, Pierre Charlot, était un bâtard de Philippe-Auguste,
et qu'en lui permettant par faveur d'entrer dans les ordres malgré
son vice originel, il n'avait pas entendu, écrit-il, lui ouvrir l'accès
des dignités supérieures de l'Église[1].

Le concile est convoqué; Frédéric s'oppose par tous les moyens
à sa réunion; saint Louis, au contraire, la favorise, et reçoit à ce
sujet des plaintes amères de l'empereur. L'assemblée, dit-il, a pour
but la ruine de sa puissance; ce sont ses ennemis qui se rendent à
l'appel du pape. Et, passant audacieusement des objurgations aux
voies de fait, il arrête sans façon les prélats français sur le navire
qui les emportait en Italie, les maltraite et les retient prisonniers
avec le légat qui les conduisait. Le roi, d'abord étonné d'un tel procédé, fait réclamer par deux délégués leur mise en liberté. Frédéric
refuse, et, pour les mieux garder, les emmène jusqu'à Naples. En
même temps il écrit à saint Louis une lettre d'invectives contre le
pape, en le priant de ne pas trouver mauvais qu'il se soit emparé
de ceux qui venaient se joindre à ses pires ennemis. C'est alors que
le roi de France se montre : abandonnant le rôle de modérateur qu'il
s'était imposé jusque-là, il condamne bien haut la conduite du tyran
et le menace de ses armes. « Nous avons toujours cru, lui manda-t-il,
que l'empire et notre royaume ne faisaient qu'un, et nous avons
entretenu avec vous les relations amicales établies par nos prédécesseurs; nous ne vous avons nullement provoqué, car nous avons même
refusé aux légats le secours qu'ils nous demandaient contre vous.
Que votre puissance impériale pèse bien ce que nous allons lui dire;
qu'elle nous donne satisfaction, car le royaume de France n'est point
tellement affaibli qu'il se laisse écraser sous votre talon[2]. » Fières

[1] Baronius, *Annales.*
[2] *Id., ibid.*

paroles qui défendent suffisamment le saint roi contre toute accusation de tendance favorable à Frédéric. Le despote allemand, qui n'avait point cédé aux prières, céda à la menace, et l'on vit bien alors que la couronne royale valait la couronne impériale.

Le secours refusé aux légats par saint Louis était probablement, comme l'a pensé Tillemont, l'acceptation du trône de Sicile, fief du saint-siège, pour son frère Robert d'Artois ; l'offre paraît en avoir été faite par l'un d'eux vers la même époque, et comme, en l'agréant, on se fût engagé à déposséder matériellement l'empereur d'un de ses principaux domaines, la prudence de Blanche de Castille recula devant cette entreprise périlleuse, qui ne fut du reste qu'ajournée.

Aussitôt après, le pontife centenaire s'éteint, emportant dans la tombe le chagrin de n'avoir pu tenir le concile, et son successeur, Célestin IV, meurt lui-même au bout de quelques jours. La chaire de saint Pierre reste alors inoccupée, pendant près de deux ans, par les intrigues de Frédéric, qui rêve de se faire pape lui-même. Nouvelle intervention indignée de saint Louis ; il mande aux cardinaux de ne pas prolonger davantage une vacance si nuisible à la chrétienté. « Dès qu'il s'agit de défendre l'indépendance de l'Église, leur dit-il, vous pouvez compter sur l'appui de la France. Soyez fermes ; résistez vigoureusement à ce joug honteux sous lequel vous n'avez que trop déjà courbé la tête[1]. » Voilà le vrai saint Louis, le protecteur de la liberté de l'Église universelle, qui n'a aucun rapport avec les libertés de l'Église gallicane. Sa lettre énergique aux cardinaux a paru suspecte à quelques auteurs ; Tillemont ne se prononce pas sur son authenticité, mais la critique moderne, dans la personne de M. Huillard-Bréholles, l'a admise par des motifs tout à fait probants. Cet acte est d'ailleurs beaucoup plus vraisemblable que l'invention de Matthieu Pâris, qui prétend que le roi aurait menacé les cardinaux d'élire un pape sans eux, en vertu d'un privilège conféré jadis à saint Denis par saint Clément : version ridicule, qui donne l'idée de la valeur des autres assertions de ce chroniqueur quand il se mêle de notre histoire. Il faut peut-être la rapprocher de l'attitude prêtée aux barons français, qui, suivant d'autres, auraient songé de leur côté à élire un pape particulier auquel la France eût obéi. Heureusement la France avait un roi plus catholique que certains de ses sujets et plus ferme que beaucoup de cardinaux. Grâce à lui, la chrétienté salua bientôt l'avènement du pontife qui devait être le vainqueur de Frédéric II.

Innocent IV fut précisément un des papes avec qui saint Louis entretint les relations les plus intimes. A peine élu, cet ancien ami

---

[1] Huillard-Bréholles, *Hist. diplom. de Frédéric II*, Introduction, p. ccciii.

de l'empereur, devenu du jour au lendemain son plus énergique
adversaire, écrit au roi en protestant que l'amour qu'il lui portait
dans un poste moins élevé continuera toujours, et l'engageant à
persévérer dans son attachement à la cause de l'Église. « Dieu, lui
dit-il, a déjà fait votre nom grand parmi les plus grands. » Il lui
accorde une nouvelle faveur spirituelle, la faculté de se choisir un
confesseur parmi ses chapelains, et à sa prière il lève l'excommunication prononcée contre le comte de Toulouse par les inquisiteurs[1].
Bientôt il invoque à son tour l'appui de la France contre le redoutable
empereur, qui, maître de l'Italie entière et violant la foi jurée, cherche
à attenter à sa liberté personnelle. Fugitif, caché sous un dégui-
sement, Innocent parvient à se réfugier dans la ville libre de Lyon,
aux portes du royaume et presque sous l'aile de la puissance protectrice. Selon Matthieu Pâris, il aurait voulu s'avancer plus loin
et venir s'installer dans la métropole de Reims; saint Louis, tout en
lui renouvelant l'assurance de son dévouement, le lui aurait défendu,
sous prétexte que cela ne convenait pas à ses barons, et alors le
pontife se serait répandu en invectives contre lui et les autres
princes. C'est là encore une audacieuse invention : saint Louis n'avait
pas l'habitude de se conformer aussi docilement aux volontés de ses
vassaux, ni même aux avis de ses conseillers, et il ne pouvait être
dans l'intention d'interdire le sol français au chef de l'Église malheureux et dépouillé, puisqu'il se montra heureux, peu après, de
l'entretenir à Cluny. Quant au pape, il était de son intérêt de se tenir
dans une ville indépendante, pour éviter de compromettre le roi vis-
à-vis de Frédéric et pouvoir tenir en toute liberté les grandes assises
de la chrétienté, où son ennemi allait être solennellement condamné.
Nos chroniqueurs, bien mieux informés que le moine anglais, ne
disent pas un mot de cet incident; aussi M. Wallon le rejette-t-il
nettement parmi les fables, comme devront le faire à l'avenir tous
les critiques sérieux. On peut admettre néanmoins qu'Innocent écrivit
préalablement à saint Louis, qu'il lui fit demander son secours par
le chapitre général de l'ordre de Cîteaux, auquel le roi était venu
assister, et qu'il reçut des promesses rassurantes; la suite des événements confirme cette version.

Le concile s'assemble à Lyon au commencement de l'année 1245;
Louis, malade ou convalescent, s'y fait représenter par des ambassadeurs, comme le pape l'en avait prié. L'empereur, sommé d'y
comparaître, ne se montre naturellement point; il est anathématisé
et déposé par l'assemblée entière, et par-devant les délégués de la
France. Ce coup écrasant déconcerte Frédéric, il adresse à tous les

[1] *Trésor des chartes.* (Arch. nat., J. 348, 352, 685.)

Cluny.

princes une circulaire où il plaide habilement sa cause et invoque la
solidarité des puissances temporelles. Il y ajoute pour saint Louis
seul (car c'est lui qu'il importe avant tout de gagner) des adjura-
tions pressantes, des offres magnifiques, apportées par le chancelier
Pierre de la Vigne, son *alter ego*. Il remet l'affaire au jugement du
roi, le prie de s'interposer comme arbitre « avec les pairs et barons,
comme il convient à un si grand prince et à un si grand État ».
(Frédéric connaissait l'esprit des barons.) Il promet de donner à
l'Église les satisfactions qu'ils estimeront légitimes; il déclare qu'il
accompagnera en terre sainte le monarque français, dont la croisade
est alors la grande préoccupation; il se fait fort de ne point poser
les armes avant d'avoir reconquis tout le royaume de Jérusalem. Il ne
pose à tout cela que deux petites conditions : le pape révoquera sa
condamnation et lui abandonnera les Lombards, dont il a à tirer
vengeance[1]. De pareilles bases n'étaient acceptables ni pour le
pontife ni pour le roi. Saint Louis ne se souciait point d'ailleurs d'un
arbitrage en commun avec les pairs et barons; il consentit seulement,
par amour de la paix et dans l'intérêt de la croisade, à s'entremettre
auprès d'Innocent pour chercher avec lui d'autres voies d'accommodement. Il l'invita donc à une entrevue, qui eut lieu dans l'abbaye
de Cluny au mois de novembre 1245.

La rencontre de ces deux grandes personnifications de l'idée chrétienne fut extrêmement imposante. La cour royale et la cour pontificale, plusieurs princes étrangers, une suite nombreuse, animèrent
de leur présence les vastes cloîtres de saint Odilon. Les honneurs,
les témoignages de respect furent prodigués au souverain pontife
par celui que l'on prétend n'avoir pas voulu tolérer sa présence sur
ses terres. Leurs conférences durèrent quinze jours et furent tenues
secrètes; Blanche de Castille seule y assista. Il est probable que
tous les grands intérêts de la chrétienté, ses périls extérieurs comme
ses troubles intérieurs, furent successivement examinés dans ces
graves entretiens; la question de l'empire y fut certainement abor-
dée, et Louis eut l'occasion d'exprimer le désir d'une solution pacifique. Innocent partageait au fond ce désir; mais il ne pouvait
accéder aux conditions formulées par l'empereur, et il attendait de
lui d'autres propositions, moins déshonorantes pour l'Église et plus
pratiques; il devait les attendre longtemps. Pour prouver qu'il
n'était pas opposé à un accommodement, il accepta l'offre faite par
l'empereur de venir se justifier en personne du soupçon d'hérésie et
des violences coupables dont on l'accusait; il accepta à la condition
qu'il viendrait à Lyon avec peu de monde, promettant de l'écouter

---

[1] V. Huillard-Bréholles, *loc. cit.*, p. CCCVI.

quoiqu'il eût perdu le droit d'être entendu, dit sa lettre. Alors Frédéric, qui, lui, ne voulait de conciliation qu'à son profit, s'empressa
de ne point répondre à cette acceptation; ou plutôt il affecta de la
prendre pour un refus, pour un déni de justice, et fit représenter au
roi qu'ils étaient maintenant unis sous le poids d'une commune
injure, puisque ni l'un ni l'autre n'avaient pu obtenir quelque chose
du pape, et qu'ils devaient s'allier ensemble pour la défense de leurs
droits. On comprend qu'une pareille fusion n'était nullement du goût
de saint Louis. Aussi, quand il vit que de nouvelles démarches
étaient inutiles, que Frédéric ne voulait réellement point de paix,
qu'il songeait même à marcher sur Lyon, non pour s'entendre avec
Innocent, mais, au contraire, pour l'attaquer, il se dégagea hautement
de toute connivence avec lui. Bien plus, il le menaça une seconde
fois de ses armes, et déclara au pape l'intention formelle de faire
pour le défendre une descente en Italie. Ses trois frères et la reine
mère joignirent leurs offres de service aux siennes. L'expédition allait
avoir lieu; la chose était facile, puisque le roi avait sous la main les
forces réunies pour la croisade, et qu'en les dirigeant contre l'ennemi
intérieur de l'Église, au lieu de l'ennemi extérieur, il ne les détour-
nait point de leur mission. Mais, cette fois encore, le tyran eut peur;
il n'osa pas dépasser Turin, et le pontife écrivit lui-même à son
puissant protecteur de remettre le glaive au fourreau, pour l'en tirer
quand il le lui demanderait. Sa lettre est remplie des effusions de
la reconnaissance la plus vive :

« Que les cieux se réjouissent, que la terre tressaille d'allégresse,
car l'Église de Dieu, prête à disparaître dans le tourbillon des tem-
pêtes, a soudain recouvré la plénitude de son éclat et de sa liberté.
C'est vous, notre très cher fils, vous, le prince le plus glorieux de
l'univers devant Dieu et devant les hommes, issu d'une race royale
habituée aux preuves de dévouement, qui, sans délai, sous l'inspiration du Saint-Esprit, avez décidé avec notre illustre fille la reine
de France votre mère, avec nos bien-aimés fils vos frères, de venir
immédiatement à notre secours avec une armée sûre de la victoire...
Quand, aux cris de détresse de l'Église leur mère, les autres princes
se taisaient, vous seul avez répondu, en offrant non seulement vos
biens, mais votre personne. Dieu vous réserve la juste récompense
d'un si grand bienfait; il vous donnera la couronne immortelle qui
brille sur le front des chefs de l'armée céleste [1]. »

---

[1] Baronius, *Annales*. L'important recueil des actes d'Innocent IV, dont M. Berger vient
d'entreprendre la publication d'après les registres originaux du Vatican, jettera un nouveau
jour sur toutes ces questions et ne pourra qu'apporter un appui de plus aux textes produits ici.

Ainsi le pape reconnaissait qu'il ne devait son salut qu'à l'intervention du roi et des princes français. A partir de la démonstration énergique de saint Louis, l'adversaire si longtemps redouté de l'Église alla d'échec en échec, et, trois ans plus tard, réduit aux abois par des compétiteurs heureux, écrasé sous le poids d'un anathème ineffacé, il mourait au fond de la Pouille, après avoir vu la ruine de son pouvoir et de sa race. Tel fut, en somme, le rôle du roi de France dans la grande querelle de la papauté et de l'empire; et voilà le prince qu'on nous a dépeint comme appuyant les réclamations de Frédéric II et s'opposant à l'exercice de l'autorité pontificale. A deux reprises, quand le danger presse, il met la main sur la garde de son épée, et c'est pour arrêter les violences impériales; quand le saint-siège reste inoccupé, il proteste, et l'empereur est obligé de permettre l'élection d'un pontife; quand celui-ci est sur le point de succomber, il apparaît menaçant, et le vainqueur rentre dans l'ombre. Pouvait-il mieux indiquer de quel côté il penchait? Pouvait-il mieux démentir à l'avance les idées et les principes qui lui ont été prêtés par quelques historiens, épris eux-mêmes de ces principes et de ces idées, et désireux de les abriter sous le patronage de son grand nom? Certes, il n'avait pas autre chose à faire pour se montrer véritablement le roi très chrétien, le fils aîné de l'Église. Mais cette noble attitude, prise à l'heure du péril, va-t-il la conserver dans les jours de paix? Va-t-il, comme on l'a dit, être en butte à son tour aux empiétements de Rome et leur résister? C'est ce que va nous apprendre l'esquisse de ses rapports ultérieurs avec la papauté.

Pour rechercher si l'union du pape et du roi, cimentée par le danger, se rompit après le succès, il serait inutile de s'arrêter au récit chronologique des faits, qui sont ici d'une gravité moins exceptionnelle; il suffira de les grouper, d'en juger l'ensemble et d'en tirer la conclusion logique. L'entreprise de la croisade, sollicitée depuis longtemps par Innocent IV, ne pouvait que resserrer les liens de reconnaissance qui l'attachaient au roi. Si, vers la même époque, nous le voyons condamner la ligue formée par plusieurs barons de France contre les tribunaux épiscopaux pour la défense de leurs propres justices, il faut remarquer, et on l'a déjà fait avant nous [1], que le souverain n'était pour rien dans cette conjuration, dont l'acte original ne porte point son sceau. D'ailleurs, ce n'était ni pour l'un ni pour l'autre le moment de se chercher querelle. Ils n'avaient pas trop de toute leur puissance morale et matérielle pour tenter un effort utile contre les Sarrasins; aussi les vit-on agir de concert pour tous les préparatifs de l'expédition. Durant la croisade, on sait assez que

[1] Wallon, *Saint Louis et son temps*, I, 75.

le roi était accompagné d'un légat qu'il consultait sur les affaires
importantes et qui prenait part aux délibérations du conseil. En
France, pendant ce temps-là, la régente échange avec Innocent une
correspondance qui prouve la plus grande confiance dans ses lumières, car elle lui demande une nouvelle entrevue pour l'entretenir
des affaires de la croisade, et le pontife lui répond dans les termes
les plus paternels, en s'excusant de ne pouvoir effectuer un long
voyage. Une autre lettre adressée au comte de Poitiers, qui dirigeait
avec Blanche l'administration intérieure du royaume, porte l'empreinte de la même bienveillance; ce prince avait prié Innocent de
ne point recevoir un évêque qui allait à Rome articuler des plaintes
contre le roi; il lui répond que le père commun des fidèles ne peut
refuser audience à personne, mais qu'il n'entend porter aucun
préjudice au souverain; qu'il respecte sa juridiction, qu'il aime et
honore infiniment sa personne, et ne voudrait nullement passer pour
contraire à ses intérêts s'il protège les droits des Églises particulières,
comme c'est son devoir [1]. Il y a là une nuance de fermeté douce qui
ne contredit point l'affection, et qui en même temps ne ravale point
la reconnaissance au niveau d'une complaisance servile. Enfin, après
le retour de saint Louis, Innocent IV, au terme de sa carrière, lui
écrit une dernière fois pour le féliciter de son soin scrupuleux à
défendre les Églises contre les excès de zèle de ses baillis et les
entreprises des barons; il enjoint aux évêques de lever les excommunications prononcées à cette occasion. « Le roi, dit-il, ignore les délits
commis par ses officiers; il est contristé quand ils viennent à sa
connaissance. » Nous n'avons donc pas besoin de chercher à distinguer entre la tendance personnelle de saint Louis et les abus de ses
fonctionnaires; cette distinction a été établie dès son temps par la
voix la plus autorisée; nous la verrons d'ailleurs justifiée par les faits
quand nous descendrons à l'examen des rapports de la royauté avec
le clergé national.

Ce serait fatiguer l'attention du lecteur que d'entrer dans l'énumération complète des témoignages d'estime et d'amitié adressés au saint
roi par les successeurs d'Innocent IV. A cette époque, la piété du héros,
éprouvée, fortifiée par les malheurs de la croisade, arrive à son plus
haut degré, et se reflète dans tout son gouvernement. Les papes,
comme le reste du monde, contemplent avec une admiration mêlée
d'étonnement cette union si rare de la grande puissance et de la
grande sainteté. Alexandre IV multiplie en sa faveur les privilèges
spirituels; il accorde, par une série de bulles élogieuses, que ni le
roi ni sa femme ne puissent être excommuniés par un prélat ou par

[1] *Trésor des chartes*, J. 606.

un légat apostolique; qu'ils aient cent jours d'indulgence chaque fois qu'ils assisteront aux sermons; qu'ils aient le droit de fréquenter les excommuniés; que leurs chapelles ne puissent être mises en interdit, non plus que les terres de leur domaine; que le roi prenne pour confesseur n'importe quel prêtre séculier ou irrégulier; qu'il entende au besoin la messe dans les lieux interdits; qu'il convertisse en aumônes les biens dont les possesseurs légitimes ne seront pas connus; qu'il ait sa libre entrée dans tous les couvents d'hommes et de femmes avec un certain nombre de frères prêcheurs ou mineurs; que les clercs à son service touchent les revenus de leurs bénéfices sans être astreints à la résidence [1]. Toutes ces concessions ne sont pas aussi banales qu'on pourrait le supposer. Le monarque y attachait un grand prix, car il les sollicitait avec instance, et les souverains pontifes ne les accordaient pas non plus indifféremment. Cela est si vrai, que, lorsqu'il demanda l'extension de quelques-uns de ces privilèges à ses enfants, elle lui fut refusée. En effet, si Rome avait une assez haute idée de sa vertu pour ne pas craindre qu'il abusât des exemptions d'interdit, elle n'avait aucune raison pour avoir la même confiance dans ses descendants. Philippe le Bel devait bientôt justifier cette prudence.

En même temps qu'Alexandre IV félicite le roi de ses actes d'insigne dévotion, qu'il lève tous les scrupules de sa conscience timorée, qu'il lui adresse les condoléances les plus touchantes sur la mort profondément regrettable de son fils aîné, il n'omet pas de lui représenter à l'occasion les injustices de ses officiers, de dénoncer aux évêques les barons qui violent les libertés ecclésiastiques, de frapper de ses foudres leurs pactes audacieux. C'est toujours le système de son prédécesseur : distinguer ce qui vient du prince de ce qui vient de ses agents ou de ses vassaux. Pourquoi rétablirions-nous aujourd'hui une confusion erronée, une solidarité inique? Alexandre d'ailleurs s'élève aussi bien contre les abus du clergé que contre ceux de la noblesse. Le roi se plaint à lui des clercs qui se livrent au négoce ou au concubinage, et qui n'en continuent pas moins à se prévaloir des immunités attachées à toute personne ecclésiastique; immédiatement le pape mande aux évêques de ne plus défendre ces clercs indignes contre la justice laïque en répudiant le caractère sacré du prêtre, ils en ont perdu le privilège; ils doivent être soumis à la loi commune. Le prince est même autorisé à les retenir dans les prisons de l'État, si leur fuite est à craindre [2].

Urbain IV suit encore la même ligne de conduite. Il confirme un

---

[1] *Trésor des chartes*, J. 683 à 686.
[2] *Ibid.*, J. 700, n° 298.

jugement rendu par saint Louis contre le maire et les jurés de Laon,
qui prétendaient soumettre à la justice communale les serviteurs des
chanoines non compris dans la commune. Ce jugement était par
conséquent favorable à la justice ecclésiastique; on voit que le roi
ne cherchait pas toujours à en restreindre les attributions. Mais,
quand le bailli royal, par une étrange contradiction, prend parti
pour les magistrats excommuniés et saisit les biens des mêmes chanoines à l'insu du souverain, le pontife réclame auprès de celui-ci
la répression de pareils abus de pouvoir[1]. C'est Urbain IV également
qui obtient de saint Louis ce qu'Innocent IV s'était vu refuser : l'acceptation du trône de Sicile pour un de ses frères, Charles d'Anjou,
acceptation entraînant le concours plus ou moins direct de la France
en Italie, où les héritiers de Frédéric relevaient la tête. C'est lui
encore qui le décide à s'interposer dans le grave différend du roi
d'Angleterre avec ses barons, tâche délicate, dans laquelle le monarque français déploie un zèle désintéressé. C'est lui enfin qui fait
germer dans son esprit le projet d'une nouvelle croisade, en lui
dépeignant sous les couleurs les plus tristes l'état de l'empire latin
de Constantinople, en l'apitoyant sur les malheurs de la terre sainte.
Dans toutes les circonstances, l'influence du pontife est aussi puissante que la soumission filiale du prince est empressée.

Sous Clément IV, le dernier des princes contemporains de saint
Louis, on retrouve la même communauté de pensées, le même
respect des deux puissances pour leurs droits respectifs. Les Bollandistes ont assez heureusement défini leur situation réciproque :
*Negabat alter alteri quod justis rationibus concedendum non putabat,
nec inde amicitia lædebatur.* Ainsi Louis obtient le renouvellement
de ses privilèges spirituels, mais non leur extension à sa famille,
car Clément lui a promis toutes les concessions qui lui paraîtraient
justes, et rien au delà; cependant il ne songe point à s'en formaliser.
Pendant la vacance du siège épiscopal de Reims, Clément confère
quelques prébendes dépendant de ce diocèse; mais il révoque bientôt sa collation pour ne pas enfreindre le droit de régale qu'il reconnaît au roi. L'empereur Michel Paléologue invoque l'arbitrage de
Louis dans sa contestation avec le saint-siège; le roi répond avec
une déférence filiale qu'un tel rôle ne lui convient pas, parce que le
saint-siège est le juge souverain; il promet seulement ses bons
offices. Il consulte Clément sur la répression des blasphèmes, et rend
d'après ses conseils sa fameuse ordonnance à ce sujet. De même
Innocent IV lui avait donné l'exemple de sa loi contre le duel judiciaire en condamnant, pendant sa première croisade, cette coutume

---

[1] V. le recueil des *Analecta juris pontificii.*

abusive de la noblesse française. De même, sur le chapitre des hérétiques et de l'adoucissement de l'inquisition, le pape et le roi
s'étaient trouvés également d'accord. C'est ce que l'on constate aussi
dans l'affaire du comté de Melgueil, près Montpellier, qui était en
la possession de l'évêque de Maguelonne. Plusieurs conseillers de
Louis le poussaient à revendiquer ce fief pour la couronne; il
demande l'avis de Clément, qui fait valoir à ses yeux les droits de
l'évêque en l'engageant à se défier des insinuations de son entourage,
et, dans sa scrupuleuse délicatesse, il s'abstient de pousser les choses
plus loin.

Voici un trait encore plus caractéristique. Pour le bon entretien
du port d'Aigues-Mortes, construit dans l'intérêt des pèlerins et des
croisés, Louis songe à imposer les marchandises qui le traversent.
Cette localité est son domaine, il est le maître d'y faire tout ce
que bon lui semble, et pourtant ce prince, si jaloux de ses droits, en
réfère de nouveau à Clément IV. « Quoique l'opinion de plusieurs,
lui répond celui-ci, vous autorise à décider sur ce point, comme souverain de votre royaume, selon l'utilité des allants et venants, vous
avez voulu, afin de procéder plus sûrement, requérir notre conseil
et notre assentiment. Nous qui connaissons parfaitement le lieu (Clément était de Narbonne) et qui avions souhaité autrefois d'y voir
fonder une bonne ville, nous consentons qu'après vous être entendu
avec les prélats de la province, les barons du voisinage et les consuls
de Montpellier, vous établissiez tel impôt qu'il vous plaira, pourvu
qu'il soit modéré et qu'il ne puisse être augmenté à l'avenir [1]. »
C'est donc sur la demande expresse du roi que le pape intervient
dans une question purement temporelle. Le second reconnaît que le
premier peut décider sans lui; le premier reconnaît qu'il est bon de
recourir aux conseils du second. C'est l'harmonie la plus complète.

Il n'y a cependant point d'union sans nuages. Les nuages sont
ici assez légers, ou du moins très momentanés; il ne suffisent pas
à obscurcir le ciel: Ce sont de nouvelles plaintes contre les agissements des officiers royaux envers certaines Églises, à Viviers, à
Narbonne; mais ces plaintes elles-mêmes ressemblent plutôt à des
avis qu'à des remontrances; Louis est excusé, ses intentions ne sont
nullement suspectées. Puis c'est une controverse de droit au sujet
de la collation de l'archidiaconé de Sens, que le pape prétend réservé
à la cour romaine, et que le roi affirme, au contraire, lui appartenir. Louis confère même ce bénéfice sans attendre le retour de
l'archevêque chargé de rapporter les documents de Rome, tant il
est sûr de son droit et persuadé qu'on ne pourra plus le contester

_____
[1] *Acta sanctorum aug.*, V, 485.

14

après examen de la cause. Alors Clément lui adresse des reproches réels, que je vais citer parce qu'ils constituent la phase la plus tendue de leurs relations. On va voir que ce maximum est encore très modéré : « Dans l'affaire de l'archidiaconé de Sens, votre circonspection habituelle, notre très cher fils, aurait pu agir envers nous plus courtoisement, et nous ne serons pas fautif si nous ajoutons qu'elle l'aurait dû. Pour sauvegarder les droits de la royauté, si elle en a, nous aurions préféré des moyens plus généreux, qu'il vous aurait convenu d'agréer, puisque vous êtes du nombre de ceux qui veulent faire leur force de la loi de justice... Vous ferez bien de méditer attentivement si vous rendez à un père bienveillant tout ce qu'il mérite en défendant une prétention qui serait le renversement des canons ecclésiastiques. Pour nous, nous poursuivrons notre cause de la manière que nous jugerons convenable envers l'adversaire que vous nous avez opposé[1], » c'est-à-dire envers l'archidiacre élu. En effet, cet archidiacre ne prit point possession de son siège avant de justifier de son droit par-devant la cour romaine. Mais Clément IV et saint Louis lui-même moururent dans l'intervalle.

Les derniers temps de leur vie à tous deux furent absorbés par la grande affaire de la croisade, et cette entreprise créa entre eux un lien nouveau, une intimité plus étroite, qui les fit passer facilement par-dessus les petites difficultés de l'administration journalière. La croisade fut la suprême pensée de l'un ; elle était depuis longtemps la préoccupation constante de l'autre. Aussi, quand le roi s'y résolut, malgré l'opposition d'une partie de ses sujets, son premier soin fut de dépêcher à Rome un émissaire secret pour sonder confidentiellement les intentions du pontife. Ce n'est qu'après avoir reçu son adhésion qu'il prit publiquement la croix avec ses trois fils[2]. Son royaume et ses biens furent alors placés sous la protection du saint-siège, et Clément, à sa prière, lui accorda pour trois ans les décimes sur tous les revenus ecclésiastiques de France, par des bulles où sa piété, son dévouement, étaient portés aux nues. Dans les provinces de Reims, de Sens et de Rouen, le clergé, par un sentiment d'égoïsme, protesta contre cette concession nouvelle et fit réclamer à Rome ; mais ses envoyés furent mal reçus, et tous les opposants durent céder devant la menace des foudres de l'Église. Ainsi le pape était tellement uni au roi, qu'il l'assista contre le gré des évêques eux-mêmes. En de semblables circonstances, il n'épargnait pas plus les richesses d'un clergé opulent que ses propres

[1] Martène, *Anecd.*, II, 607.
[2] Geoffroy de Beaulieu, *Acta sanctorum aug.*, V, 486.

deniers. Et à ce propos une de ses lettres nous révèle un trait curieux, relatif à une autre levée de décimes ordonnée pour l'expédition de Charles d'Anjou. Saint Louis, dans son extrême affection pour les frères prêcheurs, sollicita pour eux une exemption, assez justifiée d'ailleurs par leur pauvreté réelle. Le pape s'excusa; il ne pouvait officiellement admettre d'exception pour personne sans s'exposer à mille réclamations. Mais que fit-il pour accorder son devoir avec son cœur? il s'informa secrètement du montant de la cotisation due par les frères prêcheurs et la paya de sa bourse.

Nous avons passé en revue tous les incidents qui se produisirent entre les cours de France et de Rome sous le règne de saint Louis. Nous avons dû en abréger le récit, mais sans omettre aucun fait important, et en nous basant uniquement sur les pièces officielles conservées dans le *Trésor des chartes*, sur les lettres pontificales réunies par Raynaldi, et sur quelques autres documents publiés soit dans les *Acta sanctorum*, soit dans un récent fascicule des *Analecta juris pontificii*. Si l'on a pu, en se servant d'une partie de ces textes, arriver à un résultat contraire, c'est qu'on ne les a pas considérés dans leur ensemble, ou qu'on les a interprétés sous l'empire d'idées préconçues. Tillemont lui-même, ordinairement si exact, si sobre de commentaires, a été visiblement dominé, en traitant cette matière, par des préoccupations gallicanes; il est sorti, sur ce chapitre, de sa froideur systématique. Pour rétablir complètement et définitivement la vérité, il faudrait, sans aucun doute, un travail plus approfondi que ces quelques pages. Elles permettront cependant de juger en gros, et en attendant mieux, de la nature réelle des rapports de saint Louis avec la papauté. En résumé, ces rapports furent ce que l'on devait supposer *à priori* d'après le caractère d'un tel prince, d'après la situation occupée de son temps par l'Église et son chef, d'après la soumission que la chrétienté professait à leur égard. Il y avait certainement un mouvement de réaction contre cette docilité générale. Mais, au lieu de placer le roi à la tête d'un pareil mouvement, il faut dire plutôt qu'il y résista. Nous avons constaté, en effet, que les difficultés de son gouvernement avec le saint-siège ne furent que des accidents, et qu'ils sont noyés dans la masse des témoignages de concorde échangés entre eux. Nous l'avons trouvé, en général, plus catholique que ses barons, que ses légistes, que ses prélats même. Nous l'avons vu ou nous le verrons plus d'une fois avec le pape contre certains évêques, nous ne le verrons jamais avec un évêque contre le pape. Que viennent donc faire ici ces différends avec quelques membres du clergé de France? Pourquoi les invoquer comme une preuve de tendance gallicane, quand ils indiqueraient plutôt le contraire? Presque tous d'ailleurs ont porté, non sur des principes, mais sur la limite incertaine des attributions de la justice royale et de la justice épiscopale. Ils n'altéraient en rien le respect du prince pour l'autorité de l'Église en général, à plus forte raison pour celle du pape. Le plus grand chrétien de son siècle ne pouvait être ni le partisan de Frédéric II ni le précurseur de Philippe le Bel ; et ce doit être une consolation pour tous les catholiques de savoir qu'un souverain si consciencieux dans son gouvernement, si progressiste dans sa législation, n'a pas cru compatible avec sa conscience, n'a pas cru conciliable avec le progrès, qu'il poursuivait si résolument en toute chose, de se mettre en opposition avec le siège apostolique.

CHAPITRE XII

SAINT LOUIS ET LE CLERGÉ SÉCULIER

Les grands évêques du temps de saint Louis : Guillaume d'Auvergne, Philippe Berruyer, Eudes Rigaud, etc. — Différends de quelques prélats avec le pouvoir royal. — Opposition des seigneurs à l'exercice de la justice épiscopale; le roi y demeure étranger. — Sa manière d'appliquer le droit de régale. — Sa participation à la collation des bénéfices. — Son ordonnance pour la restitution des dîmes à l'Église.

Avec l'épiscopat en général, saint Louis n'entretint pas de relations moins intimes qu'avec la papauté. Si des conflits de juridiction s'élevèrent entre son gouvernement et quelques évêques, il n'en demeura pas moins avec eux dans une complète union de vues religieuses et politiques. Certains prélats devinrent même ses conseillers les plus influents et ses amis les plus écoutés. Il faut dire que sous son règne le corps épiscopal comptait des hommes du mérite le plus éclatant, et c'étaient toujours ceux-là que sa faveur allait chercher : témoin l'étroite amitié qui l'unit au célèbre Guillaume d'Auvergne. C'est une des personnifications les plus originales et les plus vraies de l'évêque français du XIII⁰ siècle, que ce pauvre enfant des montagnes, parvenu à force de volonté et de labeur assidu jusqu'au siège de Paris. S'il convoita cette haute situation, l'on doit avouer qu'il en était réellement digne, et que, à l'instar de certains hommes supérieurs qui ont conscience de leur mission, il avait raison d'être ambitieux. La charité, la science théologique, l'éloquence, le bon conseil : telles furent les qualités dominantes par lesquelles Guillaume illustra pendant vingt ans (de 1228 à 1248) un poste honoré tant de fois, et encore aujourd'hui, par les plus éminentes vertus apostoliques. Sa charité, il en fit preuve surtout dans une fondation mémorable qui atteste un zèle évangélique ne doutant de rien. Il avait réussi à convertir lui-même un certain nombre de ces filles de joie, qui infestaient dès lors la capitale et dont la présence contristait le cœur de saint Louis. Il les nomma par antiphrase les Filles-Dieu, créa pour elles un couvent à Saint-Denis et le dota avec l'aide du roi ; on y compta bientôt deux cents religieuses pénitentes. Mais son œuvre ne se borna pas là. Celles qui ne voulaient point prononcer de vœu, il leur trouvait un mari (chose difficile!) et les dotait également. Dans une anecdote du temps, on voit une de ces converties mariée à un homme du peuple qui a reçu en l'épousant dix livres, et qui appelle Notre-Dame de Paris sa grand'mère, l'évêque Guillaume son grand-père ; ce qui ne l'empêche pas, du reste, d'abandonner sa femme et de manger la dot[1]. Le digne fondateur, on doit le croire, était ordinairement plus heureux.

Sa science se révèle dans beaucoup d'œuvres écrites, que l'on trouve réunies dans une édition donnée à Orléans en 1674, et devenue rare. Son traité *de Universo* est une sorte d'encyclopédie théologique embrassant la foi, les mœurs, les vertus et les vices, les tentations, la récompense des saints, l'immortalité de l'âme, la rhétorique divine, les sacrements, etc. La *Rhétorique divine* est un manuel de la prière ; l'auteur entend par ce mot l'art de persuader Dieu. Les sentiments d'une ardente dévotion se mêlent, dans ce livre, à l'imitation de Cicéron, qui n'est pas, du reste, le seul philosophe antique étudié et cité par Guillaume ; car il se sert de Platon et d'Aristote, et il passait pour avoir fait usage le premier des livres grecs d'Hermès Trismégiste. Dans l'exposition des causes de l'incarnation, il s'élève bien au-dessus du commun des docteurs contemporains. C'est l'ouvrage qui a le plus contribué à sa réputation parmi les théologiens de tous les pays. En 1240, la condamnation solennelle de dix propositions hétérodoxes, qui avaient cours dans les écoles, mit encore en relief son talent de controversiste et la profondeur de son savoir. Son traité contre la pluralité des bénéfices répond de même à une question très discutée de son temps; c'est grâce à lui que fut réprouvé cet abus criant qui avait des partisans aussi nombreux qu'intéressés. Il prit part également à la condamnation du Talmud, dont les livres furent brûlés par ordre du pape, avec le concours du roi. Une singulière légende, répétée par Thomas de Cantimpré, courut sur lui à ce sujet : on prétendit qu'il s'était laissé corrompre à prix d'argent par les Juifs, leur avait rendu leurs livres, et avait été pour ce fait frappé de mort. Les Bollandistes se sont donné la peine de réfuter ce conte ; il suffisait d'observer que Guillaume d'Auvergne, à la suite de cet événement, se porta parfaitement pendant dix années encore.

[1] Bibl. de Tours, ms. n° 205.

L'évêque de Paris, dans la querelle de l'Université et des ordres mendiants, prit parti pour ces derniers avec la reine Blanche, comme nous le verrons plus loin. Sa sagacité, son zèle pour la diffusion de la science lui faisait regarder les écoles des jacobins comme un instrument de progrès scientifique, en raison de l'émulation même qu'elles provoquaient. Mais rien ne montre mieux son judicieux discernement dans les matières religieuses que la consultation donnée par lui à un maître en théologie et rapportée à Joinville par le roi en personne. Ce savant était tourmenté par des doutes sur le sacrement de l'autel, et ne trouvait pas dans toute sa science le moyen de s'en débarrasser. « Je vais vous poser une question, lui dit le prélat : accepteriez-vous de l'or ou de l'argent à la condition de proférer une seule parole contre l'Eucharistie?—J'aimerais mieux, fit l'autre, qu'on m'arrachât tous les membres du corps. — Maintenant, reprit le bon évêque, une autre demande : Si le roi vous avait donné à garder la Rochelle, qui est sur la frontière, en face des ennemis, et qu'il m'eût donné à garder le château de Montlhéry, qui est au cœur de la France 'et en terre de paix, auquel le roi devrait-il savoir meilleur gré à la fin de sa guerre, ou à vous qui auriez gardé la Rochelle sans la perdre, ou à moi qui lui aurais gardé le château de Montlhéry? — Seigneur, ce serait moi, qui aurais conservé la place de la Rochelle. — Eh bien! maître, je vous dis que mon cœur est semblable au château de Montlhéry, car je n'ai ni tentation ni doute contre le sacrement de l'autel; aussi, pour une fois que Dieu me sait gré de ce que j'y crois fermement et en paix, il vous en sait gré quatre fois, parce que vous lui gardez votre cœur dans la guerre de tribulation, et avec si bonne volonté envers lui, que pour aucun bien sur la terre, ni pour aucun mal qu'on fît à votre corps, vous ne l'abandonneriez. Donc soyez tout aise, car votre état plaît mieux à Notre-Seigneur que le mien. » Et le docteur s'agenouilla devant l'évêque et s'en alla satisfait, raffermi dans sa foi[1].

Cette méthode de démonstration par l'exemple, cette clarté, cette simplicité d'allure, se retrouvent à un degré éminent dans les sermons de Guillaume d'Auvergne, que ses contemporains nous ont conservés en assez grand nombre. Le caractère propre de son éloquence, c'est l'énergie, c'est la hardiesse des métaphores, c'est la liberté extrême de la critique. Personne n'a autant que lui son franc parler dans la chaire. Prêche-t-il contre le népotisme, il peint les prélats venant au chapitre comme les poules entourées de leurs poussins et forcées de céder à leurs cris. Prêche-t-il contre la sensualité, il compare les amants à deux ribauds ivres, qui se pren-

---

[1] Joinville, édition de Wailly, p. 26.

draient à bras le corps pour se battre et se précipiter mutuellement
dans l'abîme. « Vous dites, s'écrie-t-il en parlant de la vanité des
richesses, vous dites, quand vous avez une grange ou un domaine :
C'est le plus beau membre que je possède. Voyez-vous ce bel homme,
fait de granges, de vignes, de prés, de bois ou de champs : quel
monstre! Celui-là peut-il se dire fait à l'image de Dieu[1]? » Les sor-
ties de ce genre abondent dans sa bouche et contrastent heureusement
avec la monotonie des sermons du temps. C'était un rude jouteur que
l'évêque de Paris, sa langue de fer blessait et guérissait à la fois.

Il fallait le voir à la cour, où il avait acquis une influence prépondérante, user de sa libre parole d'apôtre pour critiquer des dépenses
inutiles, pour demander des secours en faveur des jacobins, pour
résister à des projets intempestifs du roi, ou pour lui faire accepter
saintement les déceptions de la vie. Un jour, la reine était sur le
point de mettre au monde son premier enfant; tout le royaume et le
prince lui-même attendaient avec impatience un héritier du trône :
ce fut une fille. Il s'agissait de porter la fâcheuse nouvelle au père :
mission délicate, personne ne voulait s'en charger. On appela l'évêque
Guillaume et on le pria de la remplir avec ménagements, car sa
vivacité pouvait faire craindre une annonce trop brusque. « J'en fais
mon affaire, » dit-il. Et, entrant aussitôt dans la chambre du jeune
monarque, il lui tint ce petit discours : « Sire, réjouissez-vous, je
vous fais part d'un heureux événement. La France vient de s'enrichir
d'un roi, et voici comment : si le ciel vous avait donné un fils, il
vous eût fallu lui céder un vaste comté ; mais, ayant une fille, vous
gagnerez, au contraire, en la mariant un autre royaume. » A ce trait
d'esprit, Louis se vit forcé de sourire; il était consolé[2]. Telle était
la noble familiarité qui régnait entre le pieux roi et son évêque; elle
explique ce que nous dit Tillemont de la part considérable prise aux
affaires publiques par Guillaume d'Auvergne; elle nous fait comprendre pourquoi le pape recourait à son intermédiaire quand il avait
quelque chose à obtenir du souverain, et pourquoi celui-ci voulut
recevoir la croix de sa main dans la cruelle maladie qui le mit aux
portes du tombeau, en 1244. Il est permis d'attribuer en partie à
cette intimité l'éclosion des vertus qui décorèrent alors le trône de
France. Blanche de Castille écoutait religieusement les avis du bon
prélat; l'incomparable éducation qu'elle donna à son fils ne s'acheva
certainement pas sans le secours de ce sage conseiller, et les fruits
qu'elle produisit mûrirent sous sa direction[3].

[1] V. la Chaire française au moyen âge, 2e édition, p. 69.

[2] Anecdotes historiques tirées du recueil inédit d'Étienne de Bourbon, p. 388.

[3] On trouvera d'autres détails sur ce célèbre personnage dans l'étude pleine d'intérêt que
lui a consacrée M. Noël Valois (Guillaume d'Auvergne, évêque de Paris, 1880, in-8º).

Voilà, en deux mots, ce qu'était un évêque sous saint Louis. Il
y en eut de moins vertueux, mais il y en eut aussi de plus saints. Ce
n'est donc pas un phénomène que je signale, ce n'est pas une singu-
larité, c'est un exemple pris dans la bonne moyenne de l'épiscopat
français. Si l'on cherche des modèles de sainteté, il est facile d'en
trouver également, quoiqu'ils soient plus rares. Tel était Philippe
Berruyer, qui, neveu de saint Guillaume de Bourges, monta lui-
même sur le siège métropolitain de cette ville et y resta vingt-quatre
ans, après avoir occupé quatorze ans l'évêché d'Orléans. Celui-ci
est un type tout à fait différent : ce n'est plus le prélat de cour ni
l'ami des rois; c'est l'homme populaire, l'orateur des foules, l'idole
des pauvres. Il prêchait au peuple plusieurs fois par jour, et sa
parole passionnait tellement ses auditeurs, qu'ils ne bougeaient de
place qu'après avoir entendu son dernier sermon. Même après qu'il
avait fini, on se pressait autour de lui : les uns s'efforçaient de lui
faire bénir leurs enfants, les autres essayaient de dérober une parcelle
de ses vêtements; on allait jusqu'à gratter la place où il s'était tenu.
Il est presque impossible aujourd'hui de comprendre un pareil délire,
d'autant plus qu'il ne nous reste rien de ces discours si merveilleux;
mais c'est ce qui prouve précisément leur caractère d'impromptu
entraînant et pratique. Ce robuste apôtre portait cependant un cilice,
et mangeait tout juste ce qu'il fallait pour ne pas mourir d'inani-
tion. Sur le siège d'Orléans, où il avait été appelé par l'admiration
des fidèles et du clergé lorsqu'il était simple archidiacre à Tours,
il débuta, suivant l'usage, par délivrer les prisonniers de la ville.
C'était une des prérogatives les plus touchantes du pasteur de briser
ainsi, à sa première entrée dans la cité épiscopale, les fers des
captifs. Comme Jésus-Christ apparaissant dans les limbes, il apportait avec lui l'espérance et la liberté. Philippe Berruyer fut tellement
large dans l'application de ce droit, qu'il commença dès lors à être
adoré de tous les malheureux et à s'en voir continuellement entouré.
Comme correctif à cette indulgence excessive, il donna une preuve
de juste sévérité en obtenant du roi le châtiment exemplaire de
certains officiers qui avaient mis les clercs à mort. Sa réputation
s'étendit jusqu'à Rome. Grégoire IX, voyant que les chanoines de
Bourges ne pouvaient s'accorder sur le choix d'un évêque et avaient
consumé trois ans en vaines discussions, le désigna comme métropolitain en 1236; c'est un exemple remarquable du trouble apporté
parfois dans les évêchés par la désunion des chapitres et de l'intervention justifiée du souverain pontife. Un de ses premiers soins, sur
son nouveau siège, fut d'établir auprès de lui un couvent de frères
prêcheurs, qui devaient le seconder dans la distribution de l'enseignement sacré comme dans la restauration de la pauvreté évangélique

chez les clercs. Son palais devint une aumônerie toujours ouverte. Dans une famine qui désola le Berry, il distribua aux indigents jusqu'à quatorze setiers de blé par jour (quantité énorme). Bientôt tous les revenus de l'Église de Bourges disparurent en bonnes œuvres, au grand désespoir d'un intendant plein d'ordre, qui accusa le prélat de folles profusions. Pour toute réponse, Philippe lui prescrivit de remettre un pain entier à chaque pauvre qui se présenterait, soit dans la ville, soit dans les domaines de l'évêché. Il vint un jour où ce prodigue d'un nouveau genre n'eut plus rien à donner que ce qu'il avait sur lui. C'était l'hiver, et un malheureux demi-nu implorait sa pitié. Il ne pouvait faire comme saint Martin aux portes d'Amiens; mais il fit comme saint Martin à Tours. S'écartant un moment, il dépouilla ses vêtements de dessous, remit sa robe d'évêque, et rapporta les premiers au mendiant attendri. Son biographe ajoute à ce trait un complément aussi joli qu'édifiant. Quelque pas plus loin, un second pauvre aussi peu habillé que l'autre se présenta; le prélat, cette fois, était bien embarrassé; mais il avait derrière lui un valet, et il imagina de lui demander de faire comme il avait fait; il lui promit même de lui rembourser plus tard le prix de ses habits au double de leur valeur. Mais le froid était si vif, que cet homme n'eut pas le courage d'imiter son maître [1]. Il n'est pas étonnant qu'un si saint personnage ait été, après sa mort, qualifié de bienheureux et qu'on lui ait attribué des guérisons miraculeuses. Son exemple est en désaccord complet avec les dénonciations des contemporains au sujet du luxe ou de l'avidité de certains dignitaires ecclésiastiques, et nous prouve mieux que tous les raisonnements combien l'esprit apostolique était loin de s'éteindre parmi le haut clergé de l'époque.

Que de figures intéressantes l'on pourrait encore signaler dans ses rangs! C'est ce fameux Foulques de Marseille, jadis troubadour, qui s'était converti en songeant, sur les oreillers de la mollesse, qu'il serait bien pénible de rester toujours sur un excellent lit, à plus forte raison sur une couche brûlante comme celle des damnés. Devenu, à la suite de sa pénitence, évêque de Toulouse, il se montra l'implacable adversaire des hérétiques, ce qui lui a valu parmi les historiens de nos jours un triste renom. Et pourtant ce prélat si rigoureux, voyant venir à lui une pauvresse de la secte albigeoise, s'écriait avec compassion : « Je ne dois pas secourir l'hérésie, mais je secourrai la misère. » C'est Eudes Rigaud, célèbre par le zèle qu'il déploya dans la visite et la réforme de son diocèse, celui de Rouen. Les procès-verbaux qu'il nous a laissés de ses tour-

---

[1] Martène, *Aneod.*, III, 1927 et suiv.; Labbe, *Nov. bibl.*, II, 112.

nées pastorales renferment les plus curieux détails sur cette part si importante de la mission de l'évêque et sur la manière dont elle était comprise. Eudes apportait dans le rétablissement de la discipline une sévérité sans faiblesse, qui le faisait même passer dans certains couvents pour un homme hautain ; aussi racontait-on sur lui quelques-unes de ces anecdotes satiriques qui sont le lot des censeurs de tous les temps, innocente vengeance de ceux dont il ne supportait pas la mollesse. Lui aussi exerçait un ascendant marqué sur le roi et la reine mère, qui l'appelaient souvent dans leurs conseils. Il prit la croix avec saint Louis, et conserva jusqu'après la mort de ce prince sa haute influence ; car Philippe III le nomma pour gouverner la France sous le comte d'Alençon, son frère, dans le cas où lui-même serait venu à mourir avant la majorité de son fils ainé. Saint Antonin a vanté la naissance d'Eudes Rigaud, mais plus encore ses vertus et son talent de prédicateur. Un seul mot résume son caractère ; il a été qualifié d'un surnom emprunté au titre d'un de ses ouvrages : *Regula vivendi*.

Tous les évêques de ce temps n'ont pas été tels sans doute, et tous n'ont pas eu avec le saint roi d'aussi bons rapports. L'historien peut parler plus librement des exceptions après avoir établi par des exemples probants la règle ordinaire, qui était l'union et l'intimité. On a d'ailleurs beaucoup grossi ces dissentiments d'un jour survenus entre saint Louis et quelques prélats ; on s'en est servi habilement pour avancer que le roi résistait, à l'occasion, à l'autorité ecclésiastique, par conséquent que la dévotion la plus sincère pouvait s'allier à une certaine indépendance religieuse. Voyons si les faits justifient ce raisonnement.

L'affaire dont on a fait le plus de bruit est celle de Gui de Mello, évêque d'Auxerre, qui, étant venu demander à saint Louis, au nom des autres prélats, de contraindre les excommuniés à se faire absoudre, essuya un refus. « Sire, dit-il au roi, d'après Joinville, la chrétienté périt entre vos mains, parce qu'on prise si peu les excommunications aujourd'hui, que les gens se laissent mourir excommuniés avant de se faire absoudre, et ne veulent pas faire satisfaction à l'Église. Nous vous requérons donc, pour l'amour de Dieu, que vous commandiez à vos prévôts et à vos baillis que tous ceux qui resteront excommuniés un an et un jour soient contraints par la saisie de leurs biens à se faire absoudre. » Le roi répondit qu'il le commanderait volontiers pour tous ceux dont on lui ferait voir le tort. « Non, dit le prélat, nous ne pouvons abandonner à votre jugement des causes ecclésiastiques. — Eh bien ! reprit le roi, je ne puis non plus vous abandonner l'usage de l'autorité civile qu'en connaissance de cause ; en agissant autrement, je m'exposerais à aller contre Dieu et

contre le droit. Voilà, par exemple, le comte de Bretagne qui a
plaidé sept ans contre les prélats de son pays, excommunié par eux,
et qui a fini par avoir l'absolution de la cour de Rome ; si je l'eusse
contraint dès la première année, je l'eusse contraint à tort [1]. » Qui
céda? Joinville ajoute qu'il n'entendit plus parler de la réclamation
des évêques. Pourtant Boutaric a cité une ordonnance de Philippe
le Bel déclarant abrogée une autre ordonnance de saint Louis, par
laquelle des peines étaient portées contre ceux qui resteraient excommuniés plus d'une année. En admettant, avec M. Viollet, que l'acte
visé par Philippe le Bel soit l'ordonnance de 1229, applicable aux
seules provinces du Languedoc, il n'en est pas moins vrai que ces
peines étaient inscrites dans le droit commun de la France, constaté
par les *Établissements* dits *de saint Louis*. Il est donc probable que
des mesures quelconques furent prises pour donner satisfaction aux
évêques. Ce n'est pas une raison pour infirmer, comme l'a fait
M. Gérin, l'exactitude du récit de Joinville ; mais on peut croire,
puisque ce chroniqueur déclare lui-même n'avoir plus entendu parler
de rien, que l'affaire eut des suites qui ne vinrent pas à sa connaissance. Quoi qu'il en soit, c'est un étrange abus du droit d'interprétation de prétendre que saint Louis se mette ici en opposition avec
l'autorité de l'Église, lorsqu'il invoque précisément une sentence de
son chef pour expliquer le refus qu'il oppose à Gui de Mello. Je
dirais plutôt qu'il en défend la vraie discipline, car l'abus des
excommunications trop fréquentes était réprouvé par elle-même. On
excommuniait non seulement des chrétiens coupables de fautes
légères, mais même certains animaux malfaisants et certaines terres
mal famées, et il fallait ensuite les exorciser pour empêcher les uns
de nuire, les autres de demeurer stériles. Je veux bien que l'on ait
eu, dans certains cas, des raisons plausibles ; mais on ne peut nier
que l'anathème n'ait été lancé trop facilement et trop souvent. La
preuve en est dans la plainte même des prélats et dans le discrédit
où tombaient aux yeux des fidèles les foudres de l'Église, ce grand
châtiment réservé jadis pour les grands criminels. Mais qu'est-il
besoin d'arguments? Rome elle-même se déclara contre l'abus des
excommunications et des interdits ; Grégoire IX, dans une lettre conservée au *Trésor des chartes*, manda aux évêques de France de ne
plus les prononcer inconsidérément. Donc le roi était d'accord avec
l'autorité spirituelle parlant par son organe souverain, et son désaccord avec quelques prélats n'implique nullement une résistance à
l'Église. N'avait-il pas d'ailleurs de bons motifs pour leur répondre
comme il le fit, puisque l'excommunication emportait des effets civils

---

[1] Joinville, édition de Wailly, p. 36.

(la perte des droits civils, comme on dirait aujourd'hui), puisqu'on lui demandait le concours de ses agents pour des cas parfois très douteux et non jugés encore? Ce concours, il le donna très probablement; la législation du temps le prouve. Mais il ne dut pas le donner aveuglément, et, en prince jaloux de l'honneur de l'Église, comme l'appellent les papes (*verus Ecclesiæ zelator honoris*), il continua de combattre un excès qui en rabaissait le prestige. Ainsi, l'évêque de Clermont ayant altéré sa monnaie et frappé d'anathème ceux qui ne la recevraient pas au cours fixé par lui, fait qui mettait les foudres spirituelles au service d'un intérêt purement temporel, le roi le contraignit à lever la sentence; ce cas justifiait encore sa réponse à Gui de Mello, et c'est certainement un de ceux qui rentrent dans la catégorie des actes inconsidérés blâmés par le pape. Voilà pourtant l'incident qui a fourni aux gallicans une des bases de leur système. Dans les quelques lignes de Joinville que je viens de citer, Beugnot a vu la revendication solennelle par le pouvoir royal du droit de contrôler les actes de l'Église; il y a vu l'institution positive de cette fameuse procédure connue sous le nom d'*appel comme d'abus;* il y a vu l'une des preuves de la pragmatique sanction. On pourrait y voir beaucoup d'autres choses avec une imagination aussi profonde.

D'autres litiges survinrent entre le pouvoir royal et les Églises de Rouen et de Beauvais; mais ils remontent au gouvernement de la régente. La plupart des affaires de ce genre avaient leur source dans des conflits de justice et dans l'incertitude de la limite qui séparait les cas soumis au for ecclésiastique des cas ressortissant à la juridiction laïque. Beaumanoir essaya d'établir nettement cette limite; il énumère douze sortes d'affaires abandonnées aux cours religieuses, c'est-à-dire au jugement de l'official, représentant judiciaire de l'évêque. Ce sont celles qui regardent les accusations relatives à la foi, les mariages, les dons et aumônes aux églises, les propriétés ecclésiastiques, les testaments, la bâtardise, la sorcellerie, les dîmes, la garde des lieux saints, enfin les procès des croisés et ceux des veuves, dont l'Église a toujours revendiqué la protection spéciale. Domaine déjà fort vaste, et cependant reconnu par un légiste civil. Mais Beaumanoir lui-même est obligé d'admettre un certain nombre d'affaires mixtes, relevant aussi bien de la justice séculière que de la justice épiscopale; il est embarrassé, il éprouve des hésitations. Comment ne se fût-il pas présenté dans la pratique mille occasions de conflit avec des règles si peu fixes, avec des attributions se côtoyant de si près? Est-ce que les testaments, les mariages, par exemple, ne devaient pas engendrer des effets civils? Est-ce que les questions de propriété ecclésiastique, propriété soumise comme les autres au régime féodal, n'intéressaient pas le fisc?

Il eût fallu réellement une prudence surhumaine pour que les deux juridictions ne se heurtassent jamais; il faudrait un parti pris évident pour voir dans ces difficultés administratives de chaque jour une trace de la tendance personnelle du roi, qui souvent n'y était absolument pour rien et ignorait les agissements de ses officiers. Du reste, ces différends s'arrangeaient ordinairement à l'amiable et dans un bref délai. Ainsi se termina, en 1260, un conflit entre la justice du roi et l'évêque de Paris, au sujet des enfants d'Hugues de Presles. Ainsi fut réglé, quarante ans après, un désaccord avec l'évêque d'Albi à propos des amendes imposées aux hérétiques, et réclamées par chacune des deux juridictions. En 1259, une transaction intervient encore entre le prince et l'évêque de Chartres sur la question du droit de gîte, que saint Louis abandonne moyennant soixante livres, consacrées aussitôt à l'embellissement de la cathédrale de cette ville et à d'autres œuvres pies. Dans le diocèse de Beauvais, les rois prétendaient avoir autant de gîtes qu'ils voudraient; sur les représentations de l'évêque Robert, Louis y renonce également, en 1248, contre une rente de cent livres, et l'évêque, en retour, l'acquitte, ainsi que son père et son aïeul, de tous les torts qu'ils ont pu avoir envers son Église. Dans tout cela trouve-t-on l'indice de relations difficiles ou la preuve d'une bienveillance mutuelle? Découvre-t-on une animosité quelconque ou le désir empressé de s'entendre?

Le pouvoir royal admettait parfaitement que toutes les causes des clercs fussent jugées par le tribunal de l'évêque; Beaumanoir nous l'a dit. C'était là un privilège fondé sur l'Évangile [1], sur la législation des empereurs chrétiens, sur celle des deux premières races, sur le principe de la féodalité même, puisque l'évêque était érigé par elle en seigneur temporel et possédait à ce titre des droits de justice. Mais, quand les clercs s'adonnaient au commerce ou à d'autres occupations purement matérielles, quand les croisés, également justiciables de l'Église, par une faveur destinée à encourager les expéditions d'outre-mer, en abusaient pour commettre des crimes, le roi réclamait leur jugement par les tribunaux de l'État. Les évêques refusaient-ils de leur abandonner ces coupables? Quelquefois; mais, dès 1246, le pape leur interdit de s'opposer, dans les cas de ce genre, à l'exercice de la juridiction séculière, parce que les clercs ou les croisés devenus indignes de leur privilège devaient retomber dans le droit commun. Ici encore l'accord complet entre le chef des deux pouvoirs prévient les conflits, et ne laisse aucune place à une lutte avec les évêques.

Je pourrais multiplier les exemples, et faire sentir mieux encore

[1] Matth., XVIII, 15-17.

combien la nature et la proportion numérique de ces différends ont été exagérées. Non seulement saint Louis respectait le domaine très étendu de la justice épiscopale et en protégeait l'exercice, mais on a remarqué avec raison que ce domaine s'était agrandi sous son règne. « Tant que les tribunaux laïques furent mal organisés, dit Boutaric dans *la France sous Philippe le Bel*, les cours ecclésiastiques jouirent d'une faveur méritée. Cependant c'est justement à partir de saint Louis, c'est-à-dire quand les juges royaux offrirent toutes garanties, que la juridiction de l'Église s'accrut dans des proportions incroyables[1]. » Et le savant historien attribue ce phénomène à l'influence du clergé sur le peuple, et aussi à la grande moralité des officialités. La question des excommunications abusives n'était point une affaire de juridiction; on ne peut rien en tirer pour infirmer cette vérité. L'Église, de son côté, redoutait si peu, en général, l'intervention du roi dans le jugement de ses procès, qu'elle la sollicitait parfois. L'évêque de Laon et l'abbé de Bèze étant en désaccord au sujet de leur justice, le second se pourvut devant la cour royale, qui les concilia et rendit ensuite compte à Rome de ce qui s'était passé; la sentence, antérieure à saint Louis, fut confirmée par lui en 1239. Un peu plus tard, ce prince arrêta les termes d'une composition entre le même évêque et les maires et jurés de sa ville. Bien plus, Alexandre IV invoqua la médiation royale entre l'archevêque et la commune d'une cité située en dehors du royaume, de Besançon, qui dépendait de l'empire. Louis éprouvait des scrupules et craignait d'aller sur les brisées de l'empereur. Cependant le pape insista tellement, qu'il se décida, paraît-il, à répondre à son appel; il se rendit à Besançon, mais incognito (ce qui explique le silence des chroniqueurs sur ce fait important), et y rétablit la paix[2].

Les relations des évêques avec les petits souverains qui partageaient l'exercice de la justice, c'est-à-dire les seigneurs, étaient beaucoup plus difficiles. Entre eux surgit une lutte véritable, alimentée par l'esprit d'opposition religieuse dont j'ai déjà signalé l'apparition, et arrivée bientôt à l'état aigu. Quelle place le roi va-t-il prendre dans le débat? Quelle attitude va-t-il garder? On s'est plu à le ranger du côté des barons; on l'a même fait leur complice. Examinons de près cette question importante.

Voici ce qu'avance Beugnot et ce que son école répète en d'autres termes : « Les croisades, en soumettant toute l'Europe aux volontés du pape, avaient achevé d'exalter les prétentions du clergé de France, en sorte que, son ambition n'ayant plus de bornes, il aspirait à tout.

[1] Boutaric, *op. cit.*, p. 81.
[2] C'est ce que nous révèle un curieux article de M. Castan, qu'on peut lire dans la *Bibliothèque de l'École des chartes* (année 1873).

Les seigneurs renoncèrent à l'espoir de conquérir la paix par la douceur, et prirent le parti de se former en association pour se prémunir contre les attaques du clergé. En 1225, la noblesse de France *et le roi,* s'étant assemblés à Saint-Denis, adressèrent leurs plaintes au pape, en le suppliant de respecter autant leurs droits qu'ils respectaient ceux de l'Église; ils finissaient en disant que, si le désordre continuait, ils étaient disposés à ne pas le souffrir[1]. » Laissons de côté ces accusations d'ambition sans bornes lancées contre le clergé; ce sont là des lieux communs quelque peu déclamatoires. Retenons seulement l'allégation plus précise suivant laquelle le roi et la noblesse française déclarent, dans une assemblée solennelle, qu'ils ne souffriront pas les empiétements de l'Église, c'est-à-dire qu'ils s'y opposeront par la force. Il s'agit d'un acte publié intégralement dans l'*Inventaire du trésor des chartes,* et dont nous connaissons parfaitement la substance. Par cet acte, daté, en effet, de 1235, quarante et un seigneurs, énumérés dans la pièce, se plaignent au pape que les évêques de Reims, de Beauvais, de Tours, ne veulent pas répondre en cour laïque pour les cas regardant leurs biens temporels, biens qui relèvent du roi; ils vantent, en retour, la fidélité du suzerain et la leur à observer les privilèges des Églises[2]. Quarante et un particuliers, c'est déjà beaucoup; pourtant ce n'est pas toute la noblesse de France, et les prélats incriminés ne sont pas non plus toute l'Église de France. Mais que vient faire ici le roi? L'acte est-il rendu en son nom? Sa signature, son sceau, figurent-ils au bas avec ceux des mécontents? Nullement. Il ne participe en rien à cette démonstration; il ne brille dans l'assemblée que par son absence. Quelle belle occasion il eût trouvée là cependant pour manifester cet esprit de résistance qu'on lui prête si volontiers! Il avait avec lui ses grands vassaux, les évêques de Beauvais et de Reims s'étaient en quelque sorte mis dans leur tort. Et ce prince gallican s'abstient! Cet homme si franc et si scrupuleux garde le silence! Pourquoi donc, sinon parce qu'il ne partage pas le sentiment des signataires?

Mais, dit-on, il y a une réponse du pape Grégoire IX à cette déclaration, et cette réponse suppose que le roi s'est associé à leur démarche, qu'il a rendu une ordonnance conforme à leur pensée. Personne n'a vu cette ordonnance. Toutefois admettons, comme c'est probable, que les barons aient décidé, à la suite de leur réunion, qu'ils ne répondraient plus devant les tribunaux ecclésiastiques pour les affaires ayant un caractère civil, et que les clercs, au contraire,

---

[1] Beugnot, *Institutions de saint Louis.*
[2] *Trésor des chartes,* J. 350. *Inventaire,* n° 2404.

seraient tenus de répondre devant les juges laïques. C'était déjà contraire à la législation de l'époque, qui, nous l'avons vu, reconnaissait à l'Église le droit de juger un certain nombre de cas civils. Mais le roi, comment se serait-il associé à une telle infraction, quand l'intérêt, sinon le penchant de son cœur, le rapprochait plutôt de son clergé que de ses vassaux insoumis? Il n'y a vestige de sa prétendue loi que dans la lettre de Grégoire IX. Or cette lettre elle-même, que dit-elle?

« Nous avons appris et nous voyons avec regret, notre très cher fils, que vous et les barons de votre royaume, cédant à de mauvais conseils et cherchant à réduire en servitude l'Église, qui vous a régénérés dès le berceau, qui offre tous les jours à Dieu le Père, pour votre salut, l'Agneau sans tache, comme si vous ne vouliez plus être les fils d'une mère libre, mais les enfants de l'esclave, vous avez, *à ce que l'on dit* (*sicut dicitur*), fait en commun un établissement, ou plutôt un renversement contre la liberté de cette Église, portant que vos hommes ne répondraient plus au for ecclésiastique, et que, s'ils étaient excommuniés pour ce fait, vous feriez révoquer cette sentence par la saisie des biens de ceux qui l'auraient rendue [1]. »

Qu'on remarque bien ces mots : *sicut dicitur*. Le pape a entendu parler, par des rapports plus ou moins exacts, de la résolution des barons, et, soit qu'il ait conjecturé de lui-même que cette résolution n'avait pu être prise sans l'assentiment du jeune prince (Louis n'avait encore que vingt ans), soit qu'on le lui ait fait croire, il associe dans un même blâme ceux qu'il suppose avoir agi de concert. Sa lettre s'adresse au roi comme au chef des seigneurs, et il n'en sait pas davantage. Mais ce n'est pas la seule fois que la cour de Rome ait été abusée par des bruits infidèles ou exagérés, dans ces temps où les communications étaient lentes et difficiles. Pour le public d'alors, ce qui était ordonné ou défendu par le seigneur devait être ordonné ou défendu par le suzerain. Mais pour nous, qui avons l'acte original et qui savons que le roi n'y est pour rien, nous ne pouvons commettre la même confusion : nous sommes tenus de rendre à chacun ce qui lui appartient.

Grégoire IX semble d'ailleurs n'avoir pas tardé à séparer dans ses appréciations la conduite de saint Louis et celle des grands vassaux. En écrivant à ce prince peu de temps après, à propos des affaires de Beauvais, il l'exhorte à défendre la liberté des Églises contre les desseins de son entourage, et à se méfier des conseils des grands. Le roi déféra si bien à ses avis, que, lors d'une seconde tentative analogue à celle de 1235, nous allons le voir mis complètement hors de cause, et même rangé du côté des défenseurs du clergé.

[1] Raynaldi, *Annal.*, an. 1236, n° 34.

En 1247, en effet, la ligne formée contre la justice ecclésiastique
se renouvelle et s'accentue. D'après Matthieu Pâris, dont l'autorité
est d'ailleurs suspecte, Frédéric II aurait été l'inspirateur de ce
mouvement, si propre à seconder ses projets d'asservissement de
l'Église. Il ne serait pas étonnant que l'historien anglais eût dit vrai
pour cette fois, car certaines lettres de l'empereur concordent assez
bien avec la nouvelle déclaration rédigée, cette année-là, par des
seigneurs français, en tête desquels on trouve le duc de Bourgogne, Pierre, comte de Bretagne, le comte d'Angoulême et le
comte de Saint-Pol. Le texte de cette déclaration, qu'il nous faut
encore emprunter à Matthieu Pâris, faute d'autre source, ne doit
pas être très authentique; mais enfin voici ce qu'il porte :

« Nous, grands du royaume, après avoir mûrement considéré
que ledit royaume n'a été acquis ni par une loi écrite ni par les
efforts d'un clergé arrogant, mais par les sueurs des guerriers, par
le présent décret (expression au moins singulière dans la bouche des
signataires) et par un mutuel serment, nous avons résolu et arrêté
ce qui suit :

« Nul, clerc ou laïque, ne citera plus à l'avenir personne devant
le tribunal de l'ordinaire, excepté pour les cas d'hérésie, de mariage
ou d'usure, sous peine de perdre tous ses biens ou d'avoir un
membre coupé, afin que notre juridiction seigneuriale ressuscite et
respire, et que ceux qui se sont enrichis par notre appauvrissement
soient ramenés à l'état de la primitive Église, et, vivant dans la
contemplation, nous laissant, à nous autres, la vie active, exhibent
les miracles dont le monde est privé depuis longtemps [1]. »

Le style étrange dont cet acte est affublé par le chroniqueur ferait
douter même de sa réalité. Cependant il est certain que les barons
réitérèrent alors leurs protestations intéressées. Ils voyaient la faveur
du peuple abandonner leurs tribunaux pour les officialités; c'était
une source de produits qui leur était enlevée par leurs rivaux. Tout
cela les exaspérait et devait les porter à des manifestations hostiles.
La politique du roi était, au contraire, d'affaiblir la puissance de
la noblesse, de restreindre ses attributions judiciaires et d'attirer
plutôt vers la cour du parlement toutes les causes de ses sujets. Il
devait donc, comme je le disais, se trouver avec les évêques contre
les seigneurs. Mais ces derniers savaient ce qu'ils faisaient; ils le
voyaient prêt à partir pour la Palestine, et ils espéraient qu'il lais-
serait le champ libre à leurs tentatives, ce qui se réalisa en partie.
Aussi donnèrent-ils commission à quatre d'entre eux, aux quatre
chefs que je viens de nommer, pour exécuter leur traité d'alliance,

[1] *Trésor des chartes*, J. 198 B. *Inventaire*, n° 2569.

poursuivre et défendre leurs droits contre le clergé, et, en cas d'excommunication, passer outre. Cette procuration, plus authentique que l'acte reproduit par Matthieu Pâris, nous empêche de rejeter le fond de son récit. Nous avons d'ailleurs des lettres d'Innocent IV ripostant énergiquement à cette nouvelle agression. Or, dans les lettres en question, pas plus que dans les pactes des seigneurs, le nom du roi n'est prononcé. Innocent se plaint amèrement de tous les auteurs ou complices de la conjuration; mais il ne songe même pas à incriminer saint Louis, car le véritable esprit de ce prince lui est connu; il l'a vu et entendu de près dans les entretiens intimes de Cluny, et il n'est pas exposé, comme son prédécesseur, à se méprendre sur son compte. Cette fois, du reste, le pape a reçu des rapports circonstanciés. Le clergé de France s'est ému; il a tenu à son tour des réunions, il a pris la résolution de défendre ses immunités, il a informé lui-même de tous les faits la cour de Rome. Aussi est-ce à lui que le souverain pontife adresse l'expression de sa douleur :

« Aux archevêques et évêques, abbés, prieurs et autres prélats, et à tous ceux qui se trouveront rassemblés à Paris ou ailleurs pour l'honneur de Dieu et de son Église. Des angoisses nous assiègent de toutes parts, à l'aspect de la cruelle impiété du persécuteur de l'Église (Frédéric). Mais l'affliction la plus profonde, le tourment le plus vif que nous éprouvions vient des attaques de certains catholiques en qui nous avions pleine confiance, chez qui la foi et la dévotion paraissaient inaltérables... Il n'était pas nécessaire que quelques barons de France vinssent ajouter à notre peine et causer de nouveaux troubles par leurs statuts subversifs... Si lesdits barons avaient considéré la loi perpétuelle établie par l'empereur Charlemagne, qui, pour honorer celle dont il avait reçu tout honneur, décréta que ses sujets seraient tenus d'observer inviolablement la constitution de Théodose, en vertu de laquelle tout chrétien peut choisir, pour juger son procès, le tribunal de l'évêque...; s'ils avaient réfléchi aux anathèmes portés d'avance contre les auteurs de tout statut contraire aux libertés ecclésiastiques, ils n'auraient pas commis une semblable faute, ou du moins ils n'y persisteraient pas [1]. »

Et le pape continue sa longue épître en mettant uniquement les seigneurs en cause. Il charge même les prélats de leur dénoncer la sentence d'excommunication prononcée contre leurs pareils par Honorius III. A la même époque, au contraire, on le voit prodiguer au roi les marques de faveur et de bienveillance, comme je l'ai exposé plus haut. Donc saint Louis est encore moins que la

---

[1] Raynaldi, *Annal.*, an. 1247, n⁰ˢ 49 et suiv.

première fois impliqué dans l'affaire. S'il s'en mêla, ce fut pour combattre l'opposition anticléricale qu'il n'avait pu empêcher de se produire. En effet, une soixantaine d'années après sa mort, sous Philippe de Valois, une discussion solennelle ayant eu lieu entre les partisans de la juridiction ecclésiastique et ses adversaires, l'exemple du pieux roi fut hautement invoqué par les premiers, qui rappelèrent précisément la ligne seigneuriale de 1247. Pierre Bertrand, évêque d'Autun et plus tard cardinal, en répondant aux arguments de l'avocat royal, affirma, sans trouver de contradicteurs, que Louis, dans cette circonstance, avait mis une barrière aux prétentions des grands vassaux : *Ipse nunquam eis adhæsit, sed potius ab istis compescuit et finaliter libertatem Ecclesiæ confirmavit.* Le temps écoulé n'était pas assez considérable, en 1239, pour qu'on pût se permettre une assertion aussi formelle sans fondement quelconque; le défenseur de la cause adverse se fût empressé d'infliger à son auteur un démenti, et vraiment il aurait eu beau jeu. Ce témoignage postérieur n'est pas sans valeur, comme on le voit, surtout en l'absence de tout indice contraire.

Ainsi, en résumé, ni en 1235, ni en 1247, saint Louis ne fit de loi ou de déclaration ayant pour but de restreindre les prérogatives judiciaires des évêques. D'ailleurs, s'il en eût fait à la première de ces deux dates, il n'eût pas eu besoin d'en faire à la seconde; il n'était pas homme à donner des ordres sans en surveiller l'exécution, et une seule mesure prise par lui rendait inutile une nouvelle mesure analogue. Son association, même pour un jour, avec les nobles justiciers dont la royauté s'était donnée pour mission d'abattre la puissance, est une des inventions les plus audacieuses des historiens gallicans. Un dernier trait pour la détruire définitivement. A son retour de la croisade, Louis reçut une lettre de félicitations d'Innocent IV, qui est reproduite dans Raynaldi. Or de quoi le pontife le félicitait-il? Est-ce de ses succès, de sa constance dans l'adversité? Non; c'est précisément de son zèle à défendre la liberté des Églises et de leur administration judiciaire contre ses barons et ses officiers; en raison de quoi le pape ordonne aux prélats de lever les excommunications prononcées par eux contre ces derniers.

Malgré le roi, la lutte continua entre le clergé et la noblesse soutenue par les légistes. Alexandre IV dut sévir à son tour contre les violateurs des privilèges ecclésiastiques; il frappa d'anathème ceux qui les enfreignaient par des statuts ou des conventions, ce qui prouve que l'on continuait à former des ligues dans le genre des précédentes, et engagea les évêques à la résistance. En 1258, la querelle s'envenimant, il chargea l'évêque de Rouen de l'apaiser. Mais ce fut en vain. Bientôt le prince qui contenait l'opposition féodale ne fut plus là, et les doctrines de celle-ci gagnèrent le trône lui-même. Dans une assemblée tenue à Bourges en 1276, sous la présidence d'un légat, le clergé revendiqua énergiquement ses attributions judiciaires, de plus en plus combattues. La publication et l'exécution de ces résolutions furent interdites par le parlement. Rome lança de nouveau ses foudres. Bref, la guerre se perpétua et s'accentua dans les siècles suivants, jusqu'à ce que le ressort de la justice épiscopale fût réduit à rien, suivant en cela la destinée des autres droits temporels de l'Église.

En dehors des questions judiciaires, les conflits étaient très rares, nous le savons déjà. Il pouvait en surgir à l'occasion du droit de régale, d'une pratique si délicate; mais, grâce à la circonspection avec laquelle le roi en usait, ce droit ne troubla en rien l'harmonie des deux pouvoirs. L'Église le tolérait alors par politique; Clément IV alla même jusqu'à révoquer une nomination faite par lui, afin de ne pas l'enfreindre. Saint Louis, de son côté, rendait les régales à l'évêque élu avec l'empressement d'une conscience méticuleuse, et, quand il y avait le moindre doute sur la légalité de leur possession (car elles ne se percevaient pas dans tous les diocèses ni sur toutes les propriétés d'un diocèse), il faisait procéder à une enquête, à la suite de laquelle il partageait les revenus avec le titulaire, les conservait ou les abandonnait, suivant les cas; c'est ainsi qu'il agit notamment avec l'évêque du Puy, en 1259. Mais les seigneurs exerçaient aussi la régale dans leurs fiefs, et, si un certain nombre y renonçaient, d'autres en faisaient encore un sujet de discorde, et retardaient le plus possible la confirmation de l'élu. De là une nouvelle source d'hostilités entre les grands et le clergé, source qui se fût tarie promptement, car bientôt le roi seul eut le droit de régale, à l'exclusion de tous ses vassaux; mais alors le roi ne se nommait plus saint Louis. Les attributions du suzerain ne comportaient malheureusement pas la répression de ces querelles; les barons étaient encore maîtres chez eux sur beaucoup de points. Cependant, quand la vexation était manifeste et sans prétexte légal, le roi intervenait et faisait rentrer dans l'ordre les seigneurs qui s'appropriaient les propriétés ecclésiastiques. C'est ce qu'il fit à l'égard de la vicomtesse de Châteaudun, qui détenait les biens de l'évêque de Chartres; il lui écrivit, avec la reine Blanche, d'avoir à restituer dans le délai d'un mois au plus, ou sinon de s'attendre à voir cette restitution opérée par la force[1].

Ainsi nous apparaît saint Louis dans ses relations avec les pouvoirs constitués de l'Église. Vis-à-vis des évêques comme vis-à-vis

[1] *Analecta juris pontificii*, col. 815.

du pape, il observe la législation établie de son temps; mais, loin
d'apporter dans la loi des changements préjudiciables à leur autorité,
il en favorise autant qu'il peut l'exercice et la protège contre l'esprit de scepticisme, de jalousie, de sécularisation, en un mot, qui
commence à s'attaquer sous mille formes à la puissance religieuse.
Il y a loin de ce caractère à celui qu'on s'est tant de fois efforcé de
lui donner. Tel est pourtant le résultat de l'étude sérieuse et sincère
des textes, étude qui, poursuivie et complétée un jour par de plus
habiles, nous rendra sans aucun doute le véritable saint Louis, le
saint Louis profondément dévoué à l'Église, aussi bien dans sa
politique que dans sa vie privée, c'est-à-dire le prince catholique
par excellence.

A l'égard du clergé inférieur, l'esprit du pieux roi fut le même.
Cependant des difficultés d'une nature particulière se présentaient
souvent à ce sujet, entre la puissance temporelle et la puissance
spirituelle. La question de la collation des bénéfices, notamment,
était une nouvelle source de conflits. En principe, l'évêque était le
collateur-né des bénéfices ecclésiastiques. S'il était élu par le chapitre, en retour il nommait les chanoines et les autres bénéficiaires,
non toutefois sans l'assentiment de ce même chapitre. Mais, par des
dérogations successives au profit des papes, des princes, des patrons
ou protecteurs des Églises, ce droit en était arrivé, au XIIIe siècle,
à être partagé dans la pratique. Les souverains pontifes l'exerçaient
dans un certain nombre de cas, en vertu des *réserves apostoliques*,
privilège remontant à une époque reculée. A partir de Clément IV,
vers la fin du règne de saint Louis, ces réserves s'étendent considérablement; elles finissent par être appliquées, sous les pontifes suivants, à la généralité des bénéfices vacants. En même temps le pape
exerce, depuis 1154, un droit de recommandation qui a un caractère impératif et qui emporte ordinairement la collation. D'un autre
côté, les rois ou les seigneurs interviennent comme patrons. Le
patronage de certaines Églises leur avait été concédé, dès le Ve siècle,
en récompense de leurs libéralités et de leurs nombreuses fondations.
L'épiscopat avait en vain combattu les conséquences qu'ils en prétendaient tirer et n'avait réussi qu'à les restreindre. A l'époque où
nous en sommes, le droit de patronage, concédé sous la condition
expresse de dotation de l'Église, comporte la présentation des titulaires à l'évêque, et par suite il entraîne la collation virtuelle du
bénéfice, quoique le diocésain reste possesseur du droit d'institution.
On conçoit facilement que cette immixtion des patrons laïques, bien
que tolérée, devait engendrer des difficultés regrettables. Aussi
diverses précautions sont-elles prises par l'Église pour les empêcher
de présenter des sujets incapables. Elle leur interdit la vente ou la

cession de leur droit. S'ils osent instituer directement un bénéfi-
ciaire, ils sont déchus *ipso facto* du patronage [1]. S'ils laissent se prolonger une vacance au delà de quatre ou de six mois, la collation
revient à l'évêque. S'ils présentent un candidat entaché d'une irré-
gularité quelconque, par exemple n'ayant pas atteint l'âge requis,
ou n'ayant pas reçu les ordres sacrés, ou ne pouvant pas observer
l'obligation de la résidence, ils sont privés pour une fois de l'exercice
de leur prérogative.

Avec des princes mal disposés envers l'Église ou peu scrupuleux,
une pareille situation était une source de conflits. Mais avec saint
Louis il n'y avait rien à craindre. Sa conduite en cette matière est
une des preuves les plus remarquables de sa déférence envers l'autorité spirituelle et de sa ferme volonté de rester d'accord avec elle.
Voici, d'après Joinville, comment il procédait : « Quand quelque
bénéfice de la sainte Église échéait au roi, avant qu'il le donnât il
consultait de bonnes personnes religieuses ou autres, et, quand il
avait pris conseil, il donnait les bénéfices de la sainte Église en
bonne conscience, loyalement et selon Dieu. Il ne voulut jamais
donner nul bénéfice à un clerc, s'il ne renonçait aux autres bénéfices
d'Église qu'il avait déjà [2]. » Geoffroy de Beaulieu est encore plus
précis; il rapporte que saint Louis, appliquant à ces nominations
le principe général introduit dans son gouvernement, ouvrait sur
les candidats de véritables enquêtes. Les faits sont complètement
d'accord avec le témoignage de ces deux historiens. La circonspection du pieux roi était telle, qu'en partant pour la seconde croisade,
craignant sans doute que d'autres mains laïques n'abusassent de son
droit de collation s'il le laissait à la régence, il en remit l'exercice
à l'évêque de Paris lui-même; il lui associa seulement le prieur des
frères prêcheurs, le gardien des frères mineurs et le chancelier de
son Église [3]. Ainsi le soin des âmes ne le préoccupait pas moins
que les intérêts temporels, et voir la direction spirituelle de la
moindre partie de son peuple confiée à des clercs indignes ou simplement incapables eût été pour sa conscience de père un sujet de
remords. Plutôt que de conserver dans sa maison, pendant son
absence, un droit qui allait jusqu'à un certain point sur les brisées
de l'autorité ecclésiastique, il le remettait à l'Église. C'est encore un
trait que les partisans du gallicanisme de saint Louis ont oublié de
méditer.

Quant aux difficultés ou aux incertitudes qui pouvaient surgir au
sujet de la légitimité même de son patronage sur les Églises, le roi,

---

[1] V. Guyot, *Somme des conciles*, I, 401 et suiv.
[2] Joinville, édition de Wailly, p. 380.
[3] *Analecta juris pontificii.*

la plupart du temps, allait au-devant ou s'arrangeait à l'amiable avec
les prélats. On le voit s'accorder, en 1232, avec l'évêque d'Évreux
pour le partage du droit de nomination à plusieurs bénéfices de ce
diocèse. Dans celui de Chartres, où un différend s'était élevé, il consent bénévolement, par un compromis avec le chapitre, signé en 1244,
à ce que les abbés de Saint-Denis et d'Hermières pourvoient à sa
place aux prébendes vacantes. Mais il s'agit ici de vacances survenues
pendant que le siège épiscopal était inoccupé, et par conséquent c'est
le droit de régale qui est en jeu; or on a vu tout à l'heure la façon
dont saint Louis usait de ce droit prétendu.

Je ne saurais quitter ce sujet sans dire un mot d'une ordonnance
de saint Louis qui concerne un des plus fameux droits temporels de
l'Église; il s'agit de la dîme. La perception de la dîme remonte, on
le sait, au temps et à la législation des Hébreux. Dans le Nouveau
Testament, sa légitimité est implicitement reconnue, en vertu du
précepte moral rappelé par saint Paul : *Qui in sacrario operatur,
quæ de sacrario sunt edunt.* La dîme est donc une dette sacrée des
fidèles envers les ministres de l'Évangile, aux nécessités desquels ils
sont tenus de pourvoir; elle n'est pas positivement de droit divin,
mais elle est de droit canonique, et les conciles en ont toujours
consacré l'usage, tout en défendant de la détourner de son but religieux. Mais, par suite du malheur des temps, beaucoup de dîmes,
c'est-à-dire de redevances attribuées aux Églises, furent accaparées
par les grands seigneurs vers la fin de l'époque barbare, en même
temps que les autres biens ecclésiastiques. D'autres furent cédées par
les Églises elles-mêmes à des personnages puissants, pour acheter
leur protection contre les invasions ou les autres dangers auxquels
elles étaient exposées. De là l'inféodation des dîmes. Celles qui
avaient été ainsi usurpées ou aliénées, étant considérées comme des
biens ordinaires, furent données en fief et soumises à toutes les lois
féodales. Leur détention par des mains laïques était donc un reste
des temps de violence et de barbarie. L'Église la condamna de bonne
heure, et défendit aux séculiers possesseurs de dîmes de les trans-
férer à d'autres qu'à elle, sous peine d'être privés de la sépulture
chrétienne. Au XIIIᵉ siècle, elle alla plus loin; tolérant seulement
qu'ils conservassent les dîmes inféodées antérieurement au troisième
concile de Latran, tenu sous Alexandre III, elle fit supprimer toutes
les autres. Elle continua néanmoins de poursuivre la réintégration
successive des premières; mais cette restitution était souvent entravée
par les seigneurs féodaux, dont les particuliers devaient requérir le
consentement pour toutes les opérations de cette nature. C'est ici que
nous voyons le saint roi intervenir. Sa scrupuleuse délicatesse et son
dévouement à l'Église étaient d'accord pour lui faire déplorer un

pareil état de choses. Il avait à cœur de faire rendre à César ce qui
est à César, et à Dieu ce qui est à Dieu. Il promulgua donc, dans la
dernière année de son règne, le décret suivant, dont le texte édifiant
n'est pas trop long pour être rapporté ici :

« Au nom de la sainte et indivisible Trinité. Amen.

« Louis, par la grâce de Dieu, roi de France. Nous faisons savoir
à tous que, pour l'amour de Dieu, pour le salut de notre âme et de
l'âme de notre père le roi Louis, d'illustre mémoire, de notre mère
la reine Blanche, et de nos autres prédécesseurs, nous voulons et
concédons, autant qu'il nous appartient, ce qui suit. Toutes les personnes laïques qui perçoivent des dîmes sur notre terre et dans les
fiefs mouvants de nous, directement ou indirectement, pourront les
restituer à l'Église en perpétuelle propriété sans avoir besoin de notre
consentement ou de celui de nos successeurs ; de telle sorte que nos
héritiers ou successeurs ne pourront s'y opposer d'aucune manière,
ni empêcher en aucun cas l'effet de la présente concession. Et afin
que ce soit chose ferme et stable à l'avenir, nous avons fait sceller
ces lettres de notre sceau. Fait à Paris au mois de mars 1269 (1270)[1]. »

Ainsi, encore une fois, le gouvernement royal vint en aide à
l'Église contre les embarras causés par la féodalité, et les dîmes
inféodées purent rentrer facilement entre les mains de leurs légitimes
propriétaires, revenir à leur destination primitive et naturelle. Il y
avait cependant là, pour un prince jaloux de la puissance ecclésiastique, une belle occasion de séculariser. La dîme, à entendre certains
politiques modernes, était un abus monstrueux qu'il fallait aider à
détruire ; on la met sur le même pied que la corvée pour en faire
l'épouvantail d'un peuple ignorant. Il est bon de montrer que, si
l'Église l'exigeait, le pouvoir civil lui en facilitait la perception, et
que ses détenteurs laïques s'empressaient de la restituer. Aujourd'hui
l'on est obligé de suppléer par un budget des cultes aux propriétés
et aux revenus confisqués sur le clergé ; la dîme coûtait moins à
l'État, et paraissait au public moins lourde que les impôts modernes.

[1] *Analecta juris pontificii.*

CHAPITRE XIII

SAINT LOUIS ET LES ORDRES MONASTIQUES

Amour de saint Louis pour les religieux; ses fondations. — Naissance des ordres de Saint-Dominique et de Saint-François. — Leur propagation en France; le roi les favorise et s'en entoure. — Leurs services et leurs travaux. — L'inquisition. — Esprit et dispositions de saint Louis à l'égard des hérétiques; mesures qu'il prend à leur sujet.

Si des liens amicaux unissaient le roi à la grande majorité du clergé séculier, ce n'était rien encore auprès de la vénération et de l'affection toutes particulières qu'il professait pour les ordres religieux. Ce sont les propres paroles de son fidèle biographe : « Il aimait toutes gens qui se mettaient à servir Dieu et qui portaient habit de religion, et nul d'entre eux ne venait à lui sans recevoir du bien[1]. » On ne trouve plus, en effet, dans ses relations avec eux, aucun de ces désaccords momentanés, aucun de ces tiraillements que nous avons constatés avec certains clercs séculiers. Toute sa faveur leur est acquise; mais cette faveur n'est point aveugle, et le bon roi a ses préférences.

L'ordre de Cîteaux, consacré surtout à la prière, est un de ceux qu'il semble avoir affectionnés. On le voit fonder pour lui l'abbaye de Maubuisson, près de Pontoise, qu'il dota très richement et qu'il ne cessa d'entourer d'une vigilante protection; car il ne partit point pour sa première croisade sans avoir été dire adieu aux religieuses qu'il y avait établies. Il bâtit aussi pour des cisterciens la célèbre maison de Royaumont, où il alla bien des fois par la suite goûter un instant de recueillement. La fondation de cette abbaye est une de

---

[1] Joinville, édition de Wailly, p. 394.

celles qui donnent le mieux l'idée de la libéralité intelligente qu'il
apportait dans cette sorte d'actes. Les religieux de Royaumont
furent séparés de tout contact avec le monde ; ils ne devaient payer
aucun impôt domanial pour leurs ventes ou leurs acquisitions ; le
roi se réservait le jugement des procès qui leur seraient intentés ;
d'autres immunités leur furent encore accordées, de manière qu'ils
fussent exonérés de tout souci temporel. A Saint-Loup, près d'Orléans, Louis donna encore une terre aux cisterciennes, et leur
permit d'y construire neuf maisons, se réservant uniquement les
droits de justice. A Cluny, il prit sous sa sauvegarde spéciale les
moines et leurs biens, en chargeant ses baillis de leur dépense. Par
vénération pour l'illustre abbaye de Saint-Denis, qui renfermait le
tombeau de ses prédécesseurs et l'oriflamme sacrée, il exigea que
l'hommage féodal fût rendu à l'abbé par son propre frère, le comte
de Clermont, qui tenait des terres de lui, la personne royale devant
rester seule exempte d'un pareil aveu de dépendance. A Paris, il
installa à ses frais les frères des Sacs ou de la Pénitence, les frères
de Sainte-Croix, les béguines, les carmes, les blancs-manteaux,
les filles-Dieu ; aux environs, il établit les augustins de Mont-
martre, les chartreux de Vauvert, l'abbaye de Longchamp, celle
de Lys, près Melun. Les béguines, association originaire de Liège et
instituées depuis peu, n'étaient pas, à proprement parler, un ordre
religieux ; c'étaient des femmes mariées ou des vierges qui se réunissaient en certains lieux pour servir Dieu en commun, sous un habit
peu différent de celui du siècle, sans prononcer de vœux solennels
et sans se renfermer dans un cloître. On en voit encore aujourd'hui
vivant dans ces conditions en plusieurs villes de Belgique. Persé-
cutées et abolies avec les béguins au siècle suivant, elles étaient alors
dans tout l'éclat d'une renommée naissante, et il n'est pas étonnant
que le pieux monarque leur ait donné des maisons un peu partout,
les ait dotées et portées sur son testament. Quelques-unes, il est
vrai, prétendaient se mêler de prédication, et déplaisaient pour ce
motif au clergé ; mais la légende rapporte qu'un moine cistercien,
ayant des doutes sur leur vertu, obtint de Dieu la faveur de voir
miraculeusement toutes leurs actions, et qu'elles lui apparurent
fermes dans la foi, accomplies dans leurs œuvres ; si bien qu'il les
défendit par la suite contre tous leurs détracteurs.

Joinville n'exagère pas quand il nous dit, dans sa langue imagée,
que saint Louis « enlumina tout son royaume d'abbayes comme
l'écrivain orne son livre d'or et d'azur[1] ». Mais il ne faut pas croire
qu'il ait été prodigue envers les moines comme d'autres envers leurs

_____

[1] Joinville, édition de Wailly, p. 406.

courtisans. Lui-même exposa sa théorie au comte Thibaud de Champagne, un jour qu'il le voyait faire des dépenses exagérées pour un
couvent de Provins. « Il faut, lui dit-il, avant tout réparer ses torts,
puis faire l'aumône avec ce qui reste. » On retrouve dans cette parole
son caractère tout entier, car jamais prince ne fut plus scrupuleux en
étant aussi large. Les bienfaits lui étaient d'ailleurs rendus par les
monastères sous la forme d'avantages spirituels. Nos pères, au lieu
de se faire associer au produit d'une opération financière, cherchaient
à être associés aux bénéfices des prières et des bonnes œuvres de
certaines communautés ; tel était l'empire de la foi. Saint Louis sol-

Cloître de Royaumont.

licita et obtint cette association pour lui et sa famille de l'ordre de
Prémonrté, des abbayes de Vézelay, de Grandmont, de Pontlevoy,
du Bec, de l'ordre des chartreux, de celui des trinitaires et de
beaucoup d'autres. A toute heure et en tout lieu il voulait que des
voix autorisées s'élevassent jusqu'à Dieu en sa faveur et pour la
prospérité de son royaume. Mais sa prédilection la plus tendre, ses
bienfaits les plus signalés étaient réservés pour les derniers venus
de la milice religieuse, pour les humbles frères de Saint-Dominique
et de Saint-François, dont je dois parler plus en détail, parce que
leur propagation en France est un des événements les plus féconds
de son règne.
     Au début du XIIIᵉ siècle, le grand édifice chrétien, si imposant, si
solidement assis, était menacé d'un péril plus grave encore que le
relâchement de la discipline ecclésiastique. Comme un monument
dont la façade serait intacte et l'intérieur miné par des bandes de
rongeurs invisibles, il couvrait de son ombre ses pires ennemis. Les

ramifications de la grande secte manichéenne, toujours combattues,
toujours renaissantes, étaient sur le point de tout envahir et de renverser jusqu'aux fondements de l'Église catholique. Leur doctrine
était un singulier mélange d'hérésies anciennes et d'utopies sociales
que l'on croit modernes : on y trouve réunis la négation de l'autorité pontificale et du pouvoir divin de Jésus-Christ même, les
principes de la liberté illimitée, de la communauté des biens et
des femmes, de l'inanité des sacrements, et beaucoup d'autres
théories, jointes parfois à de grossières superstitions. Sous le nom
de Vaudois et d'Albigeois, ces hérétiques avaient secrètement infecté
une grande partie de l'Italie et de l'Allemagne, presque toute la
moitié méridionale de la France et quelques pays du centre. On
voyait venir le moment où toute la catholicité allait être gan-
grenée; la réforme, peut-être même la révolution, allaient arriver
plusieurs siècles avant leur tour. Il se présenta, en effet, deux
réformateurs; mais, par un effet merveilleux de la protection divine,
ces réformateurs, au lieu de s'appeler Luther et Calvin, s'appelèrent
saint François et saint Dominique. Il était impossible que le siècle
de saint Louis vît le déchirement de la société chrétienne; le monde
occidental n'était pas mûr pour une telle scission. Mais il était possible, et il était dans l'ordre rationnel des choses qu'il vît une grande
réparation, un grand renouvellement de la vie religieuse; car l'Église
était encore assez vivace pour tirer de son propre sein les éléments
de son rajeunissement. Je ne parle pas ici de la répression matérielle de l'hérésie; j'en dirai un mot tout à l'heure. Mais on a trop
souvent considéré cette répression comme la principale ou la seule
arme employée alors contre les adversaires de la foi. Le grand moyen,
le grand instrument du triomphe du catholicisme fut le spectacle
donné à tout l'univers de la pauvreté évangélique ressuscitée, de la
prédication apostolique restaurée, de la charité et de la fraternité
primitives sincèrement professées. Que prétendaient les hérétiques?
Quelle était la base de leurs raisonnements et la cause de leurs
succès? Voyez, disaient-ils au peuple, toujours facile à séduire par
le sophisme, voyez combien vos prêtres sont faux : ils vous enseignent
un Dieu pauvre, et ils vivent dans l'opulence; ils vous prêchent
Jésus-Christ humble et mortifié, et ils viennent à vous avec un faste
orgueilleux, avec un cortège de chevaux magnifiques. Cet argument
leur amenait de nombreux adeptes; tous les écrivains du temps s'ac-
cordent à le reconnaître. Eh bien! se dit un jeune missionnaire témoin
de ces défections et de l'impuissance de ses collègues, dépouillons
nos riches habits et revêtons-nous de bure; renvoyons nos chevaux,
et marchons à pied, le bâton de pèlerin à la main; renonçons à toute
propriété, et soyons mendiants s'il le faut; prêchons par l'exemple

comme par la parole, et prêchons ainsi partout, sans trêve ni relâche. Le salut était trouvé ; le grand ordre des Frères prêcheurs était fondé.

Pendant que ceci se passait en France, le fils d'un riche négociant d'Assise renonçait à sa famille pour se faire adopter par un pauvre hère, et s'en allait par le monde couvert d'une vile tunique, ceint

Saint François et saint Dominique.

d'une corde, pratiquant à sa manière la communauté des biens, c'est-à-dire ne voulant rien accepter pour lui (manière fort opposée à celle des communistes modernes), secourant enfin, avec une douzaine de compagnons, toutes les misères et toutes les ignorances humaines. Il établissait ces frères mineurs, ou petits frères, dont le nom seul est un signe d'humilité, et leur donnait pour premier statut ces simples mots : « Observer l'Évangile, vivre sous la loi de l'obéissance, sans posséder rien en propre et en gardant la chasteté. »

Saint François et saint Dominique se rencontrèrent, dit-on, à

Rome ; ils se comprirent et s'embrassèrent. Liés désormais par une même ambition, ils se partagèrent le labeur et la peine, comme deux conquérants antiques se seraient partagé la gloire. Les franciscains eurent pour apanage la charité et les missions populaires ; les dominicains eurent la science et le génie de la prédication. Mais, à l'origine, ces dons divers se confondent et s'unissent chez eux à tel point, que l'on dirait qu'ils n'ont même pas voulu posséder en propre une seule qualité, une seule aptitude. Le pape Innocent III eut quelque peine à autoriser les deux ordres naissants ; un tel genre de vie lui paraissait au-dessus des forces humaines. La pauvreté individuelle avait bien été professée jusque-là dans les monastères ; mais ici il s'agissait d'appliquer à la communauté même le principe de non-possession ; c'était l'indigence absolue et collective. N'était-ce point tenter Dieu ? Il avait pris d'ailleurs la résolution de ne plus approuver de règles nouvelles. Mais une nuit il crut voir en songe s'écrouler la basilique de Saint-Jean-de-Latran, mère et maîtresse de toutes les églises, et s'avancer, pour la soutenir, deux personnages mystérieux ; il reconnut ensuite que c'étaient François d'Assise et Dominique de Guzman. Ses doutes furent levés : le premier vit son ordre confirmé en 1216, et le second obtint la même faveur quelques années après. Voilà donc les deux milices lancées sur le monde ; voilà les redoutables missionnaires aux prises avec l'hérésie d'une part, avec la corruption ecclésiastique de l'autre. Voyons-les maintenant à l'œuvre chacun de leur côté ; suivons leurs progrès et leur développement sous le règne et sous la protection du saint roi.

On s'imagine difficilement aujourd'hui la rapidité de la propagation des frères mineurs. Ce fut comme un embrasement qui s'étendit tout à coup à la chrétienté entière. Pour en donner l'idée, il suffit de dire qu'ils comptaient, dès 1250, huit cents couvents renfermant plus de vingt mille religieux. En France, où ils s'introduisirent de bonne heure, le peuple fut tout de suite frappé de l'humilité de leur costume et de la corde qui les ceignait ; il leur donna le nom de cordeliers. Il fut bien plus étonné encore quand il les vit se répandre dans les villes et les campagnes sans s'inquiéter du gîte ni de la nourriture, quand il les entendit prêcher à la fois contre l'hérésie et contre les désordres des clercs sans crainte des puissants, sans souci temporel. L'impression fut immense, et tout le monde, pris d'une sainte émulation, commença à vouloir endosser la bure de saint François. Du vivant de Jacques de Vitry, vers 1230, l'ordre se répartissait déjà en quatre catégories fort nombreuses, qu'il compare à la fourmi, au lièvre, à la sauterelle et au stellion : la première, ce sont les simples et les laïques, travaillant de leurs mains ou portant les aumônes ; la seconde, ce sont les faibles et les infirmes,

compensant par la prière et la méditation leur impuissance matérielle; la troisième, ce sont les savants qui s'élèvent aux choses
du ciel par l'étude et la contemplation; la dernière enfin, ce sont
les orateurs, voyageant pour la diffusion de la lumière et le salut
des âmes. On a là, peinte d'un seul trait, toute l'œuvre des frères

Albert le Grand enseignant la chimie à Paris.

mineurs dans les premiers temps de leur existence, et l'on voit
que cette œuvre était déjà plus vaste que celle des ordres anciens,
puisqu'elle ajoutait à la charité, à la prière, à la science, aux
travaux manuels, les rudes fatigues de la prédication nomade. Aussi
la critique, au XIIIᵉ siècle, est-elle encore muette à leur égard; les
orateurs qui s'adressent à eux du haut de la chaire se contentent de
leur recommander de placer au-dessus de leur règle particulière la
loi d'amour universel qui régit tous les chrétiens.

Il n'est donc pas surprenant que saint Louis leur ait voué une

16

affection si marquée. D'ailleurs, il avait été en partie élevé par eux;
car sa mère avait choisi dans les deux ordres nouveaux les religieux
les plus capables de l'assister dans sa tâche d'éducation maternelle;
il faut par conséquent leur reconnaître l'honneur d'avoir contribué
à donner à la France le modèle des souverains. On raconte même
une curieuse légende sur un pèlerinage qu'il aurait fait par reconnaissance à Pérouse, au tombeau du fondateur des frères mineurs.
Mais restons dans le domaine de l'histoire. Il ne régnait encore que
depuis huit ans, lorsqu'il leur procura dans sa capitale une installation
complète. Il leur fit donner par l'abbaye de Saint-Germain, pour
agrandir leur demeure provisoire, un grand corps de logis, et bâtit
ensuite leur église avec le produit de l'amende payée par Enguerrand
de Coucy. C'est alors surtout qu'on vit ces religieux fréquenter son
palais et se répandre dans les chaires parisiennes. Il se servait d'eux
pour donner à son entourage le spectacle édifiant des vertus évan-
géliques. C'est pour cela que, se trouvant à Hyères au retour de la
croisade, il voulut retenir à sa cour ce frère Hugues, qui se scanda-
lisait de voir tant de moines en pareil lieu, et qui lui répondit rude-
ment : « Certes, sire, je n'en ferai rien, mais je m'en irai en tel
endroit où Dieu m'aimera mieux qu'en votre compagnie. » Toutefois
l'austère cordelier ne le quitta point sans lui laisser à lui-même des
avis salutaires, qui influèrent certainement sur sa ligne de conduite.
Il est bon de rappeler ces paroles textuelles, pour montrer quel était
le rôle des frères mineurs à la cour, et quelle sainte liberté de langage ils y apportaient.

« Il lui enseigna, raconte Joinville, comment il devait se maintenir
au gré de son peuple, et, en la fin de son sermon, il dit qu'il avait
lu la Bible et les livres païens, et qu'il n'avait jamais vu, ni dans
l'une ni dans les autres, qu'un royaume ou une seigneurie se
perdît ou passât d'un maître à un autre, sinon par défaut de droit
(faute de rendre justice). Or, ajoute-t-il, que le roi prenne garde,
puisqu'il va en France, de faire telle droiture à son peuple qu'il en
conserve l'amour de Dieu, en manière que Dieu ne lui enlève point
le royaume de France pour sa vie [1]. » Est-il beaucoup de conseillers
laïques qui eussent gardé une attitude aussi indépendante vis-à-vis
de leur maître?

En dehors de Paris et de la cour, saint Louis favorisa l'établissement des frères mineurs partout où il le put. A Senlis, il ordonna
au maire et aux échevins de les laisser clore de murs leur habitation
et y renfermer la rivière, à condition de ne pas en arrêter le cours.
A Rouen, il agrandit lui-même leur maison. Dans les domaines

[1] Joinville, édition de Wailly, p. 362.

de son frère Alphonse de Poitiers, ils furent l'objet d'une protection
et de bienfaits semblables. Jusqu'en Palestine, pour les récompenser
sans doute d'avoir prêché la croisade et de l'y avoir accompagné en
grand nombre, le roi leur éleva une église et un couvent dans la
ville de Joppé. En même temps il envoyait un certain nombre
d'entre eux chez le khan des Tartares, pour obtenir l'autorisation
d'annoncer l'Évangile dans les États de ce despote. Par son testament,
il leur légua, avec une rente considérable pour l'époque, une partie
des volumes qu'il avait rassemblés à la Sainte-Chapelle; ils eurent
notamment son psautier, qu'ils vendirent ensuite dans un moment
de besoin. Enfin il les aimait tellement, qu'une femme du peuple
osa lui reprocher un jour d'être le roi des moines mendiants et
d'être bon uniquement à porter le capuchon. Ce capuchon, qui
distinguait les frères mineurs, il faillit le porter en effet. Son extrême
humilité lui avait un moment inspiré le désir d'abdiquer et d'entrer
chez les franciscains; il en fut empêché par les justes représentations
de la reine. M. Renan prétend, dans l'*Histoire littéraire,* que c'est
là une fiction inventée par ces religieux eux-mêmes, comme le voyage
de saint Louis à Pérouse; mais les historiens contemporains, Geoffroy
de Beaulieu entre autres, attestent le fait, et les critiques sincères de
nos jours l'ont parfaitement admis. Le savant Boutaric l'a reconnu,
c'est grâce à Marguerite de Provence que la France conserva son
roi. Cela dut être pour la piété de Louis un véritable sacrifice; mais
il s'en consola dans ses entretiens intimes, dans ces causeries après
le dîner, que son biographe nous dépeint si bien : « Quand nous
estions privément avec lui, il s'asseyait au pied de son lit; et quand
les prêcheurs et les cordeliers qui étaient là lui rappelaient un livre
qu'il aimait à entendre lire, il leur disait : « Vous ne me lirez point;
« car il n'est pas de si bon livre après manger comme quolibets,
« c'est-à-dire que chacun cause comme il veut [1]. »

Tel était le rôle de ces moines à la cour de France. Le lecteur
n'attend pas que je lui retrace leurs faits et gestes à travers le
monde; il faudrait des volumes, et, en effet, de gros in-folio, intitulés
Annales Fratrum minorum, ont été consacrés par Wadding à cette
tâche gigantesque. Qui ne connaît d'ailleurs leurs illustrations, les
travaux et l'éloquence de saint Bonaventure, que l'Église a surnommé
le « docteur séraphique »; les succès prodigieux de saint Antoine
de Padoue, qui instruisait des foules compactes sur les places
publiques et les retenait d'un seul mot sous la pluie et l'orage; la
science philosophique d'Alexandre de Halès, de Duns Scot, de Roger
Bacon? Sans doute les disciples de saint François connurent à leur

---

[1] Joinville, édition de Wailly, p. 368.

tour la défaillance et l'erreur ; ils devinrent les rivaux de leurs frères d'armes les dominicains. Après le règne de saint Louis, le schisme s'introduisit dans leur propre sein ; les partisans de l'Évangile éternel, et plus tard les fratricelles, tombèrent dans de singuliers écarts de doctrine. Mais, si l'on s'arrête à l'époque de leur ferveur primitive, on ne doit qu'un tribut d'admiration à cette apparition bienfaisante de la pauvreté volontaire, de la charité héroïque, de toutes les sublimes folies de la croix.

L'ordre de Saint-Dominique, dans le premier siècle de son existence, est encore plus admirable. Il n'y a qu'une voix, parmi les contemporains, pour vanter le désintéressement de ses membres, la sincérité de leur pauvreté, leur zèle pour l'enseignement et la prédication. Les frères prêcheurs portent bien leur nom ; ce sont les prédicateurs par excellence. Au commencement, Matthieu de France, le bienheureux Réginald, Jourdain de Saxe, Henri de Cologne, instruisent les masses dans un langage plein de simplicité et d'ardeur ; comme leur fondateur, ils ne demandent d'inspiration qu'à un seul livre, l'Évangile. Un peu plus tard, avec Albert le Grand et ses élèves, ils abordent l'éloquence savante et les chaires des écoles. Saint Thomas, le grand théologien du moyen âge, admiré de l'Église entière, porte à son plus haut point la gloire de sa congrégation et le génie scolastique. Au-dessous de lui, des maîtres de l'ordre, comme Humbert de Romans, Hugues de Saint-Cher ; de simples frères, comme Gilles d'Orléans, Étienne de Bourbon, Pierre de Tarentaise, qui occupa un instant le trône pontifical, et cent autres, relèvent la chrétienté par leurs missions, par la pureté de leur foi, par leurs efforts contre l'hérésie. Un entraînement irrésistible pousse tous les hommes de mérite qui se convertissent à revêtir l'habit blanc de saint Dominique. Un ancien médecin de la cour, théologien renommé dans l'Université, descend de chaire au milieu d'un sermon pour l'endosser séance tenante. Si quelques voix intéressées essayent de détourner vers les autres ordres cet élan général, on leur répond : « Jésus-Christ fut-il cistercien ? fut-il bénédictin ? fut-il chanoine régulier ? Non. Mais fut-il un pauvre prédicateur ? Oui. Eh bien ! nous aimons mieux faire comme lui que comme vous. » A Paris, à peine ont-ils obtenu de l'Université, moyennant certaines conditions, la maison de la rue Saint-Jacques (d'où leur nom de Jacobins), que la foule des étudiants déserte les autres écoles pour se grouper autour d'eux. *Inde iræ :* de là ces jalousies et cette longue querelle, dont on a tant parlé, entre les ordres mendiants et les docteurs séculiers ; de là aussi le mécontentement de certains évêques, qui voyaient avec regret une part de leurs fonctions, et surtout de leur influence, accaparées par ces nouveaux venus ; point de départ d'une autre lutte, où des deux côtés on manqua quelquefois de modération. Mais les prélats les plus éclairés ne voient en eux que d'utiles auxiliaires et favorisent tant qu'ils le peuvent leur développement. Guillaume d'Auvergne,

Saint Thomas d'Aquin à l'université de Paris.

évêque de Paris, apprend que les jacobins sont endettés et ont mille peines à se tirer d'affaire dans leur nouvelle maison : que fait-il ? Il va trouver la reine Blanche, qui l'écoutait toujours docilement, et lui dit : « Madame, vous avez fait des frais considérables pour préparer votre pèlerinage à Saint-Jacques de Compostelle, afin d'être

glorifiée aux yeux du monde et d'étaler votre magnificence au pays
d'où vous êtes sortie. Tout cet argent ne pouvait-il trouver un
meilleur emploi? — Parlez, seigneur, fit la reine; je suis prête à
suivre vos conseils. — Je ne vous en donnerai qu'un, mais un bon,
et je m'engage à répondre pour vous sur ce point au tribunal
suprême : voilà nos frères prêcheurs, qui sont appelés les frères de
Saint-Jacques, et qui manquent du nécessaire. Eh bien! allez à Saint-
Jacques (à Saint-Jacques de Paris), et portez-leur la somme consacrée
à votre pèlerinage, qui se trouvera de cette manière accompli sans
peine. Je prends sur moi de modifier ainsi votre vœu. » Et la reine
obéit au saint homme [1].

Saint Louis ne protégea pas moins ces religieux que sa mère.
Tout ce que j'ai dit de son intimité avec les frères mineurs, il
faudrait le répéter à propos des dominicains. Il prend un confesseur
dans chacun de leurs ordres; il leur destine à chacun un de ses
enfants. Il lègue aux uns comme aux autres sa bibliothèque de la
Sainte-Chapelle. Il les admet également à sa table. Chacun se
rappelle saint Thomas, s'écriant au milieu d'un repas royal : « Je tiens
un argument décisif contre les manichéens, » et le bon prince le
forçant à mettre aussitôt sa trouvaille par écrit. A la croisade, il
emploie comme ambassadeur et comme interprètes des frères prêcheurs
instruits dans la langue sarrasine. A Compiègne, il leur bâtit un
monastère avec l'autorisation d'Alexandre IV. Quoi de plus touchant
que ses visites dans cet établissement? Il s'assoit à terre devant la
chaire des professeurs, et il écoute leurs leçons avec l'humilité du
dernier des étudiants; il prend place au réfectoire pour entendre le
lecteur. A Rouen également, il leur concède un emplacement, demandant quelques prières en échange, et dans la même ville il établit
des sœurs dominicaines, qui s'occupaient sans doute de l'éducation
des jeunes filles, comme dans le Midi, où cette éducation, sécula-
risée par les Albigeois, fut rendue à l'Église par les religieuses de
Prouille. Partout il défend les privilèges de ces pauvres moines et
seconde leur propagande; si bien qu'à la fin de son règne ils
comptent en Europe quatre cent dix-sept couvents; chiffre inférieur
à celui des maisons franciscaines, mais la qualité rachète ici le désa-
vantage de la quantité. Dans une seule année, la moitié des sermons
entendus à Paris sont prononcés par eux, et ce sont généralement
les meilleurs; ils tiennent donc à eux seuls autant de place dans la
capitale que tous les autres ordres et tout le clergé séculier réunis.
J'ai déjà remarqué que la haute science était un de leurs principaux
apanages, et les noms que j'ai cités me dispensent d'en fournir la

---

[1] *Anecdotes historiques tirées du recueil d'Étienne de Bourbon*, p. 389.

preuve. Croirait-on qu'une des accusations lancées contre eux de nos jours est celle d'avoir érigé l'ignorance en principe et d'avoir fait aux livres une guerre systématique? Cette guerre, M. Renan en a trouvé la trace dans une ancienne peinture de Toulouse qui représentait saint Dominique, et à côté de lui plusieurs livres dans les flammes. Il y a là une méprise trop plaisante pour n'être pas relevée : ce tableau reproduisait un trait bien connu de la vie du saint, c'est-à-dire son livre soumis à l'épreuve du feu en même temps que ceux des hérétiques et en sortant seul intact. En voilà assez cependant pour faire dire à d'autres écrivains que les frères prêcheurs « combattaient par le fer et le feu tout mouvement de la pensée », qu' « il ne leur paraissait pas convenable que les moines fussent de grands savants, etc. [1]. » Le mouvement de la pensée étouffé dans l'ordre de saint Thomas! La science bannie de l'institution qui produisait Vincent de Beauvais, le type de l'érudit du moyen âge, l'auteur d'une encyclopédie universelle! Constatons plutôt, avec Boutaric, que les ordres mendiants devinrent promptement « des centres littéraires et des pépinières de savants ». Et loin de nous plaindre, comme le même M. Renan, qu'ils aient affaibli la papauté en abusant de l'Évangile, répétons, avec un témoin beaucoup mieux informé, avec le Dante, une parole bien des fois citée : « La Providence qui gouverne le monde, voulant que l'Église marchât d'un pas plus assuré et plus fidèle, lui envoya deux princes pour le guider chacun à sa manière : François par son ardente charité, Dominique par sa doctrine, reflet de la lumière des séraphins... » Oui, au XIIIe siècle, l'Église en danger a été sauvée par ces vrais pauvres et ces vrais évangélistes; l'institut monastique dégénéré a recouvré toute sa vigueur par ces vrais moines et ces vrais ascètes; ils ont reculé de trois siècles, par une réforme catholique, l'avènement d'une réforme protestante.

Le mot que je viens de prononcer m'amène au suprême grief des détracteurs de l'ordre de Saint-Dominique; ses disciples ont vaincu l'hérésie, ils l'ont réprimée par des moyens trop rigoureux, avec une énergie parfois excessive; l'inquisition (voilà le grand mot!) fut en partie leur œuvre, ou du moins leur instrument. Mais on oublie que la mission des inquisiteurs, à l'origine, était surtout une mission d'enseignement et d'apostolat. Il faut voir comment l'entendait ce frère prêcheur auquel j'ai déjà fait plus d'un emprunt intéressant, Étienne de Bourbon; il faut le voir remplissant pendant plus de vingt ans les fonctions d'inquisiteur en différentes villes et s'efforçant

---

[1] Franklin, *les Bibliothèques de Paris*, t. I, p. 192. Cf. les notices de MM. Renan et Hauréau dans l'*Histoire littéraire de la France*.

de gagner les égarés par la douceur, par la persuasion ; ici conver-
tissant un bandit ; là rassurant une dame noble qui était venue
s'accuser elle-même d'hérésie, et qui s'en alla consolée par sa conversation ; ailleurs enfin combattant et déracinant des superstitions
populaires. Son rôle et celui de ses collègues était complexe ; il
comportait aussi bien l'indulgence que la sévérité. Cette contre-partie
de leurs fonctions a été si généralement méconnue, qu'on a l'air
d'émettre un paradoxe en la signalant ; elle est pourtant historique,
et il faut espérer qu'elle sera mise un jour en lumière d'une façon
complète.

Cela n'empêche évidemment que l'inquisition n'ait donné lieu
à de graves abus, étrangers à son principe et à l'esprit de l'Église,
qui vise avant tout au retour des pécheurs. Le plus grave, le seul
grave peut-être, c'est la multiplication des sentences capitales rendues
par la justice laïque. Ce n'était pas, en effet, les inquisiteurs qui
prononçaient des sentences ; l'hérétique reconnu par eux comme tel
devenait criminel d'État, et l'État, comme le dit Cantu, n'exécutait
pas la sentence de l'inquisition, mais appliquait la peine établie par
ses propres lois. Les jurisconsultes civils, et Beaumanoir lui-même,
admettaient que l'hérétique endurci devait être *justicié et ars;* et
les supplices ainsi décrétés par la puissance séculière dépassèrent
certainement la mesure. On vit, en 1230, jusqu'à cent quatre-vingts
malheureux brûlés le même jour à Mont-Aimé, en Champagne, au
milieu d'une foule innombrable. Ces exécutions collectives étaient très
rares ; mais les exécutions individuelles l'étaient moins. L'irritation
populaire et l'intérêt des seigneurs, qui recueillaient les biens des
suppliciés, contribuaient à les rendre assez fréquentes. Alphonse de
Poitiers, ou plutôt ses agents, poussaient de toutes leurs forces aux
condamnations capitales dans l'intérêt du fisc. L'autorité religieuse
fut même obligée d'intervenir contre la rapacité de l'administration
laïque ; un dominicain, Renaud de Chartres, en dénonça les agissements, et il en résulta des conflits dans lesquels le beau rôle, comme
l'avoue Boutaric, fut entièrement du côté des inquisiteurs [1]. On peut
donc dire que l'inquisition occasionna alors des excès regrettables,
mais on ne peut dire qu'elle les ait commis. Chose curieuse, c'est précisément l'ennemi déclaré de la papauté qui inaugura, au xiie siècle,
les exécutions d'hérétiques ; c'est Frédéric II qui le premier, déclarant
leur crime plus horrible que le cas de lèse-majesté et redoutant le
réseau des sociétés secrètes dont ils enlaçaient l'Europe, ordonna
qu'ils fussent livrés aux flammes ou privés de la langue. Tandis
qu'Innocent III interdisait la torture préalable au moyen de l'eau et

---

[1] Boutaric, *Saint Louis et Alphonse de Poitiers*, p. 452 et suiv.

du feu, l'empereur, ce prétendu modèle de libéralisme, faisait dès l'époque de son couronnement, et de sa propre initiative, un usage impitoyable du glaive séculier.

Tout autre fut la conduite du roi de France à l'égard des hérétiques. Sa foi était cependant bien plus vive ; le zèle religieux eût pu le pousser à des mesures de rigueur. Mais chez les vrais chrétiens la charité corrige les ardeurs du prosélytisme. La seule ordonnance rendue par saint Louis à ce sujet est un adoucissement au régime établi par sa mère en 1229. En voici les principaux articles :

« Les biens saisis sur les hérétiques, en exécution de l'ordonnance de 1229, seront rendus à ceux qui les demanderont, à moins qu'ils ne se soient enfuis, ou qu'ils n'aient persévéré dans leur contumace, ou qu'ils n'aient été abandonnés au bras séculier.

« Les femmes ne perdront pas leurs biens pour le crime de leurs maris.

« Les biens des hérétiques morts convertis seront restitués à leurs héritiers.

« Si ceux contre lesquels l'inquisition a commencé des poursuites méritent d'être enfermés, leurs biens seront confisqués ; mais, dans le cas contraire, ils leur seront remis. Si cependant ils demeurent l'objet de quelque soupçon d'hérésie, ils donneront caution de les livrer de nouveau, en cas qu'il surgisse, dans les cinq ans, quelque preuve ou charge nouvelle contre eux [1]. »

Ces dispositions ne furent prises qu'en 1250. Jusque-là, des révoltes soulevées dans le midi par les restes de la secte albigeoise avaient empêché saint Louis de suivre le penchant de son cœur. En 1239, Trencavel et d'autres seigneurs se mirent à la tête des hérétiques, et le roi dut envoyer contre eux son chambellan Jean de Beaumont, qui les dompta par la force. Bientôt après, le comte de Toulouse lui-même essaya de secouer les liens que lui imposait le traité conclu dix ans auparavant. La coalition formée à cette occasion se liait évidemment à une recrudescence de l'hérésie. Sous prétexte de confréries, les méridionaux mécontents organisaient dans l'ombre une ligue politico-religieuse. Le comte Alphonse de Poitiers fut forcé de dissoudre leurs associations. Saint Louis fut lui-même sur le point de recommencer la guerre, et leva dans ce but un subside. Le comte de Toulouse se soumit à temps ; il s'engagea solennellement à remplir ses engagements antérieurs, à extirper les hérétiques de sa terre, et accepta toutes les conditions de paix qu'on lui offrait.

[1] *Ordonnance des rois*, I, 61.

Les consuls de Toulouse, les villes et les seigneurs des environs furent contraints de jurer également l'observation du traité de Paris [1]. C'est seulement à partir de là que cessèrent les entreprises des barons du Languedoc contre l'autorité royale. Saint Louis put alors poursuivre l'apaisement des haines qui divisaient le Nord et le Midi. C'est pourquoi il rendit l'ordonnance dont je viens de parler. Par cet acte important il pansa bien des plaies encore saignantes ; il prépara efficacement la réunion morale et matérielle du Languedoc à la France, tout en maintenant les barrières opposées à l'hérésie. Sa modération contribua bien plus à l'extinction définitive du catharisme dans son royaume que l'effroi causé par les supplices. L'historien de la secte, M. Schmidt, attribue sa disparition à ce dernier motif, et prétend que le roi prescrivit, en 1270, de brûler les hérétiques condamnés par les évêques. Il fait allusion à un passage des *Établissements de saint Louis*, qui ne sont pas de saint Louis ; en revanche, il passe sous silence l'ordonnance de 1250 et ses résultats. Telle est l'impartialité de beaucoup d'écrivains lorsqu'ils touchent à ces questions d'histoire religieuse.

En même temps que la puissance civile devenait moins rigoureuse, la papauté suivait, de son côté, une pente analogue. Dès 1245, à Lyon, Innocent IV apportait des tempéraments à la pénalité ecclésiastique, et recommandait aux inquisiteurs de procéder comme auparavant contre les hérétiques déclarés, mais de s'abstenir à l'égard des autres jusqu'au futur concile [2]. Un peu plus tard, il accordait aux pénitents du comté de Toulouse l'autorisation de se croiser, qui les exonérait de toute punition et les plaçait, au contraire, dans une situation privilégiée. On voit encore ce pontife et son successeur Alexandre IV nommer des inquisiteurs pour tout le royaume, leur enjoindre, à la prière du comte Alphonse, de ne pas laisser refroidir leur zèle ; mais la tendance générale de l'Église était, au contraire, la clémence. Urbain IV, à son tour interdit aux dominicains de procéder sans les évêques ou leurs représentants ; il leur ordonne d'absoudre tous les hérétiques qui avoueront leur faute, et, pour les autres, de s'entourer avec la plus grande prudence des lumières nécessaires, de consulter, avant la sentence, un conseil de personnes honnêtes et religieuses. C'est le jury introduit dans la procédure de l'inquisition ; c'est le rétablissement du régime de la douceur. En effet, sous ce pontife, le temps des grands dangers est passé pour l'Église ; l'énergie de la résistance diminue par la force des choses, et avant la fin du siècle elle devient sans objet.

[1] *Trésor des chartes*, J. 306 et suiv.
[2] *Ibid.*, J. 431.

L'inquisition subsistera néanmoins ; elle se réveillera dans d'autres
pays et sous d'autres formes, en face de périls nouveaux ; la puissance politique s'en emparera et finira par en altérer le caractère.
Nous n'avons pas à suivre ici ces transformations. Il nous suffit d'avoir
constaté qu'à ses débuts, et sous le règne dont nous nous occupons,
l'inquisition n'a pas mérité les anathèmes dont on s'est plu à la
couvrir de nos jours. Elle a été, en somme, un progrès sur la procédure habituelle de l'époque, sur ces duels et ces épreuves judiciaires
qui sentaient encore la barbarie. Comme l'a dit si bien M. d'Arbois
de Jubainville, répondant aux déclamations d'Henri Martin, elle n'est
plus de notre temps, mais elle a été du sien, et elle lui a rendu
service. Elle se montra plus douce que les tribunaux séculiers, et,
si elle leur livra des victimes, elle leur en arracha peut-être un
plus grand nombre. Les abus vinrent, non de l'institution, mais de
quelques-uns de ses agents, et surtout de ses auxiliaires laïques ;
dans le principe elle était faite pour substituer la justice à la violence,
pour préserver par des moyens légaux la société chrétienne de sa
ruine. Elle contribua, en effet, à la sauver ; toutefois il ne faut pas
oublier qu'elle ne fut pas le principal instrument de son salut. La
mansuétude de saint Louis, l'exemple de la pauvreté évangélique
donné par les ordres de Saint-François et de Saint-Dominique, leurs
prédications infatigables, eurent dans cette grande œuvre la première
et la plus belle part.

CHAPITRE XIV

SAINT LOUIS ENTRE LA NOBLESSE ET LES COMMUNES

Répression des excès de la féodalité. — La classe des bourgeois; sa situation, ses privilèges et ses charges. — Origine véritable des communes; elles changent de caractère en se développant. — Oppression qu'elles exercent et divisions qu'elles amènent dans les rangs du peuple. — Attitude de saint Louis à leur égard; intervention nécessaire du pouvoir royal dans leur administration. — Leurs droits maintenus, leurs empiètements contenus. — Controverse relative aux *Enseignements de saint Louis.*

A l'époque où saint Louis monta sur le trône, la royauté se trouvait placée entre deux écueils redoutables : d'un côté, la féodalité, affaiblie déjà, mais encore debout, s'efforçait de maintenir des privilèges abusifs et de restreindre l'action du souverain ; de l'autre, la bourgeoisie naissante tendait, par l'organisation et le développement des ligues communales, à introduire dans l'État un troisième ou quatrième pouvoir, en hostilité avec les autres sur beaucoup de points. La suprême habileté devait consister, pour le roi de France, à éviter ce double récif, à contre-balancer l'une par l'autre ces deux forces ennemies. C'est précisément ce que fit saint Louis, et c'est un phénomène extrêmement remarquable que, tout en cherchant la stricte justice, il trouva la plus heureuse des politiques ; car on s'est trompé en le représentant comme exclusivement favorable à l'une des deux puissances en question.

Depuis plus d'un siècle, l'humeur batailleuse des seigneurs avait rencontré un premier frein dans les célèbres institutions de la *paix* et de la *trêve de Dieu,* dont plusieurs conciles imposèrent l'observation. La guerre féodale se trouva interdite durant deux cent soixante-dix jours de l'année, et des confréries de *paissiers* cherchèrent à l'empêcher d'une manière absolue. De telles améliorations frayaient le chemin au grand législateur dont nous avons vu plus haut les réformes courageuses. A peine sur le trône, il eut à combattre la féodalité. Les barons, déjà matés par la main de fer de Philippe-Auguste, sentirent que désormais ils auraient chez les Capétiens des adversaires décidés, et voulurent profiter d'une minorité, de la régence d'une femme pour ressaisir tous leurs avantages. Les conjurations se succédèrent. On sait ce qu'il en advint. Par les armes d'abord, puis par la force des lois et par le prestige de sa loyauté, de ses vertus, de sa sainteté, ce prince, si peu redouté à son avènement, subjugua tous ses adversaires et changea complètement les rôles. La monarchie reprit l'offensive, et par des coups répétés assura le triomphe de l'ordre et de l'utilité. C'est le duel judiciaire qui est enlevé à cette aristocratie ferrailleuse ; c'est la coutume des guerres privées qui est sapée dans ses fondements ; c'est la justice royale qui attire à ses tribunaux, à son parlement, les causes de tous les Français, annihilant peu à peu, sans violence aucune, les petites juridictions seigneuriales. C'est la liberté des Églises protégée contre les associations des grands vassaux. C'est l'introduction de chevaliers soldés dans l'armée, où l'élément féodal se trouve ainsi contre-balancé. C'est enfin l'extension de la souveraineté du roi et de son pouvoir législatif à la plus grande partie du royaume. Nous ne reviendrons pas sur toutes ces grandes transformations, car ce serait nous répéter : tant il est vrai que le tableau de la politique intérieure de saint Louis est avant tout le tableau de la lutte de la royauté contre la puissance féodale. A la fin de ce règne si profond, la féodalité n'est réellement plus maîtresse de rien, et sa décadence est irrémédiable. Bientôt après, en vertu d'une ordonnance de Philippe le Hardi, l'accès des fiefs sera légalement ouvert à la bourgeoisie. Puis, à partir de 1287, les seigneurs ne pourront plus rendre la justice en personne, mais seulement par l'entremise de baillis ou de prévôts. Puis leur rôle militaire, auquel ils devaient la plus grande part de leur influence, sera de plus en plus réduit ; ils serviront toujours avec éclat dans les camps, mais ce sera un service tout personnel, et leur contingent ne composera plus la principale force armée du pays. La noblesse, étant au fond indépendante de la forme féodale, survivra à la chute de celle-ci. Elle se transformera, elle se fera le plus ferme soutien de ce trône qu'elle voulait d'abord renverser, et les petits-fils des vassaux rebelles mettront leur gloire à obéir plus fidèlement que les autres à un souverain absolu, descendu de l'un d'entre eux. Ainsi donc ce n'est pas la révolution qui a entrepris de déraciner les abus féodaux. Le progrès qui leur a fait le premier la guerre, c'est le progrès des idées chrétiennes ; l'homme qui leur a porté les coups les plus décisifs, c'est à la fois un roi et un saint.

Les rapports de ce grand prince avec la bourgeoisie sont moins clairement établis et demandent que nous entrions dans quelques détails. Les bourgeois, au xiiie siècle, formaient une seconde aristocratie. Ils n'étaient, en réalité, qu'une petite fraction de la grande classe des *francs hommes,* ou des hommes libres, la fraction qui habitait la cité ou les bourgs (*burgenses*). Mais ce séjour seul leur conférait des privilèges que ne partageaient point les francs hommes de la campagne, privilège dont l'énumération remplit la teneur des longues chartes communales. Le principal consiste dans l'inviolabilité reconnue aux habitants de la cité sur toute l'étendue de son territoire; c'est à la protection de leurs personnes et à la punition des téméraires qui oseraient les maltraiter que sont consacrés les articles essentiels des franchises municipales. Le droit de bourgeoisie pouvait se perdre pour cause d'indignité, comme la noblesse. A Tournay, par exemple, tout meurtrier le perdait; il pouvait, il est vrai, le racheter pour la faible somme de quatre livres parisis; mais cet abus fut interdit par saint Louis en 1267.

Le *bourgeois du roi* surtout, c'est-à-dire celui qui avait obtenu son admission dans une ville royale et payé un droit de *jurée,* avait des prérogatives plus enviées que les autres. Son privilège était individuel; il le gardait partout, à l'inverse des bourgeois ordinaires, qui pouvaient perdre le leur en quittant leur commune. Il était justiciable du suzerain ou des juges royaux, au lieu d'être justiciable d'un seigneur, et cet honneur seul lui assurait un surcroît de sécurité, particulièrement après les grandes réformes judiciaires de saint Louis. Celui qui offensait un bourgeois du roi était traîné immédiatement devant les tribunaux royaux, fût-il noble ou puissant seigneur; aussi ce titre était-il fort recherché. Les hauts barons, dont sa concession diminuait les droits et les revenus, s'efforçaient d'en restreindre les effets. Ils y parviendront bientôt en achetant la faculté de le conférer eux-mêmes; dès lors, comme il n'y aura plus guère d'intérêt à l'obtenir, il perdra beaucoup de sa valeur.

Les bourgeois ne jouissaient naturellement pas, comme les nobles, du droit de guerre privée; mais ils étaient soumis à l'*asseurement,* et pouvaient se garantir par ce moyen contre les dangers occasionnés par les luttes particulières des seigneurs. Au point de vue de la famille, la législation civile leur reconnaissait certains avantages analogues à ceux de la noblesse : ainsi les droits de leurs femmes et de leurs enfants étaient sauvegardés, après la mort du mari ou du père, par une institution spéciale appelée la *garde roturière,* répondant à la *garde noble* en usage dans l'aristocratie. De plus, le bourgeois et l'homme *de poesté,* ou l'homme franc en général, pouvait, comme le gentilhomme, disposer par testament d'une bonne part de son héritage.

En revanche, le bourgeois était soumis à des charges personnelles consistant, indépendamment de la taille, qui était l'impôt roturier par excellence et qui remplaçait l'impôt du sang, prélevé en principe sur les nobles seuls, en différentes redevances portant sur leurs biens plutôt que sur leurs personnes. La censive ou la propriété roturière était soumise à des obligations correspondant exactement aux devoirs du fief, puis au *cens,* redevance annuelle en argent, et à des redevances en nature très variables. Il était très rare que les francs hommes des villes dussent au seigneur des prestations ou *corvées,* et quand ce cas se présentait, ils les faisaient acquitter par leurs serviteurs. Enfin ils commençaient à prendre leur part du service militaire, soit sous les ordres d'un prévôt royal ou seigneurial, soit sous la conduite de leurs magistrats communaux.

Il existait donc dans les villes et les bourgs une classe moyenne très libre, très favorisée, en un mot, un tiers état qui, sans être tout, comme le voulait Sieyès, était du moins quelque chose. Pris individuellement, les bourgeois nous apparaissent alors en pleine possession de leur indépendance et même de certains privilèges. Mais c'est bien autre chose si nous les considérons au point de vue collectif ; devenus, en vertu de leurs chartes communales, une caste puissante, ils exerçaient en corps une véritable domination. Quelques mots sur l'origine et le rôle des communes du moyen âge vont nous démontrer comment.

La question des communes est une de celles que les historiens modernes ont le plus agitée. Le système d'Augustin Thierry, qui a fait longtemps école, est généralement rejeté aujourd'hui par les savants, et paraît devoir l'être de plus en plus à mesure que la lumière se fera. Ses brillantes théories sur la perpétuité du municipe romain et de la *ghilde* (ancienne corporation germanique) ne peuvent plus, en tout cas, s'appliquer qu'à un petit nombre de villes du midi et du nord-est de la France. Et encore, dans le Languedoc, l'établissement du régime municipal, au xıı⁰ siècle, ne fut nullement dû à la persistance des traditions romaines, puisqu'il fut accompagné, comme l'a observé Boutaric [1], d'insurrections violentes et que la force présida à la création des consulats. A Toulouse, à Montpellier, à Béziers, la commune fut une innovation imposée aux seigneurs. Seulement les légistes du xıı⁰ siècle attribuèrent des noms romains à des institutions récentes ; par exemple, ils appelèrent le sénéchal *præses;* et le vernis impérial dont ils recouvraient toutes choses fut un trompe-l'œil qui fit croire à l'origine romaine de beaucoup de municipes.

En prêtant au mouvement communal une origine scandinave,

[1] *Saint Louis et Alphonse de Poitiers*, p. 509.

Henri Martin a fait également fausse route. Les *ghildes* des pays du
nord ont pu laisser des traces dans quelques rares associations
urbaines de Lorraine ou de Flandre. Mais la commune par excellence, la *commune jurée* qui s'établit d'abord dans la région comprise entre la Seine et la Somme, et qui devint le type le plus
répandu, dérive directement des ligues pacifiques organisées pour
l'observation et le maintien de la paix et de la trêve de Dieu contre
les procédés tyranniques des barons féodaux. Elle n'est, pour ainsi
dire, qu'une transformation de la trêve, comme l'a montré M. Sémi-
chon dans son travail sur cette dernière institution. Au lieu de se
réunir par contrée ou par diocèse afin d'assurer la protection du
faible et la tranquillité publique, les populations se réunirent par
villes, par paroisses, et dès lors le mouvement communal commença.
En effet, le nom de *paix* fut appliqué aux premières communes et
persista longtemps après; les jurés s'appelèrent les *paciaires* ou
paisseurs; le serment communal s'appela le *serment de paix.* L'iden-
tification de la trêve de Dieu et de la commune parait même complète dans une lettre du pape Urbain III à l'archevêque de Bourges,
approuvant le serment prêté à l'une et à l'autre par tout le peuple
du Berry[1].

C'est seulement sous le règne de Louis le Gros que la commune,
renfermée en germe dans la trêve, s'en dégagea et prit une existence
propre, pour atteindre presque aussitôt son complet développement.
Ainsi, dans son principe, elle fut favorisée par l'Église comme
par la royauté. C'est l'Église qui avait institué les associations de
paissiers, c'est elle qui avait cherché la première à défendre le troupeau de ses fidèles contre les vexations de la féodalité primitive ;
c'est elle qui conduisit contre les ennemis du roi et du peuple les
premières compagnies paroissiales.

« Une communauté populaire, dit la chronique d'Ordéric Vital,
fut établie en France par les évêques, et les prêtres accompagnaient
le roi dans les combats ou les sièges, avec les bannières et avec tous
les paroissiens[2]. » Et, en effet, Suger, dans sa *Vie de Louis le Gros,*
nous montre un pauvre clerc, venu avec les communautés des
paroisses du pays, déterminant par son énergie la prise du redoutable
château du Puiset, que les troupes royales ne pouvaient enlever à
un vassal rebelle[3]. Ce prêtre et ce roi, combattant avec les gens du
peuple contre un des représentants de la puissance féodale, person-
nifient tout le mouvement communal à son origine.

Mais ce mouvement changea peu à peu de caractère en se généra-

[1] V. à ce sujet le livre de M. Desmoulins sur *le Mouvement communal au moyen âge.*
[2] Ordéric Vital, *Hist. ecclés.*
[3] *Vita Ludovici Grossi,* ch. xviii.

17

lisant. Les bourgeois des villes, sentant leur force, réclamèrent des seigneurs de la contrée une charte municipale ; tantôt ils l'obtinrent de leur bonne grâce, tantôt ils la leur imposèrent par l'intimidation, par la violence, par l'insurrection, en échange de leur hommage ou de leur serment de fidélité. Lorsque ces seigneurs se trouvèrent appartenir à l'Église (car plusieurs évêques étaient comtes et possédaient une seigneurie temporelle), ils n'en durent pas moins subir la même loi, et dès lors la commune se trouva, dans certaines villes, en opposition avec le clergé ; c'est ce qui arriva à Laon, à Beauvais et ailleurs. En même temps les bourgeois ne se bornèrent plus à s'associer dans le but de se défendre contre des vexations ou des agressions ; ils s'unirent pour exercer eux-mêmes le pouvoir civil, administratif, judiciaire, et parfois, sous prétexte de revendiquer une liberté légitime, ils voulurent à leur tour confisquer la liberté d'autrui. C'est l'éternelle histoire des prétendus libéraux. Au début, et si l'on s'en rapporte au texte des franchises qu'ils se firent concéder, ils n'avaient pour objectif que le bien-être de tous, procuré par une sage indépendance et par une administration locale d'une intégrité assurée. Ces actes fameux sont de deux sortes : les chartes de *commune* proprement dites, qui sont des constitutions municipales conquises le plus souvent par la force et stipulant l'administration de la cité par la cité, et les chartes de *coutumes*, privilèges obtenus pacifiquement et ne supprimant point l'administration royale ou seigneuriale. Ces dernières sont beaucoup plus nombreuses, et leur type le plus célèbre est la coutume de Lorris, qui fut appliquée à une quantité de villes. Les premières ont leurs modèles principaux dans la charte de Beauvais, octroyée en 1122, et dans celle de Laon, concédée en 1128. Elles établissent en substance que la cité sera administrée par un *mayeur*, assisté d'un certain nombre d'*échevins* auxquels sont adjoints quelquefois des jurés, tous élus par les bourgeois suivant des modes différents ; que les habitants ne devront qu'un service militaire restreint et bien déterminé ; qu'ils ne payeront plus autant de droits pour la circulation de leurs marchandises ; qu'ils ne seront plus soumis envers le seigneur qu'à des tailles ordinaires, et seulement en certains cas spécifiés ; que la commune exercera une juridiction civile sur tous ses membres, sauf les seigneurs et les clercs, et une juridiction criminelle dans tous les cas de basse justice. Elles comprennent en outre une quantité de taxes et de dispositions pénales qui les font ressembler parfois à un simple tarif d'amendes. Tout cela paraît encore légitime et raisonnable, quoique certains articles dénotent déjà une tendance à l'autonomie absolue et au despotisme : ainsi la substitution d'un tribunal de magistrats élus au jury composé de pairs, qui existait dans les cours royales et seigneuriales, n'est pas une mesure libérale, tant s'en faut.

Mais que voyons-nous au XIII° siècle? Les communes se sont-elles renfermées dans ces constitutions? Ont-elles respecté tous les droits respectables? Ont-elles même apporté aux populations urbaines des bienfaits sans mélange? Leur ont-elles donné la liberté, l'égalité, la prospérité? C'est ce que l'on a prétendu; c'est ce qu'il faut vérifier.

Au risque de heurter bien des opinions reçues, tout homme sérieux doit reconnaître, disons-le tout de suite, qu'au fond les communes n'ont pas servi autant qu'on se l'imagine la cause de la liberté populaire, ce grand mot qui, en histoire comme en politique, a fait tant de dupes. La classe moyenne était libre avant que les associations communales se propageassent. Les habitants des villes étaient libres depuis que l'abolition graduelle du servage avait émancipé la majeure partie de la nation. Augustin Thierry l'avoue lui-même : « Vers le XI° siècle; les classes populaires avaient déjà conquis leur liberté et en jouissaient pleinement[1]. » Et de quels éléments ces associations se composaient-elles ? Dans quelle catégorie d'individus se recrutaient-elles? Chez les hommes *de poesté*, chez les *francs hommes*, dont le nom seul dit assez la qualité. Tout au plus peut-on dire qu'elles ont garanti la liberté acquise; mais elles ne l'ont point donnée. C'est exagérer singulièrement leur influence que de parler, à propos d'elles, d'une révolution sociale. Que si l'on entend par liberté le *self-government* de la cité; la participation du tiers état aux affaires, je répondrai que les grandes villes de France ont eu presque de tout temps une administration municipale, et que les chartes de commune, d'après leur teneur même, ne sont souvent que la consécration d'un état de choses antérieur ; j'observerai encore, avec l'historien que je viens de citer (car dans sa bouche de tels aveux sont précieux), que « la convocation des premiers états généraux (qu'on regarde comme le prélude de l'avènement du tiers état) coïncide avec la violation des libertés municipales[2] », et que par conséquent la puissance de la bourgeoisie s'accroît en même temps que celle de la commune décline. Donc la liberté individuelle comme la liberté politique sont indépendantes des institutions écloses au XII° siècle : la première est née avant, l'autre après, et toutes les deux se seraient sans doute développées sans leurs secours.

Mais veut-on savoir où en sont arrivées un peu plus tard ces mêmes institutions, sur lesquelles furent fondées d'abord tant d'espérances, et depuis tant d'illusions rétrospectives? Que l'on consulte à leur sujet les plus graves personnages du XIII° siècle. Il faut entendre le cardinal Jacques de Vitry parler de la tyrannie des

---

[1] *Lettres sur l'histoire de France*, p. 277.
[2] *Ibid.*, p. 278.

communes, des vexations qu'elles commettent, des libertés qu'elles
suppriment, des haines et des batailles qu'elles occasionnent. Elles
vont, d'après lui, jusqu'à prêter à usure et à se croire dispensées
des obligations des particuliers[1]. Humbert de Romans s'élève contre
les péages onéreux qu'elles établissent. Un autre oppose à l'intérêt de
la commune urbaine celui de la grande commune chrétienne, aux lois
arbitraires de la première la loi suprême de la seconde, qui est la
charité, à la cloche communale celle qui appelle à la prière[2]. Ces
auteurs, je le veux bien, sont des membres du clergé, auxquels la
violation des droits ou des juridictions ecclésiastiques, le mépris de
l'autorité temporelle des évêques, devaient inspirer une certaine animosité contre ces filles ingrates des anciennes ligues religieuses
instituées pour le maintien de la paix de Dieu; mais les clercs avaient
encore plus à souffrir des coalitions des seigneurs féodaux, et ils
condamnaient avec trop d'énergie les excès de ces derniers pour être
suspects de partialité en leur faveur. Voici maintenant le témoignage
d'un légiste séculier, le célèbre Beaumanoir, qui n'a nulle raison
d'en vouloir aux communes, et qui défend surtout les prérogatives
de la couronne, leur alliée ordinaire. Il nous apprend qu'une aristocratie bourgeoise s'était formée dans leur sein, à côté de l'aristocratie féodale, et forçait les habitants des villes et des campagnes
voisines à supporter des exactions fort dures ou à en appeler à la
révolte. Il compare ces associations à de grands enfants qu'il faut
soutenir et diriger, parce qu'ils sont incapables de se conduire seuls,
et il regarde comme un des devoirs essentiels des baillis royaux de
pacifier leurs discordes, de réprimer les injustices des magistrats

---

[1] Voici ce curieux passage de Jacques de Vitry : « Il y a dans ce monde deux cités, unies
de corps, divisées d'esprit : la cité de Dieu et la cité du diable, Jérusalem et Babylone. La
seconde, la cité de confusion, n'est-elle pas l'image de ces communes (*communitates*), ou
plutôt de ces conspirations qui entrelacent leurs rameaux afin de réunir la force de cohésion
nécessaire pour opprimer leurs voisins et se les soumettre par la violence? Si les voleurs,
si les usuriers sont tenus à la restitution, combien plus ces ligues injustes ne doivent-elles
pas rendre la liberté qu'elles ont ravie! Non seulement elles écrasent et ruinent les chevaliers de la contrée, leur enlèvent la juridiction sur leurs hommes, mais encore elles usurpent
les droits ecclésiastiques, elles annihilent l'indépendance des clercs par leurs iniques statuts,
contraires aux règles canoniques. Ce n'est pas tout : presque toutes produisent des inimitiés
fraternelles, désirent la perte des cités voisines ou même les persécutent, se réjouissent de
la mort du prochain, et les femmes comme les hommes partagent ces mauvais sentiments.
Les étrangers, les voyageurs sans défiance contre les communes, sont frappés par elles de nouveaux et illégitimes péages, dépouillés par leurs extorsions... Dans leur sein on se jalouse,
on se trompe, on se supplante, on se déchire. Au dehors, des batailles; au dedans, des
alarmes perpétuelles... Il n'y a peut-être pas une de ces associations qui ne renferme des fauteurs, des protecteurs ou des partisans de l'hérésie. Elles trouvent de l'appui chez les gens
avares en leur faisant des cadeaux. D'autres se rangent volontiers sous leurs lois parce qu'elles
ne les forcent pas à restituer les fruits du vol et de l'usure, et qu'elles leur promettent
la rémission de ces péchés par la seule imposition des mains, sans exiger aucune satisfaction, ou bien encore parce que leurs doctrines relâchées favorisent la licence. » (Bibl.
nat., ms. lat. 17509)

[2] Bibl. nat. ms. lat. 15954.

municipaux, comme il en avait lui-même donné l'exemple dans l'exercice de ses fonctions administratives[1].

Ainsi le peuple, comme l'Église, n'avait fait que changer d'op-

Assemblée constituante au moyen âge.

presseurs, ou plutôt que multiplier ses oppresseurs; au lieu d'un seigneur, il y en avait cent à combattre, et chacun sait que les tyrannies collectives sont toujours les plus dangereuses. La liberté se

---

[1] « Nous avons vu, dit ce grand jurisconsulte, moult de débas ès bones viles des uns contre les autres, si comme des povres contre les riches, ou des riches meismes les uns contre les autres; si comme quant ils ne se pueent acorder à fere maieurs ou procureres ou avocas; ou

trouvait restreinte à la classe des bourgeois, et, quant à l'égalité, il
y en avait encore moins qu'auparavant. En effet, les chartes de
communes créaient une nouvelle caste privilégiée ; c'était le règne
du privilège qui s'étendait, non celui de l'égalité sociale : c'était
l'oligarchie du négoce et de l'argent qui se substituait ou se juxta-
posait au patriarcat militaire, sans avoir même les côtés généreux et
chevaleresques de celui-ci. Le vaste clan des *francs hommes* était
scindé par là en deux catégories inégales, vouées à des rivalités d'intérêts, à des haines de famille, à des luttes perpétuelles ; et la plus nombreuse était sacrifiée à l'autre. Aussi le bas peuple entra-t-il de bonne
heure en hostilité ouverte contre ces petites dynasties de potentats municipaux dont nous parle Beaumanoir. Il se forma dans les villes une
aristocratie et une démocratie, la première accaparant tous les droits,
la seconde obligée de surveiller celle-ci au moyen d'un second conseil
composé de *jurés du commun.* L'historien de la commune de Saint-
Omer, M. Giry, nous présente un exact résumé de cet état de choses.

« Ce n'était pas un fait isolé, dit-il, que les accusations portées
dans cette ville par la classe inférieure contre l'aristocratie bourgeoise, qui seule avait accès aux fonctions publiques. Partout, en
Flandre et en Artois, l'organisation municipale avait porté les mêmes
fruits ; les bourgeois riches, à la fois propriétaires fonciers et commerçants, unis aux familles féodales qui faisaient le commerce, oppri-
maient les gens du métier, les accablaient d'impôts, les excluaient
de toutes les fonctions, leur enlevaient toute influence sur la direction des villes et ne leur en laissaient que les charges. Dès le
XIIIᵉ siècle, il s'était produit dans les communes comme un dédou-
blement que nous verrons se perpétuer. Dès le milieu de ce siècle,
les classes inférieures formèrent à leur tour des conjurations, des
coalitions. En 1245, ces coalitions, nommées à Douai *takehans*, y
étaient prohibées... Le récit du frère mineur qui a rédigé, vers le
commencement du XIVᵉ siècle, les *Annales de Gand*, nous montre
bien cette division profonde des villes, qui était alors un fait accompli
et qui se manifestait sans cesse par des troubles et des dissensions.
D'un côté étaient les gens de métier, les bourgeois non propriétaires, qu'il nomme *vulgares, communes, mediocres*, qui constituent

---

si comme quant li un metent sus as autres que ils n'ont pas fet des rentes de le vile ce que il
doivent, ou que il ont conté de trop grant mises ; ou se comme quant li besongne de le vile
vont mauvèsement, por contens ou mautalens qui meuvent li un lignage encontre l'autre. »
Et ailleurs : « Nous véons pluriex bones viles ou li povre ne li moyens n'ont nul des aministracions de le vilé, anchois les ont li riches toutes, por ce que il sont douté dou quemun por
leur avoir ou por leur lignage ; si i avient que li un sont un an maieur ou jurés ou receveur ;
en autre année après, si les font de leurs frères ou de leurs neveus ou de leurs prochains
parens ; si que en dix ans ou en douze tuit li riche ont les aministracions des bones viles ;
et après ce, quant li quemun vieut avoir conte, ils se quevrent que il ont conté les uns as
autres. » (*Coutumes de Beauvoisis*, II, 265, 267.)

le *commun;* de l'autre, les riches bourgeois, les gros propriétaires, les gros commerçants, quelques familles féodales, presque tous formant des lignages échevinaux, et l'échevinage lui-même, appelés *majores, potentiores, scabini*[1]. »

Un peu plus tard on voit Mahaut, comtesse d'Artois, obligée d'intervenir pour réformer la loi échevinale à cause de la « dissention et discort meu entre les gros d'une part et le peuple de la ville d'autre part », dissension amenée par la perpétuité des fonctions municipales dans les mêmes familles et par la malversation des deniers de la commune, que les échevins traitaient comme les leurs. Cet antagonisme fut cause que dans la guerre des Anglais la population se divisa en deux partis : l'un, celui des gros bourgeois, tenant pour le roi d'Angleterre ; l'autre, celui du commun, restant fidèle au roi de France. Quelque chose d'analogue se passa à Rouen, où l'autorité royale dut apaiser, en 1320, les différends survenus « entre les gros bourgeois et le menu peuple, au sujet de deniers mal administrés et du mauvais régime de la communauté[2] » ; et très certainement ces faits se reproduisirent dans beaucoup d'autres localités. A Beauvais, en 1232, le bas peuple se trouvait déjà en opposition avec la bourgeoisie et soutenait le maire nommé par le roi. A chaque instant, comme l'a constaté le savant éditeur des *Olim*, le souverain était forcé de s'interposer pour rétablir l'ordre et la paix entre les confédérés.

En même temps que la lutte contre les classes inférieures, les communes continuaient à soutenir la guerre contre les juridictions ecclésiastiques ; à Saint-Omer, celles-ci résistèrent longtemps, et elles durent se défendre une fois au moyen de l'excommunication. Les conflits avec les baillis royaux, dans lesquels devait se briser à la longue l'indépendance communale, ajoutaient encore au trouble et à l'insécurité. Les choses en vinrent au point, dans certaines villes, que la population, lassée des libertés municipales, *en demanda elle-même la suppression,* et ce curieux phénomène se présenta dans le Nord comme dans le Midi, à Beauvais comme à Toulouse, où le comte dut se charger de la nomination des consuls. Il était vraiment temps que le pouvoir central s'en mêlât, et, très heureusement pour notre pays, ce pouvoir se trouvait plus fort en France qu'en Italie ; sans quoi nos grandes cités seraient devenues la reproduction de ces petites républiques italiennes qui n'étaient que des communes agrandies, et dont les déchirements intérieurs sont demeurés dans l'histoire comme le modèle du genre.

Il faut reconnaître qu'à l'instar de ces mêmes républiques, les

---

[1] Giry, *Hist. de la ville de Saint-Omer,* p. 159 et suiv.
[2] *Id., ibid.*

commîmes de France voyaient grandir, au XIIIᵉ siècle, leur prospérité industrielle et commerciale. Pour les villes de l'Artois et de
la Flandre notamment, cette période, dit M. Giry, est une époque
florissante. La population s'accroît, le commerce et l'industrie se
développent, les richesses affluent, l'autonomie communale s'affermit[1]. » Mais le contraire serait bien étonnant, puisque les privilèges
concédés sont uniquement en faveur de la classe bourgeoise et commerçante, qu'ils lui enlèvent des charges, lui procurent des bénéfices
et concentrent dans ses mains tous les avantages.

On doit dire aussi qu'un certain nombre de communes n'offraient
pas les graves inconvénients que nous venons de constater. Les
élections des consuls ou des échevins s'y faisaient pacifiquement ;
l'administration y était à la fois moins oppressive et plus intègre[2].
Dans les communes rurales en particulier (car les plus petites
paroisses avaient souvent une sorte de municipalité, comme on l'a
prouvé récemment pour le village d'Orly, dont la mairie était déjà
ancienne en 1260, dans les *villes neuves* créées par le roi, et qui
forment une catégorie à part, très intéressante à étudier, il se présentait moins de prétextes aux discordes intestines, moins de facilité
pour l'oppression d'une classe de citoyens par une autre. Il y avait
certainement dans les institutions municipales, telles qu'elles existaient alors, beaucoup de bons côtés que je suis loin de contester. Je
crois cependant avoir montré qu'elles ne profitèrent ni à la vraie
liberté ni à l'égalité véritable, et, si cette opinion paraît encore
quelque peu hasardée, je l'abriterai derrière celle de deux savants
avec qui je serai toujours heureux de me rencontrer, Guérard et
Pardessus. « Les communes, dit le premier, ne furent en principe
ni une question de liberté pour le peuple, ni une question de restauration municipale pour les villes, ni une affaire d'argent pour les
rois. » — « La lecture de la plupart des chartes, écrit le second,
l'appréciation des événements qui en provoquèrent la demande, des
circonstances qui en accompagnèrent la concession, permettent
difficilement de croire que les communes aient eu un but politique,
l'établissement de l'égalité de tous les citoyens devant la loi, ou une
restauration d'anciennes libertés municipales, et je doute que la
question doive être envisagée sous ce point de vue, qui paraît avoir
séduit plusieurs écrivains distingués[3]. » Ces paroles résument clairement la pensée que je viens d'essayer de développer.

Il est facile de pressentir, d'après tout ce qui vient d'être dit sur

---

[1] Giry, *Hist. de la ville de Saint-Omer*, p. 159 et suiv.
[2] On peut voir quelles étaient les règles suivies à cet égard au midi de la France dans un travail intéressant de M. Clos, publié en 1854 par l'Académie des inscriptions.
[3] V. aussi la réponse faite à Henri Martin par M. de l'Épinois (*Critiques et réfutations*, etc.).

les communes, quelle dut être l'attitude de saint Louis à leur égard.
Se plaçant toujours au point de vue de la stricte justice, il respecta
chez elles les droits acquis, mais en évitant autant que possible
de les accroître, en réprimant les excès d'autorité, de quelque part
qu'ils vinssent, et surtout en soumettant les administrations municipales au contrôle et à la tutelle nécessaire du pouvoir royal. Augustin
Thierry a déjà remarqué qu'au lieu de se montrer le second père des
communes, comme on l'a quelquefois appelé, ce monarque tendit,
dans ses ordonnances, à limiter leurs privilèges plutôt qu'à les
étendre ; il lui a même prêté un certain manque d'égards pour les
droits de la bourgeoisie, en attribuant cette conduite à des mobiles
d'intérêt politique. Si la première partie de cette appréciation est
fondée, je doute que l'on puisse admettre la seconde. Saint Louis
avait une politique supérieure à la politique de calcul et d'ambition ;
il cherchait par-dessus tout le règne de la paix et de l'équité, ce qui
est la seule politique vraiment digne d'un saint. C'est en vertu de ce
principe suprême que nous allons le voir intervenir dans les affaires
des communes, comme il est intervenu dans celles des seigneurs, pour
protéger la tranquillité publique et pour les protéger elles-mêmes
contre les désordres auxquels elles donnaient lieu.

Son ordonnance de 1256 paraît avoir été le point de départ de
cette immixtion de la royauté, qui devait conduire à une centralisation rappelant quelque peu notre régime municipal actuel, mais qui
cependant devait produire des fruits salutaires ; car, ainsi que l'a dit
Guizot, qui a eu si souvent l'intuition de la vérité lorsqu'il ne la
connaissait pas : « la centralisation a valu à notre France beaucoup
plus de prospérité et de grandeur qu'elle n'en eût obtenu si les institutions locales, les indépendances locales y fussent demeurées souve-
raines ou seulement prépondérantes. » Cette ordonnance a pour but
spécial de régler l'élection des maires et de faire contrôler la comptabilité des villes, qui étaient précisément les deux causes ordinaires
de désordre, et qui fournissaient au *commun* ses principaux griefs
contre les gros bourgeois. En voici les dispositions les plus importantes :

« Nous ordenons que tuit li mayeur de France soient fait lendemain
de la feste saint Simon et saint Jude (c'est-à-dire le 29 octobre de
chaque année).

« Derechief nous ordenons que li noviaus maires et li viez, et
quatre des preudeshomes de la ville, desquiex quatre li uns ou les
deux qui auront receu ou despandu cette année les biens de la ville,
viegnent à Paris à nos gens [des comptes] aux octaves de la Saint-
Martin ensuivant (au 18 novembre), pour rendre compte de leur
recepte et de leurs dépens...

« Derechief nous ordenons que cils qui font les dépens en nos
bonnes villes et qui font les payemens et les emprunts, que ils ne
retiegnént nuls des deniers de la ville par devers euls, fors que cil qui
font les dépens; et cil n'en ait ensemble plus de vingt livres; mès les
deniers de la ville soient gardez en la huche commune de la ville [1]. »

A côté de ces mesures prises pour soumettre les comptes des municipalités au conseil du roi, ou du moins à la commission qui devait
s'appeler un peu plus tard la chambre des comptes, pour empêcher
les maires et échevins de gaspiller et de manipuler à volonté des
fonds communs, et pour prévenir ce que notre logomachie politique
nomme aujourd'hui « les agitations de la période électorale »,
d'autres articles interdisent aux communes et bonnes villes du
royaume toute espèce de prêts ou de dons sans l'autorisation royale
(ceci a pour but d'empêcher les opérations usuraires), et les voyages
trop dispendieux que les magistrats locaux se plaisent à faire, avec
une suite plus ou moins nombreuse, comme les grands seigneurs,
à la cour du roi, c'est-à-dire à la capitale, sous prétexte de procès à
suivre. Il est dit que le maire ou son représentant ne pourra se faire
accompagner que de deux de ses confrères et du clerc ou secrétaire
de ville, avec un avocat, s'il en est besoin, et qu'il ne mènera pas
plus de gens ni de chevaux que s'il s'agissait de ses affaires privées.

Cette ordonnance fut publiée dans les différentes provinces avec
quelques variantes. Ainsi l'expédition destinée à la Normandie, qui
nous est restée, ajoute aux dispositions précédentes un complément
important : au jour fixé pour l'élection, le maire et les prud'hommes
de chaque ville devront choisir trois prud'hommes, qui seront présentés au roi à l'octave de la Saint-Martin; et le roi désignera un
de ces trois, qu'il donnera pour maire à la ville (*nos trademus unum
ville in majorem*). C'est un pas de plus vers la haute direction de la
commune par l'État, et nos théoriciens modernes n'ont encore rien
trouvé de mieux que cette combinaison du maire choisi par le souverain entre les élus du peuple. Il est en outre ordonné aux magistrats
normands de dresser leur budget de telle sorte, que, lorsqu'ils viendront chaque année le présenter aux gens des comptes, les intérêts
à recevoir comme les dettes à payer soient complètement liquidés.
De cette façon, il n'y avait pas moyen d'établir une comptabilité fictive,
ni de mêler un exercice avec l'autre pour masquer des irrégularités.
Toutes ces mesures, on n'en saurait disconvenir, sont marquées au
coin de la sagesse et de la loyauté; on sent jusque dans les plus
petits détails de l'administration du saint roi ce parfum d'honnêteté
qui se dégage de tout son règne.

---

[1] *Ordonnances des rois de France*, I, 82.

L'ordonnance de 1256 fut mise immédiatement à exécution ; nous en avons la preuve dans plusieurs pièces du *Trésor des chartes*, qui constatent les comptes rendus aux officiers du roi par un grand nombre de municipalités. En 1260, notamment, on voit maître Eudes de Lorris et maître Jean de Nemours vérifier ceux d'une quarantaine de villes, parmi lesquelles Mantes, Amiens, Pontoise, Meulan, Corbie, Péronne, Montdidier, Compiègne, Beauvais, Noyon, Rouen, Senlis, Montreuil, Saint-Quentin, Chauny, Condé, Saint-Riquier, etc.

La tutelle de la royauté sur les communes ne tarda pas à être érigée en principe de droit public ; elle rentrait dans le système des légistes, qui se montrèrent bientôt plus royalistes que le roi, et poussèrent les successeurs de saint Louis à détruire peu à peu l'autonomie des villes. Déjà Beaumanoir, qui écrit sous Philippe le Hardi, proclame d'une manière générale que le souverain peut et doit intervenir dans leur gouvernement, parce qu'il est le gardien naturel de toutes les associations civiles ou religieuses fondées dans le royaume, et que nul ne peut créer de commune, sauf le roi ou avec l'assentiment du roi, parce que toutes *nouvelletés* sont défendues. Il émet également cette doctrine, que tout seigneur sur le fief duquel sont établies des communes doit être mis chaque année au courant de leur administration, vérifier leurs comptes et la gestion des maires, afin que « les pauvres habitants puissent gagner leur pain en paix [1]. » Et si l'on octroie de nouvelles chartes, il faut soigneusement réserver, ajoute-t-il, les droits des églises et ceux-des chevaliers.

Cette recommandation était à peu près inutile, car la royauté, tout en maintenant les communes existantes, n'en créait presque plus de nouvelles dès le temps de Beaumanoir ; elle se contentait d'accorder des coutumes et des franchises à certaines grandes villes, sans y autoriser d'association jurée ni d'érection de beffroi (c'étaient là les deux signes auxquels on reconnaissait la commune), et les laissait sous l'administration de ses agents, comme cela avait lieu dans la capitale, qui, nous l'avons vu, avait dans son prévôt une sorte de préfet ou de gouverneur. Saint Louis, à proprement parler, ne fonda qu'une seule commune, celle d'Aigues-Mortes ; car la concession de celle de Niort, faite en 1230, appartient plutôt au gouvernement de sa mère qu'au sien, et, en dehors de ces deux-là, il n'octroya que des chartes de confirmation en faveur de communes érigées antérieurement. Encore celle d'Aigues-Mortes fut-elle créée pour des raisons et dans des conditions tout à fait spéciales : le roi voulait fonder en ce lieu un port sûr pour l'embarquement et le débarquement des croisés ; il fallait y attirer les habitants, le com-

---

[1] *Coutumes de Beauvoisis*, II, 264.

merce, l'industrie, par des privilèges séduisants. Il eut soin d'ailleurs
de prescrire aux consuls du lieu le respect des juridictions établies,
et l'acte officiel par lequel il érigea cette commune se rapproche
plutôt du type particulier des fondations de *villes neuves* [1].

Si nous observons les rapports de saint Louis avec les communes
déjà existantes, que voyons-nous? D'un côté il force le sire de
Châteauroux à respecter la charte des bourgeois de cette ville, comme
il y était obligé par sa teneur même; il ordonne au bailli de Bourges
de restituer à ceux de Clermont les clefs et le sceau de leur cité,
malgré l'opposition du seigneur du lieu, qui était l'évêque; il refuse
d'autoriser un homme de Cerny, banni par sentence du maire
et des jurés, à rentrer dans son pays; il fait arrêter le comte de
Joigny pour avoir emprisonné un bourgeois, pris cependant en
flagrant délit, d'après le confesseur de la reine. Tous ces actes, enre-
gistrés au parlement, et d'autres encore, prouvent qu'il respectait,
comme je le disais, les droits acquis. Mais on en trouverait un plus
grand nombre pour appuyer ce que j'avançais sur son peu de disposition à favoriser l'essor de l'autonomie communale, à réprimer les
abus qui en provenaient, et à faire sentir aux bourgeois coalisés, aussi
bien qu'aux barons féodaux, le joug de l'autorité royale. Un jour,
quatorze bourgeois de Corbie se mettent à la tête d'une association
formée par un certain nombre de leurs concitoyens, et prélèvent sur
la ville une taille de neuf mille livres; cette somme a beau être
employée aux besoins de la communauté des habitants, la cour du
roi, en 1256, les condamne à la prison et à cinq cents livres d'amende.
Les jurés de Chaumont, voulant aussi percevoir une taille, sont
tenus de la faire lever par le bailli royal, qui doit prendre connaissance, au préalable, du montant de leurs recettes, de leurs dépenses
et de leurs dettes. Ceux de Laon refusent de payer le vinage dû au
comte de Roucy pour le passage de leurs marchandises; le parlement les y contraint. Les habitants de Brives et de Figeac reçoivent
la défense de faire des ligues ou des confréries sous peine de dix
mille livres. Ceux de Saint-Riquier élisent un maire que le roi avait
défendu d'élever jadis à cette fonction; l'élection est cassée. Ceux
d'Albi, de Figeac, de Souvigny, se sont dispensés de venir à la
chevauchée indiquée par le roi ou par leur seigneur; ils sont mis
à l'amende. La ville de Sens commet une infraction aux droits de
l'abbaye de Saint-Pierre-le-Vif; le maire est obligé de la réparer
par une somme d'argent et par l'amende honorable. Plusieurs habitants de Corbie (ce pays était coutumier du fait) se liguent ensemble

---

[1] On peut s'en convaincre par la lecture du texte, inséré dans le second volume de l'*Inventaire du trésor des chartes*, publié par les Archives nationales.

et vont commettre des désordres à Fouillon au cri de : *Commune!
commune!* Sur la plainte de l'abbé du lieu, le roi les condamne
également à l'amende. Dans le fameux différend des bourgeois de
Paris avec l'Université, lorsqu'à la suite du meurtre de quelques
écoliers par les habitants du faubourg Saint-Marcel ou par les
archers royaux, et d'un conflit de justice né à cette occasion, maîtres
et étudiants se retirèrent de la capitale, en 1229, son attitude est
également des plus fermes. Il oblige les bourgeois à réparer leurs
torts envers la puissante corporation, à la laisser jouir en sécurité de
ses privilèges; il leur en impose même le serment, et plus tard,
en 1261, il fait de nouveau jurer aux deux parties de maintenir la
paix entre elles. Ces exemples se rencontrent à chaque pas, et l'on
en pourrait dresser une longue liste. Comme on le voit, presque
tous les actes de saint Louis tendent à protéger contre les communes
et l'intérêt du peuple et l'autorité royale, et les droits des seigneurs
laïques et ceux des seigneurs ecclésiastiques. Mais ces derniers sont
encore plus visiblement défendus par lui dans la grave affaire de
Reims, où, à deux reprises, en 1235 et 1257, on le voit donner
gain de cause à l'archevêque contre la commune, qui se fondait sur
ses franchises pour lever des troupes, nommer des capitaines, garder
les clefs de la ville, etc. Agit-il en cette circonstance uniquement
sous l'empire de sa pieuse vénération pour l'Église, et parce que,
comme le prétend Augustin Thierry, il ne met pas sur le même pied
les privilèges des communes et ceux du clergé? Ce serait trop dire.
Il agit ainsi parce que l'équité le lui conseille, et ses sentiments
personnels viennent en seconde ligne. Plusieurs des actes que je viens
de citer prouvent qu'il ne combattait jamais de parti pris les droits
municipaux, et qu'il les couvrait, à l'occasion, de son égide, quand
ils n'étaient pas outrepassés. Aussi les communes venaient-elles
parfois d'elles-mêmes réclamer son arbitrage dans leurs conflits
avec les seigneurs, comme on le voit faire à celle de Saint-Front,
qui remit complètement dans les mains des délégués royaux son
différend avec le comte de Périgueux, en 1247. La justice souveraine
était trop connue et trop bien établie pour qu'on la suspectât d'aucune espèce de partialité. Et, pour tout dire, si nous le trouvons
assez souvent défavorable aux communes, ce seul fait doit être pour
nous la preuve que les communes étaient assez souvent dans leur
tort, et que par conséquent elles n'ont pas contribué autant qu'on
l'a cru au bonheur et à la prospérité du pays.

Mais, dira-t-on, n'y a-t-il pas dans les enseignements de saint
Louis à son fils, dans cette magnifique instruction où, en traçant à
son héritier sa conduite publique et privée, il semble avoir résumé
toute la sienne, n'y a-t-il pas un passage où il lui recommande en

termes précis de respecter et de maintenir ces fameuses libertés
communales? En effet, et ce passage a même soulevé récemment une
polémique plus vive que bruyante entre quelques érudits. M. Paul
Viollet d'une part, et le P. Cros de l'autre, se plaçant à des points
de vue différents, préoccupés, le premier d'établir les éléments d'une
édition critique, le second de discerner le véritable esprit du saint
roi, sont arrivés tous deux à rejeter l'authenticité de plusieurs
phrases des *Enseignements*, et notamment de celle-là. Malheureusement le P. Cros, s'attaquant en particulier à la version de ce
document reproduite par Joinville dans ses mémoires, s'est aventuré
jusqu'à élever des doutes sur l'autorité du célèbre chroniqueur, ou
du moins sur la pureté de son texte en général. C'était fournir des
armes aux contradicteurs. Un des représentants les plus éminents de
l'érudition moderne, et un de ceux qui possèdent au plus haut degré
la connaissance des manuscrits, M. Natalis de Wailly, a, de concert
avec M. Marius Sepet, riposté vigoureusement aux deux critiques,
qui ont répliqué à leur tour. Leur débat roule sur des confrontations
de textes et sur des questions d'interpolation ou de différences de
traductions beaucoup trop minutieuses pour que je puisse entrer ici
dans leur examen. Ce qui en ressort, en résumé, c'est que le sûreté
du livre de Joinville et de la savante édition établie, au prix d'un
travail infini, par M. de Wailly, doit demeurer hors de conteste,
mais que l'on peut conserver, avec M. Viollet, des doutes sur la
fidélité de la version des *Enseignements* accueillie et reproduite
par le bon sénéchal, sans pour cela infirmer le moins du monde la
probité historique de ce dernier ; l'altération, si altération il y a, ne
porterait que sur un document inséré par lui ou par son clerc dans
la trame de son récit, et nullement sur ce récit lui-même. La recommandation de saint Louis en faveur des communes n'est donc pas
d'une authenticité parfaitement démontrée. Mais, lors même qu'elle
le serait, elle ne saurait détruire l'ensemble des faits que je viens
de citer ni la conséquence qui s'en dégage. Que dit, en effet, le
passage contesté? — « Les bonnes villes et les communes (divers
manuscrits portent les *bonnes villes et les coutumes*) de ton royaume
garde en l'estat et en la franchise où tes devanciers les ont gardées,
et s'il y a encore chose à amender, amende-le et redresse-le, et les
tiens en faveur et en amour; car par la force et par les richesses des
grosses villes douteront les privés et les étrangers de méprendre
envers toi, spécialement tes pairs et tes barons [1]. » Le roi engage ici
son fils à faire ce qu'il a fait lui-même, à maintenir les bonnes villes
et les communes telles que ses prédécesseurs les ont maintenues,

---

[1] Joinville, édition de Wailly, p. 402.

mais en corrigeant et en réprimant leurs abus; quant à étendre leur nombre et leur puissance, il n'en est pas question.

Les trois faits principaux invoqués par M. de Wailly, le secours prêté à saint Louis par les bonnes villes après son couronnement, puis dans l'affaire de Beauvais en 1233, puis pour les besoins de la croisade en 1248, sont des indices de leur dévouement plus ou moins intéressé à la couronne, et non des preuves de l'inclination du prince à les favoriser. Saint Louis respecte, comme je le disais, les droits établis, mais dans les limites imposées par l'intérêt public, et il se borne là. Pour le reste de la phrase, pour le conseil d'aimer les bourgeois et de tirer parti de la force des grandes villes contre l'étranger ou contre les seigneurs rebelles, il faut y voir simplement le reflet de l'amour du bon roi envers tout son peuple et de sa tendance à résister aux excès de la féodalité comme à ceux des communes elles-mêmes, mais rien de plus. La justice, encore une fois, demeure l'expression suprême de sa politique, et ses efforts ont pour but d'alléger les maux de la nation, *de quelque côté qu'ils viennent.* C'est ainsi que peut se résumer sa pensée à l'égard des communes comme à l'égard de toutes les institutions de son temps.

Pour conclure, la liberté civile existait bien avant la formation des associations communales, puisque la grande majorité du peuple français était libre au XIIe siècle, et la liberté politique se développa en dehors d'elles, puisqu'elles apportaient plutôt une tyrannie qu'une délivrance. La seconde s'acclimata surtout par le moyen des états généraux, qui ne commencèrent, comme on le sait, qu'au XIVe siècle, alors que le pouvoir royal avait déjà mis la main sur l'administration municipale. Donc les bienfaits des communes n'ont pas tant d'importance, même pour les amis les plus fervents de ces deux libertés. L'égalité, la fraternité, nous avons vu jusqu'à quel point elles ont servi leur cause. On peut dire, en somme, que la classe moyenne était dans une situation tout aussi avantageuse là où les communes n'existaient pas, du moins à partir du règne de saint Louis. L'intégrité imposée par ce prince à ses agents, à ses baillis, à ses prévôts, les missions données aux enquesteurs royaux et leurs résultats si féconds, la surveillance sévère introduite dans toutes les branches de l'administration locale et provinciale, assuraient beaucoup mieux le sécurité des bourgeois eux-mêmes que leurs chartes communales. Une quantité de villes, sans être organisées en communes, jouissaient de privilèges fort étendus, suffisant, dans la plupart des cas, à l'ambition des citoyens; elles ne croissaient pas moins que les autres en richesse et en population. La condition morale et matérielle de la bourgeoisie s'élevait en dehors de l'idée communale, grâce surtout à l'intelligente direction d'un monarque éclairé. Chacun de ses membres

individuellement, et surtout les « bourgeois du roi », étaient couverts
par lui d'une protection efficace ; et en même temps les assemblées
d'états provinciaux, ces précurseurs des grandes assises de la nation
qui allaient bientôt se réunir, trouvaient en lui leur régulateur.
Ainsi, s'il ne mérita pas le surnom de second père des communes
(ce serait en tout cas un assez mauvais père), il ne saurait être
accusé pour cela de n'avoir pas réellement travaillé au bonheur et
au développement de la grande classe des hommes libres. La liberté
humaine n'aurait certainement pas fait autant de progrès dans le
cours du moyen âge si le moyen âge n'avait eu saint Louis ; elle en
eût peut-être fait de plus grands dans les temps qui suivirent si saint
Louis avait eu plus d'imitateurs.

CHAPITRE XV

La classe des *vilains*. — Sa situation au xiiie siècle. — Ses charges et ses droits. — L'administration du village. — Protection accordée aux paysans par saint Louis. — Le servage et son origine. — Condition des serfs; ses progrès continus. — Affranchissements nombreux dus au roi ou à son influence; extinction graduelle de la classe servile.

Aucun prince, dans aucun temps, ne fut aussi parfaitement le père du peuple que celui dont je retrace l'histoire. Autant il savait résister à l'occasion aux entreprises des barons ou des communes, autant il apportait de condescendance et de bénignité dans ses rapports avec les classes populaires. L'adoucissement de leur sort fut une de ses constantes préoccupations. Mais, avant de montrer comment il les favorisa, il importe d'exposer en quelques mots la situation qui leur était faite de son temps par la loi et la coutume.

Si les bourgeois étaient des hommes libres des bourgs ou des cités, les *vilains* (*villani*) étaient les hommes libres des villages (*villæ*); la pleine jouissance de la liberté civile les distinguait des serfs. Or la classe des vilains formé alors l'immense majorité du peuple; ils sont même beaucoup plus nombreux que nos paysans d'à présent; car les villes, malgré leurs privilèges, n'exercent pas encore cette attraction fatale qui, de nos jours, va dépeuplant de plus en plus les campagnes, et, d'un autre côté, les serfs ou les paysans non libres, dont je parlerai ensuite, commencent à devenir l'exception. On peut même dire que de cette classe fondamentale, la plus féconde et la plus productive de toutes, est sortie la masse de la nation française moderne. Combien d'entre nous, en effet, même parmi les plus nobles, pourraient compter dans leurs aïeux quelques-

18

uns de ces mâles cultivateurs qui, eux aussi, ont à leur manière
fait la France grande et forte! Un de nos vieux proverbes disait :
« Cent ans bannière, cent ans civière. » Ainsi, même en supposant
que nos ancêtres directs aient levé la bannière aux croisades, il n'est
pas dit pour cela que les ancêtres de nos ancêtres n'aient point
porté la civière à une époque plus reculée. Chaque famille suit tour
à tour une marche ascendante et une marche descendante, de telle
sorte qu'à bien peu d'exceptions près, dans une société aussi vieille
et aussi mélangée que la nôtre, tous les roturiers ont dans les veines
du sang noble, et tous les nobles du sang roturier. D'ailleurs, on le
sait, l'agriculture elle-même anoblit; du moins elle n'avilit pas les
mains les plus aristocratiques, car de tout temps elle a été le refuge
des gentilshommes qui n'ont voulu déroger ni à leur rang par le
négoce, ni à leur principe par la reconnaissance du droit du plus fort.

Malgré sa dénomination générale, la classe des vilains n'est pas
homogène. Tous les francs hommes des champs, ou, si l'on veut,
tous les paysans ne sont pas absolument égaux. Entre les nobles et
les gens *de poesté,* un peu au-dessous des premiers et au-dessus
des seconds, l'on distingue d'abord une espèce de caste intermédiaire, peu nombreuse à la vérité, celle des *vavasseurs,* petits propriétaires ruraux, tenant des terres de leur seigneur moyennant une
rente et certaines obligations, ne lui prêtant pas foi et hommage,
ne lui rendant pas toujours le service militaire, mais lui fournissant
un cheval, et possédant quelques-unes des prérogatives de la gen-
tillesse. De même, entre les hommes libres et les serfs, le code
coutumier reconnaît quelques catégories à part, dont il s'efforce de
préciser la situation exceptionnelle; car ces lois, qui, selon Henri
Martin, ne daignent pas même mentionner l'existence du peuple
(ce qui pourrait faire croire que le célèbre historien ne les a jamais
ouvertes), sont, au contraire, pleines de détails sur toutes les conditions inférieures. Mais ces catégories sont, pour ainsi dire, en dehors
de la hiérarchie générale; ce sont des restes du chaos produit à
l'époque barbare par le mélange des races et des législations.

La principale d'entre elles est celle des *hôtes.* Les hôtes sont des
fermiers cultivant un petit domaine, un petit *tènement,* moyennant
redevance. Le seigneur ne peut rien leur demander de plus, sauf
la garde de sa personne et de sa famille dans l'intérieur du fief,
quelques corvées, et, dans certains pays, la taille; mais ils ne sont
jamais « taillables à merci ». Ils peuvent renoncer à volonté à leur
hostage, à la grande différence des serfs, qui sont attachés à la
terre. Cependant ils peuvent être quelquefois, comme ceux-ci, cédés
ou échangés avec leur domaine : ainsi, en 1211, Jérôme de Vernai
céda aux religieux de la Noë, en Normandie, deux hôtes et les tène-

ments qui leur avaient été confiés, et pour lesquels ils payaient chaque année cinq sols à la Saint-Remi, deux chapons à Noël et trente œufs à Pâques. Ce sont en quelque sorte des locataires dont les fils devront conclure un nouveau bail pour leur succéder, et dont les tenures, composées de cultures diverses, sont soumises à un loyer modéré. Donc ils se rapprochent par certains côtés des hommes libres, et par certains autres des serfs. A côté des hôtes on trouve des *colliberts,* dont la situation est encore inférieure; ceux-là ne peuvent sortir de leur condition originelle; ce sont des espèces d'affranchis qui conservent quelques-unes des obligations des serfs. M. Léopold Delisle, dans son étude si féconde sur la *Classe agricole en Normandie,* modèle trop peu imité jusqu'à présent, distingue aussi des *bordiers,* tenus, comme les vilains ordinaires, à des rentes et à des services proportionnés à leur ferme ou à leur *borde,* mais plus spécialement chargés de corvées pénibles et de travaux domestiques.

En dehors de ces exceptions, qui commencent à devenir rares au xiiie siècle, et des serfs, qui, ainsi que je viens de le dire, tendent eux-mêmes à disparaître, tous les cultivateurs sont des *vilains* proprement dits. Quelquefois ce nom est remplacé par celui de *rustre* ou de paysan, qui signifie la même chose (*rusticus*); et tous possèdent en propre un morceau de terre de moyenne étendue, pour lequel ils payent simplement une rente et acquittent des corvées. Depuis un siècle, tous jouissent d'une liberté civile presque entière, et leurs rapports avec leurs seigneurs ne sont nullement réglés par l'arbitraire, mais par des coutumes de plus en plus précises. S'ils n'ont pas de plein droit la liberté de se marier hors du fief ni celle de vendre ou d'engager leur terre, le seigneur les leur concède moyennant une légère taxe. La transmission de leurs héritages est garantie. Les désagréments de leur situation ne proviennent donc guère que des redevances en argent ou en nature auxquelles ils sont tenus. Examinons de près en quoi consistent ces redevances, et voyons jusqu'à quel point elles rendent leur sort pénible. Les renseignements abondants qui ont été réunis et condensés pour la province de Normandie nous offrent un spécimen sûr, d'où nous pouvons sans crainte tirer la notion de l'état général des choses, sauf quelques points particuliers à la coutume de ce pays.

La plus importante des redevances annuelles est le *cens,* où certains juristes ont vu un vestige de l'ancien impôt public, transformé par le régime féodal en un droit privé; c'est la rente due au seigneur en raison de sa suzeraineté sur le tènement ou la censive; car, ainsi que toutes les autres charges particulières aux vilains, il porte plutôt sur la terre que sur la personne, et il est toujours proportionné à la première. De même que la noblesse tient au sol possédé,

sous le régime féodal, la roture est également attachée à la nature
du domaine, et le service militaire, le principal devoir du fief, est
remplacé ici par le cens, qui est, avec ses suppléments, le principal devoir de la propriété non noble. Le *surcens*, seconde rente
dont la maison du tenancier est grevée, représente soit l'indemnité
due pour l'abolition d'un travail pénible ou pour la concession d'un
privilège, soit l'intérêt d'un capital avancé ou les arrérages de la
rente primitive capitalisés. Viennent ensuite des droits sur l'habitation, comme les droits de *masure*, de *fattage*, de *gablage*, de
fumage; puis le *champart*, ensemble de redevances en nature, dont la
quotité, à la différence des précédentes, varie chaque année, suivant
le rapport de la terre. Le seigneur reste, pour ainsi dire, associé
aux chances des laboureurs de sa seigneurie, et prélève, après les
récoltes, une part du produit de leurs travaux, qui est estimée par
des *champarteurs*, comme la dime par les décimateurs. Dans certains
pays, cette part est d'un dixième; ailleurs, elle s'élève jusqu'à un
sixième (c'est ce qu'on appelle la *dixième* ou la *sixième gerbe*). Souvent le cultivateur est obligé d'apporter des gerbes du champart à la
grange seigneuriale avant de rentrer sa propre récolte; ce qui a
inspiré à l'auteur du poème sur les vilains de Verson cette plainte
mêlée à beaucoup d'autres :

> Son blé remaint de l'autre part,
> Qui est au vent et à la pluie;
> Au vilein malement ennuie
> De son blé qui gist par le champ.

Aussi certains tenanciers rachètent-ils ce champart ou cette part
du produit du champ par une nouvelle rente en argent. Le grain,
une fois recueilli, doit être moulu au moulin banal ou seigneurial,
excepté dans les cas d'autorisation ou de privilège spécial, et là
encore le seigneur prélève un droit de *moute* ou de mouture. Une
autre redevance frappe, quand il y a lieu, le bétail, sous les noms de
moutonnage, de *brebiage*, de *porcage*, etc. Elle se borne ordinairement à une tête par troupeau, et quelquefois même elle ne se paye
que tous les trois ans. D'autres droits d'un caractère tout local sont
dus pour la jouissance de certaines pâtures ou de certains usages,
et ils ont persisté jusqu'aux temps modernes. D'autres correspondent
à nos impôts sur les successions et les mutations, ou bien au relief
dû par le fief qui changeait de propriétaire : c'est le double cens
ou la *relevaison*, appelée aussi relief dans plusieurs pays, due par
l'héritier, et souvent très réduite; car elle est évaluée, en quelques
localités de Normandie, à douze ou même à six deniers par acre de
terre; c'est le droit de *lods et vente*, dû par l'acquéreur ou par le

vendeur, et appelé quelquefois le *treizième,* parce qu'il se composait
du treizième du prix de vente. Enfin une redevance particulière est
payable au seigneur, dans beaucoup de fiefs, mais pas dans tous,
par le vilain ou la vilaine qui se marie. Nous reviendrons sur cette
fameuse taxe et sur les fausses interprétations que la mauvaise foi
en a voulu tirer, quand nous serons au mariage des serfs. Mais
il importe de dire ici qu'elle était d'ordinaire fort peu élevée. A
Verson, à Carpiquet, elle est fixée à trois sols (environ trois francs
de notre monnaie); dans les domaines de l'abbaye de Saint-Georges
de Bocherville elle n'est que de dix-huit deniers. Ailleurs elle est
convertie en un gâteau de sept sols six deniers si l'on mange de la
viande au repas de noces, et de deux sols deux deniers seulement
si l'on n'en mange pas (ce détail est à lui seul un trait de mœurs
rustiques); mais ce gâteau peut être remplacé à son tour par la
somme équivalente, et il en est de même de toutes les autres taxes
en nature établies pour cet objet, comme des pots-de-vin, des quartiers de bœuf, des plats de viande prélevés sur le dîner, etc. Assez
souvent ce droit pécuniaire est accompagné, ou plutôt il est remplacé par une formalité, par un jeu plus ou moins pénible, comme
une joute à cheval ou en bateau, qui lui-même peut être racheté
à prix d'argent; et pour forcer les mariés à remplir l'une ou l'autre
obligation, on les menace d'une amende plus forte ou d'autres désagréments qui n'ont jamais existé que dans des formules commina-
toires. En somme, le vassal noble qui se marie a, lui aussi, des
devoirs à acquitter envers son suzerain; ceux auxquels le tenancier
est soumis dans le même cas n'ont rien de plus exorbitant.

Pour être complet, nous devons ajouter aux redevances annuelles
et éventuelles les *regards,* qui sont de petits compléments les accom-
pagnant presque toujours, et consistant en une quantité déterminée
de poules, chapons, œufs, pains, tourteaux ou galettes, pièces de
gibier, poissons ou de toute autre denrée produite par le petit
domaine du paysan. Ce sont plutôt des offrandes rendues obliga-
toires par l'usage que des impôts proprement dits.

Les corvées, dernières charges de la tenure roturière, ont une autre
origine; ce sont des prestations en nature, faisant partie du cahier
des charges échangé en quelque sorte entre le seigneur et le concessionnaire d'une portion de son fief; et ces prestations, comme l'a
observé M. Delisle, étaient bien moins onéreuses que des rentes
d'argent ou de denrées à l'époque primitive, où la circulation du
numéraire était nécessairement bornée et la sécurité des campagnes
fréquemment troublée. Ce n'est qu'avec le développement du commerce et l'affermissement de la paix publique que les vilains purent
trouver intérêt à les racheter graduellement. Les unes consistent

en service de transport ; le tenancier doit voiturer à la maison du
seigneur le blé, le vin, le bois de celui-ci, par quantités fixées à
l'avance. Les autres ont pour objet d'aider à l'exploitation du
domaine seigneurial ; le vilain doit contribuer à l'enlèvement du
fumier dans les étables et les écuries, au transport ou à l'étente du
fumier ou de la marne dans les champs, au labourage, à l'ensemen-
cement, au sarclage, au vannage du grain, au *fenage* ou fauchage,
aux travaux de la vendange, s'il y a lieu, et à la conduite du bétail.
Une troisième catégorie de corvées regarde l'entretien du château,
le nettoyage des chambres, l'approvisionnement, l'entretien du jardin, des fossés, des étangs, des clôtures, des chaussées, etc.; et une
quatrième offre le caractère de service public ; elle consiste à remplir les fonctions de prévôt de village, à garder les moissons (le
messier ou garde des moissons existe encore en Touraine et dans
d'autres provinces), à préparer la tenue des *plaids* seigneuriaux, à
y ajourner les justiciables, à conduire les criminels, à garder les
foires. Le seigneur fait donc tour à tour de ses paysans des hommes
de peine, des domestiques et des fonctionnaires. Mais il est bon de
remarquer que ces divers services ne sont pas imposés à tous ni
dans tous les pays, et que le tenancier qui en rendait quelqu'un
recevait en retour un petit salaire ou bien des aliments. Il y a au
fond bien peu de différence entre cet état de choses et celui qui
règne actuellement dans la plupart de nos villages ; seulement l'État
ou le riche particulier se sont substitués au seigneur, et cette substitution n'est pas toujours à l'avantage du paysan. Ajoutons que la
domesticité était alors fort peu nombreuse, et que le système consistant à remplacer souvent les serviteurs à gage par des auxiliaires
momentanés, qui retournaient ensuite à leurs travaux personnels et
rentraient dans leur dignité de propriétaires, ne pouvait qu'être
favorable à la moralité et à l'indépendance de la classe inférieure.
Enfin n'oublions pas que les serviteurs à gages commençaient dès
lors à se multiplier, et les corvées à leur être confiées par les paysans
mêmes, quand elles n'étaient pas rachetées à prix d'argent.

On ne saurait dissimuler que l'arbitraire s'introduisait parfois
dans les rapports du seigneur avec ses vilains, par exemple lorsqu'il
leur imposait l'obligation d'acheter de ses denrées à un prix non
débattu, ce qui avait lieu surtout pour le vin ; toutefois cette coutume vexatoire n'était pas générale, et en Normandie, notamment,
elle ne se rencontre que dans un très petit nombre de seigneuries.
Je rappellerai aussi que les habitants des campagnes avaient à acquitter, outre les charges de leur tenure, des impôts personnels, des
tailles, des aides seigneuriaux exigibles en certaines circonstances,
comme l'aide aux quatre cas des nobles, puis la dîme ecclésiastique,

composée du dixième des récoltes et malheureusement détournée
assez souvent de son but sacré, puis le service militaire, ou au moins
le guet et la garde du château. Toutes ces obligations forment un
total bien lourd sans doute; mais toutes n'ont-elles pas leur équivalent de nos jours? Et ne trouvaient-elles pas leur compensation dans
la protection dont le seigneur couvrait les hommes de son fief en
temps de guerre, et même en temps de paix? Combien eût-on rencontré de ces vilains qui eussent consenti à s'exonérer des services
qu'ils rendaient en renonçant à ceux qu'ils recevaient? Leur situation individuelle avait son origine dans des conventions librement
consenties, comme l'a dit depuis longtemps le savant Guérard; ils
ne cherchaient point à déchirer un contrat qui apportait aux deux
parties certains avantages. La plupart, au contraire, professaient
pour leurs châtelains un amour et un dévouement absolus; ils
payaient leurs redevances sans résistance aucune, sachant qu'elles
étaient le prix de la terre qui nourrissait leur famille; et si le cens,
la dîme ou la corvée excitèrent chez quelques-uns de légères récriminations, je ne sache pas que nos impôts sur les boissons, sur les
portes et fenêtres, nos droits de patentes, nos prestations, inspirent
à leurs descendants un bien vif enthousiasme.

Si maintenant nous voulons considérer les vilains à l'état collectif,
que trouvons-nous? Le village du xiiie siècle est-il dans une condition bien inférieure à celle du village actuel? Le plus souvent ce
village s'est formé, comme les villes, autour d'un sanctuaire, d'un
oratoire, d'un donjon, ou simplement d'un domaine agricole, dont il
a conservé le nom romain (villa). Ce centre primitif a d'abord attiré
quelques cultivateurs, qui ont fondé dans son orbite, pour ainsi dire,
autant de manses; le manse (mansus) est le petit coin de terre suffisant pour faire vivre un laboureur et sa famille, avec une cella ou
chaumière au milieu. Ces manses rustiques se sont juxtaposés, se
sont groupés autour de la partie du domaine réservée au seigneur
(mansus indominicatus), pour concourir à son exploitation, et dès le
xie siècle ils ont été presque tous cultivés et habités par des hommes
libres (mansus ingenuiles), quelques-uns par des serfs (mansus serviles) ou par des hôtes (hospitia). Puis ces cultivateurs, étant devenus de plus en plus nombreux, ont eu leur paroisse, leur clocher;
ils ont eu des intérêts communs, des assemblées; ils ont formé, en
un mot, une communauté d'habitants (c'est le terme consacré), et
cela, dans la plupart des cas, bien avant le xiiie siècle. A cette dernière époque, on voit beaucoup de communautés rurales fonctionner
à peu près comme des communes véritables; elles n'ont pas toujours
de chefs, ni de conseils, ni de magistrats; mais dans ce cas leurs
affaires sont délibérées en commun, et les actes rédigés au nom per-

sonnel de tous les habitants qui ont pris part aux délibérations. Elles
se font représenter en justice par des procureurs ; elles plaident,
elles font des donations, elles afferment des droits ; quelquefois même
elles répartissent et perçoivent les tailles royales. Mais surtout, fait
plus significatif et plus fréquent, elles lèvent elles-mêmes, pour leurs
besoins particuliers, des tailles auxquelles chaque habitant contribue
suivant la quotité de son avoir. On peut lire dans Beaumanoir les
règles détaillées qui concernent leur assiette et leur perception. Les
nobles et les clercs doivent payer leur part de ces contributions
locales. Elles sont principalement destinées aux réparations de
l'église, à l'entretien des chemins, des puits, des gués, des ponts.
L'obligation de réparer l'église engendre dès lors une institution se
rapprochant encore du caractère d'institution communale ; c'est le
trésor ou la fabrique paroissiale. M. Delisle a cité un statut du diocèse
de Rouen, par lequel il est ordonné que le trésor de chaque église
soit gardé par des hommes honnêtes et considérés de la localité ; que
l'argent en soit dépensé sur l'avis du curé pour les nécessités de
l'église, et que les trésoriers rendent leurs comptes trois fois par
an, soit devant tous les paroissiens, soit devant leurs délégués. Enfin
des privilèges, des exemptions sont concédés par le roi aux communautés rurales comme à des êtres moraux parfaitement reconnus, et
elles jouissent dans les pâturages, dans les forêts, de droits d'usage
équivalant à des biens communaux. Que leur manque-t-il donc
pour constituer de véritables communes? Bien peu de chose. Dans
certains pays même, les moindres villages sont dotés d'une mairie et
d'un maire. Il est vrai que ce maire est ordinairement un fonctionnaire nommé par le seigneur ; il en est ainsi dans toutes les terres
du chapitre de Notre-Dame de Paris, par exemple, à Orly, dont les
habitants possédaient une mairie même avant l'acte d'affranchissement général rendu en leur faveur, en 1263, et se trouvaient par
conséquent, eux serfs, administrés par un simple serf. Ce maire
d'Orly participait avec le doyen et le prévôt du chapitre à l'exercice
de la justice, à la police rurale, à l'administration civile et financière,
et il était assisté par un conseil de bonnes gens (*boni homines*) représentant tout à fait les échevins ou le conseil municipal. On retrouve
son analogie dans toutes les paroisses soumises à la même juridiction, à Chevilly, à l'Hay, à la Châtaigneraie, à Celles, dans le diocèse
de Sens ; à Montgilard, à Travers, à Vitry, en Vermandois, à Com-
pans, etc., et il existait certainement en beaucoup d'autres lieux.
Tantôt le maire était nommé à vie, tantôt il était révocable ; mais
toujours il était pris parmi les villageois, et possédait une autorité
bien établie, indépendante à certains égards.

D'autres villages étaient administrés par un prévôt, magistrat du même ordre, choisi pour une année parmi les propriétaires ruraux, soit par ceux-ci directement, soit par le seigneur. Des officiers spéciaux, comme les *messiers*, les bedeaux, étaient en outre institués presque partout pour faire la police communale, et remplaçaient nos célèbres gardes champêtres.

En Alsace florissait la *colonge* (*colonia*), agglomération de fermiers régis par une loi commune, dépendant d'un même seigneur et formant ensemble un tribunal aux attributions très variées. Un intéressant travail de M. l'abbé Hanauer sur ces cours colongères a démontré que la moitié des villages de cette province étaient constitués de la sorte, et que les colonges finirent par être absorbées dans les communes. Enfin, dans diverses contrées, les villageois avaient à leur tête un conseil de syndics élu dans ces assemblées populaires du dimanche, qui se tenaient devant la porte de l'église, et qui ont laissé parmi nos campagnards des traces si persistantes. Le suffrage universel fonctionnait là sans inconvénient ni difficulté; seulement les abstentionnistes étaient frappés d'une amende. Les syndics choisis par le peuple géraient les affaires du *commun* ou de la communauté avec des pouvoirs très étendus, jusqu'au moment où les progrès de la centralisation vinrent les transformer, eux aussi, en agents de l'autorité supérieure. C'est ce que fait voir en détail l'étude récente de M. Babeau sur les villages de Champagne.

Encore une fois, quels droits civils manquaient donc à ces paysans, puisqu'ils jouissaient même de la bienheureuse faculté, tant prônée de nos jours, d'agiter l'urne électorale? Ah! je le sais, on regrette bien autre chose pour eux, et l'on accorde bien davantage à leurs successeurs. On se figure que, du moment qu'un villageois est apte à discuter les petites affaires de sa commune, il ne l'est pas moins à délibérer et à voter sur celles de l'État, et l'on veut que la politique n'ait pas plus de secrets pour lui que l'art d'entretenir ses chemins ou de protéger ses récoltes. Au moyen âge, rien de tel. Le vilain s'occupe des intérêts de son village, parce qu'il les connaît, et il ne se mêle point de ceux du royaume, parce qu'il n'y entend rien et qu'il n'y peut rien entendre. Il a sa liberté d'action chez lui; il n'a aucune influence sur la marche du gouvernement central, et parfois même il lui arrive d'ignorer entre quelles mains le pouvoir suprême est remis, de quel suzerain son sort dépend. *O fortunatos nimium!*

Pourtant la royauté s'occupe de lui avec sollicitude. Sous saint Louis particulièrement, les rapports du roi avec les paysans peuvent se résumer en un mot : protection constante du laboureur contre la gent militaire du dedans ou du dehors et contre la misère en général. L'aversion du saint monarque pour la guerre intérieure est fondée avant tout sur le préjudice qu'elle porte aux cultivateurs du royaume.

Lisez son ordonnance interdisant les guerres privées : que vise-t-elle ?
que cherche-t-elle à prévenir? *Carrucarum perturbationem*, le
trouble jeté dans les travaux des champs, dans le labourage, qu'un
ministre célèbre a défini une des mamelles de la France, appella-
tion tout à fait dans l'esprit de saint Louis. Voyez les instructions
données à ses enquesteurs : ils ont l'ordre de dresser un rôle des
pauvres laboureurs de chaque province mis par la vieillesse hors
d'état de travailler, afin que le roi les connaisse et puisse se charger
de leur subsistance. Parcourez les Mémoires de Joinville, vous y
trouvez la confirmation presque littérale de cette mesure de libéralité
et la preuve qu'elle reçut une large exécution. « Par-dessus toutes
choses, déclare le témoin de la vie du saint roi, il donnait chaque
jour si grandes aumônes aux pauvres qui, par vieillesse ou maladie,
ne pouvaient labourer ni travailler à leur métier, qu'à peine pour-
rait-on en raconter le nombre, dont nous pouvons bien dire qu'il fut
plus heureux que Titus, l'empereur de Rome, dont les anciennes
écritures disent qu'il se désola et fut déconforté d'un jour qu'il
n'avait accordé nul bienfait[1]. »

Tout le gouvernement de ce bon roi a eu pour premier principe
l'amour raisonné du peuple ; et le peuple d'alors, n'est-ce pas surtout cette masse énorme de vilains disséminés dans les campagnes,
auprès desquels la population des villes n'est encore qu'une infime
minorité? Le bien-être des paysans résulte des bienfaits de la paix ;
or, depuis des siècles, ils ne les connaissaient plus que de nom, ces
bienfaits. Saint Louis les en fit jouir le premier pour un temps assez
long ; et il faut compter aussi, parmi les services signalés qu'il leur
rendit, les défrichements considérables exécutés sous son impulsion,
en Normandie, par exemple, où le sol prit alors cet aspect de fertilité et de richesse qu'il a gardé depuis. A mesure que les forêts, que
les friches se transformaient en champs et en vergers, le nombre
des villages s'augmentait, la civilisation progressait, et le développement rapide de la population donnait un signe certain de la prospérité du pays. M. Delisle, d'accord avec Dureau de la Malle, incline
à croire qu'au XIVᵉ siècle la France comptait au moins autant d'habitants qu'aujourd'hui. En parcourant les registres censiers, il a été
frappé de la multitude des personnes nommées dans chaque paroisse,
du grand nombre d'enfants élevés dans chaque famille ; en mesurant
du regard la dimension des églises, toujours proportionnée au nombre
des fidèles, il a été amené au même sentiment ; et il a conclu que
nos campagnes eussent été plutôt trop peuplées pour les ressources
qu'elles pouvaient fournir, si des famines et des épidémies n'y eussent

---

[1] Joinville, édition de Wailly, p. 302.

fait des vides périodiques. Mais cet état de choses, constaté au
XIVe siècle ou à la fin du XIIIe, peut-il tenir à une autre cause qu'à
la longue période de tranquillité et de sécurité procurée par le gouvernement immédiatement antérieur? A un seul moment, sous le
règne de saint Louis, quelques paysans se laissèrent entraîner par
des séducteurs étrangers et allèrent grossir les terribles bandes des
pastoureaux, pour revenir bientôt après, désabusés, à leurs occupations agricoles. Mais c'était pendant l'absence du roi, et il s'agissait
précisément (du moins c'était le prétexte mis en avant par les chefs
qui les enrôlaient) d'aller le délivrer des mains des Sarrasins. C'est
donc par amour et par dévouement pour lui qu'ils se soulevèrent,
plutôt que par mécontentement. Voilà une singulière insurrection,
et d'un genre peu connu aujourd'hui! Nous devons en conclure que,
si le roi aimait son peuple, il en était également aimé, et que son
éloignement pouvait seul permettre de pareils désordres.

Descendons maintenant de la classe intéressante des vilains, ou
des hommes libres des campagnes, au dernier échelon de la société,
à la population la plus pauvre et la plus malheureuse (car c'est un
malheur particulièrement sensible de ne point jouir de sa liberté
personnelle lorsqu'on vit au milieu d'une nation d'hommes libres),
c'est-à-dire aux serfs, et voyons ce que fit pour eux le saint roi.
Le servage a été certainement, durant plusieurs siècles, la plaie du
monde occidental. Ce vestige de l'antique esclavage païen a disparu
graduellement, effacé sous les pas triomphants de la civilisation chrétienne, et c'est une des gloires les plus incontestables des âges de
foi de l'avoir virtuellement détruit. Combien d'hommes cependant,
encore aujourd'hui, s'imaginent que le moyen âge était le beau
temps de la servitude, et que l'existence d'une caste d'esclaves était
une des bases essentielles de sa constitution sociale! C'est exactement
le contraire de ce qu'il faudrait dire : le moyen âge a fait une guerre
acharnée au principe du servage ; il a apporté à cet abus criant des
adoucissements de plus en plus efficaces ; il l'a réduit à l'état d'exception de plus en plus minime, et enfin il l'a aboli de fait. Lorsqu'il a
légué aux idées modernes la domination des peuples européens, il
y avait longtemps que le servage n'était plus qu'un souvenir ou un
nom, et déjà au XIIIe siècle il était devenu rare. C'est au début du
siècle suivant que le roi de France émancipa, par un acte d'affranchissement général, tous les mainmortables qui pouvaient subsister
encore dans ses domaines ; et s'il en demeura quelques-uns dans le
royaume, volontairement ou non, ceux-là disparurent à leur tour avant
la fin du XVe siècle, avant l'heure de la Renaissance. Le fameux décret
rendu par l'Assemblée nationale dans la nuit du 4 au 5 août 1789,
et qu'avaient précédé, du reste, deux ordonnances de Louis XVI,

publiées en 1779 et en 1787, ne détruisit que des redevances, des corvées et autres débris plus ou moins reconnaissables de l'ancien état de choses, conservés malgré tout par la routine et par quelques coutumes locales, mais passés à peu près au rang des curiosités archéologiques.

Ainsi donc la loi de progrès, cette grande loi que l'histoire constate partout sous le règne de saint Louis, dans l'administration, dans la justice, dans la condition des nobles, dans celle de la classe moyenne, se retrouve plus accusée qu'ailleurs peut-être dans la législation et dans le sort des serfs. Je dirai même que nulle part le progrès n'apparaît si rapide, et certainement le niveau social des dernières couches du peuple ne s'est pas élevé depuis cent ans dans la même proportion que de l'an 1215 à l'an 1315, date de l'édit émancipateur de Louis X. Le lecteur n'attend pas de moi que je retrace ici la marche décroissante de la servitude avant cette période. Le sujet serait trop vaste, et il a été trop bien traité pour que je puisse avoir la prétention de l'éclairer de lumières nouvelles. Je me bornerai donc à renvoyer, sur ce point, aux excellents travaux de M. Wallon et surtout de Guérard, qui, après avoir, pour ainsi dire, manipulé tous les actes originaux de la première moitié du moyen âge, en a tiré, dans son *Polyptique d'Irminon* et dans son *Cartulaire de Saint-Père de Chartres,* le plus limpide exposé de la condition des personnes et des terres. Je citerai seulement, pour les temps antérieurs au xiiie siècle, la conclusion à laquelle il arrive. « L'esclavage, dit-il, est toujours allé en se mitigeant, dans notre pays, depuis la conquête des Gaules par Jules César. Sa marche peut se diviser en trois âges bien distincts. D'abord c'est l'esclavage pur, qui réduisait l'homme à l'état de chose, et qui le mettait dans la dépendance absolue de son maître ; cet âge peut être prolongé jusqu'après la conquête de l'empire d'Occident par les barbares. Ensuite, depuis cette époque jusque vers la fin du règne de Charles le Chauve, l'esclavage proprement dit est remplacé par la servitude, dans laquelle la condition humaine est reconnue, respectée, protégée, si ce n'est encore d'une manière suffisante par les lois civiles, au moins plus efficacement par celles de l'Église et par les mœurs sociales. Alors le pouvoir de l'homme est contenu généralement dans certaines limites ; un frein est mis à la violence, la règle et la stabilité l'emportent sur l'arbitraire ; bref, la liberté et la propriété pénètrent par quelque endroit dans la cabane du serf. Enfin, pendant le règne de la féodalité, la servitude se transformant en servage, le serf retire sa personne et son champ des mains de son seigneur ; il doit à celui-ci, non plus sa personne ni son bien, mais seulement une partie de son travail et de ses revenus, il a cessé de servir ; il n'est plus qu'un tributaire, sous les divers noms d'hommes de corps, de mainmortable, etc. [1]. »

Donc il y a trois âges bien différents à distinguer. Dans le premier, l'esclave n'est pas un homme, mais une brute ou une chose : l'antiquité, en effet, ne classe pas le meurtre de l'esclave parmi les délits contre les personnes, mais parmi les délits contre la propriété ; l'intérêt du maître est seul lésé par lui (voyez la loi *Aquilia*). Justinien lui-même, un chrétien cependant, mais un représentant de ce christianisme bâtard produit par le monstrueux accouplement de l'Évangile et du vieux droit païen ; Justinien, dans ses *Institutes,* met sans cesse les esclaves sur la même ligne que les bêtes de somme (*servos et jumenta*). Dans le second âge, l'esclave est un homme soumis à la volonté d'un autre ; mais enfin c'est un homme et un chrétien, c'est-à-dire l'égal de son maître, de par la grande voix de l'Église. Dans le troisième enfin, c'est un serviteur ayant avec son supérieur direct des rapports nettement tracés par la coutume écrite, et des rapports presque uniquement pécuniaires. Quelle différence de ce dernier état au premier ! Que de chemin parcouru, que d'abîmes franchis depuis qu'a retenti la belle parole de l'Apôtre : « Il n'y a plus de Juifs ni de Grecs, il n'y a plus d'esclaves ni de libres, car vous n'êtes qu'un en Jésus-Christ ! » Mais, encore une fois, je dois me renfermer dans le siècle de saint Louis. Or, à cette époque, l'on n'a à s'occuper que du troisième âge de la servitude, et cet âge même est déjà sur son déclin. Examinons donc brièvement les quatre points suivants, qui me paraissent renfermer toute la matière : A quelle cause tient alors l'état de servage ? Quelles sont la condition et les obligations des serfs ? Quelles sont leurs mœurs ? Enfin quels sont les progrès introduits dans le servage, les efforts faits pour arriver à sa suppression durant ce même siècle, et particulièrement par le saint roi ?

Premièrement, on était le plus souvent serf de naissance. Étaient serfs, dans la rigueur du principe féodal ; non seulement le fils d'un serf et d'une serve, mais encore le fils d'une serve et d'un homme libre, et le fils d'une femme libre et d'un serf. Toutefois l'Église avait fini par faire triompher généralement une règle moins dure : « Franchise vient de la mère. » Il n'y avait donc plus, par le fait, d'autres serfs de naissance que ceux qui étaient nés d'une serve, quelle que fût d'ailleurs la condition du père. Cette règle, à elle seule, éclaircit considérablement les rangs de la classe servile, et elle prouve en même temps que la distance qui séparait cette classe de celle des francs hommes n'était plus assez grande pour empêcher de fréquentes alliances entre les membres de l'une et de l'autre. On devenait plus rarement serf par

---

[1] Guérard, *Polyptique d'Irminon,* Introduction.

suite de certaines circonstances postérieures à la naissance. Beaumanoir porte cependant le nombre de ces circonstances jusqu'à quatre.
D'après lui, on tombait dans le servage : 1º quand on n'avait pas
répondu à l'appel militaire de son seigneur (ce cas était rare dans la
pratique, bien qu'on le trouve réalisé sur une vaste échelle dans une
de nos chansons de geste, où l'empereur Charles réduit d'un seul
coup en servitude quatre mille sept cents barons gascons et angevins
qui refusaient de le suivre en Espagne); 2º quand on se donnait soi-
même, par dévotion, à un saint ou à une sainte, c'est-à-dire à une
abbaye, à une église, et Beaumanoir dit que beaucoup de personnes
faisaient ainsi jadis, sans doute parce qu'elles y trouvaient leur
compte; 3º quand on se vendait à un seigneur, c'est-à-dire lorsqu'un
individu réduit à la misère allait trouver un riche feudataire et lui
disait : « Vous me donrés tant, et je demorrai vostre hom de cors, »
et vous me protégerez (ce qui constituait une *recommendatio*, rappelant un peu celle des anciens *vassi*); 4º enfin quand un homme franc
résidait un an et un jour sur certaines terres soumises à une législation spéciale; mais ce dernier cas est exceptionnel [1]. Ainsi le servage
était quelquefois une pénalité établie contre les réfractaires et les
fuyards, et quelquefois, au contraire, il résultait d'un acte volontaire.
Il faut ajouter aux causes énumérées ici par Beaumanoir la prise
d'un individu sur le champ de bataille : les prisonniers de guerre
pouvaient devenir serfs lorsqu'ils n'étaient pas rendus à leur patrie;
ainsi l'on trouve en Provence, au XIIIᵉ siècle, des Sarrasins réduits
en servitude, probablement à la suite d'une croisade antérieure; mais
ce traitement ne paraît pas avoir été très usité à l'égard des chrétiens.
En somme, la grande source, la source presque unique du servage,
était, je le répète, dans la naissance, comme celle de la noblesse et
de la franchise, et cela depuis un temps immémorial, de sorte qu'on
peut considérer la plupart des serfs qui subsistaient alors comme les
descendants des anciens esclaves romains ou barbares.

La condition civile des serfs et leurs obligations envers leurs
maîtres demanderaient beaucoup plus de développements. Je tâche-
rai d'être sur ce point concis, mais clair. La tendance générale de la
féodalité étant d'attacher à la terre les droits ou les obligations des
personnes vivant sur cette terre, il en était résulté une transformation
heureuse dans la position des serfs; ils étaient devenus, suivant
l'expression consacrée par les légistes, *adstricti glebæ* (car tous appartenaient à la classe originale); et cette épithète, qui a excité à tort
la compassion de quelques philanthropes, signifie simplement qu'ils ne
pouvaient plus être arrachés, comme autrefois, à leur tènement, ce

[1] *Coutumes de Beauvoisis*, II, 225 et suiv.

qui était un incontestable avantage ; la jouissance de leur maison, de leur champ, leur était ainsi assurée à des conditions peu onéreuses, que nos fermiers accepteraient avec empressement, comme l'observe notre plus éminent professeur de droit féodal, M. Adolphe Tardif. Je ne parle pas, bien entendu, des abus et de l'arbitraire introduits dans certains fiefs ; j'examine en ce moment la loi et l'usage.

La situation du serf était donc à peu près celle d'un métayer perpétuel, n'ayant pas, comme le vilain, la propriété du sol qu'il cultivait, mais ayant du moins la disposition des produits de ce sol, de son pécule et de ses acquêts. Son maître ne disposait plus de sa personne, et il faut bien se représenter, lorsqu'on rencontre à cette époque des ventes d'hommes, qu'il s'agit des services ou des redevances dues par ces hommes, aliénées avec le fonds parce qu'elles constituaient une partie de sa valeur ; en effet, l'on trouve des ventes de clercs et même de chevaliers qui ne se comprendraient pas sans cette interprétation. Le serf passait d'un propriétaire à un autre avec la terre qu'il fécondait, comme le fermier dont le bail n'est pas expiré. Il jouissait d'une bonne partie de ce qu'on appelait les droits civils ; nous avons même vu que, dans certaines localités habitées par ses pareils, il exerçait les fonctions de maire ou de juré. Il ressort d'une étude de M. Robiou sur les *Populations rurales en France* ce fait très curieux, appuyé sur des textes irrécusables, que les serfs qu'on affranchissait au xiiie siècle possédaient souvent en fait, et depuis longtemps, la presque totalité de ces droits civils. Ainsi la communauté de la Châtaigneraie, quatre ans avant son affranchissement, faisait juger par un arbitrage une question débattue entre elle et la puissante abbaye de Saint-Germain, quoique, en principe, les serfs ne pussent *ester en jugement;* à Orly, les *boni homines,* qui composaient avec le maire la juridiction municipale, apparaissent dès le xe siècle, et les habitants de ce bourg ne furent affranchis qu'en 1263 [1]. La condition servile n'excluait donc pas forcément la condition de citoyen. Le serf exerçait aussi ses droits de père et d'époux, et conservait la liberté de ses mouvements et de ses actions, sauf les restrictions que je vais indiquer.

Ces restrictions sont graves sans doute, et les charges pesant sur le pauvre serf étaient encore bien lourdes, surtout pour sa bourse ; mais enfin ce n'était plus le temps où il était forcément à la merci de son maître, et ses obligations étaient presque toutes rachetables à prix d'argent. Il y en avait quatre principales : il était soumis au droit de poursuite, à des redevances et corvées, au droit de mainmorte et au droit de formariage. En vertu du premier de ces droits,

---

[1] V. la *Revue des questions historiques,* t. XVIII, p. 381 et suiv.

il pouvait être poursuivi, quand il abandonnait son clos, son tènement ; dans ce cas, le maître, intéressé à ne pas laisser sa terre sans culture, le faisait reprendre partout où il se trouvait. Mais dans la pratique, loin d'être condamné, comme ses pères, à l'immobilité, il obtenait généralement, moyennant une somme légère et l'acquittement de ses autres devoirs, la liberté de résider ailleurs et d'aller et venir comme il voulait. Il s'établit même entre les barons des engagements mutuels, en vertu desquels ils n'exercèrent plus le droit de poursuite sur leurs domaines réciproques.

Les redevances dues par les serfs, et qui reposaient sur un principe plus juste, toujours en vigueur, consistaient surtout dans le chevage (*capitatio*) ou dans la taille, qui était la même chose. Quelquefois ils étaient *taillables à merci* (*ad misericordiam domini*), et, en dépit de ce mot, ils n'éprouvaient guère de miséricorde. Mais ce système trop élastique, autrefois général, était alors remplacé presque partout par l'*abonnement*. Les serfs abonnés ne payaient plus la taille qu'à certaines époques déterminées, et proportionnellement à leur position ; la légalité s'était substituée, là comme ailleurs, à l'arbitraire. Il en était de même pour la corvée, pour les prestations en argent ou en nature qui s'ajoutaient à la taille : ils pouvaient les acquitter par abonnement ; et, si ces nouvelles charges étaient pénibles pour eux, ils ne faut pas oublier qu'ils les partageaient avec les vilains, avec les cultivateurs libres et propriétaires, à propos desquels nous les avons énumérées.

Le droit de mainmorte était ce qu'il y avait de plus dur dans leur condition. Il a excité bien des récriminations posthumes, et l'on a été jusqu'à prétendre (je n'ose dire jusqu'à croire, tant cela dépasse les bornes de la naïveté) que ce mot devait s'entendre à la lettre et non au figuré, que les gens de mainmorte avaient réellement la main morte, c'est-à-dire qu'ils avaient le poignet droit coupé. Comment alors eussent-ils pu travailler à leurs champs ? Mais on ne discute pas l'absurde. Ce droit était dur, non parce qu'il les privait d'un membre, mais, ce qui était déjà bien assez, parce qu'il leur enlevait l'avantage de léguer leurs biens à leurs enfants ; ils ne pouvaient disposer en leur faveur que d'une somme de cinq sols ; le reste était dévolu au seigneur : « Le sers n'a nul hoirs fors son seigneur, et li enfant n'i ont rien[1]; » telle était la règle féodale dans toute sa rigueur.

C'était là une véritable offense à la nature ; aussi l'Église tonnait-elle souvent contre cet abus, et les prédicateurs du temps comparaient-ils les seigneurs qui se jetaient sur les dépouilles des défunts aux corbeaux se repaissant de cadavres. Mais ici encore se ren-

---

[1] *Coutumes de Beauvoisis*, II, 233 et suiv.

Saint Louis servant les pauvres.

19

contre une atténuation importante. La déshérence n'atteignait ordinairement le serf qu'à l'état isolé ; ses biens passaient à ses héritiers naturels, s'il avait établi avec eux une sorte de communauté,
habitant la même demeure et cultivant le même terrain ; et il tournait
souvent par ce moyen l'obstacle légal. La communauté, subsistant
après sa mort, lui succédait naturellement, et elle succédait ainsi à
tous ses membres décédés. Ces associations de travailleurs, appelées
sociétés tacites ou *taisibles,* finirent par constituer, dans plusieurs
localités, de petites républiques agricoles plus prospères que les
républiques urbaines. Elles étaient tolérées, parce qu'au fond, comme
l'a remarqué un jurisconsulte, le droit de mainmorte était une
mesure répressive, et peut-être encore plus comminatoire que répressive, ayant pour but de prévenir la dispersion des cultivateurs et de
les retenir dans l'exploitation collective de leur terre ; ce résultat se
trouvant atteint par les sociétés *taisibles,* l'intérêt du seigneur était
satisfait.

J'arrive à la plus fameuse, sinon à la plus lourde des servitudes,
au droit de *formariage,* qui a été l'occasion de bévues encore plus
fortes que la mainmorte. La liberté du mariage n'était pas complète
chez les serfs ; mais elle avait suivi depuis l'origine une marche
progressive. Sous les premiers Carlovingiens, le consentement du
seigneur était indispensable au serf qui voulait se marier. Les évêques,
les conciles, luttèrent énergiquement contre cette tyrannie, qui avait
son principe dans un reste de l'antique servitude ; car le régime
féodal, lui, ne proscrivait que le *formariage,* c'est-à-dire le mariage
du serf ou du vilain qui prenait une femme au-dessus de sa condition
ou en dehors de la seigneurie, mariage pouvant enlever des hommes,
des femmes ou des enfants à la terre où ils étaient fixés (*addicti*),
diminuer la valeur de cette terre, en un mot, *abréger* le fief. La
résistance fut vive. La routine, le vieil usage, étaient si fortement
ancrés, qu'il fallut recourir à des expédients ; d'abord on admit, en
cas de formariage, le partage des enfants, système barbare qui ne
pouvait s'implanter ; puis on fit consentir les seigneurs à remplacer
leur droit d'autorisation ou d'interdiction, soit pour les mariages
dans l'intérieur de la seigneurie, soit pour les formariages, par une
simple indemnité pécuniaire, les dédommageant de tout préjudice et
réservant le principe de leur supériorité ; puis enfin cette indemnité,
d'une valeur très variable suivant les pays, et fixée dans quelques
fiefs à soixante sols, devint une redevance insignifiante (3 sols, par
exemple), souvent même une pure cérémonie symbolique rappelant
l'ancien droit du seigneur. C'est là l'unique acception de ce dernier
mot, dont on a tant abusé ; et c'est ce dernier état de choses que
nous trouvons en vigueur, depuis longtemps déjà, au xiiie siècle.

Le *maritagium* ou *forismaritagium* est la petite somme payée au
seigneur, soit par l'homme de sa terre, serf ou libre, qui épouse
une fille de cette même terre (et alors elle est payable dans l'année),
soit par l'homme étranger au fief qui vient y prendre femme (et alors
elle est exigible immédiatement). Dans le premier cas, la redevance
pécuniaire peut-être remplacée par une formalité : par la remise
d'un gâteau ou d'un plat, par un exercice de corps, une lutte, un
divertissement quelconque, stipulés par les actes d'aveu ou simplement par la tradition locale. Ainsi des anciennes entraves apportées
au mariage des roturiers il ne reste parfois qu'un spectacle destiné
à les amuser eux-mêmes, un de ces usages plaisants que les jeunes
gens de certains villages aiment encore à faire revivre aujourd'hui.
Seulement, pour imposer plus sûrement le payement de ces redevances ou l'observation de ces formalités, les seigneurs insèrent
parfois dans leurs actes une formule comminatoire, menaçant les
infracteurs d'une peine tellement grave, qu'il devienne impossible
de se soustraire à la coutume ; cette formule annonce d'ordinaire,
avec des variantes plus ou moins congrues, suggérées par l'esprit
gaulois de nos pères et par une grosse malice, plus innocente souvent
que la pruderie moderne, que, si le vassal n'acquitte pas fidèlement
ce qu'il doit à son seigneur, celui-ci prendra sa place dans le lit
nuptial. Pour tout homme d'intelligence et de bonne foi, il n'y a là
qu'un moyen de forcer la main aux individus qui seraient tentés
de s'exonérer du droit de *maritagium*. Quelques-uns ont cependant
voulu y voir la preuve d'une coutume scandaleuse, et la fameuse
question du « droit de seigneur » n'a pas d'autre origine. C'est un
des plus beaux triomphes de l'érudition moderne que d'avoir relégué
au rang des fables, par une étude approfondie et des arguments
sans réplique, l'abus invraisemblable qui aurait déshonoré la société
chrétienne du moyen âge.

Tel était le servage avant saint Louis et sous son règne. Quels sont
donc les progrès apportés dans ce régime par son initiative ou son
influence? Ces progrès se résument en deux termes : l'amélioration
du sort des serfs qui restaient encore (et cette amélioration, elle vient
de se révéler à nous sous différentes formes) et l'affranchissement du
plus grand nombre possible ; l'affranchissement, ce progrès suprême,
entrepris avec un empressement dont je vais essayer de donner
l'idée. D'après les axiomes égalitaires qu'on rencontre dans la bouche
des contemporains à propos des princes et de la noblesse, on doit
supposer que la liberté pour tous était un principe reconnu depuis
longtemps par l'esprit public. Les nations chrétiennes n'avaient pas
attendu Beaumanoir pour proclamer cette grande vérité : « Selonc
le droit naturel, cascuns est frans ; mès cette francise est corrom-

pue [1]. » Et le mouvement émancipateur avait commencé bien avant que cette parole fût tombée des lèvres du vieux jurisconsulte, quoique son éditeur, le docte Beugnot, le fasse partir de là. J'ai déjà dit que les rangs des serfs étaient très éclaircis dès le début du xiiie siècle; que beaucoup de provinces, et la Normandie notamment, n'en comptaient plus un seul. Philippe-Auguste en diminua encore le nombre par l'affranchissement de ceux de Chambly, de Beaumont-sur-Oise, d'Orléans et de quelques autres pays. Mais l'élan fut donné surtout par la reine Blanche et par saint Louis. En 1246, par exemple, ce roi rendit à la liberté tous les mainmortables, hommes et femmes, du bourg de Villeneuve-le-Roi, près Paris. La charte qu'il rendit à cette occasion peut être prise pour type des actes d'affranchissement de l'époque, qui ne furent jamais aussi fréquents, comme l'a reconnu Guérard. *Nos, pietate et misericordia moti*, dit le dispositif, *tam ipsos quam eorum heredes præsentes et futuros in posterum descendentes, perpetuâ decoravimus munere libertatis.* Le roi réserve les redevances dues au fisc ou à d'autres personnes, c'est-à-dire que les affranchis payeront désormais les impôts du vilain au lieu de payer les impôts du serf, qui leur ressemblaient beaucoup. Il stipule qu'ils ne pourront s'unir en mariage à des serfs, sous peine de retomber dans leur condition primitive, parce que c'était un moyen d'empêcher la perpétuation du servage et la multiplication de la classe servile. Les noms des habitants de Villeneuve-le-Roi ainsi libérés sont inscrits à la suite de l'acte; ils sont au nombre d'environ quatre cents, hommes et femmes [2].

Non content d'opérer une semblable réforme dans son domaine royal, saint Louis, à différentes reprises, pressa les seigneurs de l'imiter; il les autorisa à vendre la liberté aux hommes de mainmorte habitant sur leurs terres, de peur que l'humanité ne fût pas un stimulant assez fort pour les pousser dans cette voie, et il confirma les concessions ainsi faites par eux. Suivant son noble exemple en cela comme dans tout le reste de son administration, son frère Alphonse, comte de Poitiers, signa une quantité d'affranchissements particuliers ou collectifs où sont exprimés également les mobiles les plus élevés : « Dans la nature,· tous les hommes sont libres; mais le droit des gens en a réduit plusieurs en servitude. Attendu que toute chose tend à reprendre sa nature, nous affranchissons de tout joug un tel, notre homme de corps et de caselage, etc. » On appelait serf de caselage, en Languedoc, l'homme attaché au sol ou à la maison qu'il habitait, et l'acte de manumission avait pour effet de le rendre

---

[1] *Coutumes de Beauvoisis*, II, 233 et suiv.
[2] *Ordonnances des rois*, XII, 321.

propriétaire de cette maison ou de ce sol; on peut juger par là quelle transformation profonde opéraient de pareilles mesures dans la condition de la basse classe. Plus tard, Alphonse émancipa par son testament tous les serfs qui lui restaient, sans distinction, avec leurs enfants [1].

Pendant le séjour de saint Louis en Orient, la régente sa mère sembla faire de l'abolition de la servitude son œuvre de prédilection. « Elle avait pitié, rapporte une chronique citée par du Cange, des pauvres gens qui étaient serfs, et elle ordonna en beaucoup de lieux qu'ils fussent rendus libres, moyennant d'autres droits que les seigneurs prendraient sur leurs hommes et leurs femmes de corps. » — « Ces serfs, disait-elle, sont à Jésus-Christ comme nous, et dans un royaume chrétien nous ne devons pas oublier ce qu'ils sont. » Un jour elle apprit que le chapitre de Notre-Dame de Paris détenait un bon nombre de mainmortables du village d'Orly qui n'avaient pu acquitter leurs charges. Elle courut sur-le-champ à la prison, en fit ouvrir les portes, et les rendit tous à la liberté [2]. Plus de mille serfs demeurant à Pierrefonds lui durent le même bienfait. Elle confirma aussi des affranchissements prononcés par l'abbé de Saint-Maur-des-Fossés, et l'acte rendu à ce sujet en 1250 nous révèle un des motifs qui inspiraient particulièrement la charitable princesse : elle voulait ouvrir aux déshérités l'accès des ordres ecclésiastiques, et par conséquent de l'instruction supérieure : « Hommes et femmes, nous les laissons entièrement libres de disposer de leurs personnes, soit pour recevoir la cléricature, soit pour s'engager dans la profession religieuse. » Effectivement, depuis l'origine de la féodalité, les serfs ne pouvaient entrer dans le clergé à moins d'une permission spéciale de leur maître, qu'ils n'avaient guère lieu d'espérer, puisque c'était déjà une émancipation. Cette prohibition était peut-être à l'avantage de l'Église aussi bien que des seigneurs. Elle était reconnue par elle; car Guillaume d'Auvergne, évêque de Paris, déposa un homme de corps de l'abbaye de Saint-Maur qui, en 1241, avait surpris sa bonne foi pour se glisser dans les ordres. Quoi qu'il en soit, l'idée de la régente était basée sur le double intérêt du clergé, auquel elle songeait à apporter de nouvelles recrues, et de la classe servile, dont elle voulait élever le niveau moral en même temps que la condition matérielle.

Une impulsion partie de si haut se propagea promptement. Les seigneurs ecclésiastiques se mirent à la tête du mouvement, comme c'était de raison, et dotèrent de la liberté presque tout ce qui restait

[1] Boutaric, *Saint Louis et Alphonse de Poitiers*, p. 524 et suiv.
[2] V. Le Nain de Tillemont, III, 449.

de mainmortables sur leurs domaines. On voit l'abbé de Saint-
Germain-des-Prés affranchir ceux du bourg Saint-Germain, à Paris,
en 1259, puis ceux d'Antony, de Verrières, de Villeneuve-Saint-
Georges, de Valenton, de Crône, de Thiais, de Choisy, de Grignon, de
Paray, moyennant quelques rentes perpétuelles; l'abbé de Saint-
Germain-d'Auxerre affranchit ceux de cette dernière ville en 1256; le
chapitre de Paris affranchit ceux de Chevilly et de l'Hay en 1258,
ceux d'Orly en 1263, ceux de Vitry en 1269; l'évêque de Paris
affranchit ceux de Wissous en 1255, ceux de Moissy en 1258. Il serait
inutile de multiplier ces exemples; on en trouvera d'autres dans les
savantes introductions écrites par Guérard en tête des cartulaires de
Saint-Père et de Notre-Dame. Les seigneurs laïques s'y conformèrent
de leur côté; ils prirent l'habitude d'émanciper tous leurs serfs par
une clause de leur testament, comme le comte de Poitiers, et souvent
ils les firent jouir de leur vivant du bienfait de la liberté. Sans doute
toutes ces faveurs n'étaient pas gratuites, quoiqu'elles le soient dans
le diplôme de saint Louis; sans doute les seigneurs les vendaient
quelquefois à des prix assez élevés. D'après le dépouillement fait
par Guérard, on trouve des individus affranchis, en 1253 et 1255,
moyennant des primes variant de quinze à quatre-vingt-dix livres
par tête; dans d'autres cas, on fait seulement payer seize livres pour
trois personnes; une famille de huit personnes paye cent vingt livres;
un seul serf se rachète pour vingt livres, un autre pour cinquante,
deux autres ensemble pour soixante-quatre; douze hommes de Wissous
s'obligent à un cens de quatre-vingt-dix livres au lieu de quarante-cinq
qu'ils devaient auparavant. Ainsi les conditions sont extrêmement
variables. Sans doute aussi les propriétaires féodaux acquéraient
encore par ce moyen d'autres avantages; ils gagnaient une perception
plus régulière des impôts, un travail plus considérable de la part de
leurs métayers. Les affranchis conservaient parfois des obligations
rappelant leur condition antérieure, ou plutôt appartenant à leur
nouvelle condition de vilain. Mais on ne pouvait tout transformer en
un jour; le monde féodal se tenait par mille liens compliqués; il
y avait de graves intérêts à ménager, des droits légitimes à réserver.
Les réformes les plus solides sont d'ailleurs celles qui se font lente-
ment et mûrement. En somme, un pas immense était franchi; le
servage, ce dernier vestige de l'antique esclavage païen, disparaissait
à vue d'œil, et le règne de l'égalité chrétienne, qui a fait la société
moderne, était inauguré; le reste n'était plus qu'une question de
temps. Peu d'années après, Louis X, complétant l'œuvre de son
bisaïeul, déclara la liberté civile un droit naturel pour tous les
Français sans exception. Mais, par un phénomène étrange, son ordonnance servira en même temps à démontrer que les serfs avaient

alors conquis assez de droits, assez de conditions de bonheur et de
prospérité, pour ne pas tenir à profiter de cette acte de munificence
royale. On verra beaucoup d'entre eux préférer la tranquillité de
leur servitude aux charges de leur liberté, c'est-à-dire au payement
de leur rançon, portée par certains seigneurs à un prix trop élevé;
et c'est ainsi que se perpétueront encore un siècle ou deux les
derniers représentants de leur classe décimée, de plus en plus
réduite, et séparée des autres par une distance de moins en moins
perceptible.

Voilà, en somme, quelle fut l'œuvre du xiii⁰ siècle, et du règne de
saint Louis en particulier, en manière d'émancipation. Mais il faut
dire aussi : Voilà quelle fut l'œuvre de l'Église ! n'est-ce pas elle qui,
dès le premier jour, a pris sous son aile protectrice le faible opprimé
par le fort, et qui leur a dit : « Vous êtes tous deux les temples
vivants du Saint-Esprit? » N'est-ce pas elle qui les a fait asseoir à
la même table, et qui leur a enseigné qu'ils étaient tous les frères de
Jésus-Christ? N'est-ce pas elle qui, dans ses assemblées, a successivement défendu la vie de l'esclave trop souvent menacée, établi en
sa faveur le droit d'asile, interdi de vendre sa personne à des païens,
à des étrangers, puis revendiqué pour lui le droit de se racheter à
prix d'argent, le droit d'exercer pleinement ses prérogatives d'époux
et de père, le droit de se marier librement, moyennant une légère
indemnité, sans avoir à redouter que les hommes vinssent désormais
séparer ce que Dieu avait uni (*conjugia servorum non dirimantur*)?
N'est-ce pas elle enfin qui, par des prodiges de patience et de fermeté,
est venue à bout de faire substituer le servage, sous sa dernière
forme, ennoblie et mitigée, à la servitude barbare et à l'esclavage
romain? Et dans tout le cours du xiii⁰ siècle, n'a-t-elle pas encouragé,
n'a-t-elle pas inspiré le mouvement libérateur en criant chaque jour
par la voie de ses orateurs : « La vraie noblesse, c'est celle de l'âme!
Nous n'avons pas eu, les uns des auteurs en or et en argent, les
autres des auteurs en limon; nous ne sommes pas venus, les uns de
la tête, les autres du talon; nous sommes tous descendus du même
homme et tous sortis de ses reins [1] ! » A force d'entendre répéter
à satiété ces vérités éternelles, le monde, qui croyait en la parole
de l'Église, voulut les appliquer; et c'est ainsi que fut entreprise la
réparation de la vieille iniquité sociale implantée par le paganisme.

Pourtant nous avons vu de nos jours des historiens éminents, ou
du moins des écrivains renommés, méconnaître de parti pris ces faits
éclatants. Michelet a osé dire qu'il y avait moins de dégradation dans
l'esclavage que dans le servage, et que l'humanité, aux xii⁰ et xiii⁰ siècles,

---

[1] Jacques de Vitry (Bibl. nat., ms. 17509) et autres sermonnaires du temps.

était tellement misérable, tellement à bout d'expédients, qu'elle dut se donner au diable. De là le rôle important de la sorcière dans ces âges crédules : l'épouse du jeune villageois, échappée, à moitié folle, des mains de son noble ravisseur, va traîner au sabbat sa robe nuptiale, et signe, pour se venger, un pacte avec le délégué de l'enfer; le peuple entier se jette par désespoir dans les bras de Satan. Et voilà comment on fait l'histoire! Voilà comment on comprend le moyen âge et la marche en avant de cette époque virile! Ne soyons plus assez naïfs pour nous laisser séduire par ces audacieuses inventions, et, sans regretter les temps où florissait le servage, rendons hommage aux temps qui ont préparé et fondé la liberté individuelle dont nous jouissons aujourd'hui, aux temps sans l'effort desquels nous ne serions peut-être encore qu'un troupeau d'esclaves plus ou moins civilisés.

CHAPITRE XVI

L'AGRICULTURE SOUS SAINT LOUIS

Les défrichements, les fondations de *villes neuves*, dus à l'autorité ecclésiastique et à l'intervention du roi. — La ferme et le village. — Les travaux des champs. — La culture de la vigne. — Les jardins. — Prospérité agricole amenée par le règne de saint Louis.

Le tableau de la classe agricole et des bienfaits qu'elle dut au gouvernement de saint Louis ne serait pas complet, si l'on n'ajoutait à l'étude de sa condition civile un coup d'œil sur sa profession et sur le degré de prospérité atteint par celle-ci à la même époque. Le lecteur me permettra donc de l'emmener aux champs et de lui faire respirer de près l'odeur des foins, c'est-à-dire de descendre aux détails techniques. Il importe d'autant plus de reconnaître quel était au juste l'état de l'agriculture au temps de saint Louis, que c'est là encore un des points sur lesquels l'ignorance ou le parti pris de certains historiens ont fait la nuit, et que le livre si remarquable publié sur cette matière par un des plus grands érudits de notre siècle n'a pu dissiper entièrement les préjugés partagés par la masse du public.

Dans un volume qui a passé longtemps, et qui passe même encore pour une œuvre d'érudition sérieuse, l'*Essai sur les institutions de saint Louis*, par Beugnot, un chapitre de cinq pages est consacré à l'examen de cette grave et intéressante question agricole, qui demanderait de nombreuses recherches, et voici comment l'auteur la résume, ou plutôt comment il l'enterre :

« Que pouvait être l'agriculture dans un gouvernement où, sous le plus léger prétexte, deux familles s'armaient, réunissaient tous

leurs vassaux et marchaient l'une contre l'aure, dévastant tout ce
qui s'offrait à leur fureur, brûlant les moissons, arrachant des mains
du laboureur ses instruments aratoires pour en faire des armes,
renversant son habitation afin qu'elle ne servît pas de refuge à
l'ennemi? » Et après avoir cité un passage de Guillaume Guiart sur
les dommages occasionnés par la bataille de Taillebourg, Beugnot
continue : « Voilà ce qu'était la paix des champs sous le gouvernement
féodal ; et ces malheurs se reproduisaient, non pas à de longues
distances, mais à chaque instant, sans que le laboureur pût rien
opposer à tant de calamités, que cette longue patience qui ne se
justifie que par l'espoir de la vengeance. D'autres raisons, non moins
puissantes, interdisaient tous progrès à l'agriculture ; ces vilains, que
l'on traitait avec tant de cruauté, étaient en outre plus méprisés que
des esclaves ; on les comptait comme des bestiaux (impossible de
confondre plus grossièrement le vilain avec le serf, et même avec
l'esclave antique) ; impôts, taxes, péages, tout était mis en œuvre
pour leur ravir le fruit de leurs fatigues. Quant aux terres, l'absence
de division les empêchait d'être bien cultivées (comme si chaque
vilain n'était pas propriétaire de son clos !). Si, *malgré les efforts des
hommes,* la France ne se fût pas obstinée à produire en abondance
tout ce qui était nécessaire à ses habitants, on ne sait ce que serait
devenue cette grande population, dont une partie était si injuste et
l'autre si malheureuse. »

On croirait, au premier abord, que la production du sol a toujours
été en raison directe des efforts de l'homme ; mais ici elle est en
raison inverse, elle a lieu malgré ces efforts ; et par différents motifs,
aussi péremptoires que fondés, on déclare que tout progrès était alors
interdit à l'agriculture ! L'auteur de l'*Essai sur les institutions de
saint Louis* cite bien ensuite quelques mesures prises par ce prince
en faveur des laboureurs : l'interdiction des guerres privées, la défense
d'inquiéter les paysans à la charrue, de mettre leurs chevaux en
réquisition, d'envoyer les bestiaux aux champs moins de trois jours
après l'enlèvement des moissons, pour permettre aux pauvres de
glaner, et l'ordre donné aux enquesteurs de dresser un rôle des cultivateurs réduits par la vieillesse à ne plus pouvoir travailler, afin de
les aider à subsister. Mais il ne voit dans tout cela que des palliatifs
impuissants, et, quant à l'art agricole du temps, il n'en dit pas un
mot. Voilà donc où en étaient, il y a cinquante ans à peine, nos
érudits. Depuis, fort heureusement, est venu un maître qui a voulu
descendre au fond des choses et qui, dans une étude devenue le
modèle du genre, étude à laquelle j'ai déjà eu recours plus d'une
fois, a réfuté d'une façon indirecte, mais invincible, par l'étude des
textes inédits et par le luxe des détails, la plupart des allégations

accréditées sur ce sujet par l'aveugle routine. Plusieurs de celles qu'a émises Beugnot se trouvent déjà réduites à leur juste valeur par les éclaircissements que j'ai précédemment donnés sur la condition des vilains et des serfs ; je ne m'y arrêterai donc pas. Pour le reste, pour ce qui concerne proprement l'état de l'agriculture, les conclusions auxquelles est arrivé M. Delisle, dans son ouvrage sur les *Classes agricoles de la Normandie,* sont diamétralement opposées. Non seulement il déclare avoir vainement cherché les traces de cet antagonisme qui, suivant des auteurs modernes, régnait entre les différentes classes de la société; non seulement il se demande, avec l'accent du doute, si les laboureurs du temps de saint Louis, dont l'avenir était sans inquiétude, n'étaient pas plus heureux que leurs descendants actuels, mais il proclame que l'agriculture était alors aussi avancée qu'aujourd'hui, et qu'elle est restée stationnaire depuis huit siècles, sauf quelques améliorations dans les voies de communication et dans certains détails de la vie matérielle. C'est là, en effet, le grand enseignement qui ressort de son étude partielle, et qui ressortira également de toute enquête générale entreprise sur la question ; l'industrie, le commerce, ont reçu de la civilisation moderne une impulsion considérable ; ils ont été l'objet de perfectionnements de toute espèce ; mais les progrès agricoles n'ont pas, à beaucoup près, suivi la même marche. Depuis quelques années seulement, il y a chez nous une tendance à rendre à la science de l'agriculture la place et l'importance dues à cette nourrice des peuples, parce que l'on sent mieux les inconvénients de la dépopulation des campagnes au profit des grandes agglomérations industrielles. Il est certain que l'attachement séculaire de nos cultivateurs à la terre et à la profession de leurs ancêtres, la perpétuité des traditions, la multiplication des familles rurales, ont contribué pour une large part à la prospérité et à la stabilité de l'ancienne société française. C'est dans ce sens surtout qu'on peut appeler l'agriculture la mère des nations ; car non seulement elle leur donne le pain matériel, mais son développement les place réellement dans des conditions d'économie sociale qui les font vivre, tandis que l'excès de la centralisation et de la production industrielle les fait mourir.

Examinons donc sa situation avec tout l'intérêt que mérite un pareil élément de salut. Suivons des yeux le champ, le domaine agricole, depuis le jour du défrichement jusqu'au jour de la récolte.

La longue paix procurée aux Français par saint Louis et l'accroissement de la population qu'elle produisit, en augmentant les besoins, firent augmenter aussi l'étendue des terres cultivées. Sous les deux premières races, les moines, ces intrépides pionniers de la civilisation, avaient déjà porté la hache dans les vieilles forêts de la Gaule, dans

ces profondes et impénétrables retraites qui avaient abrité si longtemps
les mystères du culte druidique, et dont l'ombre épaisse s'étendait
sur plus de la moitié du territoire de la France actuelle. Le défrichement fut une des grandes œuvres de l'institut monastique ; partout
où les enfants de saint Benoit plantaient leur tente, ils ouvraient aux
paysans « des cieux nouveaux et une terre nouvelle », au propre
comme au figuré ; ils agrandissaient et le domaine de leur intelligence
et le domaine de leur charrue. Néanmoins des parties considérables
de ces vastes forêts demeuraient encore debout au xiii° siècle : c'est
à elles que la culture demanda de nouveau l'accroissement de son
empire, car les landes et les marais ne pouvaient être conquis par
elle qu'en de très petites parcelles et au prix de labeurs infinis, comme
aujourd'hui du reste ; et ce sont encore des abbayes, des couvents
qui organisèrent ces empiètements salutaires du champ sur la friche,
favorisés aussi, en beaucoup de lieux, par le saint roi. C'est à eux,
en effet, qu'étaient échus la plupart des grands bois, qui ne faisaient
généralement partie d'aucune paroisse, et c'est à eux que revenait
le droit d'y établir une exploitation. Ainsi les religieux de Royaumont
prirent une part très active à la mise en culture des forêts de la
haute Normandie. Les moines commençaient par bâtir au milieu
des bois une grange isolée, premier signe de l'envahissement de
l'homme sur la nature sauvage. Ils y laissaient un ou deux de leurs
frères, avec quelques serviteurs et une certaine quantité de bétail
qu'on menait paître aux alentours. Le roi leur concédait quelquefois
à cet effet un ou plusieurs acres de forêt royale, comme saint Louis
le fit, en 1257, pour les religieuses de Saint-Amand. Une des premières
annexes qu'on ajoutait à cette grange, c'était un oratoire ou un autel
domestique à l'usage des résidents. Puis quelques vilains du pays,
appelés à assister la petite colonie dans ses divers besoins, venaient
construire leurs cabanes au même lieu. On pratiquait pour eux une
clairière, et dans cet espace on cédait à chacun d'eux un coin de
terre d'égale étendue, de forme allongée (d'où le nom de *boel* ou
boyau, appliqué en Normandie à ces sortes d'établissements). Ces
boels étaient juxtaposés et se touchaient par leur côté le plus long.
Les cultivateurs élevaient leur maison sur une des faces les plus
étroites, toujours la même, de sorte que toutes les habitations se
trouvaient sur une ligne ; puis, une autre ligne semblable se formant
devant elles, il y avait bientôt une rue, et par cela même un village.
Cette disposition du bourg à une seule rue s'est conservée très souvent,
comme l'on sait, à travers les siècles. Une fois les laboureurs logés,
on leur faisait défricher le sol tout autour de leur petit domaine ; le
propriétaire de la forêt leur donnait, pour eux et leurs descendants,
un lot de terrain conquis, à la charge de le mettre en culture et

de lui payer chaque année une modique rente. Et c'est ainsi que
le noyau primitif se développait, prospérait, et devenait parfois le
centre d'une exploitation importante. Le village était définitivement
créé le jour où les moines obtenaient, par leur crédit auprès de
l'évêque diocésain, la conversion du petit oratoire en une belle et
grande église paroissiale, où les artistes du pays venaient prodiguer
les colonnes élancées, les chapiteaux à larges feuilles, les vitraux
éblouissants, les images en pierre des saints et des saintes, en un
mot, tout ce luxe d'ornements que la piété de nos pères semait dans
les édifices sacrés des moindres bourgades. Alors l'enthousiasme des
habitants éclatait en joyeuses démonstrations, et l'amour de leur
village, symbolisé par le clocher neuf, commençait à faire battre
leur cœur.

Entre autres paroisses fondées de cette façon, dans le cours du
siècle, aux dépens de différentes forêts, M. Delisle a signalé celles
de Réalcamp, d'Aubignemont, de Beauficel, de la Neuville-Champ-
d'Oisel, d'Isneuville, de Quincampoix, de Saint-Arnoul, de Mauny,
de Sainte-Catherine, de Saint-Christophe, des Baux-de-Breteuil, etc.
Mais le nombre des défrichements qu'il a constatés est bien plus considérable. Dans son étude sur les *Foires de Champagne*, M. Bourquelot
a remarqué également que cette province avait vu, au XIIIe siècle,
se multiplier les *villes neuves* et livrer à la culture de vastes étendues
de bois ou de terres en friche. Paris lui-même était encore environné,
vers le commencement de cette période, d'une ceinture de forêts ;
celles de Rambouillet, de Saint-Germain, de Compiègne, de Crécy,
d'Ivelines, de Fontainebleau, s'avançaient sur certains points jusqu'auprès de son territoire. Le chapitre de Notre-Dame, qui était un grand
propriétaire, entreprit ou favorisa la mise en culture de plusieurs
parties d'entre elles. Dans certaines localités, par exemple dans les
prévôtés de Rozoy et de Vernon, il donna même l'autorisation de
défricher la totalité des bois ; ces déboisements, quoique exécutés sur
une grande échelle, n'avaient pas, on le comprend, les inconvénients
qu'ils offriraient de nos jours, où les hautes et les moyennes futaies
ne couvrent plus, au contraire, que des espaces trop restreints.
Tantôt le chapitre de Notre-Dame partageait les anciennes friches
avec le cultivateur qui en avait fait des terres arables ; tantôt (et
c'était le cas le plus fréquent, dit Guérard) il cédait à celui-ci le
tout, soit à titre temporaire ou viager, soit à titre héréditaire ou
perpétuel. Le cens annuel qu'il prélevait sur lui était ordinairement
fixé à quatre deniers par arpent. Quelquefois, en concédant des bois
à défricher, il accordait la permission d'y construire des maisons et
des villages, en stipulant qu'il serait adjoint à chaque habitation
(*masura*) un arpent de terre au plus. Les conditions de ces opérations

dans le Parisis ressemblaient donc beaucoup à ce qu'elles étaient en Normandie. Elles devaient être à peu près les mêmes dans tous les pays. Nous pouvons aussi juger, d'après les chartes qui mentionnent la contenance des terrains livrés ainsi à la charrue dans ces deux provinces, de l'immense étendue qu'ils représentaient. Que serait-ce si nous avions des éléments analogues pour toutes les autres régions, si un dépouillement aussi minutieux avait été fait pour le royaume entier ?

A côté de l'intervention ecclésiastique, il faut remarquer, dans ces agrandissements du sol cultivable, l'intervention royale. Saint Louis cède aux religieux de Royaumont 274 acres de terre dans la forêt de Maulévrier, aux Emmurées de Rouen 50 acres dans les Essarts de Montigny; il indemnise les moines de Bonport des préjudices à eux causés par les défrichements de la forêt de Bort ; il entreprend d'abattre une grande portion de celle d'Évreux, et députe Julien de Péronne, chevalier, avec son panetier Oudin le Roux, pour en bailler différents lots à des particuliers ; il fait établir dans celle de Breteuil de nouveaux colons, entre lesquels sont partagés plus de 1300 acres, et il abandonne à l'abbaye de Maubuisson les rentes dues pour ces terres ; il cède encore un morceau de cette même forêt aux moines de Royaumont pour qu'ils y installent des cultivateurs ; il fait labourer 600 acres de la forêt de Bourse et en donne les cens aux religieuses du Trésor. Tous ces actes, relatifs à la Normandie, durent se répéter dans les diverses parties du domaine royal. Ainsi l'on est forcé de reconnaître une fois de plus qu'à la tête de tous les mouvements de réforme ou de progrès dont cette époque féconde nous offre le spectacle, on retrouve la personne du bon roi, qui aimait son peuple d'une manière si pratique.

Nous venons de voir comment s'établissait une exploitation rurale; visitons à présent les bâtiments élevés sur l'emplacement que recouvraient naguère les ronces et les broussailles. Voici une ferme créée en 1234 par le chapitre de Paris sur les terres défrichées de Vernon, près de Moret. D'après le devis dressé à cette occasion, et que l'on trouve dans le *Cartulaire de Notre-Dame,* publié par Guérard, le concessionnaire a bâti là, dans le délai d'un an, moyennant 600 livres provinoises, une grange entourée d'une cour et d'un grand verger. La cour ou pourpris a 40 toises de long sur 30 de large ; elle est close par un mur de 18 pieds de haut, non compris le chaperon. Dans ce mur est percée une porte avec une poterne, et celle-ci est surmontée de vastes greniers formant la grange proprement dite, comportant 20 toises sur 9, avec une gouttière. Près de la porte nous remarquons un appentis de 10 à 12 toises, destiné à l'habitation du fermier. Sur le pignon de derrière s'élève une tourelle assez grande pour contenir un lit et un escalier. La porte et les angles des murs sont construits en bonnes pierres de taille, la tourelle en gros bois de chêne, avec une couverture en tuiles. A côté se trouve un large pressoir abrité sous un autre appentis.

Toutefois cette intallation confortable ne se rencontre guère que dans les domaines seigneuriaux (*mansus indominicali*), dans les propriétés exploitées par les gentilshommes riches, par les églises, par les monastères ou du moins pour eux. Cette sorte de domaine rural comprend ordinairement des dépendances assez étendues, des terres labourables, des bois, des prés, des vignes si le climat en comporte, une brasserie si c'est dans le Nord, et deux ou trois moulins; les terres labourables, qui forment la plus grande partie de ces dépendances, ont en moyenne une étendue de 14 hectares et sont cultivées en partie par les tenanciers du seigneur. Mais les petits domaines des paysans (ce qu'on appelait aux siècles précédents les *mansus ingenuiles* et les *mansus serviles*, suivant qu'ils étaient occupés par des homme libres ou par des serfs) ont à la fois moins d'apparence et moins de superficie. Ces manses, composés d'une chaumière (*masura*), d'un jardin et de 3 ou 4 hectares de terre, sont le plus souvent groupés autour des manses seigneuriaux, et la réunion des uns et des autres constitue la *villa* ou le village.

Les maisons du village ne sont pas toujours collées ensemble ou disposées en ligne, comme je l'expliquais tout à l'heure; cette disposition appartient surtout aux *villes neuves* créées tout d'une pièce, à la suite d'un défrichement ou en vertu d'une ordonnance royale. Dans beaucoup de provinces, au contraire, elles sont situées au centre du manse, et enfouies, pour ainsi dire, au milieu des arbres et de la verdure, comme on le remarque aujourd'hui encore dans le pays de Caux. La nature et l'usage conspirent, dans ces contrées, pour embellir et poétiser la résidence du vilain. Sa masure est petite, percée d'étroites fenêtres, couverte de chaume ou de tuiles, meublée principalement de herses, de charrues, de bêches, d'outils de toute espèce. Parfois cependant de larges bahuts de chêne, des vases de faïence multicolore trahissent l'aisance du cultivateur; et toujours un rayon de soleil, un ombrage rafraîchissant, viennent lui montrer que les humbles et les petits ne sont pas oubliés par la Providence.

Voyons-le maintenant à l'œuvre. Une terre nouvellement défrichée lui a été livrée pour être mise en valeur. Comment va-t-il s'y prendre? Sait-il son métier, et va-t-il négliger la préparation préalable du sol? Non; l'utilité des engrais est parfaitement connue de lui. La plupart des fermiers de son temps ont dans leur bail une clause qui les oblige à fumer et à marner leurs champs. Dans certaines paroisses, les décimateurs réservent aux habitants les pailles de la dîme

20

pour leur procurer du fumier. D'après un traité d'économie agricole,
intitulé *Fleta*[1], et composé en Angleterre sous le règne d'Édouard Ier
(l'Angleterre était devenue le pays des grandes cultures depuis que
les Normands en avaient importé le goût chez elle), il était de règle
de fumer immédiatement avant de semer, parce que, plus le fumier
est en contact avec la semence, plus il est efficace. On devait le
mêler intimement avec la terre, pour l'empêcher de se consommer
en s'enfonçant; on ne devait pas le mettre pur dans les terrains
sablonneux, de peur d'un excès de chaleur nuisible à certaines
semences; on devait enfin s'en ménager d'avance une bonne quantité, par divers moyens scrupuleusement indiqués. Quant à la
marne, dont l'emploi avait été, suivant Pline, inauguré par les Bre-
tons et les Gaulois, les laboureurs du moyen âge en faisaient aussi
grand usage. L'extraction de cette substance et l'exploitation des
marnières tiennent une place importante dans les actes de concession
et dans les coutumiers. On marnait ordinairement les terres tous les
quinze ans, tandis que le fumier devait être renouvelé au bout de
deux ou trois années. Du reste, on appréciait tellement les services
rendus par la marne, que, dans les contrats de vente, on distinguait
soigneusement les champs qui en étaient imprégnés de ceux qui ne
l'étaient pas, et que son introduction suffisait à faire changer le mode
de tenure dans quelques domaines. Dans les campagnes qui avoi-
sinent les plages normandes, on utilise beaucoup de nos jours, comme
engrais, le sable de mer, appelé *tangue* dans le dialecte local; cet
usage se retrouve jusque dans les titres du xiie siècle, et les chemins
tangours, servant au transport de ce précieux auxiliaire, sont
mentionnés dans une quantité de chartes du pays.

Le champ ainsi préparé doit recevoir alternativement différentes
cultures. L'assolement est usité partout; il est tantôt de deux ans,
tantôt de trois. Avant d'y semer soit le blé, soit l'orge, soit l'avoine,
le laboureur y promène la charrue. Mais tous ne sont pas assez
riches pour posséder cet instrument aratoire; quelques-uns l'em-
pruntent; d'autres labourent *à bras,* c'est-à-dire remuent la terre
avec leurs mains ou avec des pioches. La charrue est quelquefois
dépourvue de roues; mais le plus souvent elle en a deux, et elle est
traînée par des chevaux ou par des bœufs, ou par les deux ensemble,
suivant les contrées; on y attelle à la fois quatre, six, et jusqu'à
huit bêtes de somme, et, d'après le conseil donné par l'auteur de la
Fleta, on les mène *bellement,* sans les piquer ni les frapper, mais,
au contraire, en chantant des mélodies et des cantiques dont la
cadence entraînante les anime à l'ouvrage. Dans les pays du Nord,

[1] Reproduit par Houart, *Coutumes anglo-normandes,* t. III.

dont ce traité reflète les usages, les laboureurs ont conservé la tradition antique, ils sont toujours fidèles à sa recommandation : *Non*
esse melancholici vel iracundi, sed gavisi, cantantes et lætabundi, ut
per melodias et cantica boves in suis laboribus quodam modo dele-
ctentur. On laboure trois fois par an : au printemps, pour préparer
le sol à recevoir les blés de mars ou les orges, et aussi pour purifier
les terres qui doivent se reposer durant l'année (c'est le labour
d'après Noël ou de Carême); à l'été, pour les guérets (labour appelé
binalia et se faisant après la Saint-Jean; les paysans de quelques
provinces du Centre se servent encore du mot *biner* dans un sens
analogue); enfin à l'hiver, pour les semailles de froment (*tercialia*,
labour d'hivernage ou d'avant Noël). On fait des sillons étroits, serrés,
bien unis ; on brise les mottes de terre avec le même instrument
que de nos jours, c'est-à-dire avec une espèce de cylindre fixé au
bout d'un long manche. Ensuite l'on herse à l'aide d'un ou de deux
chevaux. A partir de ce moment, le champ est surveillé et défendu
avec sollicitude, et par le cultivateur et par le *messier* du village,
soit contre les hommes, soit contre les animaux malfaisants.

Les blés sont sarclés vers le mois de juin, et les femmes, d'après
les indications fournies par certaines miniatures, sont employées assez
souvent à cet ouvrage, qu'elles exécutent au moyen d'une fourche
de bois et d'une petite faucille. Vient enfin l'époque de la moisson,
époque bénie, où le paysan va recueillir le fruit de ses sueurs, et
qu'on annonce à l'église paroissiale vers la fin de juillet ou le commencement d'août, suivant le climat. Les tenanciers du seigneur sont
appelés à la *sciée* de ses blés; s'ils s'y rendent, ils reçoivent pour eux,
dans certaines localités, la neuvième gerbe ou un salaire en argent;
s'ils ne s'y rendent pas, ils sont à l'amende. Ils coupent ensuite les
leurs avec une faucille (l'avoine seule se coupait avec la faux); puis
ils les mettent en gerbes, attachées parfois au moyen de longues
cordes, et les transportent à la grange après l'acquittement du champart et de la dîme, dont la perception pouvait malheureusement occasionner des retards nuisibles à la quantité du grain. Suivant une habitude remontant à l'époque romaine, beaucoup de cultivateurs du
moyen âge coupent leurs blés en deux fois : la première, ils coupent
seulement les épis; la seconde, ils enlèvent les chaumes; et cette
double opération leur procure une paille bien supérieure à celle qu'on
obtient aujourd'hui. Les voilà donc, sur plusieurs points, tout aussi
versés dans leur métier que leurs successeurs modernes, et même
davantage. Le froment recueilli dans la grange est battu à l'aide du
fléau (*flagellum*) et vanné dans des vans semblables aux nôtres par
des ouvriers ordinairement rémunérés, comme les moissonneurs, en
argent ou en grain. Tous les résidus sont utilisés; on cherche, autant

que possible, à ne rien perdre; c'est la base de l'économie rurale.
Pour les grains, ils sont amoncelés au plus vite dans les greniers,
et l'on prend la peine, pour éviter qu'ils ne se gâtent, d'aller remuer
de temps en temps les tas.

Ces divers travaux, depuis le labourage jusqu'à l'emmagasine-
ment de la récolte, sont évalués par l'auteur de la *Fleta* à un prix
de revient fort modéré : pour un acre de terre, il compte 18 deniers
de frais de labour, 1 denier de frais de hersage, 12 deniers de
semence, 1 obole de sarclage, 5 deniers de moisson, 1 denier de
charriage ; total : 3 sous 1 denier 1 obole (un peu plus de 3 francs
de notre monnaie). Les autres genres de culture coûtaient dans la
même proportion. Ils consistaient surtout, d'après le relevé fait par
M. Delisle, en seigles, en orges, en avoines, en *méteils* ou *terceils*
(blés mélangés d'orge et d'avoine dans des proportions diverses), en
panis et millets (le sarrasin n'apparaît pas nominativement dans les
textes avant le xvᵉ siècle, mais il semble indirectement désigné dans
un passage d'Ordéric Vital), puis en lins et chanvres, en plantes
oléagineuses (peu nombreuses, parce que l'huile de noix était d'un
usage général dans la vallée de la Seine); en légumineuses, telles
que fèves, lentilles, vesces et pois (ceux-ci très répandus et d'espèces
très variées, servant à la nourriture des paysans, à celle des pigeons,
et à la confection de certains potages normands); enfin en plantes
tinctoriales, comme la gaude, la guède ou pastel, et la garance, très
utile dans le pays d'industrie drapière.

Une culture tout à fait spéciale et dont les progrès seraient intéressants à suivre est celle de la vigne. La vigne était cultivée, au
xiiiᵉ siècle, sur une portion très considérable du territoire de la
France actuelle, et elle avait même pénétré dans des régions d'où elle
a presque entièrement disparu depuis. Il est vrai que d'autres pays
qui n'avaient alors que peu ou point de vignobles en possèdent maintenant, ce qui peut rétablir l'équilibre. C'est un phénomène curieux
que les variations énormes de la quantité et de la qualité des vignes
d'une même province, d'un même terroir; tel était célèbre autrefois,
qui n'a plus même de nom; tel autre est actuellement au premier
rang, qui n'était nullement apprécié de nos pères. Et cela ne peut
tenir uniquement à une lente transformation du goût chez les générations qui se sont succédé; le sol et le climat ont dû se transformer
également, sous des influences diverses, que je laisse aux agronomes et aux astronomes le soin d'étudier. Pour me renfermer dans
le rôle de l'historien, je constaterai seulement que, dans un fabliau
du temps de Philippe-Auguste, intitulé *la Bataille des vins*[1], une

---

[1] Reproduit dans Barbazan et Méon, *Fabliaux et Contes*, I, 152.

quantité de crus français sont vantés par l'auteur; et leur énumération prouve, à tout le moins, que la culture de la vigne était florissante dans ces différents pays. Ce sont ceux des provinces de Gâtinais, d'Auxois, d'Anjou et de Provence en général, et ceux des localités suivantes en particulier : Angoulême, la Rochelle, Saintes, Taillebourg, Saint-Jean-d'Angély, Poitiers, Montrichard, Orléans, Orchèse, Jargeau, Samois, Argenteuil, Deuil, Marly, Meulan, Montmorency, Pierrefite, Saint-Yon, Soissons, Saint-Pourçain en Auvergne (cru également prôné dans un autre poème et dans un recueil d'anecdotes manuscrit du même siècle), Nevers, Vézelay, Sancerre, Châteauroux, Issoudun, Buzançais, Auxerre, Bône, Beauvoisins, Flavigny, Vermanton, Chablis, Épernay, Reims, Hautvilliers, Sézanne, Tonnerre, Bordeaux, Saint-Émilion, Trie, Moissac, Narbonne, Béziers, Montpellier, Carcassonne. En revanche les vins d'Étampes, de Tours et du Mans sont mentionnés avec mépris. D'après un compte de dépenses de Philippe-Auguste, ce prince avait des vignes à Bourges, à Soissons, à Laon, à Beauvais, à Corbeil, à Béthisy, à Orléans, à Moret, à Gien, à Poissy, à Anet, à Chalevane, à Verberie, à Fontainebleau, à Rurecourt, à Milly, à Samois, à Boiscommun, à Auvers, près d'Étampes; mais il achetait de préférence les produits de celles de Choisy, de Montargis, de Saint-Césaire et de Meulan; et d'après le recueil d'anecdotes que je viens de citer [1], il buvait volontiers ce vin de Gâtinais dont le poète contemporain nous fait l'éloge. Mais peut-être cela tient-il à ce que son domaine ne s'étendait guère au delà de ce pays, et qu'il était plus commode, même pour un propriétaire royal, de consommer les fruits de sa terre, surtout dans un temps où la lenteur et la difficulté des transports étaient si grandes. Quoi qu'il en soit, à part quelques vignobles fameux dont l'antique supériorité est confirmée par ce fabliau, on voit que la plupart de ceux qu'il signale ont perdu toute leur valeur, si même ils n'ont pas disparu, et qu'en revanche un certain nombre d'autres, bien plus estimés aujourd'hui, n'y sont pas nommés.

Il y aurait beaucoup de différences à relever en outre dans la nature des vins produits à différentes époques par un même terroir : ainsi celui de Beaune avait, suivant le même auteur, une couleur jaune, à peu près comme la corne de bœuf; ceux de Champagne n'avaient certainement pas la nature mousseuse ni la saveur toute particulière qu'ils ont acquises depuis deux ou trois siècles. Mais ces détails nous feraient sortir du domaine de l'agriculture. J'ajoute simplement, au sujet de la Champagne, que les comtes de cette

[1] Bibl. de Tours, ms. 205.

province, et, à leur exemple, les seigneurs, les riches particuliers,
les couvents, paraissent avoir donné, sous les règnes de Philippe-
Auguste et de saint Louis, une impulsion nouvelle à la viticulture dans
leurs domaines. Sainte-Menehould, Pont, Provins, Corton, Lagny,
Bouilly, Coulanges-la-Vineuse (nommée ainsi dès l'an 1215), virent
alors s'introduire et se perfectionner sur leurs territoires cet art
précieux, qui devait devenir une source de richesse pour la contrée.

L'extension de la viticulture du côté du nord avait déjà fait des
progrès remarquables. On n'a pas vu sans quelque étonnement figurer
parmi les propriétés du roi Philippe-Auguste des vignobles à Laon,
à Beauvais, à Soissons, et sur la liste des crus mis en honneur par
l'auteur de la *Bataille des vins* le nom de la dernière de ces villes.
C'est un fait significatif que la vigne ait été cultivée avec assez de
succès et en assez grande quantité pour produire un vin estimé,
dans un pays où l'on voit à peine aujourd'hui mûrir quelques grains
de raisin, et encore pas tous les ans. Mais il y a un exemple plus
étonnant : c'est que, dès le VIIe siècle, Clotaire III donnait aux
religieux de Corbie les vignes de ce canton et permettait à l'abbaye
de Saint-Bertin d'échanger celles qu'elle possédait; au XVIe siècle
également, Baccius comptait parmi les vignobles de France ceux
d'Amiens et des environs. Ainsi la Picardie et l'Artois étaient eux-
mêmes envahis par cette plante frileuse, tandis qu'à l'exposition universelle de 1867 les départements de la Somme et du Pas-de-Calais,
comme celui de l'Oise, figuraient pour un chiffre de zéro sur le tableau
de la production vinicole de la France (celui de l'Aisne n'y figurait
que pour une très petite quantité, fournie par l'arrondissement de
Château-Thierry, situé plus au sud que le reste du département).
Après avoir dépassé autrefois, dans le nord-ouest, le cinquantième
degré de latitude, la vigne a reculé, dans cette même région, jusqu'au quarante-neuvième, et en Bretagne jusqu'en deçà du quarante-
huitième.

Pour la Normandie, on peut constater un changement analogue.
Une *Vie de saint Philibert,* abbé de Jumièges au VIIe siècle, décrit en ces
termes la fertilité du pays de Caux : *Hic vinearum abundant botryones,
qui turgentibus gemmis lucentes rutilant in falernis.* Et il s'agit là
de la partie la plus septentrionale de la Normandie. Guillaume de
Malmesbury parle de l'excellent vin d'Argentan, et le compte de Philippe-Auguste déjà cité mentionne l'achat de vin du Bec et de vin
du Jumièges. Les vignobles normands étaient surtout concentrés sur
les bords de la Seine, de l'Epte, de l'Eure, de l'Iton, de la Risle et
de la Dive, sur les coteaux d'Argences et d'Airan, et dans les vallées
d'Avranchin; et, bien qu'ils n'eussent peut-être pas une grande importance, il suffit de parcourir la liste des localités où M. Delisle en

a retrouvé pour reconnaître que les habiles agriculteurs de cette province avaient fait des essais d'acclimatation fort nombreux, et souvent heureux. Actuellement le seul coin de la Normandie qui produise un peu de vin est la partie méridionale du département de l'Eure. On ne saurait attribuer une telle diminution de culture à la propagation de l'usage du cidre; car, dès les premiers siècles du moyen âge, les pommiers abondaient dans cette contrée, et le cidre s'y fabriquait par grandes quantités. On y faisait aussi de la bière (*cervisia*), et tant, que le roi saint Louis, dans un moment de disette, dut interdire aux Normands la fabrication de cette boisson, à cause de la cherté des grains, interdiction qui, prononcée avant 1260, fut levée en 1263. Tous ces mouvements de recul de la vigne tiennent donc à des causes plus générales. Sans doute il ne faut pas songer à les imputer à un affaiblissement de l'activité ou de l'intelligence humaines; mais, qu'ils soient dus à des motifs d'un ordre purement physique, ils n'en sont pas moins réels, et il semble même qu'il y ait à présent dans la nature une certaine tendance à revenir graduellement à l'état de choses constaté par Strabon, qui dit que de son temps la vigne avait peine à mûrir au nord des Cévennes. En tout cas, les agronomes du xiiie siècle savaient, comme on vient de le voir, profiter avec empressement de l'avantage accordé à leur époque par Celui qui tient dans sa main les sources mystérieuses de toutes les modifications climatériques.

Quant aux procédés employés par les viticulteurs du moyen âge, ils ressemblaient beaucoup à ceux de leurs successeurs. On faisait subir aux terrains plantés de vigne une espèce de labour, et on les fumait vers la fin de l'hiver; on taillait les ceps en mars, et on les fixait à des échalas en avril, à l'aide de liens de paille façonnés exprès; on remuait la terre avec une houe, à plusieurs reprises; on redressait et on *escouplait* les plants en juillet; on faisait des provins; on vendangeait à la fin de septembre ou au commencement d'octobre (en Normandie, du 2 au 20 octobre); puis en novembre on *deffiquait,* c'est-à-dire qu'on ôtait les échalas. On faisait le vin au pressoir banal, quand cette obligation n'avait pas été rachetée, et nous avons vu qu'en effet le pressoir était l'accessoire obligé des fermes seigneuriales. Ces différents travaux étaient exécutés par des ouvriers à la tâche ou à la journée, et revenaient, paraît-il, à un prix assez élevé; car certains couvents, au xiiie siècle, n'avaient pas assez d'argent pour faire leurs vendanges, et quelquefois les propriétaires s'associaient aux vignerons, leur laissant la moitié du produit, à la charge d'exécuter toutes les opérations nécessaires. Enfin des officiers spéciaux, des gardes ou bouteillers, étaient préposés à la surveillance des grands vignobles, comme d'autres à la surveillance des

moissons. L'usage de disposer les vignes en treilles, dans les vergers
ou le long des murs, était également fort répandu; les treillis étaient
faits de perches et de traverses de bois, et les attaches d'osier; les
fruits obtenus de cette manière étaient naturellement beaucoup plus
estimés et plus chers que les autres.

Les treilles nous conduisent aux jardins, et nous ne pouvons
quitter le domaine rural sans avoir jeté un coup d'œil sur les fruits
et les fleurs qui en font l'ornement. Le plus humble tenancier a son
jardin ou coutil; parfois même il n'a que cela, et il y tient d'autant
plus. Les maisons de ville sont aussi entourées presque toutes d'un
clos plus ou moins bien planté. Un des éléments essentiels de ce lieu
d'agrément est le préau ou la pelouse, qu'on retrouve dans les couvents comme dans les châteaux, ainsi que le ruisseau et la pièce
d'eau naturelle ou artificielle, destinés à entretenir la fraîcheur. Les
chartes locales du XIIIᵉ siècle comme les comptes du XVᵉ, notamment
ceux du roi René, grand amateur de jardinage, font mention de ces
deux accessoires importants, et donnent à penser que le goût de
nos pères se rapprochait tant soit peu du genre anglais, qu'une
mode réputée nouvelle a répandu chez nous. Les *roues* ou corbeilles
et les plates-bandes étaient bordées de buis ou de clisses de bois,
et l'on ajoutait quelquefois à ces compartiments ronds ou carrés des
dessins en forme de labyrinthes (*dædali*). Les légumes, les plantes
aromatiques et médicinales tenaient une assez grande place dans les
jardins. En fait de plantes d'agrément, on cultivait avec une préférence marquée les roses. On voyait partout des plants de rosiers de
différentes espèces; leurs fleurs servaient à faire des chapeaux de
roses ou des guirlandes, très souvent spécifiés dans les actes parmi
les redevances en nature, et surtout une essence odorante, tellement
en faveur durant le moyen âge, qu'on la renfermait dans des fioles
de cristal ou d'orfèvrerie artistement travaillées, pour en parfumer
les appartements, les meubles, et jusqu'aux vêtements. Le goût de
la rose, cette fleur française par excellence, était si prononcé, que,
pour le satisfaire, nos aïeux, plus habiles que nous, avaient inventé,
s'il faut s'en rapporter au *Ménagier de Paris*[1], un moyen de la conserver pendant l'hiver. Ils en reproduisaient la forme dans leurs
émaux, dans leurs joyaux, dans leurs desseins d'ornement, dans leurs
vitraux. Le bon roi de Sicile, que je viens de nommer, l'avait
semée à profusion dans son jardin des Ponts-de-Cé, en Anjou;
c'est lui qui, au dire d'un chroniqueur local, introduisit dans cette
contrée les roses de Provins et les multiplia en France, avec les
œillets, les muscadins et d'autres fleurs. Mais, longtemps avant lui,

[1] Édit. de la Société des bibliophiles français, II, 52, 251.

d'autres variétés étaient répandues et appréciées de toutes parts.

Les légumes cultivés sur notre sol étaient généralement les mêmes qu'aujourd'hui. Quant aux arbres à fruits, les pommiers et les poiriers semblent avoir prédominé longtemps dans la région du nord et du centre, quoique les cerisiers, les pruniers, les pêchers, les amandiers, les châtaigniers, les noyers, y tinssent également leur place. Je remarquerai encore que le figuier, qui est plutôt un arbre du Midi, prospérait et mûrissait, comme la vigne, dans les campagnes normandes, et qu'il se faisait à Rouen et à Dieppe un commerce assez considérable de figues. En revanche, le coudrier y était rare, et les noisettes se maintenaient à un prix relativement élevé. L'art de greffer n'était nullement inconnu des jardiniers de l'époque. Ils cherchaient même à le pousser quelquefois au delà des limites rationnelles et possibles, en greffant sur un tronc de chêne dix ou douze arbres différents, ou en entreprenant d'enter la vigne sur le cerisier, d'obtenir des raisins sans pépins, etc.; tentatives téméraires peut-être, mais qui n'en dénotent pas moins un esprit d'investigation et de progrès.

Une dernière particularité des jardins du moyen âge, c'est qu'ils étaient le plus souvent animés par la présence d'un certain nombre d'animaux, et surtout de volatiles, qu'on laissait autant que possible en liberté. Sur les préaux couraient des cerfs, des biches, des chèvres sauvages; les princes et les riches seigneurs y ajoutaient des animaux exotiques, amenés à grands frais des pays lointains : des dromadaires, des singes, des renards blancs, des moutons de Barbarie, parfois même des carnassiers renfermés dans des cages de fer, lions, léopards, loups-cerviers ou autres. Dans les allées se pavanaient presque toujours des paons de couleur et des paons blancs ; sur les pièces d'eau, des cygnes au plumage argenté. Ces deux dernières espèces sont demeurées les habituées de nos jardins, et le goût des ménageries ou des volières s'est aussi perpétué chez nous dans les établissements publics d'horticulture.

Il y aurait bien encore quelque chose à visiter avant de sortir du domaine agricole que nous venons de parcourir : ce serait l'étable et l'écurie. Nous y verrions que l'élève du bétail était déjà l'objet de soins intelligents et continuels. Les seigneurs et les abbayes avaient un véritable luxe de troupeaux, et les plus pauvres vilains avaient la facilité d'entretenir quelques bestiaux à l'aide des droits de pâture dont ils jouissaient, des terres vagues et des bois qui leur étaient ouverts. Les désastres de la guerre de Cent ans vinrent détruire sous ce rapport l'aisance des paysans, en leur enlevant notamment tous leurs chevaux ; mais auparavant la race chevaline était extrêmement multipliée dans nos campagnes. Beaucoup de grands pro-

priétaires, ecclésiastiques ou laïques, possédaient même des haras,
et saint Louis, en 1257, favorisa celui des moines de Mortemer, en
leur concédant à celte intention l'usage d'une lande voisine. Il n'y
avait pas jusqu'à l'amélioration du cheval qui ne préoccupât ce
prince, si avide de perfectionnements de toute espèce. Les races
bovine et porcine étaient également bien représentées et bien entre-
tenues. L'élève des bêtes à laine paraît avoir été principalement
développé en Champagne, en Berry, en Normandie, en Picardie, en
Anjou, en Poitou, en Languedoc. Au sujet de ces mêmes bêtes à
laine, M. Delisle a reconnu, non sans étonnement, que l'on pratiquait dès lors à peu près tout ce qui a été proposé comme innovation aux cultivateurs des xvIIIe et xIxe siècles : par exemple, l'importation des races étrangères, en particulier des brebis anglaises,
les croisements, le perfectionnement des béliers. Aussi les résultats
étaient-ils excellents ; la Normandie soutenait la lutte contre la riche
Angleterre, avec ses fromages célèbres et son pré-salé, renommé dès
le xIe siècle ; et les autres provinces, quoique moins avancées peut-
être, voyaient se développer avec plus ou moins de rapidité leur
prospérité agricole, dont de prochaines calamités allaient malheureusement arrêter l'essor.

Mais il est un autre élément qui contribuait à cette prospérité et
que nos cultivateurs ont trop généralement oublié ; cet élément, qui
répand partout la vie, c'est la pensée religieuse, pensée puissante et
féconde, que l'on retrouve alors jusque sur les champs de bataille,
où elle intervient pour purifier et ennoblir le métier de l'homme de
guerre ; jusque dans l'atelier du plus humble artisan, qu'elle vient
soutenir et réconforter dans son rude labeur. Chez le laboureur, qui
a toujours sous les yeux le spectacle des merveilles de la création,
elle semble plus naturelle que chez tout autre. Nous devons donc
nous attendre à la voir présider aux travaux des champs, dans ces
âges de piété sincère et pratique ; et, effectivement, chacun sait que
l'Église bénissait les moissons, qu'elle appelait sur les biens de la
terre les faveurs du Ciel dans les processions des Rogations et en
d'autres circonstances. Mais le sentiment des laboureurs eux-mêmes
était-il conforme à celui de ses pasteurs ? On va pouvoir en juger.
Voici ce qu'on lit en tête d'un manuel d'agriculture ou d'un traité
d'économie rurale composé au xIIIe siècle par un obscur anonyme,
qui s'est fait l'écho fidèle des idées de ses contemporains. C'est un
vieil agriculteur, passé maître dans son art, qui donne ses enseignements à son fils.

« Le père fut en sa vieillesse, et dit à son fils : Vivez sagement,
selon Dieu et selon son siècle. Quant à Dieu, pensez souvent de la
passion et de la mort que Jésus-Christ souffrit pour vous, et l'aimez

sur toute chose, et le craignez, et ses commandements gardez. Quant
au siècle, pensez de la roue de la fortune, comment homme monte
petit à petit en richesse, et, quand il est au sommet de la roue,
comment par méchéance il tombe petit à petit en pauvreté, et puis
en mésaise. Donc, je vous prie, selon ce que vos terres valent par
an, ordonnez votre bien, réglez votre train de vie, sans aller plus
haut que vous ne pouvez prétendre. » Et après lui avoir appris en
détail à vivre selon son état, à choisir ses serviteurs, à dresser et
à recevoir ses comptes, à soigner sa terre, à visiter ses charrues, à
faire ses semailles, ses foins, à élever et à trier son bétail; après
avoir traité cent autres points techniques, de manière à fournir,
comme la *Fleta,* les notions les plus précises à celui qui voudrait
étudier l'administration d'une grande ferme au moyen âge, il revient
aux mêmes recommandations, et conseille surtout de ne pas oublier
les pauvres du Seigneur. « Des biens que Dieu vous a prêtés; sagement les dépensez. En mises et dépenses devez savoir quatre choses :
l'une quand vous devez donner, l'autre comment, la tierce à qui, la
quarte combien. La première est que vous devez donner avant que
ayez à besoigner; la seconde est, si vous devez donner ou dépenser,
que vous le fassiez de bonne volonté, et adonc vous sera la chose
allouée au double, et, si vous le donnez feintement, vous perdez tout
ce que vous y mettez; la tierce est que vous donniez à celui qui vous
peut valer et grever; la quarte, que vous donniez ni plus ni moins
selon que le besoin sera petit ou grand. Les pauvres ne regardez mie
pour louange du siècle, mais pour louange de Dieu, et en honneur
de lui et de ses saints[1]. »

Ainsi donc, si le chevalier prie dans les camps, s'il répand l'aumône autour de son manoir féodal, le laboureur, lui aussi, doit élever
son âme à Dieu en traçant son sillon et tendre une main charitable
aux plus indigents de ses frères. Telle est la règle, et tout nous autorise à dire que tel est également l'usage, puisque nous voyons la
charrue conduite à travers les champs au son des cantiques et les
refrains sacrés se mêler aux longs mugissements des bœufs dans les
plaines fertiles du Nord.

Que reste-t-il, en résumé, du préjugé si répandu dont nous avons
recueilli dans la bouche de Beugnot l'expression malheureuse, lorsqu'on a étudié, à la lumière des documents originaux, l'état de l'agriculture au temps de saint Louis? Peut-on croire encore que cette
noble science, aussi vieille que l'humanité, aussi essentielle à son
existence que l'éclat du jour, fût alors perdue et que tout progrès lui
fût interdit? Peut-on ne pas s'écrier, au contraire, avec une certaine

[1] *Bibliothèque de l'École des chartes,* an. 1856, p. 128 et suiv.

surprise, de concert avec les maîtres de la saine érudition, qu'elle
était aussi florissante qu'aux plus belles époques de l'histoire moderne? Que l'on compare, à ce point de vue, le règne de saint Louis
avec ceux d'Henri IV et de Louis XIV; non seulement la misère du
paysan, aggravée par les guerres et les impôts de toute espèce,
apparaîtra infiniment plus lourde sous ces deux derniers princes,
mais l'art agricole semblera relativement en retard, il semblera tout
au moins stationnaire, et l'on peut dire de tout art qui ne se perfectionne pas qu'il recule. Les efforts du roi populaire ont été plus impuissants à le développer que ceux de son saint aïeul, et aujourd'hui
même, malgré toutes nos inventions utilitaires, malgré toutes nos
machines et toutes les merveilleuses forces motrices dont nous dis-
posons, il n'est pas encore bien prouvé que nous cultivions mieux la
terre que nos pères ne le faisaient avec la seule aide de leurs bras;
les économistes ont éprouvé à cet égard bien des déceptions. C'est
que la terre n'est pas une matière ouvrable que l'homme puisse soumettre entièrement à sa volonté, comme le fer ou le bois, et que Dieu,
comme pour montrer que l'agriculture est le premier des arts, s'est
réservé la haute main sur sa marche et ses résultats. C'est aussi que
le cultivateur du XIII° siècle, à défaut des ressources matérielles accordées à ses successeurs, avait une force morale qui en compensait
largement l'absence ; cette force, il la puisait dans une foi robuste,
dans la considération témoignée à sa profession par l'Église comme
par la royauté dans les institutions charitables qu'il savait toujours
à sa disposition en cas de besoin, mieux encore dans la faculté et
dans l'habitude de faire lui-même le bien ; car il est plus salutaire
de secourir les autres que d'être secouru, et c'est un plus grand
service à rendre au peuple de lui apprendre à donner que de lui
apprendre à recevoir.

CHAPITRE XVII

L'INDUSTRIE ET LE COMMERCE SOUS SAINT LOUIS

Opinions des contemporains en matière de négoce. — Fraudes des industriels et des marchands. — Redevances prélevées sur eux. — Animation du Paris commerçant. — Les grandes foires. — Le commerce international; saint Louis autorise l'exportation. — Le commerce de l'argent; mesures prises par le roi contre les usuriers et les juifs.

L'agriculture, dont nous nous sommes occupé en dernier lieu, se lie étroitement à l'industrie; l'agriculteur qui manipule et modifie les produits bruts de la nature, qui fait de blé farine et change le raisin en vin, est déjà un industriel. Nous devons donc, pour compléter nos étu·les des rapports de saint Louis avec la classe populaire, rentrer dans la ville, d'où notre promenade champêtre nous a éloigné, et, après avoir considéré dans l'exercice de sa profession le *vilain* proprement dit ou le paysan, arrêter nos regards sur les occupations du peuple vivant dans l'enceinte fortifiée des cités. L'industrie, en effet, même à l'époque de la plus grande décentralisation, ne se rencontre à la campagne qu'à l'état d'exception, parce qu'elle exige, tant pour la confection que pour l'écoulement de ses produits, une réunion d'hommes et de matériaux assez considérable. Les industriels sont donc tous ou presque tous des citadins, et au xiii⁰ siècle ils sont ce qu'on appelle des *bourgeois*. Tous, ouvriers ou patrons, font partie de l'immense classe des hommes libres et sont membres jurés de leur commune, quand il y a une commune établie au lieu de leur résidence. Il est même à remarquer que la bourgeoisie et la commune se composent presque uniquement de gens de métier; non pas que la transformation graduelle improprement qualifiée de « révolution communale » ait favorisé l'émancipation des ouvriers et l'éta-

blissement des corporations, comme on l'a cru quelquefois, car elle
leur est postérieure; mais, au contraire, parce que les industriels et les
commerçants profitèrent de la liberté acquise pour se grouper en associations protectrices et maintenir leurs privilèges. Je n'entreprendrai
donc pas ici de décrire la condition civile de cette classe; ce serait
refaire le tableau des droits et des devoirs de la bourgeoisie au moyen
âge, esquissé brièvement plus haut. Je me contenterai d'observer,
comme je viens de le dire, le citadin dans l'exercice de son métier.

A cette époque, le commerce et l'industrie se confondaient dans
la pratique; s'il nous paraît naturel d'établir entre eux une distinction, parce que cette distinction existe, en effet, dans notre
société actuelle, il serait assez difficile de la maintenir dans une
étude rétrospective. Dans la plupart des métiers, le fabricant et le
vendeur ne faisaient qu'un, et la séparation amenée peu à peu par
le développement des affaires n'existait que dans quelques branches
exceptionnellement prospères, comme la draperie parisienne. Un
tel régime avait des avantages pour le producteur comme pour le
consommateur, car il supprimait entre eux les intermédiaires, qui
prélèvent ordinairement pour eux la plus grosse part des bénéfices;
mais il faut reconnaître qu'il serait peu compatible avec la grande
industrie moderne. Au moyen âge, au contraire, il était commode
et logique. La boutique confinait à l'atelier, quand elle ne lui était
pas réunie; et si l'on ne peut prétendre que tous les négociants
fabriquaient, on peut dire du moins que presque tous les fabri-
cants vendaient au public. Les uns et les autres étaient organisés
de la même manière en corporations et en confréries; ils avaient
les mêmes droits, les mêmes obligations, les mêmes règlements.
Ainsi tout ce que l'on a pu dire dans les intéressantes études publiées
récemment sur les associations ouvrières s'applique également aux
associations marchandes, et souvent celles-ci ne se distinguaient pas
non plus des premières.

Examinons en premier lieu la question de principe. Comment l'idée
du commerce est-elle comprise chez les contemporains de saint Louis?
Dans quelle mesure les moralistes et les précurseurs des économistes
modernes l'admettent-ils? L'Église, si favorable à l'agriculture et à
l'industrie, se montre-t-elle également empressée d'honorer le négoce
et d'encourager le développement illimité? Non, il s'en faut bien.
Ici nous ne trouvons plus dans sa bouche cette approbation sans
réserve, ces éloges par lesquels elle cherche à relever la profession
de l'ouvrier et surtout du laboureur; nous trouvons, au contraire,
des restrictions et comme une certaine méfiance, qui s'explique naturellement par un scrupule de loyauté et par l'horreur instinctive
de tout ce qui se rapproche de l'usure, c'est-à-dire du gain illicite

ou simplement exagéré. La rigidité témoignée par les interprètes de
la doctrine envers les usuriers de toute catégorie se fait quelque peu
sentir à l'égard des négociants, ou du moins dans la délimitation du
cercle d'opérations qui leur est permis. On ne saurait aller jusqu'à
dire avec Montesquieu que les décisions des casuistes tendaient à la
destruction du commerce; le commerce était très florissant à l'époque
où leurs avis étaient le plus écoutés, et plus florissant même que
l'industrie. Mais on doit avouer que les théologiens n'admettaient pas
la liberté absolue du négoce, et en cela ils étaient d'accord avec la
stricte morale, comme avec les principes d'austère probité hautement
professés par saint Louis. Il ne faut pas s'en tenir à la sentence de
Raymond de Pennafort, qui réprouve tous ceux qui achètent des
denrées ou des objets quelconques pour les revendre plus cher, à
moins qu'ils ne les aient modifiés par leur travail; c'est là une règle
trop rigoureuse, équivalant à la négation même du commerce, et
dépassant le but; mais ce n'est qu'une opinion isolée, et les autres
maîtres du temps sont loin d'aller jusque-là.

Interrogeons l'oracle de la théologie, saint Thomas; il trouve bien
que le commerce a quelque chose de vil en soi, parce que sa fin principale est un gain pécuniaire (et ce sentiment est celui de toute
l'Église, qui bannit de son sein comme indignes les clercs adonnés à
un trafic; il est même celui de la société tout entière, qui regarde
comme déchus les gentilshommes s'abaissant au négoce); toutefois il
reconnaît que le bénéfice du marchand peut recevoir une destination
légitime, et qu'alors son métier est honnête. « C'est ce qui arrive,
dit-il dans sa *Somme*, soit à celui qui demande à son commerce un
profit modéré, afin de soutenir sa famille ou de venir en aide aux
pauvres; soit à celui qui se livre à des opérations commerciales dans
l'intérêt public, pour que sa patrie ne manque pas du nécessaire; soit
enfin à celui qui cherche dans le gain, non pas le gain lui-même,
mais la juste récompense de son travail. » La plupart des autres
docteurs de l'époque pensent comme lui, et quelques-uns même
sont plus indulgents. « Quoi! s'écrie Henri de Gand, faudra-t-il donc
envelopper dans le même anathème tous ceux qui se livrent à des
opérations commerciales? Assurément non. Il est vrai que saint
Chrysostome condamne ceux qui achètent des denrées pour les revendre purement et simplement, sans que la marchandise ait éprouvé
aucune transformation; le grand saint les compare à ces trafiquants
que Jésus-Christ chassa du temple. Mais n'est-il pas juste de tenir
compte des changements de toute espèce que les denrées subissent
entre les mains des revendeurs, changements de lieu, changements
de temps, changements de condition? Telle marchandise est vendue
à vil prix dans le pays où elle abonde, qui se vendra fort cher dans

un autre pays où elle est rare. Le commerçant qui a pris soin de
la transporter est en droit de la vendre ce qu'elle vaut, quoiqu'il
l'ait payée moins cher; car, outre le prix d'acquisition, l'acheteur
doit lui rembourser les frais de transport. De même l'artisan qui a
forgé une barre de fer doit recevoir à la fois et le prix du métal et le
prix de son travail. » Le célèbre Duns Scot, de son côté, fait entrer
dans l'estimation de la valeur des marchandises les labeurs et les
risques de tout genre qu'elles ont coûtés au négociant. Il reconnaît
aussi les services rendus à l'État par le commerce : « Il importe à la
chose publique que toutes les denrées soient conservées par certains
individus, afin que ceux qui en sont dépourvus et qui veulent les
acheter puissent les trouver sans retard; et, à un point de vue plus
général, il importe également à la chose publique que les marchands
apportent dans chaque pays les objets de nécessité que ce pays
produit peu ou point. Il suit de là que celui qui procure certaines
denrées à ceux qui n'en ont pas dans leur patrie, ou celui qui les
garde à la disposition de tous, fait également un acte utile [1]. »

Ainsi les avantages sociaux du commerce ne sont nullement mé-
connus; seulement des réserves sont faites quant au mobile, qui doit
reposer sur l'intérêt public ou au moins sur l'intérêt d'une famille,
non sur l'ambition ni l'avarice, et quant au bénéfice, qui doit être
modéré, légitime, proportionné. Les frais avancés par le marchand
pour l'acquisition de ses marchandises, pour leur transport, pour
leur installation et leur emmagasinage même, peuvent être licitement
récupérés par lui sur sa clientèle; mais il ne faut pas qu'il les exagère. L'Église lui défend, comme la corporation le fait elle-même,
d'établir des taxes ou des tarifs arbitraires; et si elle pose ici des
bornes à son avidité, sur d'autres points elle prend, au contraire,
son intérêt, par exemple quand elle interdit aux bailleurs de fonds,
dans les sociétés de commerce, de stipuler qu'ils participeront aux
bénéfices et non aux pertes. En tout cela elle prend pour base
l'équité absolue; les règles qu'elle établit sont sévères si l'on veut,
mais elles sont strictement justes.

L'Église se montre également implacable contre les abus résultant,
non plus du principe, mais de la pratique journalière du négoce.
Souvent des trafiquants trop pressés de faire fortune parviennent
à tromper la surveillance des gardes-jurés de la corporation, du
prévôt, de la police royale, et font subir à leurs marchandises certaines transformations ingénieuses, qui ne sont plus du tout de l'espèce
de celles dont Raymond de Pennafort leur permet de s'indemniser.
Celles-là, les prédicateurs les dénoncent sans pitié du haut de la

[1] V. Jourdain, la *Philosophie de saint Thomas*, passim.

chaire; ils révèlent aux clients naïfs, à la barbe des coupables confondus dans l'auditoire, les fraudes dont ils sont victimes, les mauvais tours qu'on leur joue, les ruses de chaque métier. Tant pis pour ceux qui s'y laisseront encore prendre à l'avenir; ils sont prévenus. Ils savent que les aubergistes et les cabaretiers mêlent de l'eau à leur vin, ou du mauvais vin au bon; que les laitières, « ces maudites vieilles, » comme les appelle Jacques de Vitry, frelatent leur lait d'une manière abominable; que, lorsqu'elles veulent vendre leur vache, elles cessent de la traire quelques jours auparavant, afin que ses mamelles gonflées la fassent prendre pour une excellente nourrice, et que, pour donner à leurs fromages une apparence plus grasse, elles les plongent préalablement dans la soupe (*in pulmentis suis*); que les bouchers, plus habiles encore, pour faire valoir leur viande et leur poisson (car ils tiennent ces deux denrées à la fois), les soufflent à l'aide d'un instrument spécial, stratagème fort commun au moyen âge et dont on retrouve la tradition jusque chez les bouchers napolitains du xve siècle; qu'avant de livrer un porc, ils ont soin d'en extraire le sang, dont ils se servent pour rougir la gorge des poissons décolorés par la vétusté, ou pour d'autres opérations aussi loyales; que les marchands d'étoffes ont une aune pour vendre et une aune pour acheter (mais le diable, ajoute le même ·cardinal, en a une troisième, avec laquelle il leur *aunera* les côtes); qu'ils disposent leur étalage dans les ruelles étroites ou sous un auvent très sombre, afin de tromper le public sur la nature ou la couleur des tissus; qu'enfin les orfèvres et les changeurs qui couvrent le grand pont de Paris, non contents de comploter ensemble pour rendre vile la monnaie qui a le plus de valeur, et *vice versâ*, vont parfois jusqu'à trier les deniers les plus lourds, afin d'en extraire de l'argent, ou même jusqu'à en fabriquer de faux[1]. Rien de nouveau sous le soleil, comme on le voit, et ceux qui reprochent à ces temps lointains de n'avoir pas connu les perfectionnements du commerce tombent dans une étrange erreur. Mais, pour parler plus sérieusement, rappelons encore une fois que les portraits tracés dans la chaire présentent à dessein les choses par leur mauvais côté, et que leurs auteurs les poussent au noir comme à plaisir. N'allons pas, sur la foi de quelques mordantes satires, nous figurer la classe des négociants comme une bande de voleurs et leurs magasins comme des coupe-gorge; nous commettrions la même bévue que celui qui voudrait juger la société du moyen âge uniquement d'après les registres criminels du Châtelet. Ce sont là des éléments dont il faut tenir compte, mais qui ont besoin d'un contrepoids. Nous le trouvons,

_____
[1] Jacques de Vitry (Bibl. nat., ms. lat. 17509).

ce contrepoids, dans la discipline sévère des corporations, dans les précautions de diverse nature prises pour éviter la fraude, dans les traits de probité et de loyauté rapportés par maint chroniqueur, et qui n'étaient pas rares chez la bourgeoisie commerçante. Voyons plutôt dans ces divulgations, dans ces reproches, une preuve nouvelle de l'austérité de la morale chrétienne en pareille matière et de la sollicitude des pasteurs pour les véritables intérêts de leur troupeau; c'est sous l'empire de ce sentiment qu'ils descendaient à de tels détails en pleine chaire, et c'est à ce titre que je me suis permis de les reproduire ici.

Après les barrières posées par l'Église au nom de la morale, nous en rencontrons d'autres posées par le pouvoir civil au nom de l'intérêt du fisc. Les premières ne s'élèvent que contre l'abus; mais les secondes viennent entraver l'usage lui-même. Ce sont d'abord les impôts frappant spécialement le commerce. Outre la taille, contribution personnelle qu'il acquitte comme bourgeois, outre le droit payé au roi pour exercer son métier (remplaçant la patente actuelle) et quelquefois le prix de location d'un emplacement privilégié, qui peuvent être considérés comme des impôts directs, le marchand ou plutôt sa marchandise est soumise à des impôts indirects. Les uns portent sur le transport : ce sont les péages, les tonlieux, les octrois. Les autres portent sur la vente : c'est le droit d'étalage (*stallagium*), le droit de place aux foires et marchés, et des droits fixes sur tous les objets vendus ou consommés (la maltôte ne fut établie que plus tard). Ces différentes servitudes sont sujettes à mille variations, suivant les lieux et les pays; ainsi elles sont généralement moins dures dans les terres du domaine royal que dans les autres. Elles se compliquent souvent de redevances d'un caractère local, comme le *chevestrage,* perçu par les écuyers du roi sur les foins amenés par eau dans la capitale, et aboli par saint Louis en 1256, ou bien de prestations en nature. Elles sont établies, soit au profit du suzerain ou du seigneur, soit au profit de la commune. Mais elles ne constituent, en somme, que la contribution payée de tout temps à l'État par la richesse commerciale du pays; il n'y a de différence que dans le mode d'assiette et de perception de cette contribution générale. Le seul surcroît de charges réellement particulier au moyen âge, en fait d'impositions indirectes, ce sont les privilèges réservés aux grands officiers royaux et seigneuriaux sur certaines branches de commerce. Le grand chambrier du roi exerçait une juridiction sur les drapiers, les merciers, les tapissiers, les tailleurs; le grand panetier, sur les boulangers; le bouteiller, sur les débitants de vin; le premier maréchal du palais, sur les forgerons, les heaumiers, les serruriers, et par suite chacun d'eux exigeait des métiers qui lui étaient réservés,

soit des droits pécuniaires, soit des fournitures à bas prix. Ils
avaient en cela beaucoup d'imitateurs ; ainsi, à Étampes, le prévôt,
le voyer et les sergents prétendaient ne payer la viande de boucherie
que les deux tiers de son prix ; coutume abusive, abolie de bonne
heure. Toutes ces immunités, qui étaient des vestiges de l'antique
servitude, donnaient lieu à des extorsions, à des abus ; mais elles
disparurent peu à peu. Les obligations relatives au four banal et au
bon de vin, qui faisaient fermer boutique aux taverniers jusqu'à ce
que la récolte des vignes seigneuriales fût vendue, appartiennent à
la même famille des privilèges exceptionnels. Le négociant avait, du
reste, un moyen d'échapper à la plupart de ces abus et à l'arbitraire
des taxes frappant sa marchandise : c'était de s'abonner au droit de
hauban. D'après le *Livre des métiers,* « haubans est uns propre nons
d'une coustume asise, par laquelle il fu establi ancienement que
quiconques seroit haubaniers, qui seroit plus frans, et paieroit moins
de droiture et de coustumes que la marchandise de son mestier que
cil qui ne seroit pas haubaniers[1] ». Une ordonnance de l'an 1201 avait
fixé cet abonnement annuel à 6 sols, somme qui ne correspond pas
à une moyenne de taxe bien onéreuse. Le *haubanier* était exempt
d'une bonne partie au moins des impôts indirects ; mais certains
corps de métiers et certains individus n'acquittaient qu'un demi-
hauban, ou même moins, et alors leur immunité était proportionnée
à la part qu'ils payaient.

Malgré toutes ces entraves et malgré la discipline corporatrice, ou
en raison même de cette discipline, le commerce avait atteint déjà un
développement considérable, beaucoup plus grand, je le répète, que
celui de l'industrie proprement dite. Rien n'est plus animé que le
coup d'œil des cités commerçantes à cette époque ; rien n'est plus
mouvementé que les quartiers réservés au négoce, les marchés, les
halles, dans les grands centres où les corporations marchandes, les
hanses, suivant l'expression usitée dans le nord, font la loi. A Paris
(je prends toujours de préférence cette ville pour exemple, parce
qu'elle dominait déjà les autres par son importance matérielle), le
parloir aux bourgeois ne désemplit pas et présente le spectacle d'une
véritable bourse. C'est là que se réunit la puissante association des
marchands de l'eau, héritière de l'antique collège des *nautæ Pari-
siaçi,* qui étend son monopole sur tout le commerce de la haute et
de la basse Seine jusqu'à Mantes, et qui comprend une quantité de
métiers différents. Ce *parloir,* transporté du quartier du Châtelet au
faubourg Saint-Jacques, puis à la Grève, deviendra l'hôtel de ville de
la grande cité, qui empruntera également aux marchands de l'eau leur

[1] Étienne Boileau, *Livre des métiers,* édit. Depping, p. 6.

blason (un vaisseau avec la devise : *Fluctuat nec mergitur*). Le fleuve
est sillonné en tout sens par ses bateaux, car c'est par cette voie
que se fait le plus important commerce de la capitale; et les rues
mêmes sont envahies par ses crieurs, ses courtiers, ses mesureurs
de grain, ses jaugeurs, car elle s'est fait adjuger le privilège de toutes
ses fonctions.

Mais on fait bien d'autres affaires dans ces rues étroites et popu-
leuses dont chacune est presque toujours affectée à un négoce
particulier, d'où lui vient son nom (la rue de la Sellerie, la rue de
la Parcheminerie, la rue des Lombards, etc.), et dans ces magasins
éclairés d'un jour douteux, abrités par des auvents, des rideaux, des
étoffes bigarrées, derrière lesquelles le marchand se retranche dans
un but plus ou moins loyal. Ce sont des réclames vivantes, des
colporteurs de toute espèce, qui, pour suppléer aux enseignes et
autres moyens de publicité, s'en vont dès le point du jour annoncer
à tue-tête leur marchandise. Les cris de Paris sont célèbres; mais
ceux qui ont si souvent fatigué nos oreilles sont bien peu pittoresques
et bien peu variés auprès de ceux qui assourdissaient nos pères :
« Chaudes oublies renforcées ! — Chandoile de coton, chandoile ! —
J'ai savon d'outre-mer, savon ! — Chapiaus, chapiaus ! — Cerciaus
de bois. — J'ai jonc paré pour lampes (en guise de mèches). —
Gaaigne pain, gaaigne pain ! — Raccommodez manteaux et pelisses.
— La bûche bonne, à deux oboles vous la donne. — La cote et la
chape ! — Qui vend viez fer ? qui vend viez pots ? — Bon vin fort à
huit et à six. — Qui a à moudre ? — Les bains sont chauds, c'est
sans mentir. » Il y en a comme cela tout un recueil, composé au
XIIIe siècle par Guillaume de Villeneuve sous forme de poésie. Mais
qui pourra nous rendre aujourd'hui les intonations du crieur et
l'émerveillement de l'amateur ?

Ce sont ensuite des regrattiers, des femmes, de jeunes garçons
portant sur des éventaires des viandes, des fromages, des légumes,
des fruits, se dirigeant vers le quartier de l'Université, pour porter
à quelques étudiants pauvres un maigre souper. Ce sont les boulangers qui étalent leurs pains de froment, de seigle, d'orge,
d'avoine, de méteil; ce sont les gros bonnets du négoce, les changeurs, les orfèvres, les pelletiers, les drapiers, qui, avec les riches
industriels dont j'ai parlé, tiennent le haut du pavé et discutent sur
les affaires de la cité ou de la hanse parisienne. Les merciers sont
plus encombrants que tous les autres, car ils exhibent toute espèce
d'étoffes, d'articles de toilette et d'ameublement; ce sont les marchands de nouveautés de l'époque, et leur corps est du petit nombre
de ceux qui ne fabriquent rien, ce qui dénote un commerce florissant. Mais en revanche ils vendent de tout et encore autre chose

(toujours à l'instar des grands marchands de nouveautés). Aussi un
poète contemporain leur fait-il dire :

> J'ai les mignotes ceinturètes,
> J'ai beaux ganz à damoiselètes,
> J'ai ganz forrez, doubles et sangles,
> J'ai de bones boucles à cengles,
> J'ai chaînètes de fer bèles,
> J'ai bones cordes à vièles,
> J'ai les guimples ensaffranées,
> J'ai anguilles encharnelées,
> J'ai escrins à mettre joiaux,
> J'ai borse de cuir à noiaux [1].

Et ce n'est là qu'un petit coin de leur prospectus.

Les halles de Paris, établies par Louis le Gros en dehors de la ville,
sur leur emplacement actuel, qui s'appelait les Champeaux, et considérablement agrandies depuis par Philippe-Auguste, sont surtout
le théâtre de l'activité des marchands. La plupart des métiers ont là
leur place réservée, dont ils payent la location au roi, et plusieurs
villes des environs jouissent du même avantage pour leurs négociants. Les corps les plus importants ont leur jour particulier : les
drapiers ont le samedi, les merciers le vendredi. Ce jour-là, tous
les gens du métier sont tenus de fermer boutique et de se rendre
aux halles, afin de ne pas faire concurrence au marché public. Les
marchands forains ne peuvent non plus aller vendre ailleurs; les
accaparements sont défendus, dans l'intérêt des commerçants pauvres,
et tout le monde doit acheter là les mêmes denrées au même prix,
que ce soit en gros ou en détail. C'est ainsi que l'intérêt du menu
peuple est toujours sauvegardé contre les ardeurs de la spéculation
et la puissance du capital.

Mais le spectacle des halles n'est rien encore auprès de celui
qu'offrent les grandes foires régionales, dont nous ne connaissons plus
aujourd'hui que de vieux restes de plus en plus effacés. Le régime
de la liberté commerciale et des transports faciles, des communications multipliées, a tué ces antiques assises du négoce, qui rassemblaient les représentants de toute une province, de tout un royaume
quelquefois, et les productions des pays les plus lointains. Elles
compensaient le peu de développement de l'importation étrangère.
Elles étaient un remède au défaut de concurrence qui régnait dans
les temps ordinaires, et elles semblaient ménagées par la Providence pour servir de lien aux diverses nations; car, ainsi que le dit
à leur sujet Humbert de Romans, « Dieu a voulu que nulle contrée

---

[1] Crapelet, *Proverbes et Dictons populaires*, p. 149.

ne pût se suffire entièrement à elle-même et que chacune ait besoin
de recourir à d'autres, afin qu'elles fussent unies par des rapports
d'amitié [1]. »

A côté de cette raison d'être générale et de l'ordre philosophique,
ces assemblées avaient presque partout une origine chrétienne et
locale; elles devaient leur institution à une fête ecclésiastique, à un
pèlerinage, à l'anniversaire d'un saint patron. L'affluence des consom-
mateurs, des fidèles aux mêmes lieux et aux mêmes jours, avait
amené l'affluence des marchands, et le nom même de la solennité
religieuse (*feria, feire* en langue romane, *foire* en français, était
resté à la solennité civile, établie ensuite d'une façon régulière par
une concession royale. C'est ainsi qu'on retrouve le christianisme
à la source de nos vieux usages les plus profanes en apparence.
Mais l'Église intervient d'une façon plus directe encore dans ces
grandes fêtes populaires. Elles ne s'ouvrent qu'après avoir reçu une
bénédiction solennelle, accompagnée d'un sermon de circonstance.
Lorsque Dieu a reçu les hommages qui lui sont dus comme au
souverain maître de la matière et au dispensateur de la richesse,
tout s'agite soudain. Autour des camps volants, des tentes de toutes
couleurs, au milieu des enseignes et des bannières, on voit fonctionner les changeurs, les épiciers, les cuisiniers, les confiseurs,
les droguistes, les maquignons; on voit déballer le vair, le gris, la
futaine, la toile. Celui-ci étale aux yeux étonnés des marchandises exotiques apportées à grands frais; celui-là, au contraire, fait
provision pour aller revendre dans sa petite ville. Des courtiers vont
de l'un à l'autre et s'entremettent dans toutes les affaires. Parfois,
du sein de cette ruche bourdonnante, s'élève le bruit des disputes ou
même des jurements : ces lombards sont si rapaces! ces paysans si
obstinés! Mais le dimanche tout bruit cesse, la vente est suspendue;
et elle reprend après de plus belle jusqu'au jour de la clôture.
Alors un héraut passe dans les rangs de la foule en criant : *Hare!
hare!* C'est la *divisio nundinarum*, usage particulier à la France.
A ce signal, tout le monde doit se séparer, et les gages qui n'ont pas
été rachetés auparavant sont perdus.

La vie des marchands dans les foires a ses agréments et ses
déceptions. Ils y trouvent des délices de toute sorte, s'il s'en faut
rapporter à la curieuse expérience prêtée par un bruit du temps au
comte de Poitiers. Ce prince avait voulu reconnaître par lui-même
quel était l'état le plus heureux sur la terre : il se déguisa donc et
passa successivement par toutes les conditions humaines; mais il
n'en découvrit point de plus douce ni de plus féconde en jouissance

[1] *Max. Biblioth. Patrum*, XXV, 561.

que celle des marchands forains, voyageant de ville en ville et de
taverne en taverne. Une seule chose le contrariait : c'est qu'après
avoir fait des repas délicats dans les hôtels, il fallait rendre compte
de tout et payer jusqu'à la moindre miette de pain ; le noble seigneur
ne pouvait s'habituer au quart d'heure de Rabelais. Aussi finit-il par
revenir à son état primitif, et il est probable qu'il fit bien. Assez
souvent d'ailleurs le négociant qui avait amassé dans les foires un
petit pécule était dépouillé au retour par des chevaliers félons qui
l'attaquaient sur la grande route, ou par des brigands roturiers plus
impitoyables encore. La police de ces assemblées était cependant
l'objet d'une attention spéciale de la part des seigneurs ecclésiastiques ou laïques; les commerçants obtenaient d'eux une protection
efficace et des saufs-conduits (*conductus nundinarum*) dont ils avaient,
comme on le voit, grand besoin.

Les foires les plus célèbres au temps de saint Louis étaient celles
du Lendit, celles de Beaucaire, et par-dessus toutes les foires de
Champagne, qui étaient le rendez-vous de l'Europe entière. La foire
du Lendit (*Indictus*) se tenait dans la vaste plaine de Saint-Denis,
au nord de Paris, depuis qu'un évêque avait exposé en ce lieu, au
commencement du XIIe siècle, un morceau de la vraie croix rapporté
de Jérusalem, et que les fidèles allaient vénérer en foule. Elle durait
quinze jours, à partir de la Saint-Barnabé (11 juin). La bourgeoisie
et la jeunesse parisienne y venaient festiner. Le recteur de l'Université, suivi des régents et de leurs élèves, s'y rendait en grande
pompe pour faire les provisions nécessaires aux écoles; mais l'humeur turbulente des étudiants, qui ne se gênaient pas pour battre
à l'occasion les bourgeois, altérait parfois le caractère paisible de ces
réjouissances. Les foires de Beaucaire étaient pour le Midi ce que les
autres étaient pour le Nord, et le voisinage des côtes leur valait une
plus grande affluence de marchands et de marchandises de provenance étrangère. Les foires de Champagne étaient au nombre de six,
dont deux se tenaient à Troyes, une à Provins, une à Lagny, une
à Reims, une à Bar-sur-Aube. En raison de leur importance exceptionnelle, elles avaient une législation à part; les marchands qui y
venaient de Provence, d'Italie, d'Allemagne, de Flandre ou des autres
pays étaient exempts de tout péage sur leur chemin, et placés sous
la protection immédiate du roi, ce qui les rendait sacrés aux yeux des
populations. Leurs intérêts étaient défendus par des syndics appelés
capitaines des foires, et ils élisaient avec les nationaux des *maîtres* ou
gardes des foires, chargés d'en faire la police avec l'aide des sergents
royaux. Il faut lire, pour se faire une idée de l'animation de ces
grands marchés européens, l'importante étude consacrée aux *foires
de Champagne* par un de mes regrettés maîtres, Félix Bourque-

lot¹. Je dois renoncer à donner ici le plus petit résumé des curieux détails qu'on y trouve sur le personnel, sur les objets vendus, les droits perçus, les usages observés dans les transactions; mais je veux au moins citer la phrase où l'auteur exprime le résultat de ses longues recherches. « Le rôle considérable de ces foires dans le développement du commerce de la France et de l'étranger est constaté, dit-il, par une multitude de témoignages qui font connaître l'étendue de leurs relations, la bonne ordonnance de leur administration, le nombre considérable des affaires auxquelles elles donnaient lieu, et l'importance des revenus qu'elles produisaient. » Ces revenus, produits par des taxes particulières, enrichissaient l'État ou les communes; mais les grandes foires semaient encore plus l'aisance parmi la classe bourgeoise et commerçante, et les moindres artisans y trouvaient leur profit. On peut dire sans exagération qu'elles remplaçaient, toute proportion gardée, nos expositions modernes. Comme celles-ci, et plus que celles-ci peut-être, elles avaient pour but et pour conséquence le rapprochement des peuples, suivant la belle théorie d'Humbert de Romans. Mais elles avaient sur elles une supériorité plus certaine encore : elles étaient marquées du signe de la croix, elles étaient bénies au nom de Celui dont l'invocation ennoblit et sanctifie tout, même le trafic le plus vulgaire; et ainsi elles attestaient une fois de plus le règne de la pensée chrétienne, la domination universelle de l'âme sur le corps, tandis qu'une exposition sans Dieu est la glorification de la matière brute et inerte.

Le commerce des foires, qui a déjà un caractère international, nous amène par une transition naturelle au commerce extérieur. Celui-ci était-il aussi prospère que le commerce intérieur? Les difficultés de la navigation lui imposaient sans doute des entraves regrettables. Mais on s'étonne encore qu'avec si peu de moyens nos pères aient su lui donner un essor aussi étendu. Les croisades (on l'a dit bien des fois, et c'est vrai), les croisades ouvrirent des débouchés nouveaux et des portes jusque-là fermées aux produits de la France, et en particulier des provinces du Midi. Je ne sais si l'on peut aller jusqu'à prétendre, comme on l'a fait, que les premiers vaisseaux marchands qui sillonnèrent la Méditerranée sous notre pavillon n'apparurent qu'à la suite de ceux qui portaient les croisés en terre sainte. C'est une affirmation qui me semble un peu téméraire; ceux qui l'émettent me font l'effet de marins munis de mauvaises jumelles : ils cherchent des barques sur la mer, mais l'éloignement les empêche d'en distinguer, et ils déclarent avec assurance qu'il n'y en a pas. Cependant les croisades accrurent, au moins dans une pro-

¹ *Mémoires présentés à l'Académie des inscriptions,* 2ᵉ série, tome V.

portion considérable, le développement de notre marine marchande.
Au XIIIᵉ siècle, ce progrès est déjà réalisé. Le commerce extérieur,
qui se fait surtout par les ports du Midi, a une importance relative
très remarquable. Les produits de l'Égypte et de l'Orient arrivent
fréquemment à Marseille, à Montpellier, à Narbonne, et se répandent
de là jusque dans les provinces du Nord, jusqu'en Hollande même.
En retour, ces mêmes ports envoient les denrées de l'Occident sur
les côtes d'Italie, de Sicile, de Grèce, de Chypre, d'Asie Mineure.
Dès 1173, Montpellier frappait par son activité commerciale un voyageur étranger, Benjamin de Tudela, qui en faisait la description
suivante : « C'est un lieu très favorable au commerce, où viennent
trafiquer en foule chrétiens et Sarrasins, où affluent des Arabes du
Garb, des marchands de la Lombardie, du royaume de la grande
Rome, de toutes les parties de l'Égypte, de la terre d'Israël, de la
Grèce, de la Gaule, de l'Espagne, de l'Angleterre, de Gênes, de Pise,
et l'on y parle toutes les langues[1]. » Le régime du monopole n'existait
pas dans cette ville, par une exception singulière ; elle avait rayé de
sa charte communale les péages, les droits d'importation et d'exportation. En revanche, elle avait conclu des traités de commerce avec
tous les grands États du littoral, même avec ceux du levant ; elle
jouissait de privilèges spéciaux à Tripoli, à Rhodes, en Chypre, à
Alexandrie, à Tunis. En voilà plus qu'il ne faut pour expliquer une
prospérité fort avancée. Marseille et les autres ports de Provence
échangeaient en abondance avec les pays étrangers les fruits, les
épices, l'encens, la cire, l'huile, le savon, les minéraux, les métaux,
les poteries, les substances tinctoriales, les fourrures, les tissus. On
trouve entre autres, dans les chartes de l'abbaye de Saint-Victor, la
mention d'une espèce de feutre fait avec des poils de chameau, et
vraisemblablement de provenance orientale. La pêche et l'exploitation des salines ajoutaient encore de nouveaux éléments à leur commerce, qui égala bientôt par son développement celui des puissantes
républiques italiennes. A côté de ces ports florissants on peut signaler, au nord, l'entrepôt de Rouen, alimenté par l'Angleterre, l'Écosse,
l'Irlande, la Flandre, et même par l'Espagne et le Portugal. La
capitale de la Normandie expédiait dans ces contrées ses draps, ses
cuirs, le cidre, les vins de France ; elle en tirait des laines, de
l'étain, du fer, du plomb, des teintures, des poissons salés, etc.
Toutefois son négoce n'atteignait pas encore l'importance de celui
des grandes cités méridionales.

En général, et dans l'intérieur, l'exportation était prohibée. Cette
prohibition avait pour but de remédier à l'insuffisance des récoltes,

---

[1] *Itinerarium*, édit. d'Anvers (1575).

qui, se produisant tantôt sur un point, tantôt sur un autre, occasionnait assez fréquemment des disettes locales. L'importation des grains, par laquelle on eût pu obvier à cet inconvénient, était peu pratiquée, en raison de la difficulté des communications. On combattait la disette en défendant, non seulement l'enlèvement des provisions, mais l'accaparement et l'élévation des prix. Ainsi une ordonnance du bailli de Vermandois, remontant à la fin du xiiiᵉ siècle, interdit dans ce but de vendre le setier de froment au-dessus de 40 sols, et ordonne d'envoyer au marché public tout ce qui, dans les greniers privés, dépasse les besoins de la famille. Mais, dans les ports, l'exportation de toutes les denrées se faisait sur une grande échelle, comme nous venons de le voir. Saint Louis la permit formellement aux commerçants du Midi à son retour de la croisade, en 1254, avec cette seule restriction qu'en cas de disette le sénéchal pourrait interdire la sortie des grains, après avoir toutefois réuni un conseil non suspect, où les prélats, les barons, les chevaliers, les habitants des bonnes villes donneraient leur avis et autoriseraient cette interdiction momentanée. La mesure fut même étendue à tout le royaume. On ne peut donc dire que les avantages de l'exportation fussent complètement inconnus, pas plus que les autres principes économiques ; si elle rencontrait des obstacles, ils tenaient plutôt à l'état des choses et aux difficultés naturelles qu'à l'intelligence ou à la bonne volonté des hommes. Elle fut singulièrement facilitée, au contraire, par l'esprit éclairé et le sage gouvernement du saint roi, qui rendit ainsi au commerce extérieur de la France un service signalé. Mais déjà, nous venons de le reconnaître, ce commerce était loin de languir, et l'activité passionnée des trafiquants du Midi devait être pour lui la cause de progrès de plus en plus rapides.

Un élément qui nous permettrait de juger par un autre côté la situation commerciale et qui nous fournirait la matière de rapprochements curieux, ce sont les tarifs établissant pour chaque marchandise les prix courants des choses usuelles. Mais, outre que nous risquerions par là de nous noyer dans les détails, il nous arriverait de nous heurter à des difficultés d'estimation, à des différences dans la valeur des monnaies et de l'argent en général, sur lesquelles les meilleurs érudits n'ont pas encore pu se mettre parfaitement d'accord. Passons donc à un point particulier de notre sujet qui ne le cède en intérêt à aucun autre, c'est-à-dire au commerce tout à fait spécial de l'argent, ou à la banque, qui est le nerf de toutes les branches du négoce.

Tout le monde sait que le prêt à intérêt, flétri du nom d'usure, a longtemps été condamné par l'Église. Aristote lui-même en avait

déjà réprouvé le principe au nom de la logique, par la raison que ce
prêt constitue un mode de bénéfice tiré directement de la monnaie
et la détournant de sa destination primitive. Ses arguments servirent
d'appui aux docteurs pour justifier les décisions des conciles (renou-
velées encore au xiiie siècle), les sentences de l'Écriture, les capitu-
laires des rois interdisant cette opération. L'étude de son texte, remise
en honneur, leur permit, comme l'a remarqué M. Jourdain dans son
Mémoire sur les commencements de l'économie politique, d'expliquer
rationnellement les prohibitions fondées sur la doctrine religieuse,
et engendra, vers le milieu du xiiie siècle, une controverse à ce sujet.
Saint Thomas fut un des premiers à sentir toute l'importance de la
question et à l'examiner sous toutes ses faces. Ses prédécesseurs,
Albert le Grand, Guillaume de Paris, Alexandre de Halès, s'étaient
bornés à proscrire purement et simplement l'usure ou le prêt intéressé
de l'argent, sans restriction aucune et sans peser la valeur des divers
arguments invoqués contre lui. Mais déjà, dans saint Thomas, on voit
percer une certaine tendance à établir des distinctions qui sont le
présage d'une tolérance dont le siècle suivant verra l'inauguratiou.
L'Ange de l'école, dans son *Commentaire sur le livre des Sentences*,
rejette ce raisonnement des adversaires du prêt, qu'une somme
d'argent ne subissant pas d'altération par l'usage, son emploi plus ou
moins long par la personne qui en est le dépositaire ne doit donner
lieu à aucune indemnité au profit du propriétaire ; il répond qu'une
maison ne se détruit pas non plus par le fait d'être habitée, et
cependant le droit de l'habiter se paye très légitimement ; donc une
certaine somme peut être due par l'emprunteur au prêteur en sus
du capital.

Il condamne, il est vrai, le commerce de l'argent pour d'autres
motifs, empruntés à la théorie d'Aristote et à la nature même du
numéraire, qui est improductif par essence, à l'inverse du blé et des
autres biens de la terre, et qui n'est que le signe ou la mesure des
autres valeurs. Ce raisonnement, adopté par tous les théologiens,
par tous les écrivains de son temps, devient la doctrine dominante,
développée avec plus ou moins de science et de clarté par chacun.
Les légistes seuls soutiennent que le prêt à intérêt, permis par la
loi romaine, n'est pas illicite en soi, mais uniquement par suite des
inhibitions de l'Église.

Henri de Gand, qui se prononce énergiquement contre eux, va
même plus loin que saint Thomas ; il réprouve absolument certaines
opérations dont l'Église reconnut un peu plus tard la légitimité, par
exemple le contrat de rente viagère, qui n'a véritablement rien d'usu-
raire. Mais, bientôt après, les germes de la tolérance que je signalais
à l'horizon se font jour. On arrive peu à peu à penser que l'intérêt

de l'argent, s'il blesse la morale parfaite de l'Évangile, s'il n'est pas
compatible avec la perfection chrétienne, n'est pas contraire du
moins à la loi naturelle. Un disciple de Duns Scot, François de
Mayronis, dit positivement ceci : « On prétend que l'argent est stérile,
et que, comme il ne produit pas de fruits, c'est exiger plus qu'on n'a
prêté que d'en vendre l'usage, comme si l'usage se distinguait de la
propriété. A cela je réponds que, au point de vue de l'État, l'usage
des choses s'apprécie par l'utilité dont elles sont dans l'État. Les
choses ne sont ni stériles ni fécondes par elles-mêmes, mais selon
le profit qu'on peut ou non en retirer. Or, qu'il y ait de grands
profits à retirer d'une somme d'argent, nul ne saurait le contester.»
Buridan admet de même que le prêt à intérêt doit être souffert. par
la loi civile, en considération de l'utilité publique; et Gerson, quoique
fort sévère pour l'usure en général, absout le législateur humain qui
autorise la fructification du numéraire. « Qui ne sait, s'écrie-t-il
dans son traité *De contractibus,* que l'usure doit être extirpée? Mais
il faut dire dans quel cas il y a vraiment péché d'usure, afin que l'on
ne confonde pas le juste avec l'impie, que l'on ne qualifie pas d'usuraires certains contrats parfaitement légitimes, et que, par une rigueur
mal entendue, on ne s'expose pas à compromettre les revenus des
particuliers et même de beaucoup d'églises [1]. »

On voit quel chemin les idées avaient fait en un siècle, et à quel
point ces derniers raisonnements se rapprochent de ceux des économistes modernes. Aussi les papes eux-mêmes renoncèrent-ils à la
rigueur primitive du droit canon. Boniface VIII, notamment, autorisa des évêques et des communautés religieuses à contracter chez
des banquiers florentins des emprunts qui ne pouvaient être gratuits.
Un peu plus tard, des bulles de Martin V et de Callixte III recon-
nurent la régularité de divers contrats du même ordre. La législation
civile suivait, pendant ce temps-là, une pente analogue. Dans le
principe, les coutumes locales sont fort sévères. Celle d'Alais, par
exemple, ne tolère le payement des intérêts que jusqu'à concurrence
du capital, ou, en d'autres termes, elle veut que, lorsqu'un capital a
produit des intérêts d'un montant égal au sien, il cesse d'en produire.
Or le taux de l'intérêt étant très élevé, il arrivait, de cette manière,
que l'argent devenait forcément improductif au bout de quelques
années ; ce qui équivalait presque à une prohibition absolue du prêt.

Dans deux ordonnances de saint Louis, rendues en 1230 et 1268,
le remboursement du principal seul est admis; les prêteurs sont tenus
de ne pas exiger autre chose, et le texte officiel du premier de ces
actes contient cette définition formelle : *Usuras autem intelligimus*

---

[1] V. Jourdain, mémoire cité.

quidquid est ultra sortem : « Nous appelons usure tout ce qui est demandé en sus du capital [1]. » Le prélevement de ce surcroît est défendu aux sujets chrétiens du royaume, sous peine d'être déférés aux tribunaux laïques. Mais les mesures rigoureuses prises par ce prince, si scrupuleux en matière de probité, s'appliquent surtout aux opérations réellement usuraires des banquiers juifs, lombards, caorcins ou autres, dont l'avidité ne connaissait pas de bornes. Le taux de l'intérêt s'élevait presque toujours, de son temps, à 10 pour 100. (Guérard a cité, dans le *Cartulaire de Notre-Dame de Paris,* des exemples prouvant que le rapport de la rente au capital allait parfois jusqu'à 16 pour 100.) Les usuriers le faisaient monter à des hauteurs invraisemblables quand ils tenaient à leur merci un chevalier besoigneux, un cultivateur pauvre, obligés de recourir à leur office pour les nécessités de leur profession. C'est pourquoi l'on avait été amené à dispenser les croisés du payement de tout intérêt et à fonder, dans certains monastères, ces sortes de banques agricoles où le paysan trouvait des fonds à des conditions fort douces. L'espèce d'animosité avec laquelle saint Louis poursuit l'usure s'explique donc parfaitement.

Philippe le Bel se montre déjà plus coulant, ou du moins plus inconstant. Il est interdit, sous peine de confiscation des biens, de prêter de l'argent à raison de plus d'un denier pour livre par semaine, de quatre deniers par mois et de quatre sols par année. C'était autoriser implicitement un taux déjà exorbitant; aussi s'empressa-t-il de révoquer cette licence par une ordonnance nouvelle, permettant même aux débiteurs qui avaient promis des intérêts de ne point les payer, et à ceux qui les auraient payés d'en réclamer le montant. Mais bientôt Philippe de Valois leva toute amende, toute punition contre les usures ne dépassant pas un denier pour livre par semaine, en faisant de plus cette déclaration : « En cest article les prélats n'octroient ni ne contredisent à présent; mais nous faisons fort que il n'en lèveront nulles amendes [2]. » Ainsi la porte était désormais ouverte légalement au commerce de l'argent, dont on reconnaissait et la justice et l'avantage quand il se maintenait dans certaines limites; et le clergé, sans se prononcer formellement, donnait aux mesures prises par la royauté un consentement tacite.

Il y avait à cet adoucissement des anciennes règles une autre raison que la modification des théories de l'école : c'est que, bon gré mal gré, le prêt à intérêt était entré profondément dans les mœurs et se répandait de plus en plus. Les prohibitions n'aboutissaient

[1] *Ordonnances des rois,* I, 53, 96.
[2] *Ibid.,* II, 86.

même qu'à faire imaginer par les prêteurs et les emprunteurs des
stratagèmes ingénieux pour dissimuler leurs infractions à la loi.
Ainsi, d'après les révélations contenues dans la *Somme pastorale* de
Raymond de Pennafort, « tel prêteur se faisait remettre en gage des
biens dont il percevait les fruits pendant la durée du prêt; tel autre
stipulait une indemnité excessive pour la nourriture des bestiaux
qu'il avait reçus en nantissement. Celui-ci achetait des denrées au-
dessous de leur valeur, parce qu'il en versait le prix avant la livrai-
son; celui-là, en faisant une avance à un vigneron, exigeait de lui,
jusqu'à l'époque du remboursement, un certain nombre de journées
de travail [1]. » On éludait ainsi les ordonnances royales. Souvent même
on ne se donnait pas la peine de recourir à l'artifice, et non seulement les particuliers, mais les communes, empruntaient ouvertement à intérêt, et cela en vertu d'autorisations explicites des seigneurs
qui leur octroyaient leurs privilèges. Le moyen d'empêcher un trafic
avantageux à tous, et dans lequel les deux parties étaient d'accord?
Il y a plus : le saint roi lui-même, en un jour de détresse, fut obligé
de demander à des marchands italiens un supplément de fonds pour
les besoins de la croisade; et il est à peu près certain, bien que
l'intérêt ne soit pas stipulé positivement dans les contrats passés à
cette occasion, que ces fonds ne lui furent pas avancés gratuitement.
Dans les grandes cités marchandes, ce genre d'opération était devenu
une nécessité journalière, par suite de l'extension du commerce
extérieur. A Marseille, comme dans les républiques italiennes, il se
pratiquait sur une grande échelle; et il faut noter, à propos de cette
ville, un détail qui peut donner l'idée du développement donné alors
aux opérations de banque en général : c'est que la lettre de change,
dont on croit l'usage bien moins ancien, apparaît dans les registres
des notaires marseillais dès le milieu du xiii° siècle, avec la société
commerciale et la *commande* ou commission délivrée par un négociant à des voyageurs de commerce. Cette lettre de change (*permuta-
tionis seu cambii*), par laquelle un banquier prêtait à un commerçant
voyageur, en espèces monétaires du lieu de départ, une somme rem-
boursable en espèces monétaires du pays de destination, était rédigée
sous forme de *billet*, et non sous forme de *mandat* comme aujour-
d'hui. Elle n'était pas constamment libellée de la même façon; mais
elle indiquait toujours la date du contrat, le lieu de sa rédaction,
les noms du bailleur et du preneur, l'indication des espèces et de
la valeur reçue, la date de l'échéance, le lieu du payement, l'intervention d'un notaire et de plusieurs témoins [2]. Ainsi les établisse-

---

[1] Jourdain, mémoire cité.
[2] V. Blancard, *Bibliothèque de l'École des chartes*, an. 1878, p. 110 et suiv.

ments de banque fonctionnaient régulièrement, et les procédés modernes se rattachant au commerce de l'argent étaient d'un usage ordinaire, comme ce commerce lui-même; et celui-ci, dégagé des abus et des exagérations qui l'avaient fait condamner à l'origine, a reçu de bonne heure une consécration dont les progrès de la science économique ont démontré toute la légitimité.

On a quelquefois saisi le prétexte de la rigueur déployée par saint Louis contre les usuriers juifs pour l'accuser d'une intolérance excessive à l'égard de cette race proscrite, et l'on a rapproché de ses ordonnances un passage de Joinville qui fait dire au bon roi que le seul moyen, pour les chevaliers, de défendre la loi chrétienne contre les fils d'Israël est de leur enfoncer leur épée dans le ventre. Mais il faut lire le contexte de l'entretien rapporté par le chroniqueur, dont les expressions semblent d'ailleurs avoir dépassé quelque peu la pensée. Il s'agit d'une conférence entre juifs et chrétiens, et d'un chevalier maladroit qui a voulu s'en mêler. Le roi dit à ce propos que « nul, s'il n'est très bon clerc », ne doit se lancer dans de pareilles controverses, c'est-à-dire que les discussions savantes ne sont pas l'affaire des chevaliers et qu'ils doivent s'occuper uniquement de leur métier, qui est de pourfendre les infidèles[1]. On ne peut entendre autrement cette anecdote, si l'on a quelque bonne foi; car sans cela elle serait en contradiction flagrante avec le caractère de saint Louis et avec ses procédés réels à l'égard des juifs. Bien avant lui, les débris de ce peuple formaient une classe à part dans la société, comme les étrangers chrétiens en formaient une autre. Ils étaient soumis à une législation spéciale, oppressive, qui leur interdisait de contracter mariage avec des chrétiens, de témoigner contre eux en justice, de posséder ou de transmettre des fiefs (au nord du moins, car on a démontré l'existence d'*honors* appartenant à des juifs du midi), les contraignait de payer le double du cens dû par les étrangers ordinaires ou les *aubains,* et à porter sur leurs habits un signe distinctif, une *rouelle* d'étoffe de couleur différente. Depuis un temps immémorial, ils étaient au ban de l'opinion, et l'animosité populaire, qui les poursuivait partout avec une violence allant parfois jusqu'à la cruauté, s'explique non seulement par la surexcitation du sentiment religieux, par le souvenir, continuellement évoqué, des souffrances du Dieu crucifié, par l'effervescence de la croisade, mais encore et surtout par les irritantes extorsions que ces malheureux faisaient subir aux pauvres comme aux riches. Presque tous exerçaient le métier d'usurier, et ils l'exerçaient avec une telle rapacité, qu'au lieu de chercher à faire tolérer leur présence, ils semblaient

_____

[1] Joinville, édition de Wailly, n° 10.

prendre à tâche de se faire maudire deux fois pour une. Philippe-Auguste, sous l'empire de cette aversion universelle, alla jusqu'à saisir leurs biens et à les emprisonner tous. Or saint Louis poussa-t-il la rigueur aussi loin que son aïeul? Il s'en faut bien. Ses ordonnances n'ont qu'un but, bien plausible et très légitime : c'est de faire cesser le scandale de leurs usures criantes et de les contraindre à embrasser une profession plus honnête. Elles sont dirigées bien moins contre leurs personnes que contre leur industrie, objet de l'horreur particulière du scrupuleux monarque. Celle de 1230 déclare que le roi et les barons n'autoriseront plus les engagements pris envers eux et que les sommes qui leur sont encore dues seront acquittées en trois termes annuels ; elle ajoute seulement que nul ne pourra retenir un juif appartenant à un autre seigneur, et que ce seigneur aura le droit de le reprendre partout où il le trouvera, comme s'il s'agissait d'un serf, quelle que soit la durée du séjour qu'il ait fait sur une autre terre ou dans un autre royaume. Un acte royal de 1234 dispose que les chrétiens seront tenus quittes du tiers des sommes dues par eux aux usuriers juifs, et que les baillis ne pourront emprisonner les débiteurs de ces derniers ni les contraindre à vendre leurs immeubles pour les payer. L'ordonnance de 1254, pour la réformation générale du royaume, renouvelle l'interdiction des trafics illicites, familiers aux disciples de Moïse, de leurs blasphèmes, de leurs sortilèges, de leurs livres hétérodoxes, comme le Talmud, leur enjoint, sous peine de bannissement, de vivre du travail de leurs mains ou d'un commerce ordinaire (*de laboribus manuum suarum vel de negociationibus sine terminis vel usuris*). Une autre charte en 1257 ou 1258, prescrit la restitution des sommes extorquées indûment par les juifs, et au besoin, pour faciliter l'aliénation de leurs biens ; mais leurs synagogues et leurs cimetières sont exceptés et mis à l'abri de toute expropriation. L'ordonnance de 1268 concerne spécialement les Lombards et les Caorcins, association de marchands italiens qui ne prêtaient que sur gages et osaient prélever de plus un intérêt de 10 pour 100 *par mois ;* elle prononce l'expulsion de ces sangsues, qui n'étaient pas plus épargnées en Angleterre ni en Brabant, et par la même occasion celle de tous leurs congénères, s'ils ne veulent renoncer à leurs usures et en restituer le fruit [1]. Mais ce qui prouve qu'elle ne fut pas appliquée à la masse de la population juive, c'est que l'année suivante fut promulgué un nouveau statut enjoignant à tous les individus de cette nationalité, sous peine d'amende et de confiscation de leurs vêtements, de porter la rouelle traditionnelle, fixant la couleur, la grandeur et la place de ce signe de reconnais-

[1] *Ordonnances des rois*, 1, 54, 75. 96, etc.

sance, et par conséquent leur permettant de séjourner dans le
royaume à cette condition. Dans tout cela on ne reconnaît pas le
caractère d'une persécution personnelle, mais bien la résolution énergique, formellement exprimée, de faire changer de métier aux juifs
pour protéger le peuple contre les excès de leur avarice. Cette résolution était conforme à leurs intérêts bien entendus, et elle n'excluait
nullement la pratique de la charité chrétienne à leur égard. Nous en
avons une preuve touchante dans les efforts faits par le roi pour convertir ces endurcis et dans sa générosité envers ceux qui répondaient
à ses pieux désirs. Un compte de l'année 1261 nous montre vingt-
quatre juifs baptisés recevant chacun, sur la cassette royale, quatorze
deniers par jour. Le monarque aimait à donner à ces recrues de son
prosélytisme les noms de Louis, Louis de Poissy, Blanche, et sans
doute à les tenir lui-même sur les fonts sacrés. Il délégua aux maires
des villes, en 1260, la connaissance des délits que pourraient commettre les juifs convertis, ce qui indique qu'il s'en trouvait de tous
les côtés ; et ses successeurs, fidèles à son heureuse tactique, conservèrent jusqu'en 1350 l'usage de leur allouer des pensions. On vit
même encore, cent ans plus tard, le bon roi René imiter cet exemple
dans son comté de Provence.

Ce n'est donc pas sans raison que l'on a remarqué que saint Louis
était le premier de nos souverains qui eût cherché à attirer par la
douceur cette race détestée. Il tendait plutôt à la ramener qu'à la
détruire, comme on le voit faire aussi pour les hérétiques, et c'est
en vain qu'on voudrait transformer en persécuteur ce grand politique
et ce grand chrétien. Sans doute ces mesures contre les prêts usuraires étaient rigoureuses ; sans doute, comme la plupart des princes
du temps, il enrichissait le fisc aux dépens des juifs ; mais ceux-ci
méritaient une répression sévère, et celle qu'il leur infligea n'était
rien auprès des traitements qu'ils durent subir sous les règnes précédents, et plus encore sous les règnes suivants ; car la profanation
sacrilège commise à Paris par un des leurs, en 1290, et suivie du
miracle fameux des Billettes, leur résistance obstinée aux lois, leurs
extorsions croissantes, amenèrent bientôt une exaspération telle,
qu'ils furent expulsés pour de bon, et qu'à partir de 1394 ils n'exis-
tèrent plus en France à l'état de caste, mais seulement à l'état
d'individus isolés.

Toutefois ce n'est pas la royauté qui, même sous le saint roi,
fut leur principale protectrice contre les fureurs populaires : c'est
l'Église elle-même, et c'est un pape du xiiie siècle, Grégoire IX,
qui leur accorda officiellement la permission de célébrer leurs fêtes.
Quel enseignement ! la tolérance envers les descendants des bourreaux de Jésus-Christ prêchée par l'épouse de Jésus-Christ ! Un de

22

nos éminents professeurs s'émerveillait un jour d'avoir constaté ce
phénomène historique ; car la bienveillance séculaire de la papauté
pour les débris de leur nation dispersée est un fait avéré, attesté
par le développement du Ghetto romain, que dis-je ! proclamé par
les Juifs eux-mêmes, qui, dans leur sanhédrin réuni en 1806, ont
rendu un hommage solennel aux procédés des papes de tous les
temps à l'égard de leurs frères. Il y a là, en effet, de quoi surprendre
au premier coup d'œil ; mais on ne s'étonne plus quand on réfléchit,
d'une part, au rôle de l'Église sur la terre, à sa mission de paix et
de conciliation, à son esprit maternel ; de l'autre, à l'utilité de ces
témoins éternels de la vérité évangélique, dont la dispersion atteste
à tout l'univers et leur crime et leur châtiment. L'Église, en agissant
ainsi, a voulu en même temps secourir les malheureux et conserver
les preuves vivantes de sa foi. Et de même que l'histoire nous la
montre venant en aide à toutes les faiblesses, à toutes les misères,
nous venons de la voir, malgré sa défiance instinctive contre le commerce en général, malgré sa répugnance pour le commerce de l'argent
en particulier, s'associer à l'un en le bénissant, admettre l'autre en
le tolérant ; nous venons de la voir condescendre, avec le saint roi,
aux besoins croissants du négoce et de cette civilisation matérielle
qu'on lui oppose sans cesse comme une ennemie, et, par une
exception bien rare, faire fléchir en leur faveur l'antique rigueur de
ses canons, ou du moins les laisser tomber à l'état de lettre morte.
C'est qu'une mère prend également souci du corps et de l'âme de ses
enfants ; et plus on ira, plus on reconnaîtra, à la lumière de l'histoire rectifiée, que cette mère des nations leur a été donnée non
moins pour leur prospérité temporelle que pour leur salut éternel.

CHAPITRE XVIII

Quelle que soit l'attention que l'on accorde à la vie publique de saint Louis, il est impossible de bien comprendre son règne si l'on néglige d'étudier sa vie privée et son caractère personnel. Après avoir passé en revue les principaux actes de son gouvernement, après avoir apprécié toute l'activité qu'il apportait dans la tâche complexe de l'administration intérieure et de la direction des affaires du dehors, on se pose naturellement cette question : Comment un prince si occupé des devoirs de la souveraineté pouvait-il être réellement un saint? Et comment, d'un autre côté, les devoirs de piété, qui absorbaient une si grande part de son temps, lui permettaient-ils d'être un roi dans toute la force du terme?

Cette objection n'est pas nouvelle. Ses contemporains la lui faisaient déjà à lui-même, et il leur donnait une réponse qui dénote une profonde connaissance du cœur humain en général, et de celui des courtisans en particulier. Plusieurs seigneurs, raconte le confesseur de la reine, trouvaient qu'il entendait trop de messes et de sermons; le plus souvent, en effet, il assistait à deux et même à trois ou quatre messes par jour. Ces murmures étant parvenus à son oreille, il ferma la bouche à ses barons en leur disant qu'il était maître de ses actes, et que, s'il lui eût plu de passer le double de temps à jouer aux

palettes ou à courir le gibier dans les forêts, nul d'entre eux n'aurait
eu l'idée de lui en faire un reproche. Effectivement, quand certains
de ses descendants consacreront leurs journées entières aux plaisirs
de la chasse ou à la volupté, leur entourage n'y trouvera point à
redire, bien au contraire. Il est dans la nature de l'homme de ne
pas aimer que son supérieur lui soit trop supérieur; si saint Louis
se fût abaissé au niveau des intelligences et des cœurs vulgaires, il
eût sans doute reçu les encouragements de ceux qui ne pouvaient
atteindre à sa hauteur. Il ne se fût pas entendu adresser un jour, par
une bonne femme de Paris, cette apostrophe singulière : « Ce n'est
pas là le roi qu'il nous faut; il n'est bon qu'à porter le capuchon[1]. »

On aurait tort, du reste, de voir dans une parole aussi malséante
l'écho de l'opinion publique de son temps. Au contraire, il inspirait
une vénération si universelle, que l'on cherche vainement, chez les
écrivains, chez les orateurs, la plus petite trace de malveillance à
son égard. On ne parle de lui dans la chaire que pour louer sa charité, sa simplicité, sa piété, fait d'autant plus remarquable, qu'il
règne alors parmi les prédicateurs une liberté de critique, une vivacité d'allure n'épargnant aucun personnage, ecclésiastique ni laïque.
On cite ses belles paroles, on raconte ses exploits et les conversions
opérées par son exemple chez les Sarrasins. Mais, tandis que les
prélats, les grands, les princes les plus élevés, sont l'objet d'une
censure qui tend plutôt à l'exagération qu'aux ménagements, lui
n'offre aucune prise aux médisances ni aux allusions malignes. On ne
plaisante jamais à son sujet comme au sujet de son aïeul Philippe-
Auguste, par exemple, qui pourtant s'était rendu assez redoutable.
Et ce n'est pas seulement parce qu'il est le roi régnant; c'est parce
que la grandeur de son caractère communique à la royauté je ne sais
quel prestige nouveau; c'est qu'il est personnellement aimé et respecté, et que l'amour et le respect sont plus forts que la crainte. La
preuve, c'est qu'après sa mort l'expression du sentiment public
ne change point; loin de là, ses sujets le proclament saint à l'avance;
ils prient pour le salut de son âme, « quoiqu'elle n'en ait pas besoin, »
disent les formules; ils lui décernent d'une voix unanime cette brillante auréole qui ne fera que grandir aux yeux de la postérité.

Quant à l'opinion de l'étranger, elle est absolument la même.
Jusque dans les contrées les plus reculées, jusqu'au fond de l'Orient,
on vante sa vertu et sa puissance. Pour le chef des Tartares il est,
à tous les points de vue, le plus grand prince de la chrétienté; et
pour les chrétiens d'Asie il est, de son vivant même, *le saint roi*.
C'est ce que confirme un des plus jolis traits rapportés par son fidèle

[1] V. le recueil des *Historiens de la France*, XX, 106.

Joinville, qui en fut l'acteur principal. L'armée chrétienne se trouvait
à Saint-Jean-d'Acre, lorsqu'une caravane de pèlerins arméniens, qui
se rendaient à Jérusalem en payant un tribut aux Sarrasins, vint à
passer au même endroit. Comme ils avaient avec eux un *latinier,*
c'est-à-dire un truchement connaissant les idiomes grecs et latins,
« ils me firent prier, dit Joinville, que je leur montrasse *le saint roi.*
J'allai trouver le roi là où il se tenait, en un pavillon, appuyé au mât
du pavillon, et il était assis sur le sable, sans tapis et sans nulle
autre chose sous lui. Je lui dis : Sire, il y a là dehors une grande
foule de la grande Arménie qui va à Jérusalem, et ils me prient,
sire, que je leur fasse voir le saint roi ; mais je n'ai pas encore envie
de baiser vos reliques. Et il se mit à rire aux éclats, et me dit que
je les allasse chercher, ce que je fis. Et quand ils eurent vu le roi,
ils le recommandèrent à Dieu, et le roi en fit autant à leur égard[1]. »
Tel est bien le type de ce vrai chrétien, saint pour tout le monde,
excepté pour lui-même, à qui l'idée de passer pour tel n'inspire
qu'un accès de franche gaieté.

Je ne saurais entreprendre ici le tableau complet des qualités si
variées qui lui valurent cette renommée universelle. On trouvera dans
les historiens du temps des centaines de traits édifiants sur sa piété,
sa modestie, sa bonté, sa charité et ses autres vertus. Je ne m'arrêterai qu'à ce qu'il y avait d'original dans sa manière de les prati-
quer, à ce qui fait, en un mot, le charme particulier de sa figure. Je
voudrais surtout montrer à quel point cette alliance de la sainteté et
de l'esprit politique, qui étonne certains esprits, était naturelle et
profonde chez lui. Je voudrais que l'on comprît qu'il fut un grand
roi parce qu'il fut un grand saint. C'est là, en effet, le motif qui me
fait clore par quelques considérations sur sa vie intime cette série
d'études consacrées à son action sur le monde ; nous remontons ainsi
de l'effet à la cause, et nous pénétrons jusqu'à la source mystérieuse
d'où sa gloire a découlé ; enseignement salutaire s'il en fut, car il
apprend à tous, gouvernants et gouvernés, que les vertus privées
engendrent les vertus publiques, et que la meilleure recette pour
faire de bons princes est de faire de bons chrétiens.

Après Dieu, c'est l'éducation maternelle qui forma saint Louis. Il
prit à la lettre cette fameuse parole de Blanche de Castille, disant
qu'elle aimerait mieux le voir mort qu'en état de péché mortel ; et
cela est si vrai, qu'il la citait sans cesse à son entourage (c'est même
comme cela qu'elle nous est parvenue), qu'il en faisait ouvertement
la base de sa conduite, et qu'enfin, d'après l'attestation du religieux
qui l'entendit en confession durant vingt ans, il ne commit jamais

---

[1] Joinville, édition de Wailly, p. 308.

une faute pouvant compromettre son salut éternel. Dès son adoles-
cence, il montra en germe tous les dons de l'âme que la maturité
devait développer chez lui. *Adolescens juxta viam suam ; et, cum
senuerit, non recedet ab eâ.* A l'âge où les fils des princes recherchent
le plaisir, il s'éprit de la pureté ; à l'âge des divertissements, il goûta
les austères voluptés de l'étude et de la charité discrète ; à l'âge de
l'élégance extérieure, il afficha la modestie et la simplicité.

Quelques exemples, peu ou point connus, nous en diront plus
long à ce sujet que les éloges des historiens. Je viens de parler de
l'union intime du saint et du politique dans la personne de notre
grand monarque. Rien ne la démontre mieux, à mon avis, qu'un
trait charmant de sa jeunesse, révélé par Étienne de Bourbon, cet
auteur nouvellement mis en lumière, qui le tenait d'un témoin oculaire et auriculaire. « Le roi Louis de France, celui qui règne actuellement, dit-il, prononça un jour une excellente parole, que m'a répétée
un religieux qui était là et qui la recueillit de sa bouche. Un matin,
alors qu'il était encore tout jeune, une quantité de pauvres étaient
rassemblés dans la cour de son palais et attendaient l'aumône. Pro-
fitant de l'heure où chacun dormait encore, il sortit de sa chambre,
seul, avec un serviteur chargé d'une grosse somme en deniers, et
sous le costume d'un simple écuyer ; puis il se mit à distribuer le
tout de sa propre main, donnant plus largement à ceux qui lui semblaient le plus misérables. Cela fait, il se retirait dans son apparte-
ment, lorsqu'un religieux, qui avait aperçu la scène de l'embrasure
d'une fenêtre, où il s'entretenait avec la mère du roi, se porta à sa
rencontre et lui dit : « Sire, j'ai parfaitement vu vos méfaits. — Mon
très cher frère, répondit le prince tout confus, ces gens-là sont mes
soudoyers (*stipendiarii nostri*) ; ils combattent pour moi contre mes
adversaires et maintiennent le royaume en paix. Je ne leur ai pas
encore payé toute la solde qui leur est due[1]. »

Ce qu'il faut le plus admirer ici, ce n'est pas ce jeune prince se
déguisant pour distribuer l'aumône aux pauvres de sa capitale,
comme on le vit faire plus tard au plus bienfaisant et au plus malheureux de ses successeurs, et se cachant pour faire le bien comme
d'autres pour faire le mal ; ce n'est pas cette petite scène, si naturellement peinte et si digne de tenter un artiste, de la sortie matinale
et mystérieuse d'un roi de France, épié de loin et surpris par la reine
mère, levée, elle aussi, dès l'aurore, pour donner audience à un
moine mendiant; ce n'est pas même l'accusation fine et enjouée de
celui-ci, ni la rougeur naïve qui couvre le front de l'accusé. Non ;
c'est le sens et la profondeur de la repartie royale. En disant que ces

---

[1] *Anecdotes historiques tirées d'Étienne de Bourbon.*

indigents, que ces affamés dont il secourt la misère travaillent pour
lui contre ses adversaires, saint Louis ne veut pas seulement parler
de ses ennemis spirituels, comme Étienne de Bourbon paraît le comprendre. Ils maintiennent le royaume en paix, ajoute-t-il. C'est là
une grande pensée sociale et le signe d'une clairvoyance admirable.
En nourrissant de sa main des malheureux sans pain et sans abri, le
souverain ne les détournait-il pas du brigandage auquel se livraient
alors, sur une grande échelle, une foule de leurs pareils? Ne valait-il
pas mieux les contenir par ce moyen dans l'ordre et la tranquillité,
que de les laisser grossir ces bandes armées qui naguère, sous le
nom de cotereaux, et bientôt sous celui de pastoureaux, s'en allaient
semer l'épouvante à travers le royaume? Ne valait-il pas mieux des
mendiants que des pillards et des insurgés? C'est là évidemment
ce que veut dire le pieux roi, et tout le moyen âge, tous les siècles
de foi ont partagé son avis, l'ont mis en pratique. La charité chrétienne a longtemps combattu les ennemis du royaume, les ennemis de
l'intérieur, ou du moins ceux que la détresse et l'abandon pouvaient
transformer en adversaires de la société. Ou plutôt elle n'a pas combattu le danger, elle l'a prévenu. Elle n'a pas résolu le problème social,
elle l'a empêché de naître. On est heureux d'entendre professer
cette théorie par un des chefs de la chrétienté, par un des héros de
la France catholique; et l'on est ému de voir ce grand et noble cœur
battre à l'unisson, à six siècles de distance, avec ceux qui cherchent
dans l'Évangile la solution de la plus grave des questions modernes.
    Cette charité intelligente fut exercée par saint Louis en tout temps
et en toute circonstance. Ses biographes constatent tous qu'il en avait
pris l'habitude dès sa tendre jeunesse. Ils le dépeignent servant les
pauvres à sa table, approchant lui-même les bouchées de leurs lèvres
avec un air de bonté inexprimable, et Joinville ajoute même un
détail qui vient à l'appui de l'anecdote racontée par Étienne de
Bourbon : c'est qu'il aimait à leur distribuer des deniers de sa main
avant de les laisser partir[1]. On se rappelle que l'aumône tenait une
large place dans son budget, indépendamment des innombrables
fondations religieuses dont il a été parlé, qui avaient pour la plupart
un but de bienfaisance, et qui lui coûtèrent, d'après le confesseur de
la reine, une somme équivalente à une vingtaine de millions de notre
monnaie. Et cependant il prétendait ne pas faire de folies, même
pour ses bonnes œuvres; car il avait pour principe de restituer
d'abord tout ce qui était à restituer au moindre de ses sujets, et de
faire le bien avec ce qui restait ensuite dans sa bourse, principe
rigoureux, dont il demandait même l'application aux princes de sa

---

[1] Joinville, édition de Wailly, p. 390.

famille. L'esprit d'équité le dominait jusque dans l'exercice de ses charités, et le poussa, en 1260, à réglementer les aumônes que les rois devaient distribuer chaque carême.

Nous savons qu'une autre forme de sa touchante piété envers ses frères malheureux consistait à leur laver humblement les pieds, à l'exemple du divin Maître, dans cette touchante cérémonie du *mandé*, dont l'usage s'est perpétué si longtemps chez nos rois; et nous avons vu quels reproches il adressait au bon sénéchal, qui refusait de laver à son tour les pieds de ces vilains et de les baiser, comme faisait le roi d'Angleterre. Cet acte public avait, lui aussi, une portée politique : c'était une leçon d'égalité donnée aux grands comme aux petits. Qui pouvait conserver des sentiments d'orgueil ou d'arrogance en voyant le premier d'entre les princes s'abaisser ainsi volontairement? Qui pouvait songer à se révolter en le voyant avouer lui-même aussi formellement qu'il n'était pas plus que le dernier serviteur de Jésus-Christ? Enseignement fécond, qu'il donnait à la fois en action et en parole; car, dans la grave maladie qui le mit aux portes du tombeau, en 1224, voulant que ses souffrances profitassent à ceux qui l'entouraient, il se fit coucher sur un lit de cendre, et leur dit : « Me voilà, moi qui étais le plus riche et le plus noble du monde, dont la puissance était sans bornes, les trésors et les amis sans nombre, incapable d'extorquer à la mort un sursis, à la maladie un répit d'une heure. Vous voyez que tous ces biens ne sont rien [1]. »

Tous ces actes édifiants sont des manifestations différentes d'un même sentiment : l'amour du peuple confié à sa garde. Certes, Joinville a bien raison de mettre en tête de son livre les quatre grands faits dans lesquels son héros donna des preuves de cet amour, aussi sincère et aussi agissant chez lui qu'il l'est peu chez nos philanthropes modernes, quand il mit son corps en aventure de mort pour sauver quelques-uns de ses sujets, à Damiette, à la Massoure, à Saint-Jean-d'Acre et devant l'île de Chypre, sur ce vaisseau disloqué où il refusa d'abandonner ses compagnons, parce que chacun d'eux, disait-il, tenait autant à sa vie que lui-même pouvait tenir à la sienne. C'est bien là, en effet, le trait dominant de sa nature et la caractéristique de son règne. Mais pourquoi aimait-il tant le peuple, et pourquoi l'aimait-il surtout d'une manière si pratique et si efficace? Parce que, encore une fois, il voyait en lui ses frères en Jésus-Christ; parce qu'il possédait réellement l'esprit chrétien et ce grand souffle de la charité universelle dont nous parle saint Paul. Donc, j'avais raison de le dire, il fut un grand roi parce qu'il fut un grand saint.

J'ai nommé aussi, parmi ses vertus principales, la simplicité exté-

---

[1] *Anecdotes historiques tirées d'Étienne de Bourbon*, p. 63.

Saint Louis enterre les morts.

rieure et la pureté. Dès l'âge de vingt ans il se fit remarquer par
la modestie de ses vêtements, et cette réserve s'accentua davantage
après son retour de la croisade; il semblait que l'insuccès de ses
armes et les douleurs de sa captivité eussent jeté un voile de deuil
sur toute sa personne. Cependant, s'il portait des surcots de camelin
et d'autres étoffes grossières, il savait, à l'occasion, faire éclater à
sa cour la magnificence royale (il en donna la preuve dans les somp-
tueuses fêtes de Saumur, en 1241), et il recommandait lui-même à ses
chevaliers de n'en faire ni trop ni peu en matière d'habillement,
de façon à se concilier d'une part l'amour de leurs femmes et le
respect de leurs serviteurs, de l'autre l'estime des gens sages et des
vieillards. En toutes choses il voulait de la mesure; mais le luxe
des princesses de son temps, qui n'en admettait pas, lui inspirait
une aversion toute particulière, s'il faut en croire le plaisant entretien conjugal qu'il rapporta à son confident Robert de Sorbon, et que
celui-ci nous a répété : « Un prince, que je ne nommerai pas, s'ha-
billait très simplement, et cette tenue déplaisait beaucoup à sa femme,
qui aimait la pompe et l'ostentation; aussi se plaignait-elle sans cesse
de lui à sa famille. A la fin, le mari se fatigua de ses remontrances :
« Madame, dit-il, il vous plaît que je me couvre de vêtements précieux?
— Oui, certes, et je tiens à ce que vous le fassiez. — Eh bien! j'y
consens, et je suis disposé à vous satisfaire, car la loi du mariage
veut que l'homme cherche à plaire à son épouse. Seulement cette loi
est réciproque; vous serez donc obligée de vous conformer aussi à
mon désir. — Et quel est ce désir? — C'est que vous portiez le costume le plus humble : vous prendrez le mien, et moi le vôtre (on sait
qu'à cette époque les vêtements des hommes différaient peu de ceux
des femmes). » La princesse, comme on le pense bien, n'entendit point
de cette oreille, et s'abstint désormais de soulever la question [1]. »
    Saint Louis a-t-il voulu parler de lui-même et de la reine Mar-
guerite, son épouse? Le silence gardé sur le nom des héros de
l'anecdote, et certaine phrase amphibologique dont Robert de Sorbon
accompagne son récit, pourraient le donner à entendre. Les paroles
du prince anonyme concordent d'ailleurs singulièrement avec celles
du bon roi, conseillant à ses gens de bien se vêtir pour plaire à leurs
femmes, et avec les manières de Marguerite de Provence, habituée
aux élégances des cours du Midi, très unie, à la vérité, à son mari,
mais parlant quelquefois de lui assez librement (c'est un homme si
bizarre! disait-elle un jour à Joinville), et douée d'un certain amour
de la domination, comme le montre l'engagement qu'elle avait fait
signer à son fils Philippe, de lui obéir en tout jusqu'à l'âge de trente

[1] Manuscrit lat. 15934 de la Bibliothèque nationale, f° 198.

ans. Quoi qu'il en soit, ce trait curieux était cité par le roi comme un
exemple à suivre, et il donna, du reste, un autre signe de son anti-
pathie pour l'excès des toilettes féminines dans une circonstance rapportée d'une façon plus authentique par Guillaume de Chartres. Une
grande dame, d'un âge mûr, était venue le trouver dans son palais
pour l'entretenir de quelque affaire, et s'était couverte exprès de
ses plus riches atours. Il lui dit sans ménagements : « On assure,
madame, que vous avez été belle; mais il y a déjà bien longtemps
qu'on le dit. Il faudrait songer maintenant à vous munir d'une beauté
plus solide (celle de l'âme[1]). » Si ce propos semble peu galant, du
moins il n'est pas dépourvu d'esprit ni de l'amour sincère du prochain.

Quant à la chasteté de saint Louis, il suffit de dire que ses mœurs
n'offrirent jamais la moindre prise à la critique. Ses scrupules à cet
égard étaient tels, que Pierre de Laon, son chambellan, qui demeura
trente-huit ans avec lui, couchant à ses pieds et l'aidant à se mettre
au lit, ne lui vit jamais que les pieds et les mains, quelquefois
seulement une partie de la jambe, quand elle était malade, ou le
bras, quand il se faisait saigner. Les chansons mondaines, où régnait
alors un ton fort libre, lui déplaisaient souverainement. Un jour, il
entendit un de ses écuyers en chanter quelques-unes; sans se fâcher
il le fit cesser, se mit à lui apprendre l'*Ave, maris stella* et d'autres
antiennes, et les chanta avec lui. Ce trait devint populaire, car il a
fait le sujet d'une de ces narrations en vers qui se débitaient partout
sous le nom de contes ou fabliaux. Il mettait un zèle particulier à
éloigner des villes ou du camp des croisés les *folles femmes*, et les
désordres d'une partie de son armée furent un des plus grands sujets
de tristesse qu'il rapporta d'Orient. Sa pudeur extrême ne l'empêchait
pas d'avoir le cœur tendre pour son épouse. Dans sa jeunesse, comme
la plupart des hommes, il eut son roman; mais ce fut le roman de
l'amour légitime et chrétien. Seulement je ne sais s'il n'offre pas plus
de charme et de péripéties intimes que les romans de l'autre espèce.
En voici toute l'intrigue : il aimait sa femme et en était aimé; la
reine Blanche, sa mère, était jalouse de cette affection et de l'influence qu'elle donnait à Marguerite au détriment de la sienne, et elle
empêchait le plus qu'elle pouvait les jeunes époux de se voir et de
s'entretenir; de là d'innocents subterfuges pour tromper sa vigilance
et une lutte de tous les jours, dans laquelle l'intérêt devient quelquefois palpitant. Le sénéchal de Champagne, qui vécut dans leur intimité, a peint en véritable artiste les émotions de ce ménage royal,
qui, pour appartenir à l'élite de la chrétienté, n'en était pas moins
soumis aux lois éternelles de l'humaine nature. Comme le ferait tout

[1] V. le recueil des *Historiens de la France*, XX, 33.

bon romancier, Joinville prend parti pour la jeune princesse persé-
cutée contre son impérieuse belle-mère.

« Les duretés que la reine Blanche fit à la reine Marguerite furent
telles, que la reine Blanche ne voulait souffrir, en tant qu'elle le
pouvait, que son fils fût en la compagnie de sa femme, sinon le soir
quand il allait coucher avec elle. L'hôtel où il leur plaisait le mieux
d'habiter, c'était à Pontoise, parce que là la chambre du roi était
dessus et la chambre de la reine dessous ; et ils avaient combiné leur
affaire de telle sorte, qu'ils tenaient leurs conversations dans un
escalier tournant qui descendait de l'une dans l'autre ; et tout était
si bien réglé, que, quand les huissiers apercevaient la reine mère
venant chez son fils, ils frappaient de leurs verges sur les portes ;
aussitôt le roi s'en revenait courant dans sa chambre, pour que sa
mère ne le surprît point. Et ainsi faisaient, de leur côté, les huissiers
de la reine Marguerite, quand la reine Blanche venait la voir, afin
que celle-ci trouvât la reine Marguerite dans sa chambre. Une fois,
le roi se trouvait à côté de sa femme, et elle était en grand péril
de mort, parce qu'elle était blessée d'un enfant qu'elle avait eu. Là
vint la reine Blanche, et prit son fils par la main, et lui dit : Venez-
vous-en ; vous ne faites rien ici. Quand la reine Marguerite vit que
sa belle-mère emmenait le roi, elle s'écria : Hélas ! vous ne me
laisserez donc voir mon seigneur ni morte ni vive ! Alors elle se
pâma, et on crut qu'elle se mourait. Le roi revint aussitôt sur ses
pas, et l'on eut grand'peine à la remettre en point [1]. »

Ces petits drames domestiques eurent leur dénouement le jour où
le roi partit pour l'Égypte ; Blanche resta maîtresse du royaume, et
Marguerite recouvra la libre possession de son époux en le suivant
à la croisade. On prétend que c'est, en effet, ce motif tout intime qui
la détermina à entreprendre un voyage si difficile et si dangereux
pour une femme ; ce qui ne l'empêcha pas de pleurer sa belle-mère
quand la nouvelle de sa mort lui parvint en Syrie ; mais c'était
surtout, dit-elle au sénéchal avec une nuance de sentiment bien
féminin, à cause du chagrin que cette mort causait au roi. Il faut
ajouter, pour dire la vérité complète, que Marguerite déploya en
Orient un courage viril et un dévouement conjugal digne de louange.
Séparée pendant longtemps de saint Louis par les hasards de la
guerre, elle préserva la ville de Damiette du retour offensif des Sarrasins, et, quand les forces ennemies approchaient menaçantes, elle
demanda au vieux chevalier qui la gardait de la percer de son épée
plutôt que de la laisser tomber aux mains de ces barbares. « Madame,
répondit stoïquement le brave serviteur, c'est à quoi je pensais [2]. » Le

[1] Joinville, édition de Wailly, p. 332.
[2] Id., ibid., p. 218.

roi, pendant ce temps, tâchait d'oublier la reine, c'est-à-dire qu'une
fois engagé dans la guerre sainte, il se regardait comme voué exclusivement au service du Christ, à l'exemple de ces preux célibataires
de la milice du Temple ou de l'ordre de l'Hôpital, qui combattaient
à ses côtés sans arrière-pensées ni préoccupations de famille. Jamais,
en effet, au témoignage de Joinville, il ne dit un mot de sa femme
ni de ses enfants dans le cours de sa malheureuse campagne; fait
bien frappant, et qui paraîtrait quelque peu extraordinaire, si l'on
n'en donnait cette explication, qu'à ses yeux un croisé était une sorte
de religieux, lié par un vœu solennel et n'appartenant plus qu'à
Dieu. Ses biographes ont fait remarquer d'ailleurs que, même en
temps ordinaire et durant toute sa vie, il observait fréquemment la
continence conjugale. Marguerite d'ailleurs s'associait aux sentiments
de piété et de mortification qui l'inspiraient. Elle ne lui résista que
le jour où il parla de se faire moine pour de bon, et d'entrer chez
les frères mineurs; mais on ne peut vraiment lui savoir mauvais gré
d'avoir conservé à la France un souverain tel que son époux.

J'ai dit enfin que saint Louis avait montré de bonne heure le goût
de l'étude et des lettres. Une fois sa première éducation terminée
sous la direction maternelle, Blanche plaça auprès de lui un maître
chargé de présider à ses jeux comme à son instruction. Il est vrai
que ce maître accomplit sa mission d'une façon bien sévère, car son
élève racontait plus tard qu'il avait été battu par lui; mais il ne lui
apprit pas moins beaucoup de choses, si l'on en juge d'après les
connaissances dont il fit preuve par la suite. Ce précepteur inconnu,
qui appartenait sans doute à un des ordres mendiants en si grande
faveur auprès de la régente, ne fut pas seul, du reste, à former son
esprit. Élinand, moine de l'abbaye de Froidmont, composa un opus-
cule sur les devoirs des princes, qui servit vraisemblablement à son
instruction, et dans lequel précisément il recommande comme indispensable la pratique des lettres. Un roi illettré, dit-il, n'est qu'un
âne couronné. D'autres religieux, des frères prêcheurs ou mineurs,
et le grand évêque de Paris, Guillaume d'Auvergne, contribuèrent
aussi, sans nul doute, à la culture de cette jeune intelligence, qui
s'ouvrait d'elle-même à toutes les belles et saines connaissances. Ce
fut naturellement vers les lettres sacrées qu'elle se porta de préférence. Louis devint si familier avec les Pères de l'Église, qu'il lui arrivait souvent de les citer dans la conversation. On l'entendait répéter,
entre autres, des passages de saint Anselme, de la vie de saint Martin
(probablement celle de Sulpice-Sévère), de saint Augustin, etc. Les
écrits de l'illustre évêque d'Hippone étaient particulièrement gravés
dans sa mémoire. Il le fallait bien, puisqu'un jour il reprit publiquement un ecclésiastique qui reprenait lui-même un clerc inférieur

en train de prêcher, en produisant un texte du *Commentaire de l'Évangile de saint Jean,* par saint Augustin, lequel donnait tort au premier et raison au second. Saint Louis théologien et controversiste, voilà, certes, un aspect sous lequel ce prince n'est guère connu. On s'étonne moins de son profond savoir en pareille matière quand on le voit écouter, comme le plus humble des étudiants, assis à terre, les leçons des maîtres du temps, à Compiègne, à Saint-Jacques de Paris ou ailleurs; quand on le voit suivre assidûment les sermons, adresser lui-même de véritables instructions religieuses à ses courtisans, se faire lire devant eux et leur traduire l'Écriture sainte ou les Pères, rechercher la compagnie des plus savants docteurs, comme saint Thomas et Robert de Sorbon, faire recueillir partout et transcrire avec soin, pour en former une collection dans la chapelle de son palais, les meilleurs écrits théologiques. C'est ainsi, en effet, que fut fondée dans la Sainte-Chapelle une des premières bibliothèques qui aient existé en Europe. D'après Geoffroi de Beaulieu, le saint roi en avait emprunté l'idée à un soudan sarrasin. Mais cette idée était venue déjà à l'esprit de Charlemagne, et il suffisait du zèle de la science sacrée pour la faire germer naturellement chez un prince chrétien.

Si l'on voulait énumérer tous les mérites qui distinguaient l'homme privé, il faudrait s'étendre bien au delà des limites d'un volume; il suffira ici d'avoir signalé les rayons les plus éclatants de son auréole. Je veux seulement rappeler encore une fois que ce grand saint, que ce héros de vertu ne vivait nullement dans une sphère supérieure à l'humanité, et qu'on ne doit pas se le représenter sur un piédestal inaccessible, avec une figure austère et froide. Non; les saints sont des hommes comme les autres à l'extérieur, et celui-là pouvait dire avec le philosophe antique : *Homo sum; nil humani a me alienum puto.* Sa physionomie morale est très humaine, très vivante; je dirai plus, son caractère est essentiellement français. Ainsi on le voit conserver jusque dans les revers sa bonne humeur, son enjouement doux et fin. Nous avons déjà rencontré des exemples de sa sérénité d'âme, et ses biographes, Joinville surtout, nous en fourniraient bien d'autres. S'il lui échappait, par exception, quelque mouvement de vivacité, il le réprimait aussitôt et se mettait à rire. Le sénéchal, qui était lui-même très gai et qui avait son franc parler, lui dit un jour : « Je veux faire une convention avec vous, et je ne vous demanderai pas autre chose de toute l'année; c'est que vous ne vous fâchiez pas lorsque je vous adresserai une requête, et moi je ne me fâcherai pas non plus si vous me refusez. » Il espérait prendre son maître en défaut, et quelque temps après il vint lui demander à l'improviste pour un pauvre gentilhomme le cheval d'un croisé qui avait été confisqué par sentence. « Cette prière n'est pas raisonnable, s'écria vivement le

roi ; le cheval vaut encore quatre-vingts livres ! — Comment ! reprit
Joinville, vous rompez votre convention, et vous vous courroucez de ce
que je vous ai requis ! » Le roi éclata de rire et lui répondit : « Dites
tout ce que vous voudrez ; je ne me courrouce pas. » — « Et toutefois,
ajoute mélancoliquement le bon chroniqueur, je n'eus point le cheval[1]. »

En effet, nous savons que saint Louis était aussi ferme dans ses
décisions qu'il était ami des formes et des égards, vis-à-vis même
de ses inférieurs. La volonté, chez un prince, est encore un mérite.
Mais toutes ses vertus dont je viens de parler, et celles dont je n'ai
point parlé, découlaient d'une source unique, d'un sentiment profond,
qui est un don du Ciel, et qui a été placé lui-même au premier rang
des vertus théologales ou principales ; ce sentiment, c'est la foi.
Saint Louis était avant tout un croyant fidèle et fervent. « Il disait,
répète son historien, que nous devons croire si fermement les articles
de la foi, que, pour mort ni pour malheur, nous n'eussions nulle
volonté d'aller à l'encontre en paroles ni en actions..., encore que
nous n'en fussions certains que par ouï-dire. Sur ce point, il me fit
une demande : comment mon père avait nom. Et je lui dis qu'il
avait nom Simon. Et il me demanda comment je le savais. Et je lui
dis que j'en pensais être certain et je croyais fermement, parce que
ma mère m'en était témoin. Alors il me dit : « Donc, vous devez croire
fermement tous les articles de la foi, dont les apôtres témoignent,
ainsi que vous l'entendez chanter le dimanche au *Credo*[2]. » Répandre
la foi autour de lui, l'augmenter chez les fidèles, l'introduire chez
les infidèles, telle fut la grande affaire et le but principal de son
règne. Il se préoccupait, comme on le voit, de l'interprétation du
Symbole des apôtres, et c'est lui, selon toute vraisemblance, qui
inspira au sire de Joinville son intéressant commentaire du *Credo*,
où l'on retrouve, d'une manière, pour ainsi dire, tangible, l'écho de
ses pieux entretiens avec son maître.

Cette vertu, qu'il cherchait à donner aux autres, il la possédait personnellement au plus haut degré. Il croyait notamment, avec une fermeté inébranlable, au sacrement de l'autel. On peut lui contester la
paternité du mot célèbre qui lui a été attribué à propos d'une hostie
sanglante apparue dans une église : « Allez le voir, vous qui ne
croyez pas que le sang de Jésus-Christ soit renfermé dans l'Eucharistie[3]. » Ce mot paraît appartenir (il l'a dit lui-même) à Amaury de
Montfort ; mais il l'a du moins répété à l'appui de son propre sentiment et comme répondant à sa pensée intime, qui était celle du chant
pascal : *Beati qui non viderunt, et firmiter crediderunt.* Il s'appro-

[1] Joinville, édition de Wailly, p. 278.
[2] *Id., ibid.,* p. 26.
[3] *Id., ibid.,* p. 28.

chait de ce divin sacrement à tout le moins aux six principales fêtes
de l'année, suivant le confesseur de la reine; mais c'est là, on le
pense bien, un minimum qui fut toujours dépassé, et l'écrivain n'a
nullement voulu dire qu'il ne communiait pas plus souvent. Les
jansénistes n'avaient donc point de raison valable au siècle dernier
pour l'enrôler dans leur secte, et Michelet n'en a pas eu davantage
de nos jours pour compter au nombre des sceptiques et des douteurs
ce grand propagateur de la foi catholique. Il faut que les rationalistes

Marguerite de Provence à Damiette.

s'y résignent, saint Louis était un dévot; et s'ils objectent certaine
tendance à l'émancipation religieuse, qui est encore une invention de
leur part (je l'ai démontré en son lieu), on peut leur répondre par un
détail aussi positif que curieux, c'est que ce prince si occupé, non
seulement entendait chaque jour la messe, l'office des morts, vêpres
et complies, mais disait chaque soir son chapelet. Je dis que ce fait
est curieux, et, en effet, c'est un des exemples les plus anciens que
l'on puisse citer de l'usage du rosaire. L'institution de cette pratique
édifiante a toujours été attribuée par la tradition à saint Dominique;
mais on manque de preuves écrites à cet égard, et certains auteurs,
suivis entre autres par Daunou dans l'*Histoire littéraire de la France*,
ont même prétendu qu'elle n'était pas antérieure au xve siècle. Un
texte émané encore d'Étienne de Bourbon, qui écrivait vers 1260,
peut déjà montrer qu'ils ont tort; ce frère prêcheur parle d'un
homme pieux qui chaque jour saluait cinquante fois la sainte Vierge,

23

c'est-à-dire récitait les cinquante *Ave, Maria* du chapelet en fléchis-
sant le genou; or cet homme était le père d'un moine de Cluny, de
qui Étienne tenait la chose, et il était mort quand celui-ci la répétait, ce qui indique une époque antérieure d'un certain nombre
d'années, et prouve par conséquent l'existence de cet usage parmi
le peuple dès la première moitié du XIIIᵉ siècle, presque du temps de
saint Dominique[1]. Mais l'exemple de saint Louis vient corroborer le
témoignage de notre religieux, et achève, à mon sens, de mettre
le fait hors de conteste; le Nain de Tillemont, chez qui je le trouve,
l'a également tiré de sources contemporaines. « On remarque particulièrement, dit-il, qu'il faisait cinquante génuflexions de suite
(lorsqu'il demeurait seul en prières, après complies), se relevant
tout droit et s'agenouillant aussitôt, ce qui assurément était une
grande fatigue pour une personne faible comme il l'était; à chaque
génuflexion, il disait un *Ave, Maria*[2]. Comme il avait pris toutes
ses pieuses habitudes dès sa jeunesse, à l'école de sa mère, cela
nous reporte encore plus près du moment où vivait le fondateur
des frères prêcheurs, on peut même dire jusqu'à ce moment même,
puisque saint Dominique ne mourut qu'en 1221, et qu'à cette date
le fils de Blanche de Castille avait déjà sept ans. Ce trait a donc une
double valeur : il fournit un appui aux traditions relatives à l'origine
du rosaire, ou tout au moins à son antiquité, et il nous permet d'apprécier toute la dévotion du saint roi qu'on a voulu travestir en janséniste, puis en sceptique. Et ce qu'il a de particulièrement piquant,
c'est qu'il nous est rapporté précisément par l'historien qui a fourni
aux disciples de Jansénius leur unique prétexte pour s'emparer de
la mémoire de saint Louis. On pourrait citer des exemples encore
plus édifiants de la piété de ce grand prince: je ne crois pas qu'on
en trouve de plus significatifs; et de même qu'on aime à voir le
vieux Louis XIV surpris un jour, au milieu des splendeurs de sa
cour, un chapelet à la main, on constate avec un intérêt attendri que
son illustre aïeul, quatre cents ans plus tôt, priait déjà comme lui et
comme nous.

Toutes ces vertus, dont saint Louis donna l'admirable spectacle
durant sa vie entière, brillèrent d'un éclat particulier durant ses derniers jours. Chacun sait quelle fut sa fin, si humble et si glorieuse
en même temps. Les nouveaux périls que couraient les chrétientés de
Palestine, par suite de la double rivalité des Génois et des Vénitiens,
des Templiers et des Hospitaliers, leurs protecteurs naturels, et des
progrès des princes musulmans, l'avaient déterminé à se croiser une

[1] *Anecdotes historiques tirées du recueil d'Étienne de Bourbon*, p. 41.
[2] Tillemont, *Vie de saint Louis*, III, 339.

seconde fois. Embarqué le 1er juillet 1270 à Aigues-Mortes, il se diri-
gea sur Tunis. On l'avait persuadé que le roi qui gouvernait cette ville
était disposé à se faire chrétien, et qu'il trouverait là d'immenses
ressources pour continuer l'expédition. Mais surtout Charles d'Anjou,
son frère, qui faisait partie de la croisade, avait à se venger des
Tunisiens et à prévenir leurs tentatives sur la Sicile. Cet intérêt
particulier parait l'avoir emporté sur l'intérêt général, et ce fut une
faute, la seule peut-être que l'on puisse relever dans la politique du
saint roi. Du reste, comme nous l'avons vu, beaucoup de ses anciens
compagnons d'armes avaient refusé de le suivre, et lui-même pres-
sentait qu'il n'en reviendrait point; mais il avait soif du martyre, et
il aspirait à des palmes plus durables que celles que procurent les
victoires terrestres.

La prise du château de Carthage, le refoulement des premières
bandes sarrasines, semblèrent donner raison à ceux qui avaient espéré
un rapide succès. Mais, de même qu'on avait jadis attendu à Damiette
le secours du comte de Poitiers, on dut attendre sous les murs de
Tunis l'autre frère de saint Louis, qui amenait de puissants renforts;
Charles d'Anjou devait arriver trop tard. La dysenterie, favorisée
par un climat et par une saison torrides, se mit dans l'armée royale.
Le comte de Nevers, fils du roi, succomba un des premiers; puis le
monarque en personne fut saisi par la maladie, ainsi que son fils
ainé Philippe. C'est alors qu'il donna à ce dernier les fameuses
instructions connues sous le nom d'*Enseignements de saint Louis*,
et que l'on croit avoir été préparées quelque temps à l'avance;
monument de la foi la plus pure et de la politique la plus sage qui
furent jamais, miroir fidèle où se trouve reflétée, condensée, toute
la vie de son auteur :

« Cher fils, la première chose que je t'enseigne, c'est que tu
mettes tout ton cœur à aimer Dieu. Garde-toi de faire chose qui à
Dieu déplaise, et spécialement de faire péché mortel. Tu devrais
souffrir toutes manières de tourments plutôt que faire sciemment
péché mortel. (C'est l'exacte répétition du souhait légendaire de la
reine Blanche de Castille.) Si Dieu t'envoie adversité, souffre-la en
bonne patience, et pense que tu l'as bien desservi et que cela tournera tôt à ton profit. S'il te donne prospérité, remercie-le humblement, en sorte que tu n'en sois pas pire, ou par orgueil ou par autre
manière. (Sur le champ de bataille de Mansourah, saint Louis
s'écriait : « Que Dieu soit adoré du bien et du mal qu'il m'envoie! »)

« Confesse-toi souvent, et élis des confesseurs prud'hommes qui te
sachent enseigner ce que tu dois faire et de quoi tu dois te garder...
Assiste au service de sainte Église doucement, sans railler ni plai-

santer, et sans regarder çà et là. (Il entendait, nous l'avons vu,
deux messes par jour, et répondait à ceux qui critiquaient sa dévotion : « On ne trouverait rien à redire si je dépensais le même temps
en plaisirs et en chasses... »)

« Aie le cœur doux et miséricordieux aux pauvres et à ceux qui
souffrent, et les conforte et leur aide selon ce que tu pourras. (Il
avait érigé la charité en principe politique.)

« Maintiens les bonnes coutumes de ton royaume, et les mauvaises
abaisse. (Qu'on se rappelle l'abolition des guerres privées, du duel
judiciaire, la répression des excès de pouvoir des baillis, etc.) Ne
convoite pas sur ton peuple; ne le charge pas de toltes ni de tailles,
si ce n'est par trop grand besoin. (Qu'on se reporte au budget du
saint roi et à son système arrêté de ne pas recourir aux tailles extraordinaires.)

« Garde que tu aies en ta compagnie tous prud'hommes, soit religieux, soit séculiers; aie souvent parlement avec eux et fuis la compagnie des mauvais. (Joinville nous a parlé de son affection pour les
hommes de Dieu et les épanchements familiers auxquels il se livrait
en leur société.) Et écoute volontiers les sermons, et en public et
en particulier, et recherche volontiers prières et pardons. (Il aimait
tellement les prédications, qu'il y prenait quelquefois part.)

« Aime tout bien et hais tout mal en quoi que ce soit. Nul ne soit
si hardi, qu'il dise devant toi parole qui attire ou excite à péché ni
ne médise d'autrui par derrière; ne souffre que l'on dise devant toi
nulle vilenie de Dieu ni de ses saints, que tu n'en fasses tantôt
vengeance. (Ceci est l'écho de l'ordonnance sur le blasphème.)

« Sois rigide et loyal à tenir justice et droiture envers tes sujets.
(C'est l'idée mère de toutes les réformes judiciaires du grand roi.)

« Si tu retiens rien d'autrui ou par toi ou par tes devanciers, dès
que la chose est certaine, rends sans tarder; si c'est chose douteuse,
fais faire enquête par sages hommes promptement et diligemment.
(La restitution du bien d'autrui fut une de ses constantes préoccupations; on lui a même reproché d'avoir trop restitué, par exemple
au roi d'Angleterre. Cet article rappelle aussi l'institution des
enquesteurs; le mot s'y trouve en toutes lettres.)

« Tu dois mettre toute ton attention à ce que tes gens et tes sujets
vivent en paix et en droiture sous toi. (La paix entre les princes,
entre les seigneurs, entre les peuples chrétiens, ce fut le grand
objectif de son gouvernement; il répétait souvent la parole de Jésus-
Christ : Bénis soient les apaiseurs! Aussi revient-il plus loin sur le
même sujet en invoquant l'exemple de saint Martin, qui mourut en
allant pacifier les clercs de son diocèse.) Mêmement les bonnes villes
et les bonnes cités de ton royaume; et les garde en état et en la

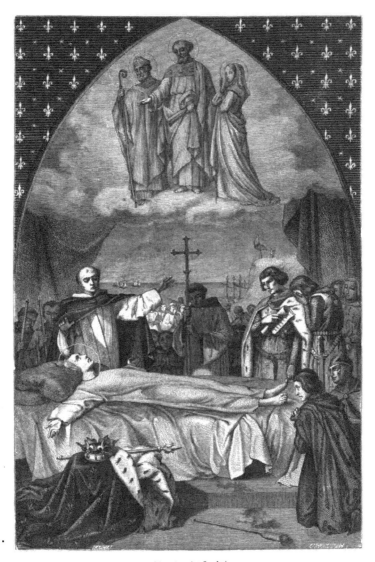

Mort de saint Louis.

franchise où tes devanciers les ont gardées ; et s'il y a aucune chose
à amender, amende-le et le redresse, et les tiens en faveur et en
amour ; car, par la force et par les richesses de tes bonnes cités et
de tes bonnes villes, les particuliers et les étrangers redouteront de
se mal conduire envers toi, spécialement les pairs et les barons.
(Maintenir les privilèges des communes existantes, mais ne pas les
augmenter, les réformer au besoin et les opposer aux seigneurs : tel
était tout le plan de sa politique intérieure.)

« Honore et aime particulièrement les religieux et toutes personnes
de sainte Église. On raconte du roi Philippe, mon aïeul, qu'une
fois un de ses conseillers lui dit que la sainte Église lui faisait beaucoup de tort et de dommage en ce que les clercs lui ôtaient de son
droit et empiétaient sur sa justice, et que c'était grand'merveille
qu'il le souffrît. Et le bon roi répondit qu'il le croyait volontiers, mais
que, quand il regardait les bontés et les courtoisies que Dieu lui
avait faites, il aimait mieux laisser son droit aller que susciter contestation à sainte Église. (Réponse péremptoire aux inventeurs et aux
partisans de la pragmatique sanction ; saint Louis protégea encore
bien mieux que son aïeul les libertés et les biens ecclésiastiques.)

« A ton père et à ta mère tu dois porter honneur et révérence,
et garder leurs commandements. (Jusqu'à la mort de sa mère, il lui
laissa la plus grande autorité et suivit ses conseils.)

« Les bénéfices de sainte Église, donne-les à personnes bonnes
et dignes, et d'après le conseil de prud'hommes, et donne à ceux
qui n'ont rien de sainte Église. (On a vu comment il intervenait dans
la collation des bénéfices.)

« Sois diligent d'avoir bons prévôts et bons baillis, et fais souvent
enquête sur eux et sur ceux de ton hôtel, comme ils se conduisent.
(Pensée fondamentale de la grande ordonnance de 1254.)

« Cher fils, je t'enseigne que tu sois toujours dévôt à l'Église de
Rome et au souverain pontife, notre père, et que tu lui portes révérence et honneur, ainsi que tu dois à ton père spirituel. (Nouvelle réfu-
tation de la pragmatique et du prétendu gallicanisme de saint Louis.)

« Travaille-toi à empêcher tout péché et principalement vilain
serment, et fais détruire et supprimer les hérésies selon ton pouvoir.
(Ceci rappelle encore les ordonnances contre le blasphème et contre
les hérétiques.)

« Prends garde que les dépenses de ton hôtel soient raisonnables
et modérées. » (La dépense personnelle du pieux roi était on ne peut
plus modeste, nous l'avons vu, et encore il trouva le moyen de prélever sur sa cassette une bonne partie de sa rançon.)

Après tous ces conseils pratiques, le cœur du bon roi s'attendrit.

Il bénit son fils avec amour, lui recommande de faire prier pour son âme et lui donne rendez-vous dans le séjour bienheureux, où les pères et les enfants se retrouvent pour former avec tous les élus une vaste et indestructible famille[1].

Tel est, dans sa teneur, ce magnifique programme de gouvernement, ce testament mystique, où l'on doit voir non seulement un modèle, mais encore et surtout un résumé historique. Tout s'y trouve, en effet, et la vie privée de l'homme et sa vie publique. Jamais l'exemple ne fut mieux joint au conseil ; jamais la pratique ne fut plus conforme à la théorie. La conduite de saint Louis était donc, sur tous les points, le fruit d'une conviction raisonnée, l'exécution d'un plan mûrement réfléchi et nettement arrêté dans son esprit. Après en avoir remis la formule à son successeur, il ne voulut plus penser qu'à Dieu. Pendant plusieurs jours le mal l'étreignit avec violence. Tremblant la fièvre, il voulut néanmoins recevoir le viatique à genoux, au pied de son lit. Puis au milieu de la nuit il s'écria : « Nous irons en Jérusalem ! » Mais il ne parlait plus de la Jérusalem terrestre. Et, après quelques propos édifiants entrecoupés par les sanglots de son entourage, il se fit coucher sur la cendre, les bras en croix. Ainsi mourut, le 25 août 1270, ce héros chrétien, l'honneur éternel de la monarchie française.

La fin de la croisade et les événements qui suivirent n'appartiennent plus à notre sujet. Mieux vaut, pour conclure, jeter un dernier coup d'œil en arrière, et résumer à grands traits les résultats auxquels nous a conduits notre longue investigation.

En théorie, la monarchie héréditaire, au xiiie siècle, est admise par les docteurs et les philosophes, non pas comme une institution de droit divin, suivant le sens absolu qu'on a prêté à ce mot, mais comme le plus avantageux des systèmes politiques ; elle est légitimée par la consécration de l'Église, par le bon usage, par le juste exercice du pouvoir, et ce pouvoir, opposé à la tyrannie, doit être tempéré aussi bien par la vertu du prince que par une certaine participation des sujets aux affaires publiques. En pratique, ces conditions ne sont pas toujours observées ; mais le règne de saint Louis en

---

[1] V. le texte intégral des *Enseignements de saint Louis* dans Joinville, édition de Wailly, p. 400. Il s'est élevé naguère, au sujet de l'authenticité de quelques phrases de ce document, une polémique assez vive. L'exemplaire original remis à Philippe le Hardi a malheureusement disparu ; mais l'ensemble du texte a été établi d'une façon indiscutable et avec la critique la plus minutieuse par M. de Wailly, au moyen de la confrontation de la version de Joinville avec celles du confesseur de la reine, de Geoffroi de Beaulieu, de Guillaume de Nangis, de Primat, des *Grandes Chroniques de Saint-Denis* et d'un ancien registre de la chambre des comptes.

offre la plus complète et la plus parfaite réalisation. Dieu a voulu, ce semble, montrer par un exemple éclatant que la conception des grands théologiens de cet âge de foi n'était pas un rêve interdit à l'humanité, et l'idéal de la royauté chrétienne s'est incarné dans un homme. Malgré les difficultés d'un avènement des plus laborieux, ce modèle des princes acquiert, tout jeune encore, un prestige et une prépondérance qui lui permettent de marcher droit à son but. Il restreint la domination abusive de ses grands vassaux en agrandissant à leurs dépens le royaume, et principalement le domaine royal, tout en restant dans les limites du droit, base invariable de sa conduite. Dans ses rapports avec l'Europe catholique, il se trouve appelé par son caractère à être l'arbitre des rois et des peuples. Du souverain de l'Angleterre, c'est-à-dire d'un rival séculaire et redoutable, il fait un vassal soumis et prononce souverainement entre ce monarque et ses sujets. L'empereur d'Allemagne, ce persécuteur acharné de la papauté, il le contient par son attitude ferme et menaçante, montrant à l'univers que l'office de protecteur du saint-siège est échu désormais à la France, qui n'entend pas en faire une sinécure. En Orient plus qu'ailleurs, il cherche à étendre le règne de Jésus-Christ, moins encore au moyen de la conquête qu'au moyen de l'apostolat; par ses exemples comme par ses missionnaires, il prêche la vraie foi aux Grecs, aux Sarrasins, aux Tartares. Partout enfin il s'efforce d'établir cette paix universelle sous la loi de Dieu et de l'Église, qui serait la fidèle image du royaume des cieux s'il était possible à l'humanité de la goûter sur la terre.

Dans l'administration intérieure, il opère une réforme générale ; ses baillis, ses sénéchaux, ses prévôts, sont obligés d'entrer dans sa pensée et d'exercer leurs charges, non plus pour leur profit personnel, mais pour le plus grand profit du peuple ; en même temps par l'établissement des *enquesteurs* il assure à son gouvernement un contrôle efficace et une garantie de probité. Dans l'exercice de la justice, qui est la grande affaire de son règne, il apporte les mêmes scrupules, la même rigidité de conscience ; il fait des tribunaux royaux le recours le plus sûr de la faiblesse opprimée, il organise la cour suprême du parlement, et, par l'abolition du duel judiciaire, par la multiplication des appels, il attire à elle les causes des étrangers, et jusqu'à celles des barons, subjugués par l'ascendant de la royauté et de la majesté royales plus qu'ils n'auraient pu l'être jamais par la force des armes. Il rend lui-même la justice à tous ceux qui veulent lui porter directement leurs procès ; il châtie les criminels sans acception de rang ni de personne ; il fixe la pénalité par des ordonnances empreintes d'un esprit éminemment progressif, et prête à la loi religieuse la sanction de la loi civile, notamment contre l'abus si répandu des blasphèmes. Dans le domaine militaire, il renforce l'armée au moyen de troupes régulières soldées ; il crée des commandements nouveaux ; il déracine, autant qu'il dépend de lui, la funeste coutume des guerres privées. Dans le domaine financier, il moralise la perception et l'assiette des impôts ; il fait vérifier la comptabilité de l'État par une commission spéciale, qui devient le germe de la chambre des comptes ; il règle ses dépenses sur un pied extrêmement modéré, tout en faisant largement le bien, et réalise ce rare tour de force de faire face à tous les besoins du royaume sans recourir à aucun impôt extraordinaire, en conservant, au contraire, un excédent de recettes. Ses relations avec l'Église nous le montrent plein de déférence pour l'autorité religieuse et la juridiction épiscopale, jaloux d'assurer la bonne entente et la marche parallèle des pouvoirs spirituel et temporel, s'entourant des clercs les plus capables, séculiers ou réguliers, arrêtant la propagation de l'hérésie, mais atténuant la rigueur des lois contre les hérétiques. Les abus de la féodalité, la tyrannie communale, trouvent en lui un frein également énergique. Il réserve sa protection, sa faveur ouverte pour les petits et les faibles, pour les vilains, pour les artisans, pour les derniers serfs. Sous son impulsion, l'art s'élève, l'agriculture se perfectionne, le commerce et l'industrie se développent ; pour l'usure seule il est intolérant. Ajoutons à cela les vertus intimes, la charité ardente, la pureté la plus délicate, le zèle des saintes études, et par-dessus tout la ferme croyance, la piété éclairée : nous avons là toutes les grandes lignes du magnifique tableau que j'ai essayé de dérouler aux yeux du lecteur, et que j'aurais voulu retracer d'une façon moins incomplète.

On sera peut-être étonné, et je me sens étonné tout le premier, de ne pas trouver d'ombres à ce tableau. Tous les biographes, en général, fournissent l'occasion de mélanger la critique aux éloges ; mais en face de cette radieuse figure, la critique perd ses droits. Est-ce la faute de l'historien, si ce grand homme d'État se trouve être en même temps un grand saint dans toute la force du terme ? Ne nous plaignons pas d'ailleurs d'une pareille rencontre : l'alliance de la sainteté et de la toute-puissance est chose trop rare en ce monde pour que nous ne soyons pas heureux et fiers de le constater dans le passé de notre pays. Ce phénomène ne s'est vu que trois ou quatre fois chez les nations catholiques, et chez nous il ne s'est jamais manifesté avec autant d'éclat. Égalé par Charlemagne dans ses conceptions politiques, dans la noblesse et la sublimité de sa vie publique, saint Louis ne connaît point d'autre rival parmi la longue lignée de nos souverains et, au point de vue des qualités privées, il n'en connaît aucun. Son règne a fait la force de la France comme il a fait le prestige de sa dynastie. Toutes les fois que la pensée des hommes voudra évoquer

le type de la véritable royauté chrétienne, elle se tournera immédiatement vers lui ; et toutes les fois que l'on songera, au milieu des
sombres défaillances de notre époque, à prouver que ce type n'est
point une chimère, on parlera de la royauté de saint Louis, de
la France de saint Louis, du siècle de saint Louis. Il est de ceux
dont il suffit de prononcer le nom ; et, de même que ses contemporains, au lendemain de sa mort, priaient pour son âme, « quoiqu'elle
n'en eût pas besoin, » nous devons, nous aussi, louer hautement sa
mémoire, bien qu'elle soit au-dessus de la louange humaine.

FIN

TABLE DES MATIÈRES

CHAPITRE XVII

L'INDUSTRIE ET LE COMMERCE SOUS SAINT LOUIS

CHAPITRE XVIII

SAINT LOUIS INTIME — SA SECONDE CROISADE ET SA MORT

27879. — Tours, impr. Mame.

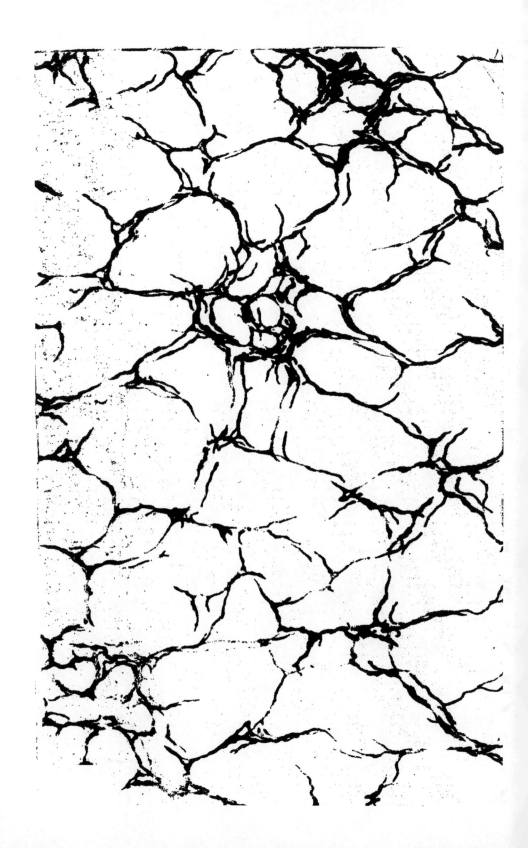

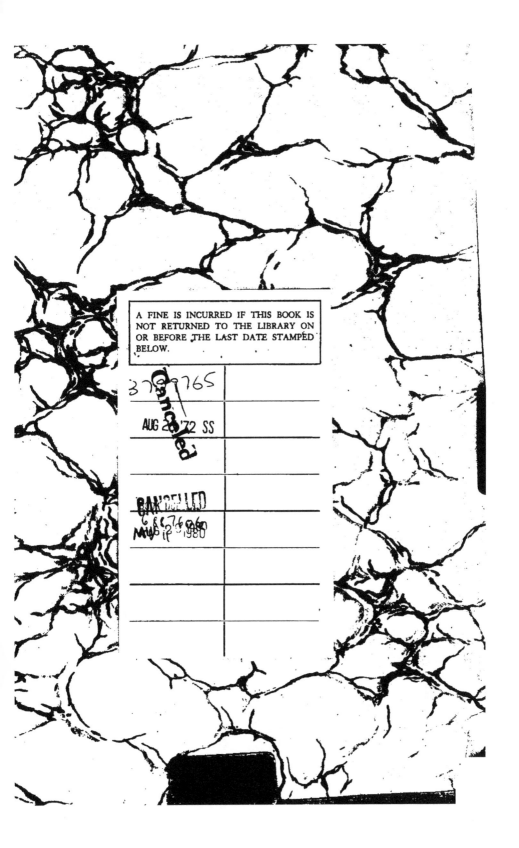

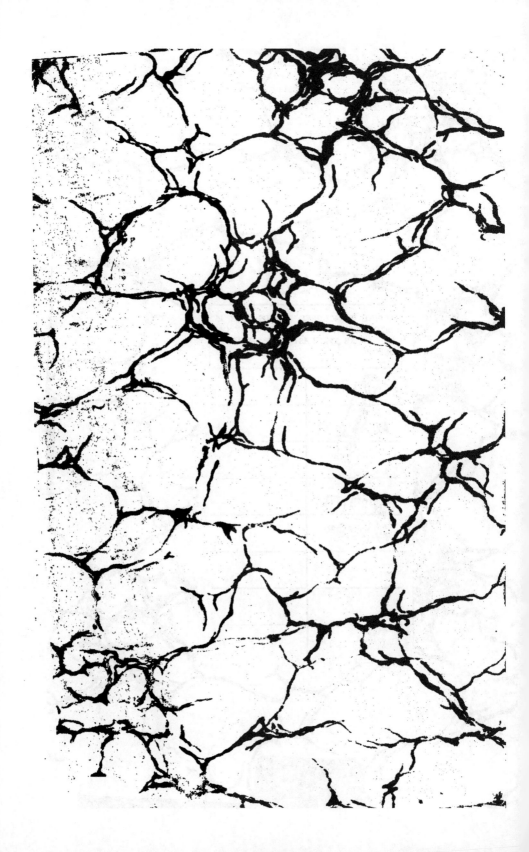

CPSIA information can be obtained
at www.ICGtesting.com
Printed in the USA
BVHW041048241219
567714BV00007B/144/P